KB045799

# 내러티브 경제학

**NARRATIVE ECONOMICS**

경제를 움직이는 입소문의 힘

# 내러티브 경제학

로버트 쉴러 지음 | 박슬라 옮김

알에이치코리아

# '내러티브 경제학'이란 무엇인가?

반세기 전, 내가 미시건대학에 다니던 열아홉 살 학부생 시절, 역사를 가르치던 쇼 리버모어Shaw Livermore 교수는 프레더릭 루이스 앨런Frederick Lewis Allen의 저서인 『원더풀 아메리카』를 읽어오라는 과제를 내준 적이 있다. 1929년 주가 대폭락이 발생하기까지의 과정과 1930년대 대공황의 시작을 다뤘으며, 1931년 출간 당시 베스트셀러를 기록했다. 나는 책을 다 읽고 이것이 무척 중요한 문헌이라는 결론을 내렸다. 20년대 광란의 분위기와 투기 붐에 대해 자세히 묘사하고 있을 뿐만 아니라 전 세계 역사상 가장 심각한 금융위기였던 대공황의 원인을 조명했기 때문이다. 나는 그 시기에 전염병처럼 급속히 확산된 내러티브narrative가, 변화하는 시대정신에 어떤 방식으로든 기여한 게 아닐까 하는 생각이 문득 들었다. 이를테면 앨렌은 1929년 주식 시장이 최고점에 이르기 직전에 다음과 같은 이야기가 퍼지는 것을 목격했다.

> 저녁 만찬 자리에서 누군가 갑자기 큰 부자가 됐다는 환상적인 이야기를 들었다. 한 젊은 은행가가 가진 돈을 몽땅 털어 나일스베먼트폰드Niles-Bement-Pond사에 투자한 결과 평생 돈 걱정 없이 살 수 있게 되었다는 것이다. 한 미망인은 케니코트 광산에 투자한 덕분에 시골에 커다란 저택을 구입했다고 했다. 마치 시보드 에어라인Seaboard Air Line을 항공사로 착각한 사람들처럼, 무수한 이들이 투기에 빠져 어떤 회사인지도 모르고 전 재산을 쏟아부었고 실제로도 돈을 벌었다. (시보드 에어라인은 철도회사로, '에어라인'이 두 지점 사이의 가장 짧은 경로를 의미하던 19세기에 지어진 이름이다.)[1]

누군가 지어낸 것처럼 들리지만, 이런 이야기도 자주 듣다 보면 무시하기 어렵다. 물론 부자가 되는 것은 결코 쉬운 일이 아니다. 1920년대에 가장 똑똑하고 지적인 사람들 또한 그 사실을 익히 알고도 남았을 것이다. 그러나 저런 이야기에 대항하는 내러티브, 즉 벼락부자 되는 법이 얼마나 허황되는지를 지적하는 이야기는 그만큼 전염성이 강하지 않았다.

앨렌의 책을 읽고 나니 주식 시장이나 전체 경제의 궤도 또한 대공황의 발발과 비슷했다. 당시 널리 퍼져 있던 이야기나 오해, 그리고 보다 광범위한 내러티브와 관련이 있는 게 분명했다. 그렇지만 경제학자들은 앨렌의 주장을 진지하게 받아들이지 않았고, '내러티브의 전염'이라는 발상은 수학적 경제 모형에 도입되지 못했다. 그러나 이 전염성이야말로 내러티브 경제학의 핵심이다.

금융전문가가 아님에도 불구하고 대성공을 거둔 이런 투자가들에 관한 눈부신 이야기들은, 요즘식으로 이른바 바이럴viral이라 말할 수 있다. 이런 이야기는 흡사 전염병처럼 입에서 입으로, 저녁 만찬에서 다른 모임으로, 하물며 전화기와 라디오, 신문과 서적의 도움을 받아 빠른 속도로 퍼져나간다.

프로퀘스트Proquest.com에서는 1700년대부터의 신문 기사 및 광고를 온라인으로 검색할 수 있다. 이 '바이럴이 되다'라는 표현은 2009년 즈음에야 '전염병처럼 빨리 확산된다'는 의미로 사용되기 시작했으며, 대개 인터넷과 관련돼 있다. '바이럴 마케팅'은 그보다 다소 이른 1991년까지 거슬러 올라가는데 이 표현은 인도 나그푸르에 있는 작은 회사의 이름이다. 프로퀘스트 검색에 따르면, 오늘날에는 '바이럴이 되다'라는 표현 자체가 바이럴이 되었다. 1500년대 이후 출간된 서적에서 사용된 특정 단어나 구절을 검색할 수 있는 구글 엔그램 뷰어Google ngram Viewer 또한 '바이럴이 되다'가 유사한 경로를 거쳐왔음을 보여준다. 2009년부터는 '바이럴이 되다'의 유의어인 '실시간 검색어'라는 용어도 바이럴이 되었다. 이러한 확산과 유행은 인터넷 사이트에서 흔히 볼 수 있는 '조회수'나 '좋아요'로 더욱 강화됐다. 전염성이 증가할 때 '바이럴'이나 '실시간 검색어'의 감염곡선은 상승한다. 한편 감염곡선이 하강하는 망각 단계에서는 대중의 관심이 상대적으로 떨어지게 되지만, 경제 내러티브의 경우에는 경제 행동의 변화 원인이 될 수 있다는 점에서 이 시점도 여전히 중요하다.

앨렌은 정확히 '바이럴'이라는 표현을 사용하지는 않았지만 이야기가 바이러스처럼 퍼져나가는 특성을 염두에 두었을 것이다. 그는 "대중의 심적 변화와 사람들이 열중하는 사소한 사건들을 강조"했다.[2] 그러나 내러티브의 전염에 대한 자신의 견해에 이름을 붙이거나 형식화하지는 않았다.

우리는 경제학 이론에 대중 내러티브의 전염을 도입해야 한다. 그렇지 않을 경우 매우 실제적이고 명백한, 그리고 아주 중요한 경제 변화의 메커니즘을 알아차리지 못할 것이다. 더구나 경제 예측에 필요한 결정적 요인에 대해서도 무지해질 것이다. 의학계에는 전염병 예측과 관련된 수많은 논문들이 있다. 이런 연구들은 전염병의 성격과 전염인자와의 관계를 이해하는 것이 단순히 통계적 방법을 사용할 때보다 질병 예측에 더 큰 도움이 될 수 있음을 보여준다.

### '내러티브 경제학'이라는 용어의 뜻

'내러티브 경제학narrative economics'이라는 용어가 흔치는 않아도 예전부터 사용되어 오긴 했다. R. H. 잉글리스 폴그레이브R. H. Inglis Palgrave는 『정치경제학 사전Dictionary of Political Economy』에서 내러티브 경제학에 대해 짧게 언급했다.[3] 이 책에서의 내러티브 경제학은 서술을 이용해 역사적 사건을 설명하는 연구 방식을 의미하는듯 보인다. 그러나 내가 관심 있는 것은 새로운 내러티브를 제시하는 것이 아니라 주요 경제 사건에 관한 다른 사람들의 내러티브, 즉 바이럴이 된 대중 내러티브다. 나는 '내러티브 경제학'이라는 용어를 사용함으로써 두 가지 요소에 집중하고자 한다.

① 말로 전해지며 이야기 형식을 띤 아이디어의 전염

② 전염성 강한 이야기를 새로 창조하거나 이미 존재하는 이야기를 널리 확산시키고자 하는 노력

무엇보다 나는 내러티브의 전염이 경제적 사건에 어떻게 영향을 끼치는지 살펴보고 싶다. 내러티브는 흔히 이야기story와 동의어로 사용된다. 그러나 내가 여기서 사용하는 내러티브는 옥스퍼드 영어사전에서 제시하는 현대적 의미인 "특정 사회나 역사적 시기 등을 설명 또는 정당화하는 서술을 할 때 사용되는 이야기나 표현"이라는 의미를 반영한다. 나는 이 의미를 더욱 확장하여, 이야기가 단순히 사건들의 순차적 배열에 국한되지 않는다고 덧붙이고 싶다. 여기서 이야기란 감정적 동조를 촉발하고, 일상 대화를 통해 쉽게 전달되는 노래나 농담, 이론, 설명, 또는 구상이 될 수 있다. 그런 이야기는 종종 이야기에 함께 엮여 있는 유명인에 힘입어 인간적 흥미를 이끌어낸다.

예를 들어 20세기 후반의 내러티브는 자유시장을 '효율적'이라고 말하며 옹호했고, 따라서 시장을 개선하고자 하는 정부의 조치를 긍정적으로 여기지 않았다. 이 내러티브는 결국 정부 규제에 대한 대중의 부정적인 반응으로 이어졌다. 물론 그 당시에도 정부 규제에 대한 정당한 의견은 있었으나, 대부분 강력한 바이럴이 되지는 못했다. 바이럴 내러티브가 되려면 독특한 개성과 스토리가 있어야 한다.

가령 강력한 내러티브 중 하나로 영화배우 로널드 레이건Ronald Reagan이 있다. 그는 1953년부터 1962년까지 미국에서 방영된 인기 TV 프로그램 「제너럴 일렉트릭 시어터General Electric Theater」에서 매력적이고 입담 넘치는 사회자로 유명했다. 이후 그는 정계에 입문해 자유 시장 옹호자가 되었고, 1980년에는 대통령에 당선됐다. 1984년 재선 때에는 상대 후보의 출신 주를 뺀 미국의 모든 주에서 승리를 거뒀다. 레이건은 그의 명성을 이용해 거대한 자유 시장 혁명을 시작했으며 그의 영향력은 좋건 나쁘건 오늘날까지 미치고 있다.

이야기의 전염성은 사람들이 특정한 이야기 또는 이야기 속 인물에게 개인적인 동질감을 느낄 때 가장 강력해진다. 가공된 인물이든 실존하는 유명 인사든 상관없다. 이를테면 도널드 J. 트럼프Donald J. Trump가 터프하고 뛰어난 협상가이며 자수성가한 억만장자라는 이야기는 2016년에 그가 모두의 예상을 뒤엎고 미국 대통령으로 당선될 수 있도록 이끈 경제 내러티브의 핵심이었다. 트럼프의 경우처럼 어떤 유명인은 내러티브를 스스로 만들어내기도 한다. 하지만 대부분의 경우에는 그저 이야기의 전염성을 높이기 위해 옛날부터 존재하던 내러티브에 유명인의 이름을 추가한 것에 불과하다. 어디선가 들어본 것 같은 자수성가한 사람의 이야기가 그때마다 다른 유명 인사의 일화로 탈바꿈하는 것처럼 말이다. (앞으로 이 책에서도 유명인에 관한 수많은 내러티브에 대해 다룰 것이다.)

내러티브 경제학은 대중적인 이야기가 어떻게 시간의 흐름에 따라 변화하는지, 그리고 어떻게 경기침체와 불황뿐만 아니라 다른 중요한 경제 현상을 비롯해 경제적 결과에까지 영향을 끼치는지를 보여준다. 집값이 계속 상승할 것이라는 생각은 TV에서 보여주는 호화 주택 플리퍼flipper 이야기와 연결된다. 금이 가장 안전한 투자라는 생각은 전쟁과 불황에 대한 이야기와 결합된다. 이런 내러티브들은 설사 그 이야기와 관련된 유명인이 아주 보잘것없을 때조차도 강한 전염성을 띤다.

본질적으로 내러티브는 문화와 시대정신, 그리고 경제 행동의 변화를 빠르게 초래하는 주요 매개체다.[4] 가끔 내러티브는 일시적 유행이나 열풍과 섞여 잘 구분되지 않을 때도 있다. 그런 경우에는 발빠른 마케터나 프로모터들이 이득을 얻기 위해 의도적으로 내러티브를 증폭시키기도 한다.

대중 내러티브와 더불어 학계 내에서 공유되는 전문적인 내러티브도 있다. 거기엔 광범위한 사회적 행동에 교묘하게 영향을 끼치는 복잡한 아이디어가 담겨 있다. 이런 전문적인 내러티브 중 하나인 '투기 가격에 대한 랜덤워크이론'은 주가에 이미 모든 정보가 반영되어 있으므로 시장을 능가하려는 노력은 헛된 것이라는 내용을 포함한다. 이 내러티브는 전문적인 내러티브가 대개 그렇듯 진실이 담겨 있으나, 지금은 이 이론으로도 예측할 수 없는 불안정성에 관한 논문들이 계속 발표되고 있다.

때로는 전문적인 내러티브가 대중 내러티브로 변환되기도 하는데, 대중은 종종 그런 내러티브들을 왜곡한다. 이를테면 국내 주식시장에서 최고의 투자 방법으로 언급되는 '매수 후 보유 전략'이라는 내러티브를 예로 들 수 있다. 많은 사람들은 '매수 후 보유 전략'이 학술 연구로 뒷받침된다고 믿고 있지만, 사실 이 내러티브는 전문 경제학자들의 기본 원칙과 충돌한다. 랜덤워크이론에 관한 가장 유명한 내러티브처럼, 일부 왜곡된 내러티브들은 수 세대 동안 경제적 영향력을 떨친다.

역사 연구라는 것이 그렇다. 녹음기를 챙겨서 타임머신을 타고 과거로 돌아가 이런 내러티브를 창조하고 퍼트린 대화를 직접 녹음해서 가져올 수 없기 때문에 우리는 간접적인 자료에 의존할 수밖에 없다. 그러나 이제는 소셜미디어와 다른 다양한 도구, 가령 구글 엔그램 뷰어 같은 도구를 이용해 동시대의 내러티브 구조를 포착하고 추적할 수 있다.

## 중요한 미래 사건에 대한 예측

대부분의 경제학자들은 대중 내러티브가 자신들의 영역이 아니라고 생각하는 경향이 있다. 계속해서 이들을 설득하려 든다면, 그들은 언론학이나 사회학과에 가서 알아보라고 할 것이다. 그러나 그런 분야의 학자들은 경제 이론의 영역에 발을 내딛는 것을 어려워한다. 그러니까 내러티브 연구는, 경제 사건에 내러티브가 미치는 영향에 대한 연구와 거리감이 있을 수밖에 없다.

1930년대 대공황이 발생하기 전에, 어떤 경제학자도 그 사건이 얼마나 방대한 영향을 끼치게 될지 믿을만한 예측을 하지 못했다. 2005년 미국의 부동산 거품이나 대침체Great Recession, 그리고 2007~2009년의 세계금융위기를 내다본 이들도 소수에 불과했다. 1920년대 후반, 일부 경제학자들은 1930년대로 들어서면 새로운 수준의 경제적 번영을 누리게 될 것이라고 말했다. 반면, 어떤 이들은 극단적으로 대조적인 미래를 주장했다. 노동절약 기계가 일자리를 영구적으로 대체하여 앞으로 계속 높은 실업률이 유지될 것이라고 말이다. 그러나 10여 년 동안 실업률이 높게 유지되다 평범한 수준으로 돌아왔다는 사실에 대해서는 아무도 예측하지 못했다.

전통적인 방식으로 데이터를 연구하는 경제학자들은 추상적 이론을 고안하고 단기적인 경제 데이터를 분석하는 데 뛰어나다. 실제로 그들은 몇 분기 이내의 미시적 경제 변화에 대해서는 꽤 정확하게 예측하지만, 지난 반세기 동안 이들의 연 단위 예측은 전반적으로 전혀 쓸모가 없었다. 향후 1년간 미국의 분기별 GDP가 마이너스 성장률을 기록할 것인가에 대해 이들이 예측한 결과는 실제 발생한 마이너스 성장률과는 아무 관계도 없었다.[5] 패덤 컨설팅Fathom Consulting의 연구에 따르면, 국제통화기금IMF이 연 2회 발표하는 세계경제전망 보고서World Economic Outlook는 1988년 이후 194개국에서 도합 469번의 경기침체(해당 국가의 연간 GDP가 전년대비 감소)가 발생할 것으로 예측했으나, 실제로 다음 해에 그런 예측이 들어맞은 경우는 17번에 불과했다. 이들은 발생하지도 않은 경기침체를 자그마치 47배나 더 많이 예측했던 것이다.[6]

누군가는 이런 경제 예측이 며칠 남짓 맞을까 말까 한 기상예보와 비슷하다고 생각할지도 모르겠다. 그러나 사람들은 경제적 의사결정을 내릴 때 보통 1년 이상의 기간을 앞서 생각한다. 그들은 자녀를 고등학교나 4년제 대학에 보내거나, 30년 기간의 주택 대출을 얻어야 하기 때문이다. 그러니 향후 몇 년의 경제 상황을 알고 싶은 것은 당연한 반응일 것이다.

어쩌면 경제전망가들은 나름대로 최선을 다하고 있는지도 모른다. 그러나 뚜렷한 이유도 없이 비슷한 경제 사건들이 거듭 반복되고 있다는 사실을 감안하면, 현재의 경제 이론을 근본적으로 개선할 방법에 대해 고려해 봐야 할 때가 왔다.

과거를 분석하든 미래를 전망하든, 경제학자가 사업가나 언론인의 의견을 고려하는 것은 매우 드문 일이다(택시 운전사의 의견은 말할 것도 없고). 그러나 경제라는 복잡한 현상을 이해하려면 서로 모순되는 수많은 대중 내러티브와 경제적 의사결정과 관련된 아이디어들을 면밀히 살펴볼 필요가 있다. 그런 아이디어들이 옳든 아니든 말이다.

거시경제학의 전통적인 연구방법에 대한 비판은 전혀 새로운 게 아니다. 경제학자 찰링 코프만스Tjalling Koopmans는 1947년에 발표한 논문 〈이론 없는 측정Measurement without Theory〉에서 예측에 도움이 되는 선행지수를 찾는 데 있어, GNP나 금리 같은 시계열時系列 데이터의 통계적 속성만을 검토하는 당시의 일반적인 접근법을 비판한 바 있다. 그는 인간의 근본적인 행동양식을 관찰하고 그걸 바탕으로 이론을 구축해야 한다고 주장했다.

> 이러한 경제 이론은 시계열에 내포된 관찰 내용과는 다른 종류의 증거를 기반으로 한다. 자기성찰이나 개인의 행동에 대한 관찰, 인터뷰를 통해 파악한 소비자의 동기와 습관, 기업체의 이윤 창출 목표들이 있다. 간단히 말해, 인간의 행동과 동기에 대한 다소 체계화된 지식을 바탕으로 한다.[7]

요컨대, 코프만스의 지적처럼 전통적인 경제학 연구는 주요 경제 사건에서 대중의 '믿음'이 어떤 역할을 하는지를 고찰하는 데 실패했다. 경제학자들이 경제 사건을 해석할 때 대중 내러티브에 대한 이해를 더한다면 미래를 전망하는 데 있어 내러티브의 영향력에 더욱 예민해질 수 있다. 결과적으로 경제 발전을 예측하고 대처할 수 있는 더욱 개선된 도구를 정책입안자에게 제공할 수 있다. 나는 이 책을 통해 경제학자들이 내러티브 경제학이라는 '기술'을 발전시키고 통합한다면 우리의 '학문'을 더욱 증진할 수 있다고 주장하고 있다. 다음 장에서는 이 기술과 학문을 융합하여 더욱 탄탄한 경제학으로 발전시키기 위한 기본 토대를 구축할 것이다.

## 도덕적 의무에 기반한 경제 사건 예측

미래를 예측하는 목적은 사회의 편익을 위해, 즉 미래의 결과를 바꾸기 위해 현재에 개입하려는 것이다. 미시건대학 시절 내게 큰 영향을 끼친 또 한 명의 교수 케네스 E. 볼딩Kenneth E. Boulding은 1969년 미국 경제학회American Economic Association, AEA의 기조연설에서 경제학은 인간의 이상과 사고를 다루기 때문에 윤리학으로 간주되어야 한다고 말했다. 그는 다음과 같은 학설을 통렬하게 비난했다.

> 무차별곡선의 무염시태無染始胎라고 부를 수 있는 학설, 즉 취향이란 부여되는 것이며 따라서 우리는 그 형성 과정에 의문을 품을 수 없다는 것. 이 학설은 문자 그대로 '새들을 위한' 것이다. 새들의 취향은 대부분 유전적 구조에 따라 결정되며, 조류 사회의 역학에서는 그것을 상수로 취급할 수 있다.[8]

볼딩의 말에 따르면 경제는 "그것이 투자하는 세계를 창조한다."[9] 우리는 종종 미래를 예측하기보다는 남들에게 경고하기를 원한다. 어떤 재앙이 올지 미리 알고 싶은 것이 아니라 그런 재앙이 발생하는 것을 막을 수 있기를 바란다.

중앙은행이 정기적으로 금리를 인상하거나 인하할 경우, 신문 기사들은 그런 조치에 동반되는 이야기나 용어가 아니라 오히려 정확한 액수와 시기를 가장 중요한 핵심으로 다루는 것 같다. 1977년 어빙 크리스톨Irving Kristol은 전형적인 경제학자의 관점을 드러내며 기업신뢰도에 관한 여론조사 결과를 일축했다.

> 비할 바 없이 어리석은 짓이다. 신축 공장 및 장비에 대한 투자 의향으로 대변되는 기업신뢰도는 심리적인 현상이 아니라 경제적인 현상이다. 중요한 것은 카터(당시의 미국 대통령-옮긴이)와 번즈(당시의 연준 의장-옮긴이)가 '행하는' 일이지, 그들의 하는 말이 아니다. 존 메이너드 케인스는—그리고 그의 몇몇 제자들은—아직도 사업가들 사이에 팽배한 '야성적 충동'에 따라 투자 성향이 좌우된다고 믿었을지 모른다. 그러나 케인스주의 경제학자들은 항상 사업가의 지성을 과소평가했고, 그들은 괴팍한 어린애나 다름없으며 온정적으로 관리되어야 한다고 말했다. 기업신뢰도를 좌우하는 것은 수익성 있는 투자에 대한 전망이다. 오직 그뿐, 대통령이나 경영자, 또는 다른 누구의 말이 아니다.[10]

크리스톨은 경제 위기를 촉발하는 이야기와 독립적으로 움직이는 경제적 힘을 구분하지 않는다. 그러나 그는 경제학자들이 최적화되지 않은 기업 행동을 규명하기 위해 사업가들의 지성을 모욕하고 있다고 주장함으로써 경제가 정치화되고 있다고 시사한다. 이제 많은 경제학자들이 사업가들을 치켜세우면 그들의 경력에 보답이 돌아온다는 것을 배웠다. 경제가 추상적인 경제 요인에 의해서만 움직인다는 주장은, 곧 경제가 도덕적 공백 상태에 있으며 리더십에 대한 비판이 존재하지 않는다는 사실을 암시한다.

## 내러티브 경제학자인 존 메이너드 케인스

크리스톨은 여론조사를 무시했을지 모르나, 역사상 가장 유명한 경제 예측은 아마 내러티브의 관찰과 인간 행동에 대한 우려에 바탕을 두고 있는 것 같다. 케임브리지대학의 경제학자 존 메이너드 케인스John Maynard Keynes는 1919년에 출간한 『평화의 경제적 결과』에서, 독일이 1차 세계대전 이후 체결된 베르사유 조약의 가혹한 배상금 조항에 극심한 반감을 품을 것이라고 내다보았다. 종전 당시 이 같은 예측을 한 사람은 케인스뿐만이 아니었다. 예를 들어 평화주의자인 제인 애덤스Jane Adams는 패전 독일에 대한 구제 운동을 펼치기도 했다.[11] 그러나 케인스는 현실적인 경제적 증거를 함께 제시했다. 독일은 실로 막대한 배상금을 지불할 능력이 없었고, 독일에 배상금을 강요하는 것이 위험하다는 케인스의 우려는 옳았다.

케인스는 독일 국민이 배상금과 전범국 조항을 어떻게 해석할지 정확히 예측했다. 케인스의 통찰력은 내러티브 경제학이 어떤 것인지를 정확히 보여주었다. 독일 국민들이 그들의 경제적 상황과 관련해 베르사유 조약 이야기를 어떻게 해석하는지에 초점을 맞췄기 때문이다. 그것은 또한 미래에 대한 예측이기도 했다. 1919년, 싸구려 멜로드라마와 같은 외교 정책이 진행되고 있던 와중에 케인스는 앞으로 다가올 전쟁에 대해 이렇게 경고했다.

> 만일 중부 유럽을 고의적으로 빈곤에 빠트리는 것이 목적이라면, 그 복수는 가차 없고 신속하게 이뤄질 것이라고 나는 감히 예측한다. 반동 세력과 혁명의 좌절스러운 혼란이 부딪쳐 발생할 내란을 장기적으로 막을 수 있는 것은 아무것도 없다. 내란이 발생하기 전까지 지난 독일 전쟁에 대한 공포는 수그러들지 않을 것이며, 어느 쪽이 승리를 거두든 이는 우리 세대의 문명과 진보를 파멸시킬 것이다.[12]

케인스의 예측은 옳았다. 그로부터 20년 후, 남아 있던 분노 속에서 시작된 2차 세계대전은 620만 명의 목숨을 앗아갔다. 케인스의 경고는 경제학과 경제적 균형에 대한 판단에 발판을 두었다. 하지만 케인스는 오늘날 우리가 생각하는 순수한 경제학에 대해 말한 게 아니다. 그가 말한 '복수'나 '혁명의 좌절스러운 혼란'과 같은 표현은 도덕적 기반으로 채워진 내러티브가 존재하며 인간 행동의 보다 깊은 의미와 맞닿아 있음을 암시한다.

## 비이성적 과열에서 내러티브 경제학으로

이 책은 내가 평생 다듬고 발전시킨 사고의 궁극적 결과물이다. 나와 여러 동료들, 특히 조지 애커로프Geroge Akerlof와 함께 수십 년에 걸쳐 연구한 내용을 담은 이 책[13]은 2017년 미국 경제학회에서 발표한 내 기조연설 '내러티브 경제학'에서 절정에 달한 뒤, 2018년 케임브리지대학의 마셜 강연으로 완성되었다. 이 책은 기존의 모든 아이디어를 통합하고 거기에 역학疫學(질병의 감염 및 확산을 다루는 의학 분야)을 결합시켜 경제 활동에서 관찰되는 수많은 변화에 생각 바이러스가 일조하고 있다는 개념을 제시한다. 우리 시대의 스토리, 개인의 삶에 관한 이야기는 끊임없이 변해 우리의 행동 또한 변화한다는 것이다.

이 책에서 소개하는 내러티브 경제학의 통찰력은 오늘날의 정보기술 및 소셜미디어의 발전과 밀접하게 연결된다. 이러한 도구들은 전 세계에 이야기를 전달하고 눈 깜짝할 사이에 그것을 바이럴로 만드는 매개체이며, 그로써 우리의 경제 행동에 엄청난 영향을 끼친다. 또한 지금보다 커뮤니케이션의 속도가 훨씬 더뎠던 시절, 즉 전화와 전신, 트럭이나 기차가 배달하는 신문을 통해 이야기가 전달되던 시기에 대해서도 살펴볼 것이다.

이 책은 4부로 구성되어 있다. 1부에서는 의학과 역사를 포함해 다양한 분야의 연구조사에서 비롯된 기본 개념을 소개하고 독자 여러분에게도 익숙할 두 가지 내러티브를 제시한다. 첫째, 2009년에 급속도로 확산된 비트코인 내러티브와 둘째, 1970년대와 1980년대에 바이럴이었던 래퍼곡선이다. 2부에서는 경제 내러티브의 길잡이이자 그에 대한 잘못된 생각을 바로잡는 데 도움이 될 기본 명제를 소개한다. 예를 들어 많은 사람들은 영속적 내러티브가 변이하면서 예전에 강력했던 이야기를 새로 다듬거나 더욱 강력해질 수 있다는 사실을 잘 깨닫지 못한다. 3부에서는 중대한 경제적 의사결정에 영향을 끼칠 수 있는 9개의 영속적 내러티브, 가령 다른 사람들의 신뢰나 근검절약, 직업 불안정성에 관한 내러티브 등을 살펴본다. 4부에서는 내러티브가 현재 우리를 어떤 방향으로 이끌고 있으며 앞으로 어떠한 연구를 통해 내러티브에 대한 우리의 이해를 향상시킬 수 있을지 미래의 방향을 고찰한다. 부록에서는 내러티브 분석을 전염병에 관한 의학적 이론과 연관지어 살펴보겠다.

목차



## 1부 내러티브 경제학의 시작



## 2부 내러티브 경제학의 토대

## 3부 영속적 경제 내러티브



## 4부 내러티브 경제학의 발전

This book offers the beginnings of a new theory of
introduces an important new element to the usual
riving the economy: contagious popular stori
rd of mouth, the news media, and social media
s decisions that ultimately affect decisions
st, how much to spend or save, and wheth
n job. Narrative economics, the study of t
s that affect economic behavior, ca
and prepare for economic events. I
stitutions and policy.
l for where we are going, let's be
ve, recently in full swing. Bitc
yptocurrencies—including
enerated enormous lev
ivity. These narratives s
urrency in history a
l its market price
uitive basis for dis
hich we explor
a contagious
nomic decis
imes, to s
siness
atives
den

1부

# 내러티브 경제학의 시작

# 1
# 비트코인 내러티브

이 책은 일반적인 경제 요인에 중요하고 참신한 요소를 도입함으로써 경제적 변화의 새 이론의 시작을 제안한다. 그 새로운 요소란 바로 입소문과 언론 매체, 소셜미디어 등을 통해 확산되는 전염성 강한 대중적인 이야기이다. 대중의 일반적인 생각은 종종 투자를 어떻게 할 것인지, 돈을 얼마나 소비하고 저축할 것인지, 혹은 대학에 갈 것인지, 취직을 할 것인지 등과 같은 경제적 의사결정에 영향을 끼친다. 이처럼 대중 내러티브의 전염적 확산을 연구하는 내러티브 경제학은 경제 사건을 예측하고 대비하는 능력을 향상시킬 수 있다. 나아가 경제 제도 및 정책을 구축하는 일에도 도움을 줄 수 있다.

그렇다면 가장 먼저, 지금 한창 유행 중인 대중 내러티브에서부터 시작해 보자. 비트코인Bitcoin은 현재 수천 개에 달하는 민간발행 암호화폐cryptocurrency—라이트코인, 리플, 이더리움, 리브라 등—의 첫 타자였고, 엄청난 화젯거리와 과열된 분위기, 그리고 활발한 기업 활동을 몰고 왔다. 비트코인은 사실 상거래 목적보다는 그에 대한 투기 열풍과 높은 시장가 때문에 역사상 가장 주목할 만한 암호화폐라고 할 수 있다. 비트코인을 둘러싼 내러티브는 내러티브 경제학의 근본 역학을 논하는 데 필요한 직관적 토대를 제공해 준다(이에 대해서는 3장에서 더 자세히 이야기하겠다).

'경제 내러티브'란 사람들의 경제적 의사결정을 바꿀 수 있는 전염성 강한 이야기를 가리킨다. 가령 직원을 고용할지 아니면 더 적절한 시기를 기다릴지, 위험을 무릅쓸 것인지 아니면 신중하게 굴 것인지, 또는 벤처 사업을 시작할 것인지 아니면 불안정한 투기성 자산에 투자할 것인지와 같은 결정들 말이다. 경제 내러티브 그 자체는 가장 중요하거나 두드러진 이야기가 아니며, 이를 구분하려면 내러티브가 사람들의 경제적 행동을 변화시키는 데 얼마나 큰 잠재성을 지니고 있는지 살펴봐야 한다. 비트코인 이야기가 성공적인 경제 내러티브인 이유는 전염성이 높고 실제로 세계 곳곳에서 경제적 변화를 야기했기 때문이다. 비트코인은 창업 열풍을 일으키고 기업 신뢰도를 자극했다. 적어도 얼마 동안은 말이다.

## 비트코인과 거품

비트코인 내러티브는 고루한 관료주의자들의 반대편에 있는 멋지고 근사해 보이는 대도시 젊은이들에 관한 이야기다. 부자들과 불평등, 발전된 정보 기술과 온갖 신기한 전문 용어에 이르기까지, 비트코인 유행은 대다수 사람들에게 단계적인 충격으로 다가왔다. 처음 등장했을 때도 신기했지만 이후 급격한 성장을 이어가면서 세계의 관심을 사로잡았고 거듭 놀라움을 선사했다. 어느 한 시점에서는 비트코인의 총 가치가 무려 3천억 달러를 넘어서기도 했다. 그러나 비트코인은, 그 발행자들도 시인하듯 대중이 그것을 가치 있게 여기지 않는 한 실질적인 가치를 지닐 수 없다. 그렇다면 비트코인의 가치는 어떻게 겨우 몇 년 새에 0달러에서 3천억 달러까지 성장하게 된 것일까?

비트코인의 발단은 2008년까지 거슬러 올라간다. 사토시 나카모토Satoshi Nakamoto의 서명이 적힌 〈비트코인: 개인 간 거래가 가능한 전자화폐 시스템Bitcoin: A Peer-to-Peer Electronic Cash System〉이라는 짧은 논문이 인터넷 메일링 리스트를 통해 배포되었다. 2009년에는 이 논문을 바탕으로 세계 최초의 암호화폐인 비트코인이 탄생했다. 암호화폐는 컴퓨터가 관리하는 공개원장에 거래 내역이 기록되는데, 사람들이 거기에 화폐와 같은 가치를 부여하고 뭔가를 판매하거나 구입하는 데에 돈처럼 쓸 수 있다. 암호화폐를 뒷받침하는 수학적 이론은 무척 인상적이나, 사람들이 왜 암호화폐를 가치 있게 여기고 남들도 그 가치를 인정할 것이라고 생각하는지에 대한 이유를 규명해 주지는 않는다.

암호화폐를 폄하하는 사람들은 비트코인이 단순한 투기성 거품에 지나지 않는다고 말한다. 전설적인 투자전문가인 워런 버핏Warren Buffet은 "비트코인은 도박 장치다."라고 말했다.[1] 논평가들은 비트코인 내러티브가 1630년대에 네덜란드에서 튤립 뿌리 하나가 집 한 채 값과 맞먹었던 튤립 광풍 내러티브와 비슷하다는 사실을 알아냈다. 즉 비트코인의 가치가 상승한 것은 그저 대중의 관심과 열광 때문이라는 얘기다. 비트코인이 대대적인 성공을 거두려면 대중이 비트코인 현상에 열광한 나머지 그것을 구입하기 위해 비정상적인 거래에 뛰어들어야 한다.

한편 비트코인 옹호자들 입장에서 비트코인이 투기 거품이라고 낙인찍히는 것은 모욕이나 다름없었다. 비트코인 지지자들은 비트코인에 대한 대중의 지지가 다른 수많은 현상과 근본적으로 다르지 않다고 말한다. 이를테면 황금은 지난 수천 년 동안 고가치를 누렸지만, 만약 사람들이 금이 아닌 다른 것을 돈으로 사용하게 되면 더는 그런 귀한 대접을 받지 못할 것이다. 사람들이 금을 높게 평가하는 가장 큰 이유는 남들이 금을 중요하게 여긴다는 사실을 인지하고 있기 때문이다. 『버블의 탄생』에서 피터 가버Peter Garber는 경제 버블이 꽤 오랫동안 지속될 수 있다고 지적했다. 튤립 파동은 17세기에 일어났지만 희귀한 튤립은 그 뒤로도 오랫동안 여전히 귀하게 평가받았다. 심지어 튤립 파동은 지금까지도 어느 정도 이어지고 있고, 비트코인 또한 같은 길을 걷게 될지 모른다.

그럼에도 비트코인의 가치는 매우 불안정하다. 〈월스트리트 저널〉에 따르면 비트코인은 한때 별다른 이유도 없이 40시간 동안 가격이 40퍼센트나 급등한 적도 있다.[2] 이런 변동성은 경제 내러티브가 전염적인 특성을 지니고 있다는 증거이며, 불안정한 가격 혼란으로 이어질 수 있다.

여기서 나는 비트코인이 수십 년에 걸친 연구 성과라는 사실 외에 기술적 측면에 대해서는 아무런 말도 하지 않을 작정이다. 비트코인을 거래하는 이들 중에서도 그것의 기반 기술을 정확히 이해하는 사람은 얼마 되지 않을 것이다. 나는 열광적인 비트코인 지지자를 만날 때면 머클트리Merkle Tree나 타원곡선 전자서명 알고리즘ECDSA 같은 개념이나, 제한된 처리량을 지닌 혼잡-큐잉 방식에 비유해 달라고 부탁한다.[3] 그때마다 대부분의 사람들은 그게 대체 뭔 소리냐는 듯한 멍한 표정으로 나를 쳐다보곤 한다. 어쨌든 아주 똑똑한 일부 수학자나 컴퓨터 과학자들이 생각해 낸 기본적인 개념 외에 다른 복잡한 이론은 내러티브에서 그리 중요한 것이 아니다.

내러티브 경제학을 연구하다보면 종종 신기한 연관성을 발견하곤 한다. 지난 역사를 되짚어 보면 우리는 비트코인 유행의 이면에 존재하는 정서가 실은 19세기 아나키즘의 성장에 그 발단을 두고 있음을 알 수 있다.

## 비트코인과 아나키즘

모든 정부에 반대한다는 기조를 지닌 아나키즘 운동은, 구글 엔그램 뷰어에서 검색한 결과, 아나키스트anarchist 또는 아나키즘은 1880년대에 시작해 서서히 상승가도를 걸었다. 그러나 아나키즘이라는 용어 자체는 그보다 수십 년 전인 철학자 피에르 조셉 프루동Pierre-Joseph Proudhon과 그의 동료들 작품까지 거슬러 올라간다. 프루동은 1840년에 아나키즘에 대해 이렇게 설명한 바 있다.

> 지배된다는 것은 감시받고, 조사받고, 염탐받고, 지시받고, 법률의 조종을 받고, 숫자가 매겨지고, 규제되고, 등록되고, 사상이 주입되고, 전도되고, 통제되고, 점검받고, 판단되고, 평가받고, 검열되고, 지휘를 받는 것이다. 그럴 권리도 지혜도 인품도 없는 자들에게 말이다.[4]

프루동의 이 발언은 정부 당국에 실망하거나, 개인적 성취가 무산된 것을 정부의 탓으로 돌리는 이들에게 깊은 호소력을 발휘했다. 아나키즘이 전염성을 획득하기까지는 약 40년이라는 시간이 걸렸으나, 놀랍게도 이는 오늘날까지 이어질 만큼 어마어마한 지속력을 지니고 있다. 실제로 비트코인닷오알지Bitcoin.org 웹사이트에는 아나키스트인 스털린 루한Sterlin Lujan의 2016년 선언문이 게시되어 있다.

> 비트코인은 평화적 무정부주의와 자유의 촉매제다. 부패한 정부와 금융기관에 저항하기 위한 것이다. 비트코인은 단순히 금융 기술을 개선하기 위해 창조된 것이 아니다. 그러나 혹자들은 이러한 진실을 호도하고 있다. 비트코인은 화폐 무기로서 기능하기 위한 것이며, 암호화폐는 정부의 권위를 쇠퇴시킬 준비가 되어 있다.[5]

비트코인 지지자라고 해도 대부분은 이런 극단적인 표현을 사용하지 않을 테지만 위의 선언문은 비트코인 내러티브의 핵심을 담고 있다. 암호화폐와 블록체인—암호화폐의 회계 시스템으로 다수의 익명 개인들에 의해 민주적으로 유지되고 정부 규제로부터 자유롭다고 가정되는—은 특정 부류의 사람들에게 정서적 호소력을 지닌다. 이는 사회적 위치와 역할에 대한 그들의 감정을 깊숙이 자극하는 듯 보인다. 비트코인 이야기가 유독 큰 반향을 초래한 것은, 아나키스트를 오직 혼란과 폭력만이 인간 사회를 이끌 수 있다고 주장하는, 즉 폭탄을 내던지는 미치광이 테러리스트로 묘사한 기존 반反 아나키즘 내러티브의 반대담론을 제시했기 때문이다. 비트코인이 전염성 강한 반대담론인 이유는 종국에는 자유로운 아나키즘 사회가 올 것이라는 창의적이고 인상적인 사상을 대변하기 때문이다.

'해커 윤리hacker ethic'라는 단어는 그런 아나키즘이 현대적으로 구현된 또 다른 예시다. 월드와이드웹www이 지금처럼 상용화되기 전인 1991년, 사회학자 앤드루 로스Andrew Ross는 이런 글을 썼다.

1950년대에 다중접속 사용자 시스템을 개발한 MIT 학생들 사이에서 처음 대두된 해커 윤리는, 알 권리 원칙과 탈중앙화 기술을 옹호한다는 측면에서 자유주의적이며 크립토 아나키스트적이다.[6]

2001년에 출간된 『해커, 디지털 시대의 장인들』에서 페카 히마넨Pekka Himanen은 열정적인 프로그래머의 윤리에 대해 설명했다.[7] 인터넷 시대에 신기술—정부나 수익, 또는 변호사에게 의지하지 않는 새로운 체제—을 통해 서로 협력하고자 하는 그들의 의지와 능력은 많은 이들을 놀라게 했다. 예를 들어 위키피디아Wikipedia로 대표되는 위키 시스템은 익명의 다수가 협력해 훌륭한 정보 저장소를 구축하도록 독려한다. 또 다른 성공적인 사례로는 무료로 배포되는 오픈소스인 리눅스 운영체제를 들 수 있다.

그러나 바이럴 경제 내러티브의 무수한 사례들 중에서도 비트코인은 현저하게 두드러지는 존재다. 전염성이 높을 뿐만 아니라 아나키스트 정신을 효과적으로 담아내는 내러티브이기 때문이다. 그리고 물론 바로 그렇기 때문에 대다수 사람들이 비트코인에 대해 들어본 적이 있는 것이다. 비트코인 이야기는 다소 부풀려지기도 했지만 신비로운 요소를 지니고 있다. 비전문가와 평범한 사람들도 내러티브에 참여할 수 있고, 나아가 비트코인을 중심으로 정체성을 구축할 수 있다. 뿐만 아니라 비트코인은 이것을 통해 엄청나게 부자가 된 사람들의 이야기를 만들어냈다.

## 인간적 흥미를 불러일으키는 비트코인 내러티브

비트코인 내러티브는 전 세계의 코즈모폴리턴 계급과 그 일원이 되길 꿈꾸는 이들, 그리고 최고급 첨단기술을 사용하는 사람들을 자극한다. 다른 수많은 경제 내러티브처럼 비트코인 내러티브에도 그 이야기의 영웅이자 유명 인사가 존재한다. 비트코인 내러티브에 내재된 인간적 흥미를 끌어올리는 중심인물은 바로 사토시 나카모토다. 비트코인 내러티브는 낭만적인 데다 일종의 추리물에 가까운데, 사토시 나카모토를 실제로 만나봤다는 사람이 단 한 명도 없기 때문이다. 초기 비트코인 코드 개발자 중 한 명은 사토시와 오직 이메일로만 소통했고 면대면으로는 한 번도 만난 적이 없다고 증언했다.[8] 비트코인닷오알지 웹사이트에는 "사토시는 2010년 후반, 그의 정체에 대해 많은 것을 함구한 채 프로젝트에서 물러났다."라고 기록되어 있을 뿐이다.

대중은 추리소설을 좋아하고 미스터리를 파헤치는 것을 좋아한다. 추리소설 장르가 얼마나 두터운 사랑을 받고 있는지 생각해 보라. 비트코인 미스터리는 용감무쌍한 탐정들이 나카모토로 추정되는 인물을 공개할 때마다 대중에게 반복적으로 노출되었고, 이런 매혹적인 미스터리에 대한 거듭된 홍보는 비트코인 내러티브의 전염률을 높였다.

## 비트코인과 불평등에 대한 두려움

아나키즘 감성과 사토시 나카모토를 둘러싼 미스터리 외에도, 비트코인 이야기는 경제적 패권에 대한 욕망의 이야기다. 21세기에 접어들면서 선진국들의 경제적 불평등이 급증하기 시작했다. 많은 사람들이 무력감에 빠져들었고 경제적 삶에 대한 통제력을 갈망하기 시작했다.

비트코인의 가격은 2011년, "우리가 99퍼센트다!"라고 외치던 월 스트리트 점거 시위와 맞물려 처음으로 상승하기 시작했다. 미국에서 처음으로 월 스트리트 점거 시위를 시작한 사회운동 단체인 애드버스터스Adbusters는 그들의 메시지가 바이럴이 되길 원했고, 점거 시위는 곧이어 많은 국가들로 퍼져나갔다. 비트코인 내러티브에 개인의 임파워먼트 발상이 담겨 있는 것은 우연이 아니다. 비트코인 내러티브에 따르면 비트코인은 익명으로 운영되며 정부의 통제와 관리, 권력으로부터 자유롭기 때문이다.

비트코인과 다른 암호화폐의 유행에 박차를 가한 또 다른 근본적인 내러티브는 컴퓨터가 인간의 삶을 점점 더 많이 통제한다는 생각이다. 21세기의 사람들은 아마존의 '알렉사Alexa', 애플의 '시리Siri', 알리바바의 '티몰지니Tmall Genie'처럼 인간의 언어를 이해하고 인간과 비슷한 목소리로 질문에 적절히 답변할 수 있는 자동화 비서를 사용할 수 있게 되었다.

무인 자동차, 트럭, 열차, 선박의 출현 또한 그리 멀리 있지 않고,

트럭이나 기타 차량을 운전하거나 조종하는 사람들은 대량 실업의 가능성을 앞두고 있다. '첨단기술이 우리의 삶을 빼앗아가고 있다.'라는 내러티브는 산업혁명 이래 인류를 끊임없이 공포로 몰아넣은 노동절약 기계 내러티브의 최신형이다.

이와 같은 러다이트—신기술 반대자—내러티브(이에 대해서는 13장에서 상세히 살펴보자)에는 기계가 곧 인간의 일자리를 대체하게 될 것이라는 불안감이 내포되어 있다. 이것은 그저, 어느 날 회사에 출근했더니 새 컴퓨터가 당신의 일을 대신하고 있다는 식의 두려움이 아니다. 이러한 변화는 보다 점진적이고 필연적이며 보편적이다. 컴퓨터의 사용으로 자동화 처리되는 업무가 늘어나면 고용주는 당신의 존재에 놀랍도록 무감각해지고, 급여 인상에도 관심이 없으며, 당신에게 회사에 남아달라고 설득한다거나, 다른 사람을 고용한다거나 하지도 않을 것이고, 결과적으로 당신을 더는 기억하지도 못하게 될 것이다. 미래에 대한 두려움은 앞으로 당신이 필요 없는 존재가 될지도 모른다는 존재론적 공포에 가깝다.

그런 환경에서는 선택의 범위가 제한될 수밖에 없다. 컴퓨터는 훈련을 통해 인간과 비할 데 없는 속도로 새로운 업무를 수행할 수 있다. 컴퓨터 때문에 일자리를 잃은 사람들을 위해 정부가 재교육 예산을 늘리더라도 그들이 장기적으로 성공할 수 있으리라고 장담할 수 없다. 이미 전 세계 수백만 학생들이 과연 현재의 교육으로 자신이 성공할 수 있을지 의문을 품는다. 이런 불안감이 오히려 비트코인같이 첨단기술을 이용하는 암호화폐의 유행을 간접적으로 조성하고 있다. 비트코인은 적어도 겉으로는 첨단기술에 숙달할 수 있을 거라는 상상 가능한 희망을 주기 때문이다.

## 비트코인과 미래

비트코인의 핵심 기술인 전자서명 알고리즘은 개별 소유자를 표시해 절도나 탈취를 방지하는 기술이다. 이 기술은 일찍이 1990년대부터 사람들의 주목을 끌었지만 이 내러티브의 전염성은 비트코인 자체의 전염성을 따라잡을 수 없었다. 프로퀘스트의 전체 데이터베이스에서 '타원곡선 전자서명 알고리즘'이라는 단어가 포함된 기사는 단 하나뿐이다. '전자서명 알고리즘'이라는 단어가 포함된 기사도 5건에 불과했다. 비트코인 혁명을 탄생시킨 암호화 알고리즘, 즉 RSA 알고리즘의 등장은 1977년까지 거슬러 올라간다. 프로퀘스트에서 검색된 'RSA 알고리즘' 언급 기사는 26건이지만, '비트코인'이라는 단어가 언급된 15만 건의 기사에 비하면 새발의 피 수준이다.

이런 막대한 차이는 비트코인 내러티브가 지닌 엄청난 전염성 때문이다. 전자서명 알고리즘은 마치 시험공부 때문에 억지로 암기해야 하는 단어처럼 들린다. 왠지 전문적이고, 어렵고 따분하다. 하지만 비트코인 내러티브는 다르다. 비트코인 투자가가 최첨단 기술을 발견해 부자가 되었다는 아주 단순한 이야기이기 때문이다. 비트코인은 미래에 대한 이야기다. 단어가 쉽고 짧아 귀에 쏙쏙 들어오고 친목 모임에서도 열띤 대화를 나눌 수 있다. 간단히 말하자면 비트코인은 그중에서도 최고의 내러티브인 것이다.

사람들이 비트코인을 구입하는 이유는 흥미로운 것에 동참하고 그 경험을 통해 뭔가를 배우고 싶어 하기 때문이다. 그리고 이런 동기가 유독 강력하게 작용하는 이유는 그 기저에 깔려 있는, 컴퓨터가 우리의 일자리를 대체하게 될 거라는 내러티브 때문이다. 그러나 컴퓨터가 '모든' 일자리를 대체할 수는 없다. 누군가는 그 컴퓨터를 제어하고 조종해야 하며, 따라서 그런 신기술을 쥔 사람이 승자가 될 것이라는 새로운 내러티브가 탄생한다. 그러한 미래에서 자신이 승자가 될 것이라 확신할 수 있는 사람은 거의 없다. 컴퓨터과학을 전공한 사람들도 성공가도를 달릴 것이라 장담할 수 없고, 로우레벨 프로그래머처럼 지루한 일을 하거나 아예 일자리를 구하지 못할 수도 있다. 비트코인이 자리한 첨단기술의 금융 분야에 속하고 싶다는 욕망이 팽배한 이유는 우리 세계를 지배하는 것은 바로 금융업자들이라는 이야기가 너무 많이 퍼져 있기 때문이다. 열성적인 비트코인 지지자들은 비트코인을 이용한 이 대담한 시도가 자신을 미래의 신세계에서 승자가 될 이들과 연결해 줄 것이며, 세계의 주도권을 유지할(또는 쥘) 통찰력을 제공해 줄 것이라고 생각한다. 비트코인을 구입하면 이 새로운 현실과의 연결고리를 마련할 수 있는 것처럼 말이다. 암호화폐 기술을 알아야만 그걸 구입할 수 있는 것도 아니지 않은가. 편의점 자동 판매기에서도 비트코인이나 다른 암호화폐를 판매하는 세상이다. 이처럼 '미래에 참여하세요.' 같은 내러티브는 정기적으로 비트코인의 가격변동을 알려주는 정기 뉴스로 더욱 강화되고, 비트코인에 가치를 부여하게 된다. 가치에 대한 인식은 또다시 비트코인 가격을 변동시키고, 그러한 가격변동은 전염성 있는 내러티브를 창조하며 또 그 안에서 번창한다.

## 세계 경제의 멤버십 토큰

우리는 인류 역사상 매우 독특한 전환기에 살고 있다. 크게 성공한 사람들은 스스로를 보다 광범위한 국제 문화에 속해 있다고 여기고, 국가는 때때로 신기할 정도로 우리의 야망과는 아무 관계도 없는 듯 보인다. 비트코인에는 국적이 존재하지 않기 때문에 더욱 민주적이고 국제적인 호소력을 지닌다. 비트코인처럼 범국가적인 내러티브는 본질적으로 어떤 국가도 이를 통제하거나 방해할 수 없다는 생각을 내포하고 있다. 반대로 기존의 종이화폐, 특히 정부가 발행한 위인들의 얼굴이 새겨진 화폐는 국가주의의 표상이며 패자를 위한 것이다. 지폐는 어떤 면에서 보면 국가를 상징하는 작은 국기와 같다. 하지만 비트코인 지갑을 갖고 있다는 것은 세계 시민이 된다는 것이며, 어찌 보면 전통적인 소속집단에서 심리적으로 독립하는 일이다.

그렇다면 우리는 비트코인의 인기를 어떻게 요약할 수 있을까?

결국 사람들이 비트코인에 관심을 갖는 이유는 다른 많은 사람들이 비트코인에 관심을 갖고 있기 때문이다. 사람들이 비트코인이라는 새로운 이야기에 관심을 갖는 이유는 남들도 거기에 관심이 있다고 믿기 때문이다.

인간의 심리와 역사, 수학적 피드백 모형을 연구하던 학자들이 밝혀낸 내러티브의 기본 원리를 생각하면 비트코인의 이례적인 성공은 그리 놀라운 일이 아니다. 이 위대한 사상가들과 그들이 기여한 업적에 대해서는 다음 장에서 논하도록 하자. 이들은 대부분 경제학 교육을 받지도 않았고 전문 경제학자도 아니었다.

# 2
# 통섭이라는 모험

내게 있어 내러티브 경제학은 곧 통섭을 발견하는 모험이다. 철학자이자 과학자인 윌리엄 휴얼William Whewell이 처음 사용하고 1994년에 생물학자 E. O. 윌슨E. O. Wilson이 대중화시킨 통섭統攝, consilience은 상이한 학문 분야, 특히 자연과학과 인문학적 지식의 통합을 의미한다. 이처럼 다양하고 상이한 접근법을 사용하는 것은 우리 경제의 현실과 거기 담긴 인간적인 현상, 그리고 갑작스럽고 놀라운 변화를 이해하기 위해서다. 경제라는 것이 실은 살아 있는 사람들로 구성되어 있음을 알아야 한다. 사람들이 감정과 생각이 담긴 이야기의 관점에서 자신의 행동을 인식한다는 점을 고려한다면, 경제를 이해하기 위해 다양한 관점을 갖추는 것은 필수적이다. 그러므로 내러티브 경제학을 연구하려면 다른 다양한 학문들의 개념을 빌려올 필요가 있다.

그러나 불행하게도 학계 분위기는 배타적인 편이다. 학자라고 해서 모든 것을 알아야 하는 건 아님에도 불구하고 그들은 구체적인 주제에 대해 모든 지식을 갖춰야 한다고 느낀다. 더구나 합리적으로 판단할 수 있는 수준까지 전문 분야를 최대한 좁혀야 한다고 생각한다. 학계에 몸담은 학자라면 어느 정도는 이러한 현실 속에서 살아갈 것이다. 때로는 이런 충동이 극단으로 치닫거나 과도한 전문화로 이어지기도 한다.

경제학자들은 역사적으로 중요한 경제 사건을 이해하고 싶어 하지만, 그러한 사건에 동반되는 중요한 내러티브에는 초점을 거의 맞추지 않는다. 그림 2.1을 보면 알 수 있듯 경제학은 내러티브의 중요성에 관심을 기울이는 데 있어서 다른 학문들보다 뒤처져 있다. 다른 학문 분야들은 내러티브에 점점 더 지대한 관심을 기울이고 있는 추세다. 하지만 경제 및 금융 분야는 실증경제학에 보다 광범위한 접근이 필요하다는 요구가[1] 빈번해지고 있음에도 불구하고 그러한 요구를 아직 따라잡지 못하고 있다.

경제학자들은 내러티브 연구에 사용할 수 있는 방대한 문헌 데이터베이스를 이용하는 데에도 그리 관심이 있는 것 같지 않다. 저작물에 내러티브라는 용어를 사용할 때조차도 대개는 통념적 견해를 비판하며 스치듯이 언급할 뿐이다. 사람들 사이에서 유행하는

그림 2.1 '내러티브'의 학문별 언급 비율

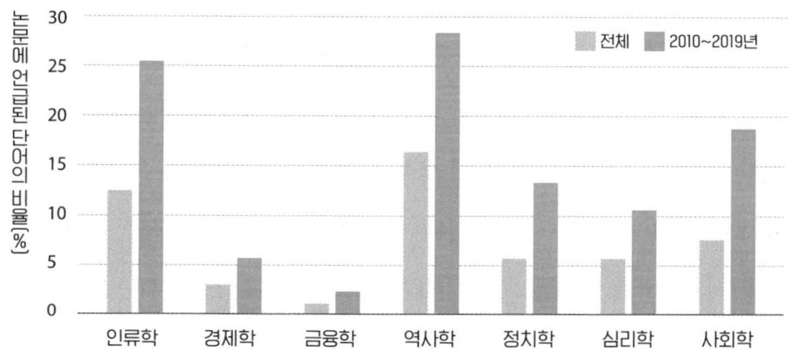


최근 몇 년 사이 모든 학문 분야에서 내러티브에 대한 관심이 증가하고 있으나 경제학과 금융학 부문은 상대적으로 아직 미흡하다. (출처: JSTOR 데이터를 사용한 저자의 계산)

내러티브를 기록하지도 않고, 인간적인 흥미를 전달하지도 않으며 대중적인 이야기가 경제적 행동에 끼치는 영향을 고려하지도 않는다. 마지막으로 경제학에서 '내러티브'라는 단어는 파격적이거나 대중적인 경제 저널에나 등장하는 경향이 있다. 그러나 이제 싹트기 시작한 내러티브 경제학 이론이 주요 경제 사건을 예측하는 데 도움이 된다는 사실은 어느 정도 분명해졌다. 경제학자들은 내러티브에 대해 배워야 하며, 이 장에서 언급한 다른 학자들로부터 통찰력을 얻을 필요가 있다. 이 장은 통섭에 관해 다룬다. 다양한 분야의 사상가들이 어떻게 내러티브를 이용해 특정 분야는 물론 학문 전체의 발전을 이끌었는지 요약하고, 경제학자들이 내러티브에 대해 더욱 풍부하게 사고할 수 있도록 기반을 제공할 것이다.

## 역학과 내러티브

의학계는 약 100년에 걸쳐 전염병의 확산에 대한 수학적 모형을 연구했다. 그 결과 학문적 도약을 이루었을 뿐만 아니라 경제학에서도 응용할 수 있는 여러 잠재적 사례들을 밝혀냈다. 또한 여러 상황에 적용할 수 있는 다양한 역학 모형을 개발했다. 다음 장에 나오겠지만 이러한 이론들이 이 책의 핵심이다. 수학적 역학 모형에 대해 더 자세히 알고 싶다면 책의 말미에 수록된 부록을 참고하면 된다. 전염병 모형에 관한 간단한 설명과 경제 내러티브에 응용할 수 있는 방법에 대해 살펴볼 수 있다.

## 역사와 내러티브

역사가들은 항상 내러티브의 가치를 높이 평가했다. 그러나 역사가 램지 맥멀렌Ramsay MacMullen이 『역사 속의 감정들: 고대와 현대*Feelings in History: Ancient and Modern*』에서 지적했듯, 역사를 더 깊이 이해하기 위해서는 그 역사를 창조한 당대인들의 사고와 심리를 추론할 수 있어야 한다. 다시 말해 '그들'의 내러티브를 이해해야 한다. 그는 문자 그대로 내러티브라는 개념을 강조하지는 않았다. 맥멀렌은 내게 "감정적 반응을 자극하는 단어를 선호하지만 그런 단어는 존재하지 않는다."라고 말했다. 그러니까 맥멀렌은 사람들의 행동을 이해하고 싶다면 활기를 북돋는 표현과 이미지를 연구할 필요가 있다고 주장했다. 그는 1837년에 일리노이주 앨튼의 신문사 편집장이었으며 노예제도 폐지를 부르짖던 E. P. 러브조이E. P. Lovejoy를 예로 들었다. 그가 성난 군중에게 살해되었다는 뉴스 기사에 진심으로 감정이입을 하지 않는다면 우리는 미국 남북전쟁이 발발한 이유를 이해할 수 없다고 피력했다. 그 충격적인 소식은 북부 사람들을 몇 년간 뜨거운 분노에 휩싸이게 했고 노예제도에 반대하는 마음을 강하게 자극했다. 이처럼 관련 내러티브가 지닌 정서적인 힘을 고려하지 않는다면 남북전쟁의 원인이 노예제도와 얼마나 밀접하게 관련되어 있는지에 대한 학문적 논의는 결코 결론에 닿지 못할 것이다.

노벨 경제학상 수상자였던 더글러스 노스Douglass North는 『경제변화과정에 관한 새로운 이해』에서 맥멀렌의 신념에 동의했다. 그는 경제 제도의 발전에 있어 인간의 의도가, 특히 내러티브의 형태일 때 얼마나 중요한지 강조했다.

## 사회학, 인류학, 심리학, 마케팅, 정신분석, 그리고 종교학까지

지난 반세기 동안 사회과학 부문에서 대중 내러티브의 연구를 강조하는 학파가 만발했다. 이를테면 내러티브 심리학[2], 스토리텔링 사회학[3], 심리 내러티브 분석[4], 이야기 신학[5], 내러티브 범죄학[6], 민속학[7], 그리고 입소문 마케팅[8]처럼 말이다. 여기서 중요한 점은 사람들에게 삶의 목적이나 인생관에 대해 묻는다면 대부분은 심드렁해하지만 사적인 이야기를 할 수 있는 기회를 준다면 아주 기꺼이 털어놓을 것이라는 사실이다. 그리고 그들이 말하는 이야기에서 가치관이 드러날 것이다.[9] 가령 재소자들을 개인 면담할 때 인터뷰 대상에게 다른 동료 재소자에 대해 묻는다면 적극적인 반응을 얻을 수 있으며, 놀랍게도 그런 이야기들은 대개 다소 왜곡된 도덕관을 담고 있는 경향이 있다.

또 다른 예를 살펴보자. 인류학자 윌리엄 M. 오바Willam M. O'Barr와 경제학자 존 M. 콘리John M. Conley는 자산운용사의 사업 운용에 관한 인터뷰에서 직원들이 회사의 설립 내력과 기업 가치관에 대해 이야기를 늘어놓는 경향이 있음을 발견했다.[10] 인류학자들의 지적에 따르면 그들의 이야기는 공통적으로 원시 부족의 창조 신화와 흡사한 구조를 띠고 있었다. 주로 중요한 하나의 인물이 탁월한 통찰력 또는 용기를 발휘하여 부족을, 이 경우에는 회사를 탄생시켰다는 내용이었다. 이런 내러티브는 현재 회사에 관해 떠도는 여러 이야기들을 정당화하기 위해 창시자의 이야기로 수렴하곤 한다.

## 문학과 내러티브

경제 내러티브를 연구하는 경제학자들은 익숙지 않은 학문 분야를 기웃거리게 되는데, 바로 문학이다. 칼 융Karl Jung의 '원형原型, archetype'[11]과 멜라니 클라인Melanie Klein의 '환상幻想, phantasies'[12] 같은 정신분석학의 영향을 받은 문학이론가들은 이야기 속 이름과 상황은 변화하더라도 특정한 기본 구조는 거의 유사하게 반복된다는 사실을 발견했다. 이는 인간의 뇌가 특정 이야기 구조를 선천적으로 더 쉽게 수용하는 경향이 있음을 암시한다. 존 G. 카웰티John G. Cawelti는 하드보일드 추리소설이나 고딕 로맨스 같은 도식적 이야기를 분류했다. 블라디미르 프로프Vladimir Propp는 민담 속에 나타난 31개의 기능을 구분하고, '금지의 위반'이나 '가해 또는 결여'와 같이 추상적인 이름을 붙였다. 로널드 B. 토비아스Ronald B. Tobias는 모든 픽션은 20개의 기본 플롯으로 분류할 수 있다고 했다. '추구, 모험, 추적, 구출, 탈출, 복수, 수수께끼, 라이벌, 희생자, 유혹, 변신, 변모, 성숙, 사랑, 금지된 사랑, 희생, 발견, 지독한 행위, 상승, 몰락'이다. 한편 크리스토퍼 부커Christopher Booker는 그런 기본 플롯이 7개에 불과하다고 주장했다. '괴물 무찌르기, 가난뱅이가 부자 되기, 탐색의 여정, 여행과 귀환, 희극, 비극, 부활'이다.

문학이론가 메리 클래지스Mary Klages에 따르면 구조주의 문학이론가들은 모든 이야기들의 구조를 분류하려는 이 같은 노력을 지나치게 환원적이고 비인간적[13]이라고 여긴다. 그는 다른 학자들이 분류한 기본 플롯을 비판하면서도 "구조론자들은 단위와 법칙을 유의미한 체제로 구성하려는 메커니즘이 인간의 마음 그 자체에서 비롯된다고 믿는다."라고 주장한다.[14] 피터 브룩스Peter Brooks는 내러티브학敍事學, narratology에 대해 이렇게 말한다. "내러티브가 독자들에게 어떻게 작용해서 이해 모형을 형성하는지, 그리고 우리가 왜 그러한 형성 체제를 원하고 필요로 하는지에 관심을 가져야 한다."[15] 브룩스는 잘 짜인 내러티브는 의미부여sense-making 과정을 활성화시키고 의미meaning에 대한 열망[16]을 충족시키며, 내러티브 연구는 자연히 정신분석으로 이어진다고 주장했다.

러시아 문학 연구가인 게리 솔 모슨Gary Saul Morson과 경제학자 모턴 샤피로Morton Schapiro는 공저작인 『돈과 감성*Cents and Sensibility*』에서 인간 경험의 정수에 근접한 훌륭한 소설을 더욱 잘 감상하고 이해한다면, 경제적 삶의 모형화를 개선하는 데 도움이 될 것이라고 주장한다.

## 신경과학, 신경언어학과 내러티브

내러티브는 단어를 나열한 형태이기 때문에 언어학과도 관련이 깊다. 단어는 단순하고 직접적인 의미와 함축적인 의미를 함께 지니며, 나아가 은유적으로 사용된다. 현대 신경언어학에서는 내러티브의 이해와 관련된 뇌의 구조 및 조직을 연구하는 중이다.[17]

전염성 내러티브는 종종 은유적이다. 다시 말해 이야기 속에서 어떤 아이디어나 메커니즘, 또는 목적이 직접 언급되지 않아도 결국에는 이야기 자체가 그러한 개념의 대명사가 되는 것이다. 인간의 뇌는 은유를 중심으로 구성되는 경향이 있다. 예를 들어 우리는 일상 언어 안에 전쟁에 대한 은유를 자연스럽게 끼워넣는다. 우리는 어떤 주장이 '격침됐다.'라거나 '방어의 여지가 없다.'라고 말한다. 항상 의식하는 건 아니지만 인간의 뇌는 이런 단어들과 전쟁 내러티브와의 연관성을 감지하고, 내러티브와의 연관성은 또 다른 해석 가능성을 제시하며 발화를 풍부하게 만든다. 그래서 주식 시장이 '붕괴했다crash.'라고 말할 때, 대부분의 사람들은 1929년의 증시 대폭락crash과 그 여파와 관련된 수많은 이야기를 떠올린다. 언어학자 조지 레이코프George Lakoff와 철학자 마크 존슨Mark Johnson은 이런 은유가 말과 글을 다채롭게 할 뿐만 아니라 우리가 사고를 형성하고 판단하는 데에도 영향을 끼친다고 주장했다. 신경과학자 오신 바타니언Oshin Vartanian은 뇌의 fMIR, 즉 기능적 자기공명영상 이미지를 관찰할 경우 은유와 비유가 특정 뇌 영역을 명백히 활성화한다고 지적했다. 즉 인간의 뇌가 비유적으로 생각하게 하는 이야기에 반응하게끔 만들어졌다는 것이다.

### 통섭을 위한 공동연구의 필요성

이 장에서는 내러티브의 확산과 유행을 이해하기 위한 일련의 접근법에 대해 다뤘다. 또한 경제학과 다른 분야의 전문가들이 공동연구를 펼친다면 경제학에 혁명을 일으킬 수 있다는 점을 시사한다. 특히 중요한 것은 전염병의 경로를 예측하고 그에 대응하는 방법을 이미 성공적인 모형으로 구축한 질병역학자들의 발상과 통찰력이다. 다음 장에서 보게 되겠지만 그러한 역학 모형을 활용한다면 경제학 모형과 예측 이론을 발전시킬 수 있다. 전염병학과 경제학의 결합은 이 책에서 추구하는 통섭의 첫 번째 사례가 될 것이다.

# 3 전염, 군집, 융합

경제 내러티브가 어떻게 바이럴이 되는지 알아보기 전에 먼저 박테리아와 바이러스가 어떻게 전염되고 확산되는지 살펴보면 큰 도움이 될 것이다. 전염병학은 비트코인 이야기를 비롯해 많은 다른 경제 내러티브가 어떻게 바이럴이 되었는지를 분석하여 우리가 유용한 깨달음을 얻을 수 있도록 돕는다.

우선 진짜 바이러스가 일으킨 질병에 대해 생각해 보자. 예를 들어 2013년부터 2015년 사이 서아프리카—기니와 라이베리아, 시에라리온—를 휩쓴 에볼라 바이러스를 떠올려 보라. 에볼라는 치료법이나 승인된 백신이 없는 바이러스성 질병으로, 감염된 환자의 대부분이 사망한다. 에볼라는 체액을 통해 전염되며 입원 치료와 격리, 시신의 적절한 처리 및 매장을 통해 전염력을 낮출 수 있다.

그림 3.1은 공동체 내에서 발생한 전형적인 유행곡선이다. 이 그래프는 라이베리아의 에볼라 유행곡선으로, 새로 보고된 에볼라 환자의 수가 언덕 모양 패턴을 그린다는 데 주목하라. 전염병이 처음에는 크게 확산되다가 시간이 지남에 따라 미진해진다. 그래프의 상승 구역은 새로 감염된 사람들의 증가율을 뜻하는 '전염률'이 회복률과 사망률의 합을 능가하는 시기다. 상승 기간에는 감염자의 수가 회복 및 사망한 사람들의 수를 능가하고 하락 기간이 되면 이

**그림 3.1 유행곡선 사례**

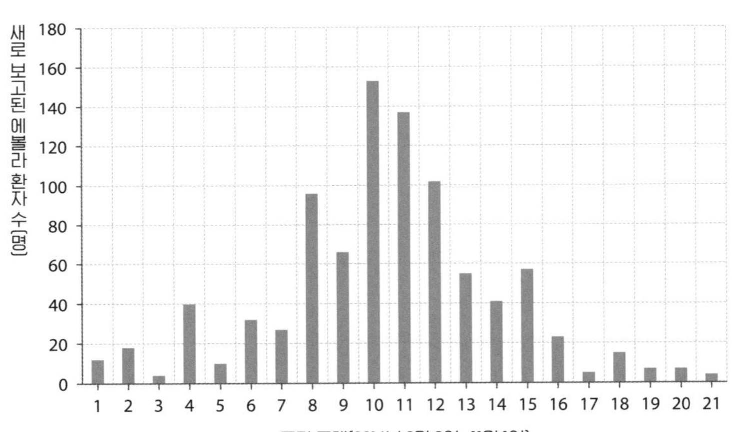


라이베리아 로파 카운티에서 새로 보고된 에볼라 환자 수. 앞으로 디지털 데이터베이스에서 이처럼 언덕 모양 곡선을 따르는 경제 내러티브의 사례를 다수 목격하게 될 것이다.

(출처: 미국 질병관리예방센터)

과정은 역전된다. 즉 회복 및 사망으로 감소하는 감염자의 수가 새로 감염된 인구수를 능가하여 감염 환자 수가 꾸준히 하락세로 들어서면 전염병이 종식되는 것이다.

에볼라 바이러스의 전염률은 국경없는 의사회와 100개 이상의 비영리 단체, 그리고 질병의 확산을 막기 위해 목숨을 걸고 활약한 개인들의 영웅적인 노력 등 다양한 도움에 힘입어 마침내 감소했다. 세계보건기구WHO에 따르면 의료진의 경우 에볼라에 걸릴 확률이 해당 지역 주민들보다도 21~32배에 달했고, 2015년에는 815명이 확진 또는 감염된 것으로 추정되었다. 그중 대부분이 사망했다.[1]

## 전염, 회복, 그리고 감소

환자와의 접촉을 피함으로써 전염률을 낮추려는 노력은 그리 새로운 것이 아니다. 격리의 역사는 1377년까지 거슬러 올라간다. 베네치아에서 역병이 돌았을 때 입항자는 30일, 육로로 유입된 여행자는 40일 동안 격리시켰다('격리quarantine'라는 단어는 라틴어에서 '40'을 의미하는 단어에서 유래했다). 때로는 전시에 의도적으로 전염병을 퍼트리려는 시도도 있었는데, 가령 1346년의 카파 공성전 때는 흑사병으로 죽은 시신을 투석기로 성 안에 쏘아보냈다.[2]

전염률이 감소하는 또 다른 원리는 감염 가능 집단의 규모가 감소하는 것이다. 어차피 이 집단은 시간이 흐르면서 점점 감소하는데, 병에 걸린 사람들이 면역력을 획득하거나 사망하기 때문이다. 이 책의 부록에도 설명되어 있듯 이러한 메커니즘은 현대의학이 발전하기 전, 과거 유행병의 양상에서 볼 수 있는 것처럼 의료적인 개입이 없어도 저절로 발생한다. 그러므로 결과적으로 전염병은 모든 사람들이 감염되기 전에 소멸한다.

그러나 전염률이 회복률과 사망률을 합친 것보다 낮다고 해서 질병이 곧장 사라지지는 것은 아니다. 전염병을 정복하려면 전염률을 특히 회복률 아래로 낮춰야 하기 때문이다. 그런 경우에는 새 환자가 발생하더라도 총 환자 수가 감소하여 점진적으로 0에 가까워지고, 그 시점이 되면 전염병은 종식된다.

여기서 내가 말하는 것은 다수를 기준으로 한 '평균' 전염률과 '평균' 회복률이라는 점을 기억하라. 전염률과 회복률은 보균자마다 다를 수밖에 없다. 가령 슈퍼전파자의 수가 비교적 적더라도 다수를 감염시킬 수 있다. '장티푸스 메리'라고 불리는 메리 맬런처럼 말이다. 100여 년 전에 메리 맬런은 수년의 간격을 두고 최소한 122명에게 장티푸스를 전염시켰다.[3] 이런 슈퍼전파자의 존재가 없을 경우 대부분의 사람들은 유행을 일으킬 만큼의 충분한 접염력을 발휘하지 못한다. 소수의 슈퍼전파자들이 평균 전염률을 일반적인 전염률보다 훨씬 높일 수 있는 것이다. 내러티브의 측면에서 보면 오늘날에도 마찬가지다. 대다수 사람들은 눈치채지 못하는 가속화 분석 마케팅—최근 NVIDIA나 AMD사가 제공하는—을 통해 내러티브의 슈퍼전파가 가능하다. 결국 우리가 어떤 내러티브에 매력을 느낀다고 해도 그 내러티브의 전염력을 정확히 판단하는 것은 불가능하다.

특정 시기나 지역에서 출현하는 유행성 질병과, 최고점을 지난 후 감소하는 양상은 얼핏 이해하기 힘들 수 있다. 전염률과 회복률에 영향을 끼칠 수 있는 수많은 요인들을 전부 규명하기가 어렵기 때문이다. 이를테면 기후 변화가 궁극적인 회복 요인일 경우에는 자료를 통해 이를 입증하기가 상대적으로 용이하겠지만, 전염 가능성이 있는 개인들의 접촉률 감소가 원인일 경우에는 훨씬 어려울 것이다. 아니면 이 두 가지 요인이 결합한 결과일 수도 있고, 변화가 대규모로 나타나지 않거나, 뚜렷하지 않을 수도 있다.

경제 내러티브의 유행에도 같은 모형을 적용할 수 있다. 내러티브의 전염은 개인에서 개인으로, 만남이나 전화 또는 소셜미디어를 통해 이뤄진다. 다른 사람의 이야기를 읽고 보면서 언론 매체나 토크쇼를 통해 다른 매체로 전염되기도 한다. 다시 강조하지만, 유행의 궁극적 원인이 불분명할 수도 있다는 사실을 명심하라. 대부분의 경제 내러티브에서는 전염병과 달리 죽는 사람이 없어 다행이지만, 확산의 기본 과정은 유사하다. 의학적 모형에서의 회복률과 사망률 변수는 우리가 개발 중인 경제 모형에서의 단순한 회복, 즉 내러티브에 대한 관심의 상실 또는 망각과 같다. 경제 내러티브는 질병의 유행곡선과 동일한 패턴을 따른다. 내러티브를 퍼트리는 감염자의 수가 잠시 늘었다가, 뒤이어 내러티브에 흥미를 잃고 그것과

관련된 대화량이 감소하는 것이다.[4]

질병의 확산이든 내러티브의 확산이든, 기본 원리는 동일하다. 질병이 유행하려면 전염률이 회복률을 능가해야 한다. 가령 한 마을에서 수백 명이 에볼라에 감염되었지만 다른 마을에서는 아무도 감염되지 않았다면 마을 2보다 마을 1에서 전염률이 높게 나타나는 이유, 즉 마을 1에서 전염률이 초기 회복률을 능가하게 된 특정 요인이 존재하는 것이 틀림없다.

마찬가지로 내러티브의 확산도 이처럼 두 가지 형태로 나타날 수 있는데, 한 내러티브가 다른 내러티브보다 전염성이 높은 세부 사항을 포함하고 있을 때 그렇다. 첫 번째 내러티브를 유행성으로 만드는 것은 바로 그런 세부 사항이다. 이 사실을 비트코인 내러티브에 적용해 보자.

## 비트코인 내러티브의 전염

그림 3.2는 뉴스 기사에 '복본위제bimetallism'와 '비트코인'이라는 단어가 출현한 빈도를 나타낸 그래프다. 이는 가격이 아니라 대중의 관심도를 나타내는 지표다. 복본위제와 비트코인은 경제에 기적을 일으킬 수 있다고 주장하는 이른바 화폐본위의 변경에 대한 급진적 견해를 대변한다. 이 두 단어는 이론을 넘어 인간적인 흥미가 담긴 이야기 군집을 나타낸다. 각각의 그래프는 상당히 비슷해 보

일 뿐만 아니라 그림 3.1의 전형적인 유행곡선과도 유사하다. 복본위제와 달리 우리는 아직 비트코인 내러티브의 결론을 목격하지는 못했지만 머지않아 시간이 말해줄 것이다.

복본위제에 대해서는 12장에서 다른 내러티브의 전염과 더불어 자세히 논할 테니 지금은 복본위제와 비트코인 모두 화폐 이론을 촉발했다는 사실만 알아두면 충분할 것 같다. 복본위제와 비트코인은 많은 사람들이 이 혁신을 근사한 최첨단 유행으로 여긴다는 공통점을 지닌다. 두 사건 모두 유행곡선과 비슷한 언덕 모양 곡선을

그림 3.2 '복본위제'와 '비트코인'의 언급 비율

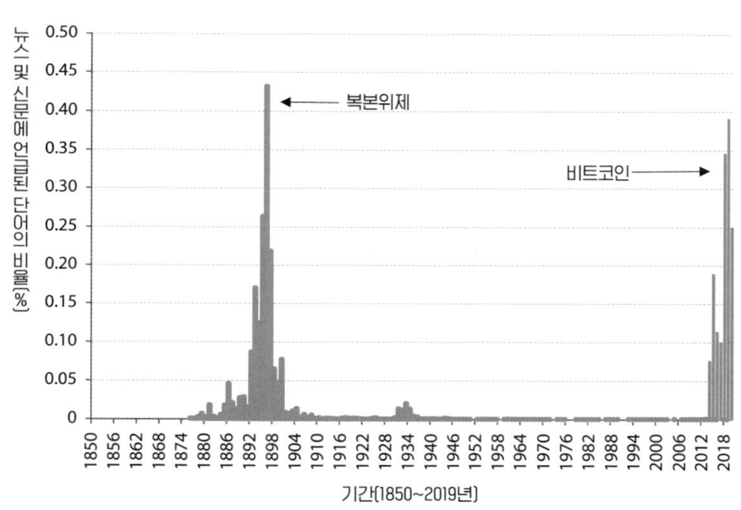


한 세기 간격으로 등장한 이 인기 높은 통화 혁신 내러티브는 매우 비슷한 패턴을 그리며, 그림 3.1의 유행곡선과도 유사한 형태를 띠고 있다.

(출처: 프로퀘스트 데이터를 사용한 저자의 계산)

그리는데, 그림 3.2의 곡선이 더 뾰족해 보이는 이유는(좌우로 압축된 형태) 두 내러티브가 유행한 기간뿐만 아니라 100년 이상의 기간까지 표시했기 때문이다.

복본위제와 비트코인 내러티브는 겨우 몇 주일 동안 유행한 에볼라에 비해 훨씬 오랜 기간 지속되었지만 세 내러티브 모두 동일한 전염 이론을 적용할 수 있다. 또한 복본위제의 경우에는 1930년대 대공황 기간에 보다 작은 규모의 2차 전염이 발생하는 것을 볼 수 있으며 이는 질병의 2차 발병과 비슷하다.

간단히 말해 내러티브의 확산은 전염병의 확산과 매우 흡사하다. 그뿐만이 아니다. 질병과 내러티브가 공동 유행한다는 사실도 흥미롭다. 2018년 에볼라가 발병했을 때, 콩고의 의학자들은 에볼라의 높은 전염률과 내러티브가 대중에 미치는 영향을 조사했다. 인터뷰 대상 중 80퍼센트 이상이 "에볼라는 존재하지 않는다."라거나 "에볼라는 제약회사가 돈을 벌기 위해 지어낸 거짓말이다.", "에볼라는 해당 지역의 상황을 불안정하게 만들기 위해 지어낸 것이다."라는 잘못된 정보를 들은 적이 있다고 말했다. 그리고 각각의 정보에 대해 25퍼센트의 응답자가 그런 이야기를 믿는다고 대답했다. 이런 내러티브는 의학적 예방조치를 가로막고 전염병을 확산시켰다.[5] 질병과 내러티브라는 두 가지 유행이 서로의 확산을 부추겼던 것이다.

이 책의 말미에 수록된 부록은 1927년 커맥-맥켄드릭 SIR 모형을 비롯해 경제 내러티브의 전염을 설명하는 데 도움이 되는 역학

이론과 모형에 대해 다루고 있다. SIR 모형은 인구 전체를 3개로 구분한다. 앞으로 감염될 가능성이 있는 집단(S), 질병에 감염되어 남들에게 전염시키는 집단(I), 회복 또는 사망한 집단(R)으로 구분한 다음, 전염률과 회복률을 산출한다. 그림 3.1과 3.2는 일종의 감염군(I)으로 생각해 볼 수 있다. 의학적 모형은 전염병의 확산이 이 책 부록의 그림 A.1처럼 의료적 개입이 전혀 없더라도 언덕 모양의 패턴을 그린다고 예측하는 경향이 있다. 전염병은 결국 그 영향력을 잃고 소멸한다는 의미다. 질병에 노출되지 않은 인구 비율이 점점 줄어 전염률이 회복률 밑으로 떨어지기 때문이다.

또 부록을 살펴보면 전염병의 유행 기간이나 정점에 도달하기까지의 기간이 매개변수에 따라 다양해진다는 것을 알 수 있다. 에볼라는 특정 지역에서 몇 개월 동안 창궐했지만 모든 전염병이 그런 단기적인 주기를 따를 것이라고 예측해서는 안 된다. 만일 에볼라의 초기 전염률이 낮았다면 전염률이 회복률 이하로 아예 떨어지지 않는 이상 더 오래 지속되었을 것이다.

한 예로, 전염병학자들은 HIV 감염으로 발생하는 후천성면역결핍증AIDS의 전염률이 그리 높지 않기 때문에 의료종사자들이 전염될까 두려워 HIV 환자를 치료하는 것을 꺼릴 필요가 없다고 말한다.[6] AIDS는 주로 안전하지 못한 의료행위와 관련된 특수한 상황에서 감염된다. 또 전염 속도가 매우 느려 확산되는 데 수십 년이 걸렸는데, 이는 복본위제와 비트코인보다도 더 더딘 속도다. 전염률이 그토록 낮은데도 AIDS 감염이 증가한 것은 회복률이 그보다도 더 낮기 때문이다. 즉 HIV 감염자는 감염된 이후 아주 오랫동안 타인을 감염시킬 수 있다.

## 경제 모형의 전염

2011년, 장 바티스트 미셸Jean-Baptiste Michel과 공저자들이 〈사이언스〉지에 논문을 발표했다. 서적에서 유명인이 언급되는 빈도를 월간이나 연간 단위가 아니라 수십 년에 걸쳐 조사한다면 시간의 흐름에 따라 증가했다 점차 감소하는 언덕 모양이 된다는 내용이었다. 저자들은 이러한 결론을 더욱 발전시켜 『빅데이터 인문학: 진격의 서막』을 출간했다.

이 패턴은 경제 이론에도 적용되는 듯 보인다. 5장에서 우리는 세율과 조세수입과의 관계를 나타내는 단순한 모형인 래퍼곡선 내러티브의 확산에 대해 살펴볼 것이다. 하지만 먼저 이 같은 패턴이 주로 전문 경제학자들 사이에서 공유되는 고급 경제 이론에도 적용된다는 사실을 짚고 넘어가자. 그림 3.3은 4개의 경제 이론, 즉 IS-LM 모형(Sir John Hicks), 승수-가속도원리(Paul A. Samuelson)[7], 중첩세대 모형(Samuelson), 그리고 실물경기변동이론(Finn E. Kydland & Edward C. Prescoss)에 대한 구글 엔그램 뷰어의 검색 결과를 나타낸 것이다. 이 네 가지 이론은 모두 전염병과 흡사한 언덕 모양의 패턴을 보인다.[8] 여기서 각 이론의 내용은 별로 중요하지 않다. 진위가 완전하게 입증된 이론도 없다. 다만 그저 어느 정도 흥미로울 뿐이다. 이 이론들이 인기를 얻은 경로는 모두 전염병이 확산되는 과정과 유사하다.

이 중에서 세 가지 모형은 처음 출현한 뒤 10년 이상이 지난 후에야 유행이 가시화되기 시작했다. 이는 앞에서 봤던, 아주 적은 숫자로 시작되어 한동안 관찰되지 않았던 전염병의 사례와도 비슷하다. 감염자의 숫자는 꾸준히 증가하지만 그 수가 특정 기점에 도달하기 전까지는 눈에 띄지 않는다. 실제로 경제 이론이 발표되고 유행하기까지의 시차는, 독특하고 도발적인 해당 모형의 사실 여부가

**그림 3.3 경제 이론들의 언급 비율**

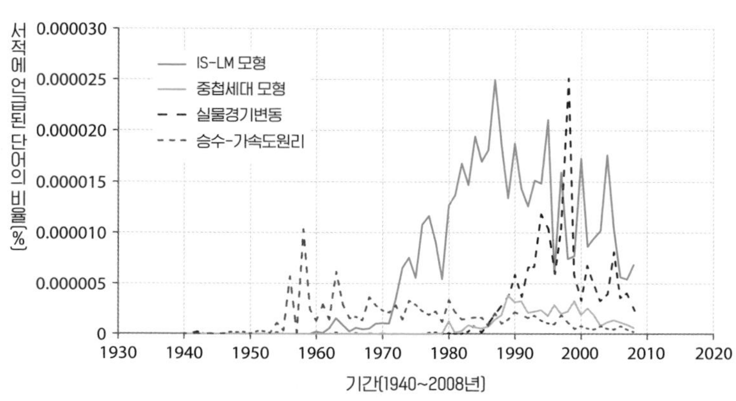


이 그래프는 중요한 경제 이론 모형 4개, 즉 IS-LM 모형(Hicks, 1937), 승수-가속도원리(Samuelson, 1939), 중첩세대 모형(Samuelson, 1958), 그리고 실물경기변동이론(Kydland&Prescott, 1982)의 확산 추이를 보여준다. 4개의 그래프 모두 시간의 흐름에 따라 언덕 모양 패턴을 그린다. (출처: 구글 엔그램 뷰어, 비평활화)

입증되고 그 가치를 인정받기까지 진화하는 시간이다. 그 기간 동안 동료 학자들이 해당 모형을 높이 평가하기 시작하면서 세미나나 중요 학회들을 통해 그것이 점차 확산되고,[9] 그 결과 해당 모형이 교과서에 실리게 되는 것이다. 만일 그 뒤로도 모형에 대한 이야기가 계속된다면 언론 매체가 이를 인식하고 기사로 다룰 가치가 있다고 느낄 것이다. 그럼 폭넓은 지식에 자부심을 갖고 있는, 경제학의 테두리 바깥에 있는 사람들이 그것에 대해 알아야겠다고 생각하게 될 것이다. 하지만 이런 후속 단계에서 이론적 모형은 전염력을 일부 상실하게 될지도 모른다. 어떤 이들은 해당 모형에 장점이 있긴 해도 고리타분하고 진부하다고 생각할 테고, 어떤 이들은 그것에 대해 완전히 잊어버릴 것이다.

경제 이론의 전염은 누군가 종이와 연필을 들고 앉아 "IS-LM 모형에 대해 설명해 드리죠."라는 식으로 일어나지 않는다. 대부분의 경우 소통은 그보다 훨씬 단순하고 인간적으로 이뤄진다. 경제사학자인 워런 영Warren Young은 IS-LM 그래프가 빠르고 널리 전염될 수 있었던 원인으로, 역사상 가장 유명한 이미지인 수요-공급 곡선과 유사하다는 점을 꼽았다.[10]

더구나 IS-LM 모형은 존 메이너드 케인스의 이론을 도식화한 것이었다. 케인스는 훌륭한 작가였고, 앞에서 말했듯 많은 내러티브들은 유명인과 연결되어 있다. 실제로 케인스는 화려한 삶을 살았던 유명 인사였다. 그는 예술가와 지식인, 다른 명사들이 속한 블룸즈버리그룹과 어울려 다녔다(블룸버리그룹에는 작가 버지니아 울프도 있었는데, 그의 명성 역시 일반적인 유행곡선을 따라 그가 사망한 1941년보다 한참 뒤인 20세기 막바지가 되어서야 절정에 달했다). 또한 그는 동성애자 아니면 양성애자라는 소문을 몰고 다녔다. 성적 정체성에 관대한 블룸즈버리그룹 내에서도 그의 남성 편력은 유명했으며, 입에서 입으로 전해질 수밖에 없는 당대의 소문에 짜릿한 양념을 더해주었다. 케인스가 살던 시대에 동성애는 경력에 그리 도움이 되지 않았으나 특정 내러티브가 얽힌 맥락에서는 그런 일이 가능했다. 후에 케인스는 아름다운 발레리나 리디아 로포코바Lydia Lopokova와 결혼했는데, 로포코바 역시 케인스와의 관계 덕분에 은퇴 후 대중적 인기를 누릴 수 있었다. 그리고 케인스는 1919년에 실질적으로 2차 세계대전을 예측한 『평화의 경제적 결과』로 이미 명성을 떨치고 있었다. 그와 대조적으로 IS-LM 모형을 처음 발표한 존 힉스John Hicks는 별로 눈에 띄는 인물이 아니었다. 그러므로 케인스에 관한 이야기는 IS-LM 모형이 더 쉽게 전염되게 만든 당나귀였을 수도 있다.[11]

그림 3.3은 네 가지 경제 모형의 역사를 보여준다. 이는 전염성 질병뿐만 아니라 다른 내러티브의 생애와도 유사하다. 경제 내러티브의 필수 요소들은 추후에 다른 전염성 내러티브에서 다시 채택되거나 통합되어 계속 살아남을 수도 있지만, 그 과정에서 정체성이나 효력을 잃는 경향이 있다. 사람들의 사고와 행동을 유도하는 능력을 상실하는 것이다.

이 책의 핵심 요지는 단순하고 쉽게 전달되는 경제 내러티브가 경제 변동에 커다란 역할을 수행한다는 것이다. 내러티브에 포함된 아이디어는 사람들의 느슨한 사고와 행동에 영향을 끼친다. 물론 전염병과 마찬가지로, 모든 사람이 경제 내러티브에 감염되는 것은 아니다. 용케 감염되지 않은 사람들은 그렇게 중요한 대중 내러티브 같은 건 존재하지 않는다고 말할지도 모른다. 그러나 역사적으로 유명한 전염성 내러티브를 살펴볼 때, 내러티브는 대부분의 사람들이 경제에 영향을 미치는 특정 행동을 취하거나 취하지 않는 근본적 원인이 될 수 있다. 그림 3.3의 경제 이론처럼 일반 대중 사이에서 유명한 이론들은 일정 기간 동안 전염률이 상승했다가 새로운 내러티브가 만들어지지 않으면 결국 감소하게 된다.

케인스의 저서 『고용, 이자 및 화폐에 관한 일반이론』에서 체계적 전염이라는 표현을 사용하지 않고도 그 개념을 완벽하게 제시한다는 점은 주목할 만하다. 케인스 이론에 따르면 경기활황은 이를테면 적자지출 같은 정부 부양책으로 국민들의 소득이 확대될 때 시작된다. 사람들은 추가로 얻은 소득의 상당 부분을 소비하게 되고, 이는 결과적으로 상품을 판매하는 사람과 상품을 판매하는 회사에 다니는 사람들에게 다시금 소득 증가를 안겨준다. 이들이 추가로 얻은 소득을 또다시 지출하면 그 결과 다른 집단의 소득이 증가하게 되고 이 같은 과정이 반복되면서 전체적으로 소비가 증대된다.

새뮤얼슨이 1939년에 승수-가속도원리를 통해 보여줬듯, 이 원리에 약간의 투자 역학을 추가하면 경제 부양책의 결과로 국민 소득은 언덕 형태의 패턴을 그리게 된다. 이는 앞에서 본 유행곡선과 유사하다. 따라서 케인스-새뮤얼슨 모형을 일종의 전염병 모형으로 본다면 여기서 전염 요인은 바로 소득이다. 그러나 이를 소비에 의한 단순한 기계적 반응으로 생각하는 것만으로는 충분치 않다. 우리는 이를 경제 내러티브의 투입과, 거기 내재된 아이디어와, 감정의 관점에서 분석해야 한다.

## 내러티브의 군집과 융합

때때로 2개 이상의 질병이 서로 긍정적으로 작용하는 것처럼 여러 개의 내러티브가 공통된 주제를 공유하는 공동 유행이 발생하기도 한다. 다시 말해 광범위한 경제 내러티브는 종종 수많은 작은 내러티브의 '군집'으로 구성된다. 각각의 작은 내러티브는 보다 큰 이야기의 일부를 보여주지만, 이야기 전체를 보려면 군집 전체를 살펴볼 필요가 있다.

우선 왜 하필 '별자리'라는 의미로도 쓰이는 군집constellation이라는 단어를 사용했는지 짚고 넘어가자. 별자리는 별들이 우연히 늘어선 모습에 불과하지만 인간은 그것을 마음 속에서 자연스럽게 다른 형상으로 해석하곤 한다. 백조자리를 백조의 형태로 보는 것처럼 말이다. 기독교인들은 백조자리를 상공에 나타난 종교적 상징으로 해석해 북십자성이라고 부르며, 남반구에 사는 사람들을 위해 남십자성으로 짝을 맞추기도 했다. 다른 집단이나 문화권에서도 여러 가지 이유로 별자리마다 다양한 내러티브를 부여한다.

내러티브가 이런 군집의 형태로 발생하는 이유는 현존하는 다른 내러티브 집단을 어느 정도 신뢰하기 때문이다. 즉 이야기는 맥락상 다른 내러티브들과 관련되어 있을 때 더욱 그럴듯하고 흥미롭게 들린다. 말하는 사람 입장에서는 새로운 내러티브를 설명하려고 다른 내러티브를 굳이 반박하거나 부인할 필요가 없다. 또는 화자와 청자가 진위를 확인할 길이 없는 내러티브를 다룰 수도 있다. 일부 내러티브가 특히 전염성이 강한 이유는 명백한 사실을 내포하고 있는 것처럼 보이기 때문이다. 사람들은 대부분 박식함을 과시하고 무지함을 숨기려 들기 마련이고, 따라서 당대의 지배적인 생각과 대조적인 내러티브는 전염률이 낮아 유행이 되지 않을 수 있다.

몇몇 내러티브 군집은 소규모의 인구 집단에서만 높은 전염률을 보이는데, 만약 그런 소규모 집단이 소비를 크게 줄인다면 내러티브의 중요성도 함께 증가한다. 가령 어떤 내러티브가 국가 인구의 겨우 20퍼센트에만 도달했다 하더라도 해당 인구 집단이 새 차를 구입하거나 집을 수리하는 것을 뒤로 미룬다면 그런 소비 감소의 영향으로 국가 전체가 경기침체에 빠질 수도 있다.

내러티브 군집뿐만 아니라 내러티브의 융합이 경제 사건을 촉발하는 데 영향을 끼치는 경우도 있다. 여기서 '융합confluence'이란 아무런 관련도 없는 듯 보였던 내러티브 집단들이 어느 시점에서 유사한 경제효과를 발휘함으로써 거대한 경제 사건의 발생을 규명할 수 있게 되는 것이다. 예를 들어 나는 2000년에 출간한 『비이성적 과열』에서 2000년 즈음 동시다발적으로 발생해 미국 증시를 역사상 최고조로 과열시켰다가 이내 폭락하게 만든 10여 개의 촉발 요인, 즉 내러티브를 제시한 바 있다. 그 목록을 간단히 열거하자면 인터넷, 자본주의의 승리, 사업 성공의 신화, 공화당의 우세, 베이비붐 세대의 은퇴, 경제 언론의 성장, 낙관적인 전망, 새로운 연금 계획, 뮤추얼펀드, 인플레이션의 하락, 거래량의 증가, 그리고 도박 문화의 도래였다. 거대한 경제 사건이 이례적으로 발생한 원인을 규명하고 싶다면, 이처럼 표면적으로는 무관해 보이나 비슷한 시기에 바이러스처럼 퍼져나가 경제에 동일한 방향으로 영향을 끼친 내러티브들을 고찰해 볼 필요가 있다.

그러나 거대 경제 사건이 단순히 하나의 내러티브 군집 때문에 발생했다고는 할 수 없다. 이 사실 또한 명심해야 한다. 거대 경제 사건은 그렇게 딱 잘라 설명할 수 있는 게 아니다. 그보다는 단순한 이야기나 전염 내러티브로는 설명할 수 없는 경제 내러티브의 목록을 작성하는 편이 더욱 도움될 것이다.

이 책의 3부에서는, 내러티브 군집 속에서도 경제 동기의 변화에 실질적으로 기여한 가장 밝고 중요한 별에 초점을 맞출 것이다. 우리는 아직 이런 내러티브 군집을 심각한 경제 사건과 명확히 연결 짓지는 못한다. 그러나 내러티브 군집과 내러티브 융합의 일부분만 살펴보더라도 경제 사건을 이해하는 데 큰 진전을 이룰 수 있을 것이다.

더불어 우리는 특정 내러티브를 전염시키는 원동력에 대해서도 아직 완전히 규명하지 못했다. 무엇이 내러티브를 바이럴로 만드는지는 아직도 미스터리이며, 이에 대해 다음 장에서 서서히 풀어보도록 하자.

## 4
## 내러티브가 확산되는 이유

몇몇 경제 내러티브는 바이럴이 되는 반면 대부분의 내러티브들은 성장하지 못하고 소멸한다. 이것의 정확한 이유를 규명하거나 정량화하는 것은 아주 어려운 일이다. 답은 경제적 환경과 상호작용하는 인간적인 요소에 있다. 일부 단순하고 예측 가능한 규칙적인 패턴 외에도 인간의 마음이라는 네트워크는 때때로 어떤 내러티브가 바이럴이 될지 선택하는 데 있어 거의 무작위로 작동하는 것처럼 보인다. 이러한 무작위성은 이야기를 보다 전염성 강한 형태로 변형시키는 무작위적 돌연변이와 관련이 있다. 또한 개개인 삶의 순간들과 관심이 결합될 때 특정 내러티브에 대한 대중의 관심은 갑작스럽게 치솟는다. 그래서 역사적으로 오랜 시간이 흐른 다음에서야 유명해진 내러티브가 도대체 왜 성공했고 그것이 불러일으킨 경제적 결과에 대해 생각하다 보면 다소 어리둥절해지곤 한다.

### 내러티브의 자발성

20세기 초, 기존에는 오락적 가치만을 지닌 듯 보였던 내러티브와 이야기가 실은 인간의 사고와 동기에 핵심적인 역할을 수행한다고 생각하는 학자들이 여러 분야에서 등장하기 시작했다. 1938년에 실존주의 철학자 장 폴 사르트르Jean-Paul Sartre는 이렇게 썼다.

> 인간은 무릇 이야기꾼이다. 언제나 자신과 주변의 이야기에 둘러싸여 살고, 자신에게 일어나는 모든 일을 그런 이야기를 통해 본다. 때문에, 자신의 삶조차 그 삶을 이야기하듯이 살아가려 한다.[1]

자기 자신과 다른 사람에 관한 이야기는 필연적으로 '인간적 흥미'라고 부르는 것과 직접적으로든 간접적으로든 다양하게 연관된다.

우리는 밤에 잠을 잘 때 꿈의 형태로 내러티브를 접한다. 꿈은 인간적 요소가 결여된 수학 공식이나 기하학 도형으로 구성되어 있지 않다. 신경과학자들은 꿈이 스토리텔링 본능에서 기인하기 때문에 등장인물과 배경, 계층적 사건 구조를 지니고 있다고 말한다. 실제로 꿈을 꾸는 동안 나타나는 뇌의 활동은 손상을 입은 뇌와 유사하다. 마치 변연계와 하위피질 연결의 병변 때문에 자발적 작화作話를 경험하는 것처럼 말이다.[2]

사회운동을 이해하기 위한 일환으로, 사회학자들은 변화의 중심에 내러티브의 전염이 존재한다고 보기 시작했다. 예를 들어 1960년대 흑인차별철폐를 위한 연좌시위 운동—백인들도 함께 참여한—을 연구한 사회학자 프란체스카 폴레타Francesca Polletta의 보고에 따르면, 학생들은 그 시위에 계획 없이, 충동적으로, 열병처럼, 몇 번이고 거듭해서 자발적으로[3] 참여했다고 밝혔다. 이 저항 운동의 중심에는 흑인 학생과 인종차별에 도덕적 분노를 느끼는 백인 젊은이들이 함께 간이식당에 들어가 '백인 전용'이라고 적힌 좌석에 앉아 음식을 주문하는 유명한 내러티브가 있었고, 이후 '연좌시위'라는 명칭을 얻은 이런 종류의 농성은 새로운 사회운동의 상징이 되었다.

이 연좌시위 내러티브는 1960년 2월 1일에 그린즈버러의 농업기술대학에 다니던 네 명의 학생들이 시작한 저항운동에서 탄생했다. 이 이야기는 얌전하고 예의 바른 흑인 젊은이들이 식당에서 음식을 주문했지만 백인 전용 좌석이라는 이유로 무시당하고 떠나야 했던 사건을 중심으로 펼쳐진다. 학생들이 주문한 음식이 식당 문이 닫을 때까지 나오지 않자, 그들은 다음 날에는 더 많은 사람들을 데리고 다시 식당에 나타났다. 이 이야기는 곧 바이럴이 되었다. 입소문이 퍼지자 언론 매체에서도 주목했고, 몇 주일도 안 돼 연좌시위는 미국 전역으로 퍼져나갔다. 폴레타는 이 이야기의 확산이 전적으로 무계획적인 것은 아니었다고 결론 지었다. 사회운동가들은 이 이야기를 널리 전파시키려 했지만 이 사회운동을 자유자재로 통제할 수는 없었다. 그럼에도 불구하고 이것은 곧 바이럴이 되었다. 1960년에 생겨난 '연좌sit-in'라는 단어는 강한 전염성을 지녔으며, 질병 유행곡선처럼(그림 A.1을 보라) 시간이 흐름에 따라 언덕 모양의 곡선을 그렸다. 구글 엔그램 뷰어에 따르면 '연좌'라는 단어의 사용은 그로부터 10년 후인 1970년대까지 꾸준히 증가한다. 한편 그 사이에 '학내토론teach-in'이라는 새로운 단어가 파생되기도 했는데, 이 용어도 비슷한 유행곡선을 그리긴 했으나 상승폭이 작고 더 일찍 힘을 잃었다.

그보다 몇 세대 전에도 미국 흑인들의 수난에 대한 이야기가 백인들의 연민을 자극한 적이 있다. 바로 1852년에 출간된 해리엇 비처 스토Harriet Beecher Stoew의 『톰 아저씨의 오두막』이었다. 19세기 미국에서 가장 큰 성공을 거둔 이 소설은 백만 부 이상 판매됐는데, 그 당시 미국 인구는 백만 명보다 더 적었고 책을 사서 읽을 수 있는 인구는 그보다 훨씬 더 적었다. 아이들을 사랑하는 착하고 나이 든 노예 톰 아저씨는 백인 주인의 사랑스러운 딸인 꼬마 에바에게 이야기를 들려주는 것을 좋아한다. 하지만 에바는 어린 나이에 갑작스럽게 병에 걸려 죽게 되고, 노예들과 천국에서 다시 만나길 소망하며 자신의 머리카락을 잘라 노예들에게 나눠주라는 유언을 남긴다. 톰은 가족들과 헤어져 포악한 주인, 사이먼 레그리에게 팔리는데, 그는 톰에게 다른 노예를 채찍질하라고 명령한다. 그러나 톰이 거부하자 포악한 주인은 톰을 무자비하게 폭행한다.

이 책에는 사람들의 감정을 크게 일깨우는 장면들이 있다. 그중 하나는 노예 엘리자가 네 살짜리 아들을 팔아버릴 거라는 이야기를 엿들은 후 아들과 함께 달아나는 부분이다. 추적꾼에게 쫓기던 엘리자는 아들을 품안에 끌어안고 얼어붙은 오하이오강 위를 아슬아슬하게 건넌다. 1852년에는 「엘리자의 도주Eliza's Flight」라는 노래가 악보로 발행되어 큰 히트를 쳤고, 미국 북부에서는 엘리자의 탈출 장면이 포함되어 있는 이른바 '톰 연극'들이 수없이 등장해 인쇄된 책보다도 훨씬 더 강력하게 사람들을 감염시켰다. 톰 아저씨와 사이먼 레그리, 엘리자 내러티브는 남부 연합이 연방을 탈퇴한 후 북부가 전쟁을 선포하는 데 지대한 역할을 했다. 1861년에 발발한 남북전쟁은 인류애적으로나 경제적, 역사적으로나 중요한 사건이었다.

## 내러티브의 보편성

전 세계의 다양한 문화적 행동을 연구하는 모든 인류학자에게 해당될지는 모르겠으나 그들은 인간 사회에서 발견되는 보편적 행동 양태에 대해 이야기한다. 인류학자 도널드 E. 브라운Donald E. Brown은 중요한 의미를 지니는 보편적인 행동에 대해 이렇게 말한 바 있다. "사람은 내러티브를 통해 일의 경과를 설명하고 스토리를 말한다."[4] 사실 내러티브는 인간만의 독특한 행동양식이자 다른 종에서는 발견되지 않는 특성이다. 실제로 누군가는 이야기야말로 인간과 동물을 구분하는 기준이라고 주장하며 인류를 '호모 나랜스', '호모 내레이터', '호모 나라티부스'(모두 이야기하는 인간으로 해석할 수 있다-옮긴이)로 각자 나름대로의 이름을 붙여 분류하기도 한다. 어쩌면 이것이 '호모 사피엔스(슬기로운 사람)'보다 더 정확한 분류일지도 모르겠다.

고대 그리스 철학자인 플라톤은 내러티브가 얼마나 중요한지 알고 있었다. 다른 유명 철학자인 소크라테스와의 대화 형식을 빌려와 자신의 사상을 피력할 정도였으니 말이다. 플라톤의 작품이 지금까지도 인기를 누리는 데에는 이러한 내러티브의 힘이 한몫 했을 것이다. 기원전 약 380년 작품인 『국가론』에서 플라톤은 대화를 통해 정부가 대중문학과 예술을 검열해야 한다고 주장했다. 소크라테스가 아데만투스에게 뭐라고 하는지 들어보라.

> 그런 끔찍한 이야기들이 어떤 면에서 유용하지 않다는 건 아니네. 그러나 우리 수호자들의 정신이 지나치게 자극받거나 나약해질 위험이 있지.[5]

로마의 정치가인 키케로는 그 자체로 내러티브를 다루고 있는 저서 『연설가에 대하여』에서 이렇게 말한다.

인간은 선천적으로 희극 배우나 이야기꾼이 되도록 태어났다. 외모와 목소리, 표정은 그들의 의도를 뒷받침한다.[6]

다른 동물들도 나름의 문화를 지니고 있긴 하지만 내러티브의 전염과 유행이 발생하지는 않는다. 그렇다면 동물들은 어떻게 천적을 두려워하는 등의 기본적인 생존 기술을 익히는 걸까? 연구실험에 따르면 원숭이는 유전적으로 뱀을, 그리고 새는 유전적으로 매를 두려워하는 성향을 지녔다. 나아가 원숭이와 새는 다른 동물들이 같은 종을 공격하는 것을 목격할 때 두려움을 습득한다. 또 실제로 공격을 받지 않더라도 같은 집단 내에서 공포가 야기되는 상황을 관찰하면 두려움을 느끼거나 혹은 그 감정을 유지한다.[7] 그러나 이 같은 문화 전파 체계는 불완전하다. 이야기를 언어로 전달하는 능력은 오직 인간만의 고유한 능력이다. 내러티브의 힘은 공포를 유발하는 자극을 직접 관찰하지 않고도 남에게 정보를 전달할 수 있다는 것에 있다. 만약 어떤 내러티브가 감정적 반응을 현저하게 자극할 만큼 강력하다면, 본능적인 투쟁-도주 반응처럼 강렬한 반응을 초래할 수 있다.

인간이 지닌 또 다른 보편적 특성에는 예의규범이 있다. 이는 내러티브가 용이하게 전달될 수 있도록 돕는다. 상대방을 똑바로 쳐다보거나 간단한 인사말로 대화를 시작하고 맺음말로 마치는 단순한 행동들 말이다. 이런 기본 규범은 상대방을 기분 좋게 만든다. 우리에게 이런 습성이 얼마나 깊이 배어 있는지, 한 실험에 따르면 사람들은 컴퓨터와 대화할 때조차도 어느 정도 예의를 차린다고 한다.[8] 우리는 어떤 인간 사회든, 모닥불이나 텔레비전 주위에 둘러앉은 사람들이 서로의 의견을 인정 혹은 부정하는 피드백을 받길 원하는 모습이나, 서로의 반응을 배우는 모습들을 찾아볼 수 있다. 최근 소셜미디어에 포스팅을 올리거나 트윗을 날리는 것 또한 마찬가지다. 인간의 정신은 어떤 사건이든 이를 사회적 상호작용에 내재된 내러티브로 구성하여 지속적인 이해에 도달하려고 노력하는 것 같다.

인류를 '호모 무지쿠스(음악적 인간)'라고 불러야 한다는 의견도 있다. 음악을 작곡하는 것은 모든 인간 문화에 공통적으로 나타나지만 동물에게서는 찾아볼 수 없는 특성이기 때문이다.[9] 언어학자 레이 재켄도프Ray Jackendoff는 내러티브와 음악을 처리하는 인간의 정신적 과정이 상당히 유사하다는 사실을 발견했다.[10] 애니루드 파텔Aniruddh Patel은 『음악, 언어, 그리고 뇌*Music, Language, and the Brain*』에서 음악에는 내러티브적 경향이 있다고 결론짓는다.[11] 물론 순수 기악도 존재하나, 시장에서 성공을 거둔 음악들은 대개 제목이나 흐름에 청자의 상상력을 자극하는 이야기가 내포되어 있다. 이를테면 표제음악이나 교향시가 그렇다. 음악학자 앤서니 뉴컴Anthony Newcomb은 클래식 교향곡을 어렴풋한 감정으로 스토리를 전달하는 '작곡된 소설'이라고 칭한 바 있다.[12]

## 내러티브 속의 음모론

대중 내러티브는 종종 '우리 vs. 그들'이라는 주제, 즉 특정 인물들의 부조리나 악을 드러내는 이원적 구조를 지닌다. 사람들은 보통 그들, 즉 다른 집단의 구성원을 이용해 농담을 주고받는다. 극단적인 경우에는 상상 속의 음모론을 폭로하는 사건에 관심을 집중하기도 한다.

역사가 리처드 호프스태터Richard Hofstadter는 미국 역사 속에 존재했던 황당한 음모론들을 예로 들며 사실에 대한 사람들의 감정적인 관심이 종종 터무니없을 정도라고 했다.[13] 물론 음모론에 촉각을 세우는 것은 이성적인 행동이다. 우리의 역사는 진짜 음모들로 넘쳐나고 있기 때문이다.

그러나 인간의 정신은 선천적으로 음모론에 관심을 기울이게 되어 있다. 타인의 은밀한 음모로부터 자신을 보호하고자 하는 욕구에 근거해 개인의 정체성과 친구에 대한 의리를 구축하려는 경향을 지니는 듯하다.

이러한 기질은 경제적 손실을 무릅쓰고라도 협상을 포기하거나 부당한 행위를 처벌하고자 하는 경제적 행동과 관련이 있는 것으로 보인다. 두 개의 경향, 즉 호혜주의와 적으로 추정되는 이들에 대한 복수라는 인간의 행동 패턴이 그렇다.[14]

## 이야기와 내러티브

이야기와 내러티브는 자주 혼용된다. 그러나 메리엄-웹스터 온라인 사전에 따르면 내러티브란 특정한 관점이나 가치관을 반영하고 고취하는 방식이다. 또는 일련의 사건이나 상황을 제시하거나 이해하는 방식[15]이다. 그러므로 내러티브는 중요한 의미나 원리를 전달하는 특정 형태의 이야기 또는 이야기들이라고 할 수 있다. 내러티브는 일반적으로 실제 또는 허구인 것과 상관없이 사건을 상술하는 형태를 취하는데, 대개 내러티브에서 묘사되는 특정 사건들은 핵심 개념을 강조하고 전염성을 높이는 도구에 지나지 않는다.

일련의 복잡한 사건들을 간단한 내러티브로 구성하고자 하는 인간의 본능은 누구보다 분석적인 사고를 하는 지성인마저도 감염시킨다. 체스 그랜드마스터인 가리 카스파로프Garry Kasparov는 자신의 경험을 통해 이렇게 토로한 바 있다.

> 가장 큰 문제는 선수들마저도 체스 게임을 일종의 이야기로, 기승전결이 있고 중간에 약간의 고난과 반전이 있는 하나의 일관된 내러티브로 보는 함정에 빠진다는 것이다. 그리고 물론 이야기의 끝에는 도덕적 교훈이 있다.[16]

역사가 헤이든 화이트Hayden White는 역사적 내러티브와, 사건을 단순히 순서대로 나열하는 연대기 사이에는 차이가 있다고 말했다.

역사적 이야기를 종결하고자 하는 욕구는 도덕적 의미를 부여하고자 하는 욕구, 실제 사건이 발생한 순서의 중요도를 '도덕극'의 요소로서 평가하고자 하는 욕구이다.[17]

경제학자들은 경제 이론에 대해 마치 자신이 자비로운 독재자가 되어 최상의 사회복지 정책을 실행할 수 있는 것처럼 말하는 경향이 있다. 그러나 그런 정책입안자는 없다. 그저 이기적이거나 이타적, 아니면 양쪽 다 넘나드는 평범한 사람들만 있을 뿐이다. 그런 사람들은 이야기의 영향을 받을 수 있다.

## 대본과 바퀴 달린 여행 가방

심리학자 로저 C. 생크Roger C. Schank와 로버트 P. 아벨슨Robert P. Abelson에 따르면 내러티브는 간단한 '대본'으로 인식될 수 있다.[18] '사회규범'이라고도 불리는 이 대본은 경제 행동을 비롯해 우리의 다른 행동에도 영향을 끼친다. 금융계의 선관주의의무를 예로 들 수 있다. 수탁자와 금융전문가는 개인적인 판단에 따라 행동할 권리가 없다. 그들은 반드시 선량한 관리자처럼 행동해야 하며, 실질적으로 이는 정해진 대본을 따라야 한다는 의미다.[19]

어떻게 행동해야 할지 애매한 상황에 놓인 사람들은 전에 들은 내러티브를 떠올리며 익숙한 역할을 선택하는 경향이 있다. 마치 예전에 본 연극을 떠올려 특정한 연기를 흉내 내는 것처럼 말이다. 그런 행동이 과연 합리적인가 하는 것은 논의의 대상이 된다. 어떤 면에서 성공한 사람들의 행동을 모방하는 것은 합리적이다. 설령 그 행동이 타당해 보이지 않을 때조차도 그렇다. 모방 대상이 우리는 알 수 없는 이유 때문에 그런 행동을 취했을 수도 있으며, 그들이 성공했다는 것은 최소한 그들의 행동이 결과적으로 유리했다는 사실을 시사하기 때문이다. 그러나 전통적인 경제 이론에서는 그런 종류의 합리성을 모형화하지 않는다. 경제 이론은 남들의 행동을 모방하는 것을 그저 반사적인 반응으로 간주할 뿐, '의심스러울 때는 모방하라.'는 원칙을 신중하게 적용한 것으로 보지 않는다. 이러한 반사적인 행동은, 사람들이 이용가능한 모든 정보를 바탕으로 효용을 최대화한다는 경제학의 전형적인 가정을 따르지 않기 때문이다. 오히려 타인이 설정한 대본에 따르는 것을 종종 어리석은 행동으로 본다.

사람들은 어떠한 아이디어가 정형화된 대본이 아니거나 충분히 포장된 게 아니라면 잘 알아차리지 못한다. 나는 2003년에 출간한 『새로운 금융질서』에서 아주 자명한 금융 발명품이 어디서도 채택되지 않았다는 사실을 지적하며 "왜?"라는 질문을 던졌다. 나는 바퀴 달린 여행 가방을 예로 들었는데, 요즘 흔히 볼 수 있는 바퀴 달린 여행 가방은 1990년대까지 별 인기를 끌지 못했다. 이 바퀴 달린 여행 가방의 초기 버전은 1972년에 버나드 새도Bernard Sadow가 발명한 작품이었고, 당시에는 소수에게만 받아들여졌다. 새도는 사람들에게 바퀴 달린 여행 가방을 전파하는 데 난항을 겪었다. 아무도 관심을 갖지 않았다. 도대체 왜 그랬을까? 그로부터 20년 후 노스웨스트 항공사 기장인 로버트 플라스Robert Plath가 여행 가방에 바퀴 4개를 달고 안쪽에 튼튼한 손잡이를 끼운 롤러보드Rollaboard를 발명했다. 처음 새도의 발상은 역시 훌륭했고, 오늘날에는 거의 모든 사람들이 롤러보드나 후속 제품들을 끌고 다닌다. 이제 사람들은 바퀴가 달리지 않은 여행 가방을 아예 살 생각조차 하지 않는다.

『새로운 금융질서』가 출간되고 수년 뒤에, 나는 특허심사관으로 일했던 한 독자에게서 이메일을 받았다. 그의 말에 따르면 바퀴 달린 여행 가방의 특허권은 1887년에 처음 출원되었고 기본적인 발상 역시 거의 비슷하다고 한다.[20] 그러나 나는 당시 어떤 신문에서도 그에 대한 광고를 발견할 수 없었는데, 나중에 존 앨런 메이John Allan May가 쓴 1951년의 기사를 찾아냈다. 1932년부터 바퀴 달린 여행 가방을 제조 및 판매하기 위해 부단히 노력해 온 메이는 다음과 같은 글을 썼다.

> 그들은 너털웃음을 터트렸다. 나는 매우 진지했다. 하지만 그들은 웃었다. 모두가 웃음을 터트렸다. 어디 가서 말하든, 사람들은 하품을 하며 재미있다고 말할 뿐이었다.
>
> "그냥 진짜 바퀴를 사용하지 그래요? 아예 사람들한테 바퀴를 붙이면 어때요?"
>
> 나는 125개 집단의 약 1,500명에게 바퀴 달린 가방에 대해 설명했

다. 아내는 1937년부터 내 이야기를 지겨워했다. 내 아이디어를 진지하게 여긴 유일한 인물은 몇 집 건너에 살고 있는 발명가였다. 문제는, 아무도 그 사람을 진지하게 여기지 않았다는 것이다.[21]

나는 바퀴 달린 여행 가방 아이디어가 어째서 널리 전염되지 않았는지 이해할 수가 없다. 그나마 가장 그럴듯한 가정은 플라스의 발명품이 지닌 매력이 우스꽝스러운 가방의 느낌을 압도했다는 것이다. 1991년의 신문광고는 지금보다 훨씬 멋있게 비춰지던 90년대의 항공사와 롤러보드 내러티브를 연결하고 있다.

항공기 조종사가 설계하고 보증한 이 가방은 대부분 기내 탑승이 가능합니다. 내장된 바퀴와 접을 수 있는 손잡이 덕분에 공항 내 어디서나 끌고 다닐 수 있으며, 비행기에 탑승할 때도 편리합니다.[22]

항공기 승무원들이 롤러보드를 사용하기 시작했고, 평소 동경했던 멋진 승무원들이 바퀴 달린 가방을 편안히 잡아끌며 공항을 가로지르는 것을 승객들이 목격하면서, 전염이 시작되었다. 1993년 무렵이 되자 롤러보드는 이를 홍보에 활용해 '전 세계 승무원의 넘버원 선택'이라는 문구를 사용하기 시작했다. 어쩌면 100년 이상 숨어 있던 좋은 아이디어를 폭발적으로 유행시키는 데 필요한 것은 바로 그런 것이었을지도 모른다.

## 확산성에 대한 실증

실험적 증거에 따르면, 새로운 발명품의 성공 여부는 사람들이 남들의 반응을 어떻게 받아들이느냐에 달려 있다. 사회학자 매슈 J. 살가닉Matthew J. Salganik과 동료들은 온라인 '인공 음악 시장'이라는 환경을 만들어서 여러 실험을 했다.[23] 고객들은 이 온라인 시장에서 음악을 듣고, 별점을 매기고, 마음에 드는 곡을 선택해 내려받을 수 있었다. 모든 음악은 무명의 밴드가 연주했으며 참가자들은 이 실험에 참가하기 전에 어떠한 노래도 들어본 적이 없었다.

이 인공 시장은 참가자들이 노래의 인기도를 직접 관찰할 수 있다는 점만 제외하면 서로 소통할 수 없다는 점에서 실제 온라인 시장과 비슷했다. 즉 노래의 인기도는 유일한 촉발요인이었다. 실험 참가자들은 무작위로 2개의 집단으로 분류되었는데, 독립 집단과 공유 집단이었다. 독립 집단에 속한 참가자들은 다른 사용자의 선택을 볼 수 없으며 오직 자신의 취향에 따라 독자적으로 음악을 선택해야 했다. 한편 공유 집단은 다시 8개의 하위 집단으로 분류되었고 자신과 같은 집단에 속한 사람들의 다운로드 횟수를 볼 수 있었다. 공유 수준이 가장 높은 집단은 음악의 다운로드 횟수에 따른 인기순위 목록을 매번 컴퓨터 화면에서 볼 수 있었다. 즉 첫 번째 실험자(고객)는 타인의 선택에 대해 아무 정보도 없이 음악을 구매한다. 두 번째 고객은 첫 번째 고객의 선택을 볼 수 있고, 세 번째 고객은 앞선 두 고객의 선택을 볼 수 있는 방식이었다.

결과적으로 각 8개의 공유 집단은 각각의 인기곡 순위를 선정했다. 연구자들은 각 집단에서 뽑힌 인기곡들의 상관관계가 미흡하다는 사실을 발견했다. 또한 각 집단에서 음악의 흥행 불평등 수준은 고객이 타인의 선택 정보를 볼 수 없는 독립 집단보다 균일하게 높게 나타났다. 즉 공유 집단의 경우, 무작위적으로 선택된 최초의 어떤 것이 시간이 지날수록 증폭된다는 결론을 내릴 수 있었다. 실제 세상에서는 마케터들이 청취자의 규모를 최대한 늘리려 하기 때문에 그 효과는 더욱 강력할 것이다. 이 연구 조사는 임의로 시작된 작은 선택이 거대한 유행을 낳을 수도 있다는 사실을 실험적으로 증명하는지도 모른다.

여기서 배울 수 있는 교훈은, 사건을 이해하거나 사회적 합의를 도출하기 위해 차후에 만들어진 내러티브가 제시하는 것처럼, 경제사를 포함한 역사가 애초에 논리적으로 배열된 사건의 연속이 아니라는 것이다. 역사적으로 중요한 사건은 전염률이 약간 더 높거나, 망각률이 조금 낮거나, 혹은 다른 경쟁 내러티브보다 약간 더 일찍 시작되어 최초라는 이점을 가진 내러티브가 외관상 무관해 보이는 변이를 거쳤을 때 발발한다.

다음 장에서 볼 수 있듯, 이런 무작위 사건들은 더 크고 널리 퍼지는 내러티브 군집으로 발전할 수 있다. 이제 그 유명한(혹은 악명 높은) 래퍼곡선과 연결된 내러티브 군집에 대해 알아보자.

# 5
# 래퍼곡선과 루빅스 큐브

내러티브 연구에 있어 가장 도전적인 일 중 하나는 전염률과 회복률을 예측하는 것이다. 전염병학 및 다른 학자들이 이제껏 이룬 성과에도 불구하고 우리는 여전히 내러티브의 전염을 유발하는 정신적, 사회적 과정을 정확히 관찰해 낼 수 없다. 따라서 이를 어떻게 촉발해야 할지 파악하기가 어렵다.[1]

대중문화의 경우, 영화가 개봉하기 전까지 성공 여부를 예측할 수 없다는 유명한 사례가 있다.[2] 미국 영화협회Motion Picture Association of America 회장이었던 잭 발렌티Jack Valenti는 이렇게 말했다.

아무리 풍부한 경험을 가졌어도, 그리고 이 업계에서 가장 현명하고 창의적인 본능을 갖췄어도, '아무도', '단 한 명도', 영화가 성공을 거둘 수 있을지는 알 수 없다……. 불 꺼진 극장에서 막이 오르고, 화면과 관객들 사이에 불꽃이 튈 때까지 과연 영화를 올바로 만들었는지 알 길이 없다.[3]

각본가인 윌리엄 골드먼William Goldman 역시 이와 비슷한 말로 책의 첫머리를 열었다.

그 누구도 아무것도 알 수 없다. 영화업계의 그 누구도 무엇이 통할지 확신할 수 없다. 매번 추측에 불과하며, 운 좋게 맞춘다면 교육과 경험 덕이다.[4]

수많은 영화와 원히트 원더one-hit wonder(앨범 한 장이나 노래 한 곡만 성공을 거둔 뒤 사라진 가수를 일컫는 말－옮긴이)[5]를 보면 바이럴을 만드는 것이 얼마나 어려운지를 알 수 있다. 아무리 큰 히트를 친 사람이라도 그런 경험을 반복하는 경우는 드물다. 과거의 히트곡이 다시 인기를 얻으리라는 법도 없다. 적어도 두드러진 변화나 수정을 거치지 않는 이상 말이다.

경제학 분야에도 이런 원히트 원더가 존재하는데 그중 하나가 바로 악명 높은 래퍼곡선이다. 이 경제 내러티브가 어떻게 바이럴이 되었는지 살펴보면, 경제 내러티브를 현실의 성과로 연결하는 통찰력을 얻는 데 도움이 될 것이다.

### 래퍼곡선과 냅킨

래퍼곡선은 1974년에 경제학자 아트 래퍼Art Laffer가 재정지출의 축소 없는 정부의 감세 정책을 정당화하기 위해 사용한 유명한 그래프다. 만일 이 이론이 옳다면 많은 유권자들이 흡족해할 수 있을 것이다. '래퍼곡선(그림 5.1)'이라는 단어를 찾아보면 이 내러티브를 쉽게 발견할 수 있다. 이와 관련해 2개의 유행곡선이 잇따라 발생했는데(래퍼곡선 그 자체와 헷갈리지 말 것), 첫 번째는 1980년대 초반에, 두 번째는 2000년대다. 정부의 재정적자를 정당화하기 위해 또 다른 내러티브와 연루된 '현대 화폐 이론'이라는 단어와 관련이 있다.

래퍼곡선은 경제학 기초 교과서에 나오는 단순한 그래프처럼 생겼는데 일반 대중 사이에서 매우 유명하다는 점에서 일반 그래프들과 다르다. 역 U자 형태를 띤 이 그래프는 국가 세수를 소득세율과 연관시켜 세율이 어떤 선을 넘으면 국민들이 일을 덜 하게 되고 따라서 국민소득 또한 감소한다고 설명한다. 기본 개념을 생각하면 대부분의 사람들에게 따분하게 느껴질 법도 하건만 이상하게도 래퍼곡선은 바이럴이 되었다(그림 5.1).

다음 그래프에서 볼 수 있는 내러티브 속의 래퍼곡선은 고소득자의 주요 세금감면을 정당화한다는 사실에 힘입어 전파되었다. 래퍼곡선의 높은 전염성은 1980년, 미국 대통령으로 선출된 로널드 레이건과 그보다 1년 전인 1979년, 영국 수상직에 오른 마거릿 대처Margaret Thatcher의 정치적 변화와 연관이 있다. 두 사람 모두 감세를 약속한 보수파 정치가였다. 그러나 같은 시기였음에도 불구하고 프랑스에서의 래퍼곡선 내러티브는 사회주의자 프랑수아 미테랑Francois Mitterand의 대통령 당선에 그리 큰 역할을 하지 않았다. 디지털 데이터베이스를 이용해 당대의 프랑스 신문들을 분석해 보면 프랑스에서도 '라 쿠르브 드 라퍼la courbe de Laffer(래퍼곡선)'는 바이럴이 되긴

그림 5.1 '래퍼곡선'의 언급 비율

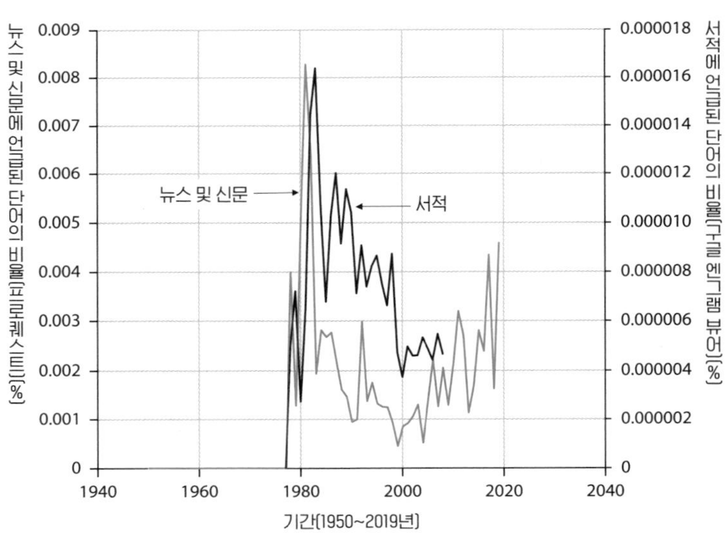


냅킨 내러티브는 1980년경에 급격히 유행했다가 2000년 이후에 다시 2차 유행을 겪었다.
(출처: 프로퀘스트 데이터를 사용한 저자의 계산, (구글 엔그램 뷰어) 1950~2008, 비평활화)

했지만 미국과 영국만큼은 아니었다.

래퍼곡선 내러티브에는 정곡을 찌르는 놀라운 핵심 문장이 존재하지만, 웃음을 터뜨릴 만큼은 아니다. 설명하자면 이렇다. 세율과 정부 세수는 어떤 관계에 있는가? 글쎄, 세율이 0이라면 세수도 0일 것이다. 한편 그와 반대로 세율이 100퍼센트라면 국민들의 소득은 전부 세금으로 빠져나가게 될 것이다. 그러므로 세율이 100퍼센트라면 아무도 일을 하지 않을 것이고, 국가 세수 역시 0이 된다. 즉, 세율이 0퍼센트에서 100퍼센트 사이일 때에는 적든 많든 세수가 발생하며 그 점을 모두 이으면 래퍼곡선이 만들어진다. 자, 그렇다면 여기 핵심 내용을 들어보라. 래퍼곡선은 역U자 형태를 취하고, 따라서 특정한 세수 수준에는 2개의 세율이 존재한다. 놀라운 결론이 아닌가. 세수가 정해져 있을 때 2개의 세율이 가능하다는 것을 이제껏 아무도 말해주지 않았으니 말이다. 그리고 당연하지만, 정부는 재정을 마련하기 위해 국민들에게 높은 세율이 아니라 낮은 세율을 적용하는 것이 마땅하다.

세율이 높을수록 돈을 벌거나 일자리를 창조할 인센티브가 감소한다는 생각은 별로 새롭지 않다. 18세기에 애덤 스미스Adam Smith도 비슷한 견해를 내놓은 적이 있기 때문이다.[6] 1921년부터 1932년까지 미국 재무장관을 역임한 앤드루 멜론Andrew Mellon은 캘빈 쿨리지 대통령Calvin Collidge과 함께 이른바 낙수효과 경제 이론으로 유명한데, 1차 세계대전 이후 높게 유지되던 소득세율을 낮춰야 한다고 주장했다. 그러나 이후 멜론의 명성은 쇠락했고(카네기 멜론대학을 빼면) 이 내러티브는 추진력을 잃었다.

래퍼곡선 내러티브는 처음 래퍼가 이 이론을 주창한 1974년에는 바이럴이 되지 않았다. 래퍼곡선이 유행하게 된 것은 주드 와니스키Jude Wanniski의 1978년 저서 『세계가 움직이는 원리*The Way the World Works*』에 수록된 일화 덕분이었다. 〈월스트리트 저널〉의 논설위원이었던 와니스키는 래퍼가 1974년에 워싱턴 DC에 있는 레스토랑에서 당시 백악관의 유력 인사였던 딕 체니Dick Cheney[7]와 도널드 럼스펠드Donald Rumsfeld[8]와 함께 스테이크를 먹은 이야기를 생생하게 묘사한다. 그 이야기는 이렇다. 래퍼는 즉석에서 식당 냅킨에 그림을 그려 자신의 이론을 설명한다. 수년 후 와니스키가 죽은 뒤, 그의 부인이 남편의 유품에서 래퍼곡선이 그려진 냅킨을 발견하고, 현재 그 냅킨은 국립 미국사 박물관에 소장되어 있다.[9] 박물관 웹사이트에서 박물관 큐레이터인 피터 리브홀드Peter Liebhold는 이 냅킨에 대해 이렇게 설명하고 있다.

> 박물관 큐레이터라면 누구나 외관상 흥미로울 뿐만 아니라 미국 역사에서 가장 중요한 순간을 상징하는 근사하고 이름 있는 유물을 찾아다니기 마련이다. 그러나 안타깝게도 그런 유물이 실제로 존재하는 경우는 매우 드물고, 가끔은 최고로 칭송받던 이야기들마저 거짓으로 드러나기도 한다. 하지만 때때로, 진짜 금광을 발굴할 때가 있다. 나는 정말 운이 좋게도 미국 비즈니스 역사에 관한 아주 놀라운 이야기를, 정치적 변화와 경제적 혁명, 그리고 사회적 영향을 의미하는 이야기를 발견

할 수 있었다. 이건 진짜배기였다.[10]

문제는, 래퍼 본인이 그 냅킨 이야기를 부인했다는 것이다. 그의 글을 읽어보자.

> 와니스키가 쓴 내 일화에 관한 유일한 의문은, 그 레스토랑에서는 천으로 된 냅킨만 사용하며 우리 어머니는 내게 좋은 물건을 망가뜨리면 안 된다고 가르쳤다는 것이다. 하지만 뭐, 어쨌든 나에 관한 이야기니까. 진짜 그랬던 척 해야겠다.[11]

래퍼는 정직했지만, 그의 솔직한 말로도 이런 좋은 이야기가 퍼지는 것을 멈출 수는 없었다.

## 시각적 보조 매체의 힘

그렇다면 래퍼의 냅킨 이야기는 어떻게 바이럴이 된 걸까? 부분적으로는 좋은 스토리텔링 덕으로 보인다. 와니스키의 이야기가 폭발적인 반응을 일으킨 뒤에 래퍼는 4년 전에 있었던 일이라 잘 기억이 나지 않는다고 말했다.[12] 그러나 와니스키는 좋은 이야깃거리를 알아보는 안목을 지닌 유능한 저널리스트였다. 와니스키가 제시한 핵심 아이디어는 확실히 효과적이었다.

냅킨에 그림을 그렸다는 대목이 이 이야기를 바이럴로 만든 핵심 요소라고 말한다면 다소 터무니없게 느껴질지도 모르겠다. 그러나 독특한 시각 보조 매체가 기억력을 보조하고, 따라서 내러티브를 상징적인 것으로 만들 수 있다는 과학적 증거는 충분하다. 모두가 이 이야기에 나온 냅킨을 기억하는 건 아니지만 냅킨에 그래프를 그렸다는 사소한 세부 사항은 전염 초기에 내러티브의 전염률을 망각률보다 높일 수 있다.

또한 래퍼곡선은 누구나 쉽게 이해할 수 있는 경제 효율이라는 개념을 내포하고 있다. 와니스키는 정확한 데이터를 제시하지 않고도 우리의 세금 정책이 래퍼곡선의 비효율적인 영역에 있다고 암시한다. 래퍼곡선을 보면 세금감면이 국가 세수에 더욱 큰 이득이 될 수 있는 것처럼 보인다. 경제학에 익숙하지 않고 양적 기준을 선호하는 대다수 사람들에게 이런 경제적 비효율성에 대한 암시는 매우 충격적이었다. 래퍼곡선에서 경제적 비효율성을 의미하는 하강 영역에 미국이 위치하고 있지 않다는 경제학자들의 반론에도 불구하고[13] 이 내러티브는 바이럴이 될 만큼 강한 전염성을 지녔다. 그러나 일부 특정한 상황에서의 래퍼곡선은, 특히 법인세에 있어 정책적으로 중요한 길잡이가 될 수도 있다. 예를 들어 작은 국가들이 법인세를 충분히 낮춘다면 많은 기업들이 본사를 해당 국가로 이전할지도 모른다.[14] 그러나 래퍼곡선에 대한 객관적 분석은 래퍼곡선의 유행이나 개인 소득세와의 관련성을 억누를 만큼 흥미롭지 않다. 어떤 이야기가 널리 퍼져나가려면 근사한 레스토랑에서 정계의 권력자와 마주 앉아 식사를 하고 냅킨에 그림을 그리는 것처럼 좋은 무대가 필요한 것이다.

래퍼곡선의 냅킨 이야기가 바이럴이 된 이유는, 이 래퍼곡선이 너무나도 중요하고 충격적이라 경제학 교수가 고급 레스토랑에서 정부 관리들에게 어서 빨리 사실을 깨우쳐주고 싶었다는 데에 있다. 결국 이 내러티브가 전하는 긴박감과 깨달음 때문이다.

더불어 이야기에 담긴 풍부한 시각적 이미지는 경제학과 관련된 단순한 일화가 장기 기억으로 진화할 수 있게 도와주었다. 냅킨이라는 시각적 세부 사항은 사람들이 내러티브를 잊는 속도를 늦췄고, 망각률을 감소시켜 더 큰 인구 집단까지 유행병처럼 번져나갈 수 있게 했다. 바이럴 이야기를 만들고 싶은 사람이라면 여기서 배워야 할 중요한 교훈이 하나 있다. 청중에게 이야기를 각인시키고 싶다면 인상적인 시각적 이미지를 제시하라. 고대 로마의 키케로 의원도 시인 시모니데스를 인용하면서 그런 전략을 강조했다.

> 시모니데스는, 혹은 이 예술을 발명한 사람이 누구든 간에, 현명하게도 이러한 것들이 감각에 의해 우리의 마음속에 가장 강력하게 고정되고, 전달되고, 각인된다는 것을 잘 알고 있었다. 또한 그는 그중에서도 가장 예리한 것은 바로 시각이라고 했다. 그리하여 귀로 듣거나 머리로 이해한 것에 상상력을 더하여 마음의 눈으로 그린다면, 가장 쉽고 오래 간직할 수 있음을 알고 있었다.[15]

실제로 심리학이나 마케팅 저널에 따르면, 일부 환경에서는 기이한 심상적 이미지가 기억의 보조물로 작동한다.[16] 이를테면 기억력 훈련가인 해리 로레인Harry Lorayne은 기억력을 향상시키고 싶다면 구체적이고 독특한 시각적 심상 이미지를 활용해야 한다고 오랫동안 주장해 왔다. 그는 열쇠를 어디다 놨는지 자꾸만 잊어버리는 사람들에게 이렇게 충고했다.

> 열쇠를 화분에 놓은 다음, 제일 중요한 열쇠와 그것을 놓아둔 장소의 이미지를 머릿속에 떠올린다. 그런 다음 그것을 황당하거나 우스꽝스러운 이미지로 변형한다. 예를 들면 화분에서 커다란 열쇠가 자라는 광경을 눈앞에 '그리는' 것이다.[17]

뇌신경학에서 입증했듯이, 장기기억을 형성할 때는 시각 정보를 처리하는 부위를 비롯해 뇌의 여러 부위가 한꺼번에 활성화된다.[18]

## 루빅스 큐브와 기업사냥꾼

래퍼곡선이 성행하던 시절, 또 다른 유행이 등장했다. 1974년, 루비크 에르뇌Erno Rubik이 발명한 루빅스 큐브는 색색의 작은 큐브로 이뤄진 육면체 퍼즐이다. 루비크는 헝가리 출신의 조각가 겸 건축가로, 그가 발명한 이 퍼즐은 세계 전역의 과학 및 수학 커뮤니티에 열풍을 불러일으켰다. 루빅스 큐브에 아주 흥미로운 수학적 원리가 내포되어 있다는 내러티브 때문이었다. 〈사이언티픽 아메리칸〉지는 1981년 3월 호에서 루빅스 큐브를 표제 기사로 다뤘고, 그 기사를 작성한 인물은 다름아닌 더글러스 R. 호프스태터였다. 베스트셀러인 『괴델, 에셔, 바흐』의 저자인 호프스태터는 과학과 예술, 인문학을 통합하는 재능을 지닌 과학자이자 작가였다. 그는 루빅스 큐브가 심오한 과학 원리의 상징이라고 소개했고, 양자역학과의 관계와 쿼크라는 아원자 입자의 결합법칙에 대해 설명했다. 오늘날까지 기사의 정확한 내용을 기억하는 사람은 거의 없겠지만 어쨌든 루빅스 큐브가 대단한 선풍을 일으켰다는 것쯤은 기억하고 있을 것이다. 프로퀘스트에서는 루빅스 큐브에 대한 반응이 래퍼곡선 시기의 반응보다 더 크고 떠들썩하게 나타났지만, 구글 엔그램 뷰어에서는 래퍼곡선보다 더 작다. 그러나 2개의 데이터베이스 모두에서 언덕 모양 곡선을 그리고 있다.

같은 시기에 래퍼곡선과 같은 내러티브 군집에 속한 내러티브도 등장했다. '차입매수leveraged buyout'와 '기업사냥꾼corporate raiders'이다. 두 단어 모두 1980년대에 바이럴이 되었고, 대부분 인센티브에 신속하게 반응해 높은 수익을 올린 회사를 찬양하는 이야기에서 언급된다. 특징 중 하나가 '주주가치의 극대화'라는 표현인데, 이는 프로퀘스트와 구글 엔그램 뷰어에 따르면 1970년대 전에는 사용되지 않았으나 이후 21세기에 이르기까지 꾸준한 증가세를 보이고 있다. 사실 '주주가치의 극대화'란 회사에 극도의 부채를 떠안기고 직원과 다른 이해당사자와의 암묵적 계약을 무시하는 등 기업사냥꾼들의 미심쩍은 관행을 돌려 말하는 것이나 다름없다. '극대화'라는 단어는 지적이고 과학적이며, 계산적임을 암시한다. '주주'는 회사에 돈을 댄 사람들이 있다는 사실을 상기시키지만 그들은 때때로 잊힐 수도 있다. 그리고 '가치'는 부나 이윤보다 긍정적이고 이상적으로 느껴진다. 이 세 단어를 모아 하나의 표현으로 사용하는 것이야말로 1980년대의 발명품이었고, 기업사냥꾼과 그들의 성공에 관한 이야기에 사용되었다. '주주가치의 극대화'는 부의 추구와 공격성을 정당화하는 전염력이 강한 내러티브며 이는 경제적으로 명백히 중요한 의미를 지닌다.

### 래퍼곡선과 공급주의 경제학, 그리고 내러티브 군집

래퍼곡선이 유행한 뒤 레이건 정부는 미국 연방소득세 최고세율을 70퍼센트에서 28퍼센트로 대폭 인하했다. 법인세율은 46퍼센트에서 34퍼센트로 떨어졌고, 자본소득세는 1981년에 28퍼센트에서 20퍼센트까지 인하됐다(레이건 정권하인 1987년에 다시 28퍼센트로 인상되었지만). 래퍼곡선의 유행으로 이만큼의 변화가 있었다면, 그에 따른 결과와 물가에 끼친 영향은 아마도 어마어마했을 것이다.

래퍼곡선은 아직까지 모두의 머릿속에 각인되어 있다. 그러나 래퍼곡선은 '공급주의 경제학'이라고 불리는 내러티브 군집의 한 가지 구성요소일 뿐이다. 공급주의 경제학은 규제를 완화하고 세율을 낮추면 경제 성장을 유도할 수 있다는 이론이다. 이 이론은 래퍼곡선과 비슷한 시기에 바이럴이 되었다. 래퍼곡선이 수많은 공급중시 내러티브에 영향을 끼친 이유는 그중에서도 유독 강렬한 내러티브였기 때문이다. 냅킨에 휘갈겨 쓴 공식이라는 강렬한 이미지를 지니고 있었고, 루빅스 큐브에게 〈사이언티픽 아메리칸〉이 있었듯 강력한 권위가 래퍼곡선을 뒷받침하고 있었으며, 세금을 인상하는 정치가들은 멍청이라는 생각을 암시했기 때문이다.

공급주의 경제학 내러티브 군집에 포함되는 또 한 가지 내러티브는 올로프 팔메Olof Palme가 수장으로 있던 스웨덴 사회주의 정부에 관한 것이다. 스웨덴 정부는 극도의 무능력을 발휘해 고소득자에게 소득세 실효세율을 본의 아니게 100퍼센트 이상으로 설정하고 말았다. 아무리 열심히 일해도 세금을 내고 나면 오히려 돈을 '잃게' 되는 것이다. 이 이야기는 전 세계로 널리 퍼졌고, 1976년 미국 〈보스턴 글로브〉에는 다음과 같은 기사가 실렸다.

> 스웨덴의 치과의사는 일반적으로 주 30시간 이하를 근무한다. 그보다 더 많이 벌었다가는 실질적으로 소득이 감소할 수 있기 때문이다. 존경받는 시민이자 아마도 이 나라에서 가장 유명한 인물일 영화감독 잉그마르 베르그만은 영원히 조국을 떠나기까지 했다. 작년에 세무조사관이 그를 괴롭히며 개인 소득도 아닌 회사에서 비롯된 오해를 근거로 리허설 도중 기록을 압수하기에 이르렀기 때문이다.[19]

스웨덴의 100퍼센트 초과 세율에 관한 이야기는 유명한 아동작가 아스트리드 린드그렌Astrid Lindgren이 이 사건을 바탕으로 1976년에 쓴 어른용 동화 『돈의 세계에 사는 폼페리포사*Pomperipossa in the World of Money*』로 다시금 변형되었다. 이 책에서 파생된 폼페리포사 효과는 그 해에 팔메 정부가 무너지는 데 어느 정도 기여했는지도 모른다.

나중에는 미국에서도 한계소득의 100퍼센트 이상을 세금으로 납부해야 한다는 비슷한 내러티브가 바이럴이 되었고, 일종의 내러티브 군집을 형성했다.[20] 이런 유사한 이야기들은 서로의 내러티브를 더욱 강화한다. 이 내러티브는 어차피 100퍼센트에 한참 못 미치는 세율을 인하하자는 것에 대한 논쟁이 아니라 정부의 무능력에 관한 이야기였지만, 사람들은 세율이 너무 높다는 전반적인 이미지만을 지지했다. 디지털화된 신문 데이터베이스에서 '최고세율highest tax bracket'이라는 단어를 찾아보면 이러한 내러티브 군집이 존재한다는 증거를 발견할 수 있다. 오히려 이 내러티브가 활발해지기 전 1950년대에 미국의 최고세율은 84퍼센트에서 92퍼센트까지 극도로 높은 수준이었지만, 프로퀘스트에서 발견된 기사는 33개에 불과하다. 그러나 1980년대에는 최고세율이 70퍼센트에서 자그마치 28퍼센트까지 인하됐는데도[21] 여전히 '최고세율'을 언급한 기사는 프로퀘스트에서 510개에 달했다. 이후에도 최고세율에 대한 이야기는 계속해서 전파되는 중이다.

최고세율에 대한 관심은 자동적으로 최저세율과 빈곤층에 대한 음소득세—현재는 덜 연민적인 시선을 받고 있는—에 대한 관심으로 이어졌다. 미국에서 '복지모welfare mom'라는 단어는, 남성 납세자들의 마지못한 지원으로 살아가는 결혼하지 않은 여성과 그 자녀들을 가리킨다. 1960년에는 이 단어의 사용이 전무했지만, 린든 존슨Lyndon Johnson 대통령이 빈곤과의 전쟁을 위해 위대한 사회Great Society 계획을 선포한 1970년대 초반에 급격히 폭발했다.

재산세 역시 오랫동안 강력한 비판을 받았다. 1970년대에 언론은 '주민발의안 13'이라 불리는 캘리포니아 주민투표와 관련해 여론의 변화를 눈치채기 시작했다. 그러한 여론이 최소 10년은 지속되리라는 강력한 증거와 함께 말이다. 이후 이 법안은 1978년 캘리포니아주 헌법 개정으로 이어져 재산세의 인상을 제한하게 된다. 당시의 신문에서 이른바 '납세자 반란'이라고 이름 붙인 현상이 미국 전역을 휩쓸었다.

> 캘리포니아에서 시작된 납세자 반란은 평범하고 소소한 운동이었다. 그러나 이는 캘리포니아주와 지방 관료들을 두려움과 어쩌면 죄책감에도 떨게 만들었다. 미국 연방의 절반이나 되는 주에서 주민발의안 13의 모방물이 속속 등장하고 있다.[22]

1978년에는 주택 보유자가 더는 자기 집에서 살 수 없을 정도로 재산세율이 너무 높아져 억지로 집을 팔아야 한다는 내러티브가 미국 전역을 전염병처럼 휩쓸었다. 그와 관련된 다른 내러티브들은 정부의 비효율성과 세수지출의 부패를 비난했다. 이런 생각들과 더불어 미국의 납세자 반란 기저에 놓인 내러티브들이 널리 전파되었다. 하지만, 납세자 반란은 오히려 1978년을 기점으로 몇 년 동안 빠르게 흥했다가 소멸했다.

그렇게 된 배경에는 20세기 후반 앵글로색슨 국가에서 부상한 자유시장, 즉 자유방임주의 내러티브가 있었다. 이 내러티브를 촉진한 것은 이를테면 에인 랜드Ayn Rand의 1943년 소설 『파운틴 헤드』와 같은 이야기들이었다. 소설의 독자들은 1940년대에 국한되지만 그 영향력은 남은 20세기 후반을 거쳐 점점 더 강력해졌고, 랜드가 1957년에 발표한 소설 『아틀라스』는 바이럴이 되기까지 했다. 『아틀라스』는 부자들의 부를 강탈하려는 부정이득자들이 세금 등 국가의 규제를 지지하며 생산자들과 대립하는 내용이다. 랜드와 그의 소설은 단기간 유행하고 사라진 납세자 반란과는 달리 1982년에 랜드가 사망한 뒤에도 계속해서 영향력을 떨쳤다. 랜드의 소설은 다소 느리게 퍼졌지만 궁극적으로는 더 널리 전염된 것처럼 보인다. 훨씬 이전인 1950년대 후반에 '경기부양'이라는 표현이 등장했는데, 오히려 1978년부터 80년 사이 사용 빈도가 급증했다. 거기에는 고소득자들의 세금을 감면함으로써 어쩌면 사회 기여도가 높은 보다 우월하고 뛰어난 그들을 지지하고, 그들의 자율성을 높이고자 하는 생각이 담겨 있다.

## 유명인과 명언, 그리고 정치

래퍼곡선의 유행이 로널드 레이건과 마거릿 대처의 당선에 한몫하긴 했지만, 다른 내러티브들의 역할도 빼놓을 수 없다. 레이건의 이런 재치 있는 말처럼 말이다.

> 경제에 대한 정부의 시각은 한 마디로 요약할 수 있습니다. 경제가 작동하면 세금을 매겨라. 계속 작동하면 규제해라. 그러다 작동하지 않으면 보조금을 줘라.[23]

레이건이 이렇게 연설한 것은 1986년의 일이었지만 사실 기본적인 아이디어는 형태만 약간 다를 뿐 1967년부터 이미 존재하고 있었다. 〈시카고 트리뷴〉의 보수 평론가인 월터 트로한Walter Trohan의 글을 읽어보라.

> 연방정부가 일하는 방식은 이런 우스갯소리와 일치한다. "작동하면 세금을 매겨라. 세금을 매길 수 없으면 규제해라. 규제할 수 없다면 백만 달러를 줘라."[24]

그러므로 이 유명한 말은 1967년에도 이미 알려져 있었던 것이다. 하지만 아무리 정곡을 찌르는 말이라도 진정으로 유행하려면 유명인이 필요했고, 이 경우에 그 유명인이란 바로 로널드 레이건이었다.

세 문장으로 이뤄진 이 유명한 문구가 시적인 특성을 지니고 있고 트로한에서 레이건을 거치면서 약간의 변형만 이뤄졌다는 데 주목하자. 레이건의 버전은 각 문장이 '~다면 ~하라.'는 기본 구조로 이뤄져 있다. 종속절이 '(만약) ~하면'으로 끝나며, 주절은 두 단어로 구성된 간단한 명령형 문장이다. 이런 수사적 구조는 품위를 더할 뿐만 아니라 중간에 다른 사람을 거치더라도 원문이 변형되지 않도록 하며 강한 전염성을 발휘한다. 아마도 이 이야기가 널리 퍼진 것은 화자만 세금이 과하다고 불평하는 게 아니라 모두가 그렇게 말하고 있음을 암시하기 때문일 것이다.

간단히 말해 래퍼곡선과 공급주의 경제학 같은 내러티브는 세금 삭감에 대한 강력한 공적 명령을 자극한 것처럼 보인다. 세금감면과 정부에 대한 내러티브 군집이 또 다른 사회적 움직임, 즉 기업가정신을 촉발했을 수도 있다. 1987년에 〈뉴욕 타임스〉는 레이건의 기업가정신 장려 내러티브에 대해 보도했는데, 그의 유쾌하고 정곡을 찌르는 이야기는 오늘날까지도 자주 회자된다.

> "나는 요즘 취미활동을 즐기고 있습니다." 이번 달 초, 대통령은 경제 문제에 관한 연설에서 이렇게 운을 뗐다. "소련 국민들의 유머감각뿐만 아니라 그 나라 체제에 대한 인식을 보여주는 이야기를 모으고 있지요." 그런 다음 레이건 대통령은 요즘 자신이 좋아하는 이야기를 들려주었다.

한 러시아인은 자동차가 사고 싶었지만 배달이 문제였다. 남자는 공식 대리점에 가서 탁자 위에 돈을 내려놓았고, 정확히 10년 후에 자동차를 배달받을 수 있다는 대답을 들었다. "오전이요, 오후요?" 남자가 물었다. "10년 뒤인데 그게 무슨 상관이죠?" 직원이 말했다.

그러자 남자가 말했다. "오전에는 배관공이 오거든요."[25]

루빅스 큐브는 장난감에 불과했을 뿐, 경제 내러티브를 뒷받침하지는 않았다. 그러나 레이건의 가벼운 유머는 경제적으로 강력한 기업가적 내러티브를 전달했다. 이 새로운 내러티브는 기업가정신과 위험을 무릅쓰고자 하는 경향을 부추겼고, 세계 선진경제의 법적 구조에 지대한 변화를 가져왔다.

래퍼곡선과 루빅스 큐브는 거대한 내러티브 세계에 대한 단 두 가지 예시에 불과하다. 우리는 내러티브가 사고를 조직화하는 데 얼마나 큰 위력을 갖고 있는지 이해해야 한다. 엄청난 기억력을 지닌 인간의 뇌는 이 모든 내러티브를 저장한다. 다음 장에서는 신경과학을 이용해 이 저장소의 구조를 살펴보자.

# 6

# 경제 내러티브의 전염성에 대한 다양한 증거

내러티브의 전염이 경제에 어떤 영향을 미치는지에 대한 또 다른 근거는 뇌의 이야기 구조, 뇌가 무서운 이야기를 처리하는 과정, 인간적인 상호작용에 대한 언론 매체의 강화, 책 커버와 로고, 미인 대회가 지닌 감성적 영향에서 찾을 수 있다.

## 이야기를 전달하고자 하는 충동

1958년, 뇌신경외과의인 와일더 펜필드Wilder Penfield는 국부마취를 한 상태에서 뇌수술을 받는 환자의 뇌에 전극을 삽입했다. 뇌에는 통각수용기가 없기 때문에 가능한 일이었다. 그는 뇌의 특정 부위에 전기 자극을 가하면 순차적으로 일련의 소리가 들린다는 사실을 발견했다.

23번 지점 측두엽 절단면의 회백질에 전극을 삽입하자 환자가 말했다. "음악이 들려요." 15분 뒤에 환자에게는 알리지 않고 같은 위치에 다시 전극을 꽂았다. "또 음악이 들려요." 환자가 말했다. "라디오 같네요." 그 뒤로 여러 차례 같은 지점을 자극했고, 그때마다 환자는 전극이 삽입되어 있는 동안 교향악단이 동일한 음악을 연주하는 것을 들었다. 음악은 정확하게 같은 지점에서 시작해, 멜로디에서 합창으로 이어졌다. 수술용 천 아래 누워 전기자극 상자를 바라보고 있던 환자는 누군가 이따금 축음기를 틀고 있다고 생각했다.[1]

뇌의 다른 부위를 자극할 경우 이야기를 순차적으로 말하게 된다.

젊은 여성의 좌측두엽 앞쪽을 자극하자, 그녀가 말했다. "꿈을 꿨어요. 나는 겨드랑이에 책을 한 권 끼고 있었죠. 남자랑 이야기를 했어요. 그 사람은 책에 대해서는 걱정 말라고 나를 안심시켰어요." 1센티미터 간격에 있는 다른 지점을 자극했을 때에는 이렇게 말했다. "엄마가 말을 걸고 있어요." 15분 뒤에 다시 같은 지점을 자극했다. 전극이 꽂혀 있는 동안 환자는 큰 소리로 웃음을 터트렸다. 전극을 제거한 후 설명을 부탁하자, 환자는 "글쎄요."라고 말했다. "이야기가 아주 긴데…… 하지만 말해줄게요."[2]

펜필드의 연구는 여러 분야에 지대한 영향을 끼쳤다. 우리의 목적과 연관을 지어보자면, 그의 연구는 인간의 뇌가 흔히 인간 고유의 특성이라 생각되는 것 중 일부를 구현해 낸다. 음악을 작곡한다거나 이야기, 특히 감정을 자극하는 이야기를 발생 순서대로 서술하고자 하는 모습들 말이다.

현대의 신경과학자들은 이야기를 하고 싶어 하는 인간의 충동이 어떤 요인들에 의해 결정되는지 밝혀내기 위해 분투하고 있다. 이를테면 펜실베이니아대학에 소속된 아넨버그 대학원Annenberg School의 에밀리 B. 포크Emily B. Falk가 이끄는 신경과학팀의 연구가 그렇다. 연구진은 건강을 주제로 한 기사를 다른 사람과 공유할 것인지 고민하는 사람들의 뇌를 자기공명영상MRI을 사용해 분석했다. 그 결과, 사람들은 자기 자신과 관련된 생각을 타인과 공유하려는 경향이 있었다. 즉 그러한 과정—자기 표현 또는 정신적 개념—과 관련된 부위, 특히 내측 전전두엽피질에서 발생하는 신경 활동과 타인의 정신 상태에 대한 인식 또는 예측과 관계된 정보 말이다.[3] 다시 말해 이들은 자신의 건강 정보를 그들과 타인에 대한 이야기의 형태로 공유하고 싶어 했다.

신경경제학자 폴 J. 잭Paul J. Zak은 작은 실험을 통해 극적인 내러티브가 잔잔한 내러티브에 비해 혈액 속 옥시토신과 코르티솔 농도를 증가시킨다는 사실을 입증했다.[4] 이런 호르몬들은 행동에도 영향을 주는데, '사랑 호르몬'이라고도 불리는 옥시토신은 인간관계를 촉진하는 역할을 한다. '스트레스 호르몬'이라고도 불리는 코르티솔은 혈당치를 조절하고 기억 형성을 보조하며 염증 반응을 억제한다.

### 두려움을 유발하는 이야기를 들었을 때의 신경 반응

언론 매체의 기사들이나 유명한 해석들은 금융위기에 대해, 이제껏 지나친 자기도취에 빠져 있다가 갑작스럽게 경제적 실패를 맞닥뜨렸을 때 발발하는 공황이라고 계속 설명해 왔다. 어찌 보면 언론은 예기치 못한 물리적 위험에서 벗어나고자 한곳으로 몰려드는 폭도들을 연상케 하는 '공황'과, 잘난 맛에 취한 마비 상태를 의미하는 '자기도취' 같은 단어의 사용을 지나치게 좋아하는 것 같다. 사실 사람들은 심각한 경제 사건이 발생하더라도 수년 또는 수개월 동안 평상시처럼 살아가야 하며, 대부분 완벽한 이성을 유지한다. 그리고 겉으로도 그러한 사실을 잘 아는 것처럼 내비치는 경향이 있다. 심지어 경제적 공황이 닥친 시기에도 사람들은 대부분 긍정적이고 편안해 보이며, 농담을 던지고 웃음을 터트린다.

그러나 '공황'과 '자기도취'가 정말로 특별한 상황일까? 이 두 단어는 모두 신경 구조의 영향을 받는 정신적 상태를 뜻한다. 우리는 이런 신경 구조를 연구할 필요가 있다. 경제적 공황과 다른 종류의 공황, 또는 경제적 자기도취와 다른 종류의 자기도취 사이에 신경학적 공통점이 있는지 파악해야 하는 것이다.

지금 이 책을 집필하고 있는 중에 무슨 일이 일어나고 있는지 생각해 보자. 2007~2009년에 발생했던 세계금융위기가 10주년으로 가까워진 지금, 은행들은 점점 더 위험한 도박에 손을 뻗고 있다. 2017년에 연방예금보호공사Federal Deposit Insurance Corporation는 보고서에서 수익 상승을 위해 투자만기를 연장하는 미국 은행들의 위험한 행동에 우려를 표했다. 금융위기가 지나고 약 10년 동안 금리는 매우 낮은 수준으로 유지되었다(만기가 길 경우에는 조금 더 높지만). 고수익을 노리는 것은 은행에게 위험한 일이다. 금리가 갑자기 상승한다면 장기 투자로 버는 돈보다 예금자에게 지불할 이자가 더 많아질 수 있으며, 그렇게 되면 은행은 심각한 문제에 봉착할 것이다. 그러나 결국 은행은 위험을 무릅쓰기로 결정했다. 하지만 미래의 금리를 어떻게 예측할 수 있을 것인가?

어떤 전문가도 금리의 추이를 성공적으로 예측할 수 없다. 누구도 은행가에게 저금리가 언제 끝나는지 알려주거나 영원히 지속될 거라고 장담할 수 없다. 은행가들은 금리가 급격히 인상됐을 때 예금주들이 돈을 인출하려고 은행에 몰려들던 과거의 내러티브를 잊어버린 듯 보인다. 10년간 저금리가 유지될 때에는 전혀 상관없는 이야기처럼 보이지만, 실제로 얼마나 관련이 없는지 정량화해 표시할 방법은 없다.

실제 그런 일이 닥칠 때면, 은행가가 수백만 년에 거친 다윈주의 진화를 통해 살아남은 뇌 구조의 원시적 신경 패턴에 따라 행동한다고 생각하는 편이 가장 좋을지도 모르겠다. 두려움을 관리하는 뇌 구조가 오늘날의 개과 및 설치류 동물들에게서 동일하게 나타난다는 사실이 밝혀졌고, 이는 이 종들이 전부 중생대에 진화했다는 증거다. 두려움은 모든 포유류와 고등동물이 지닌 평범한 감정이며, 이를 좌우하는 것은 뇌의 구조다. 또한 두려움의 소멸은 위험이 지나간 후 시간이 지나면서 두려움이 해소되는 과정이다.

초기 과학자들은 이런 뇌 구조에 따른 행동을 간접적인 방식으로 관찰했다. 1927년, 러시아의 생리학자인 이반 P. 파블로프Ivan P. Pavlov가 메트로놈을 틀어두고 개의 혀에 약간의 산을 묻히는 과정을 반복했다. 그는 나중에는 개에게 산을 먹이지 않고도 메트로놈 소리만으로 산을 먹은 것과 같은 자동 반응이 발생한다는 연구 결과를 발표했다. 실험의 후속 단계에서는 메트로놈을 반복적으로 틀어주되 산을 주지는 않았고, 그러자 개의 반응은 서서히 사라졌다. 이 같은 반응에 뇌 구조가 관련되어 있다는 사실이 밝혀진 것은 나중의 일이다. 쥐의 경우 측면 편도체 뉴런—아몬드 형태의 뇌 부위—이 공포의 학습 및 소멸 단계에서 중요한 역할을 했다. 두려움을 느낄 때는 격렬하게 반응하고 두려움이 사라질 때는 서서히 가라앉았다. 그러나 반응했던 모든 뉴런이 사라지는 것은 아니며 공포의 잔재는 남았다. 신경과학자들은 다음과 같이 결론 내렸다.

전체적으로 편도체와 복내측 전전두엽피질, 해마 사이의 상호작용을 포함한 독특한 신경회로가 두려움을 소멸시키는데, 이 신경회로가 꾸준한 진화를 통해 보전되었다는 많은 증거가 있다.[5]

쥐도 이와 유사한 신경회로를 지니고 있고, 인간처럼 비자발적으로 공포심을 촉발한다. 인간의 경우에는 복내측 전전두엽피질의 두께와 공포 소멸이 상호연관성을 지닌다.[6] 외상후스트레스장애PTSD 같은 일부 신경장애는 두려움이 소멸되는 데 실패했음을 의미하는데, 이러한 질환을 연구하면 공포 관리의 기본 구조를 알아낼 수 있다.[7] 인류가 문명을 발전시킨 지는 고작 몇천 년밖에 되지 않았으니 공포와 그 소멸의 신경회로를 최적화하는 인간의 진화 과정은 아직 완성되지 않았다고 봐야 할 것이다.

때때로 인구 전체가 PTSD와 유사한 정신상태를 겪을 수도 있다. 폴란드 출신 시인인 체슬라브 밀로즈Czeslaw Milosz는 1951년에 발표한 『사로잡힌 마음*The Captive Mind*』에서 스탈린 정권이 만들어낸 공포스러운 사회 분위기가 얼마나 중요한지 지적했다. 이 책에서는 당시 오랫동안 유지된 은밀하고 비공식적인 내러티브에 대해 다룬다. 바로 어느 날 갑자기 비밀경찰에게 체포되어 가족들과 머나먼 시베리아 수용소로 추방된 다음 얼어 죽거나 굶어 죽는다는 이야기였다.

공포는 사회의 시멘트라고 한다. 자유자본주의 경제는 가난에 대한

> 두려움, 일자리를 잃는 두려움, 계층 사다리에서 추락하는 두려움으로 사람들에게 노력을 강요했다. 그러나 우리 제국에 존재하는 것은 '노골적인' 두려움이다. 10만 인구가 사는 자본주의 도시에서는 약 1만 명이 실업의 두려움에 시달리고 있을지도 모른다. 그러한 두려움은 개인적이고, 주변 환경의 무관심과 냉담함에 비춰볼 때 분명 비극적인 일이다. 그러나 만약 모든 10만 인구가 날마다 두려움에 떨며 살아간다면 도시 전체에 드리운 묵직한 구름처럼 집단적인 분위기를 조성하게 된다.[8]

밀로즈의 말처럼 실업에 대한 두려움은 그나마 시베리아 추방에 대한 두려움보다는 덜 강렬하다. 그러나 그 강도에 상관없이 동일한 신경회로를 통해 작동한다고 가정하는 것이 합리적일지도 모른다. 가령 '이 위험한 투자를 해야 할까?'와 같은 고민에 대해 논리적인 해답이나 해결책이 없는 상황에서 인간은 쥐와 비슷한 신경회로에 결정을 맡겨버린다. 독특한 과거 경험에 대한 기억은 마치 다른 사람의 기억처럼 내러티브의 형태로 이전되고, 행동을 결정할 것이다. 때로는 경제적으로 불행한 결정을 내리는 것으로까지도 이어질 것이다.

두려움의 감소는 공포가 소멸하는 점진적인 과정이며, 이는 내러티브가 극적인 발전이나 변이를 거칠 경우 역전될 수 있다. 적성국의 핵무기 보유에 대한 최근 내러티브는 핵폭탄으로 세계가 멸망할지 모른다는 두려움을 자극할 정도로 강렬하다. 하지만 적어도 아직 현실적으로 영향을 끼치지는 않는다. 어떤 영화가 대중적인 성공을 거둘지 예상하는 것이 어렵거나 불가능한 것처럼, 어떤 내러티브가 궁극적으로 경제적 영향을 떨치게 될지를 예견하는 것은 매우 어려운 일이다.

### 천년 동안 바이럴이 된 내러티브

인간은 기억할 수도 없을 만큼 오랫동안 내러티브를 짓고 엮어 왔다. 이야기는 시장이나 종교행사, 축제, 일상적인 만남에서 이뤄지는 커뮤니케이션을 통해 전파되었다. 이를테면 고대 로마에서 새로운 소식을 듣고 싶은 사람들은 귀족들의 집에서 정기적으로 열리는 살루타티오salutatio에 참가했고, 포럼Forum에 나가 웅변가나 독특한 토가를 입은 프라에코praeco의 말을 들었다. '프라에코'는 군중에게 새로운 소식이나 이야기를 들려주거나, 광고를 읽거나, 경매를 주관하는 사람이었다. 또 '루머rumor'는 고대 라틴어에서 전염성 강한 내러티브를 일컫는 단어였다.

철학자이자 여러 방면에서 재능을 떨쳤던 데이비드 흄David Hume은 1742년에 이런 글을 남겼다.

어떠한 '대의'가 특정 시간, 특정한 사람들 사이에서 일정한 경향이나 열정적인 반응을 얻게 된다면, 비록 다수가 거기 감염되지 않거나 자신만의 독특한 열정을 따르더라도, 대중은 분명 공통된 애정에 사로잡

힐 것이며 모든 행동이 그에 좌우될 것이다.[9]

흄이 이 글을 쓴 것은 박테리아와 바이러스가 발견되고 질병의 세균 이론이 확립되기 전이었지만, 당시에도 많은 이들이 질병과 아이디어가 개인 간 접촉을 통해 확산된다는 것을 알고 있었다.

7년 전쟁이라 불리는 프렌치-인디언 전쟁이 끝나고 1765년, 영국의 식민지로 있던 미국은 경기침체에 시달리고 있었다.[10] (아무리 봐도 필명이 분명한) 알렉산더 윈드밀Alexander Windmill이 〈뉴런던 가제트〉의 발행인에게 보낸 서신은 '돈이 없다.'라는 문장과 관련된 내러티브의 유행을 다룬다.

확신컨대, 귀하의 독자들 중 근래 수없이 반복되고 있는 '돈이 없다.'라는 우울한 문장을 한 번도 들어본 적이 없다는 사람은 아무도 없을 것입니다. 현재 전염병처럼 퍼지고 있는 불만투성이 대화에 동참해 보지 않은 이도 거의 없을 것입니다. 나는 요 몇 달 사이 각계각층을 불문하고 모든 대화가 한 가지 공통적인 흐름을 따른다는 사실을 발견했습니다.

진부한 화젯거리가 경탄스러울 만큼 획일적으로, 그러니까 늘 동일한 순서로 제시됩니다. 우리 조상님이 태곳적부터 남긴 훌륭한 관습에 따라 상대의 건강을 물으며 대화를 처음 이끌던 호의적 질문과 날씨에 대한 의견이 먼저 물꼬를 틉니다. 이 중요하고도 흥미로운 화제가 끝나면 방금 전까지 애써 유지되던 얼굴 근육에 정치적 성향이 적절히 가미

됩니다. 그렇게 고통과 원망이 뒤섞인 표정이 되면 앞에서 언급한 '돈이 없다.'라는 놀라운 주제로 이어집니다. 그리곤 그 즉시 대화에 참여 중이던 모든 이들의 입에서 경악스럽다는 반응과 함께 그 말이 반복되지요. 누군가는 그들의 얼굴에 떠오른 놀라움과 격렬한 표정 때문에 바로 그 순간까지 어느 누구도 이 대재앙에 대해 들어본 적이 없다고 생각할지도 모릅니다. 하지만 이들은 겨우 2시간 전에도 똑같은 주제에 대해 똑같은 대화를 하고 있었습니다.[11]

이어 윈드밀은 약간 과장하여, 영어를 쓰는 미국인들이 '돈이 없다.'라는 문장을 하루에 약 5백만 번 이상 사용했을 것이라고 추산했다. 그는 본인의 관찰을 토대로 백만 명의 사람들이 낮 시간 동안 이뤄지는 대부분의 대화에서 약 20분마다 그 문장을 사용하고 있으며, 어떤 이들은 심지어 밤에 잠꼬대도 할 것이라고 가정하는 게 타당하다고 생각했다.

찰스 맥케이Charles Mackay는 1841년에 발표한 『대중의 미망과 광기』에서 기이한 대중적 망상의 전염에 대해 이목을 집중시킨 바 있다. 귀스타브 르 봉Gustave Le Bon은 『군중심리』에서 "생각, 정서, 감정, 그리고 믿음은 대중들 사이에서 미생물만큼 전염성이 강력하다."[12]라고 표현했다. 관련 단어로는 시대에 따라 '집단의식(1897)'과 '집단기억(1925)', 그리고 '밈(1976)'이 있다.

### 책 커버와 회사 로고

바이럴 내러티브를 창조하고 싶은 사람은 성공과 실패 사례를 살펴보고 더욱 유용한 패턴을 알아내려 애써야 한다. 그러나 바이럴 내러티브와 논바이럴 내러티브의 차이점은 내러티브에 대한 우리의 열정이 아니라 그저 내러티브 자체의 특성에 있는지도 모른다. 직접적으로 포착하기 어려운 것, 가령 대화의 다른 주제와 연결되거나 다른 내러티브를 떠올리게 하는 기능처럼 말이다.

전염률은 보통 자연적으로 증가하고, 유행을 촉발한 사건과 밀접하게 연관되어 있지만 때로는 마케터들이 인위적으로 의도하고 기획한 것일 수도 있다. 게다가 그들의 의도적인 기획이 우리 눈에는 거의 보이지 않는데, 너무 자주 발생해 익숙한 데다 마케팅 캠페인을 기획하는 데 투입된 그 모든 아이디어와 노력을 상상하기가 어렵기 때문이다. 예를 들어 요즘 흔히 볼 수 있는 책 커버를 생각해 보자. 커버는 출판사에서 양장본을 출시할 때 하드커버 위에 씌우는 표지를 말한다. 커버에는 대부분 추천사와 눈길을 사로잡는 독특한 서체, 저자 사진, 그리고 화려한 그림 등이 수록된다. 이는 1920년대 광고 및 마케팅 혁명이 일어났을 때 발명되었고, 이후 책 표지가 낡지 않게 보호하던 단순한 종이를 단숨에 대체하게 되었다.

여기서 중요한 점은 책 커버가 저자가 잘난 체를 하려는 목적이라거나 기를 쓰고 홍보를 하려는 게 아니라 출판사의 작품처럼 보인다는 것이다. 가끔 통속적으로 느껴지긴 했지만 이 커버는 서적의 전염률을 엄청나게 상승시켰다. 이런 책 커버가 처음 출시됐을 때 대중의 저항에 부딪쳤다면 믿겠는가? 1921년에 시인 도로테아 로렌스 만Dorothea Lawrence Mann은 이 새로운 현상에 대해 많은 독자들이 다음과 같이 행동했다고 논평했다.

> 많은 독자들이 책 커버 같은 노골적인 광고 책략에서 영향을 받기는 커녕 격분하며 재빨리 내동댕이쳤고, 커버가 안전하게 폐기되거나 잊힐 때까지 다시는, 결코, 책을 읽지 않았다.[13]

소비자들의 이런 저항에도 불구하고 현대식 커버는 계속 인기를 얻어 성장했다. 책 자체의 전염률을 높여주었기 때문이다. 대부분의 사람들은 그동안 책 커버에 추천사가 실리는 것을 본 적이 없었다. 서점은 얼마 지나지 않아 최신 서적의 커버를 진열장에 전시해 지나가는 사람들의 관심을 사로잡았다.

책 커버는 훌륭한 마케팅 혁명이었다. 최종 결정은 어차피 독자들의 선택에 달려 있었다. 어떤 독자들은 책을 산 다음 커버를 벗겨 버렸고 어떤 독자들은 테이블에 책을 둠으로써 지나가는 사람의 눈에 띄게 하여 책의 전염률을 높였다. 사람들에게 존경받는 저명한 작가들 또한 출판사에서 그들의 저서를 현란한 책 커버로 감싸는 것을 용인하기 시작하자 커버는 영원한 관습으로 출판계에 자리 잡게 되었다.

치열한 업계에서 살아남기 위해 모든 경쟁 출판사들이 책 커버를 사용하는 이 상황에서는 달리 선택의 여지가 없었다. 왜냐하면 책 커버는 조지 애커로프와 내가 '피싱 균형phishing equilibrium'이라고 부르는 현상의 일부였기 때문이다. 경쟁사들이 고객을 교묘히 조종하는 극심한 경쟁 시장에서 어느 수준 이상의 이윤을 얻으려면, 어떤 회사라도 그런 조작에 참여하지 않을 수 없다. 남들처럼 하지 않는다면 파산의 길을 걷게 될지도 몰랐다. 그리하여 어느 정도의 속임수와 거짓이 포함된 피싱 균형 상태가 확립되었다.[14] 피싱 균형이 전적으로 부정적인 건 아니다. 어쨌든 책 커버는 때때로 훌륭한 예술로 발전했으니 말이다.

마케팅이 유도한 또 다른 유행으로는 뉴스를 들 수 있다. 뉴스란 뉴스 발행자들이 해당 날짜에 사람들의 관심을 노리고 수집한 새로운 정보의 산물이다. 조지 애커로프와 나는 마케팅 의도를 눈치채지 못하는 이들을 '바보phool'라고 부르는데, 이들은 어떤 사건들이 갑자기, 그리고 우연히 튀어나와 기삿거리를 제공한다고 생각한다. 하지만 실제로 기사를 선택하는 것은 뉴스 매체다. 그들의 재정적 성공은 이야기가 대중에게 영향을 끼칠 수 있는지의 여부에 달려 있기 때문이다.

가령 2017년에 발생한 개기일식을 예로 들 수 있다. 미국에서 도로를 여행하던 수많은 사람들이 개기일식 때문에 태양이 완전히 사라지는 모습을 목격했다. 이 이야기는 많은 언론 매체들에 의해 끈질기게 보도되었다. 이 경험이 많은 사람들에게 공유됨으로써 얼마나 전염성이 강한지를 매체들이 인식했기 때문이다. 심지어 일부 기사는 애국적이고 신비주의적인 어조를 더해 마치 신이 이 극도로 드문 현상을 미국에 선사했다는 투로 말하기도 했다. 많은 미국 매체가 '일생에 단 한 번'이라는 표현을 사용했지만 여기 빠진 것이 있다면 실은 겨우 7년 뒤인 2024년에 미국에 또다시 개기일식이 발생하리라는 사실이다. 솔직히 2017년의 개기일식은 전혀 새로운 게 아니었다. 일식은 과거 수백 년 동안 연구된 현상이기 때문이다.

의류나 신발, 특히 스포츠용이나 작업용 제품들을 판매하는 기업이 로고를 의도적으로 전파시키려는 건 어떠한가. 회사나 상품의 상징을 의미하는 '로고'의 역사는 1930년대에 시작되었다. 스포츠용품이나 캐주얼 의류, 그리고 다른 상품에 악어 그림을 부착하는 라코스테Lacoste가 그중 한 예다. 이 회사의 설립자인 장 르네 라코스테Jean Rene Lacoste는 1920년대와 1930년대 초반에 유명한 테니스 선수였고, 별명은 악어였다. 1933년, 라코스테 의류 라인이 확산되기 시작한 것도 그의 명성 덕이었다. 오늘날 테니스 선수로서의 라코스테는 거의 잊혀졌지만 로고는 살아남았다. 마케팅의 필요성을 받아들이지 않는 이들은 소비자들이 로고 박힌 옷을 입는 이유가 단지 유명 디자이너와 연결되고자 하는 마음 때문이라고 생각할지도 모르겠다. 하지만 로고 마케팅이 효과를 발휘하는 이유는 그것이 전염성을 증가시키기 때문일 수도 있다. 소비자들이 별 생각 없이 로고 상품에 손을 뻗는 것은 익숙하고 안전한 일이기 때문이다. 다른 수많은 사람들이 똑같은 로고가 달린 옷을 입는 것처럼 말이다.

뉴스 매체와 홍보담당자, 마케터가 만들어내는 내러티브도 망각률을 낮추는 데 도움이 된다. 내러티브의 기본 요소를 상기시키는 상징이나 관습도 내러티브와 연결될 수 있다. 건축물이나 편지지, 이메일을 비롯해 다른 수많은 물품에 상징이 박히고, 국경일의 가두행진 같은 행사나 의례에 내러티브가 결부된다. 의식이나 상징이 기억을 돕는 데 정확히 어떤 역할을 하는지 아직 과학적으로 밝혀지지는 않았지만, 이러한 것들이 성공과 결부되어 있다는 사실만큼은 분명하다.

이러한 사례들은 사람들이 자주 저지르는 실수를 보여준다. '바보'들은 어떤 상품이 인기를 얻는 이유로 브랜드나 이야기의 품질이 뛰어나거나 중요하기 때문이라고 생각하지만 사실 그런 경우는 매우 드물다. 물론 최근에는 많은 소비자들이 로고나 공격적 마케팅을 싫어한다는 증거가 늘고 있기도 하다.[15] 그러나 내러티브 전염은 대개 접촉 빈도(셔츠에 부착된 로고는 많은 사람들의 눈에 쉽게 띈다)와 다른 전염 내러티브와의 자연스러운 연결고리(테니스 선수로서 라코스테의 명성을 전파) 등과 같은 자의적인 세부 사항이 낳은 결과다.

## 미인 대회와 꽁지깃

심리학자들은 인간이 '마음 이론'을 발달시킨 유일한 종이라는 데 주목한다. 인간은 타인의 정신 활동에 대해 일종의 모형을 구축하려는 경향이 있다. 즉 우리는 상대방이 무슨 생각을 하는지 유추

한다. 남들의 행동과 표정, 목소리 어조를 관찰해 그들의 의도와 신념을 이해한다.

내러티브의 전염은 타인이 어떻게 생각하는지에 대해 스토리텔러가 느끼는 인상과 관련될 것이다. 사람들은 자신과 똑같은 이야기를 좋아할 것 같은 사람에게 다시 들려줄 수 있는 이야기를 좋아한다. 그래서 스토리텔러는 또다시 그런 이야기를 하길 원한다.

1936년에 케인스는 주식 시장 같은 투기시장을 설명하는 데 있어 우리가 마음 이론이라고 부르는 것을 미인 대회에 비유한 바 있다.[16] 그는 사람들이 투자를 결정할 때 다른 투자가들의 생각과 가격변동을 야기할 수 있는 투자 대상을 관찰하고 그것에 기반해 결정을 내린다고 여겼다. 주식 투자의 경우 투자가들은 만나는 모든 사람들의 말과 감정을 관찰하고, 남들이 무엇을 하는지 혹은 앞으로 무엇을 할지 암시하는 주가 패턴을 살펴본다. 회사의 보유 기술이나 자산운용 방식에 바탕을 둔 명백한 증거는 보지 않고 말이다.

케인스는 신문에서 아름다운 여성들의 사진이 실린 미인선발대회를 본 적이 있다고 말한다. 독특하게도 사진 속 여성들은 미인대회의 참가자가 아니었다. 실제 참가자는 바로 신문의 독자들이었다. 이 대회는 독자들이 가장 아름다운 6명을 골라 신문사에 보내면 최종 명단과 가장 흡사한 명단을 보낸 사람이 대회에서 우승하는 방식이었다.[17] 케인스는 이 대회에서 우승하려면 자기 눈에 가장 아름다운 6명이 아니라 남들 눈에 가장 아름답게 보이는 6명을 고르는 것이 이상적인 전략이라고 지적했다. 하지만 마음 이론의 다음 단계에 따르면 이 전략 역시 그다지 적절하지 않다. 말하자면 이 대회의 다른 참가자들 또한 남들이 가장 아름답다고 생각할 만한 여성들을 고를 테니까 말이다. 따라서 이상적으로 볼 때 올바른 판단을 내리고 싶은 투자가들은 또 다른 투자가들의 생각을 가늠하고 싶어 할 것이다. 그러나 반드시 이 전략을 따를 필요는 없다. 설사 모든 투자가가 합리적이고, 그들 또한 다른 모든 투자가가 합리적임을 알고 있다고 할지라도 말이다.[18] 우리는 투자가 자신의 비합리성과 더불어 투자가들이 가정하는 다른 투자가들의 비합리성까지 고려해야 한다.

2009년에 출간한 『야성적 충동』에서(사실 이 책은 많은 면에서 케인스의 아이디어를 다듬고 확장했다) 애커로프와 나는 미인선발대회 비유를 이용해 경기 변동의 정서적 기반에 대한 이론을 구축했다. 이 비유는 내러티브의 전염에도 적용할 수 있다. 다른 사람에게 들려줄 이야기를 선택할 때, 우리는 상대가 그 이야기에 어떻게 반응할지 우리 자신의 관점에 따라 판단한다. 호황기에 관한 것이든 경기침체에 관한 것이든, 우리는 남들이 그 이야기를 널리 퍼트릴 만큼 좋아할 것이라고 생각할 때에야 해당 이야기를 전달할 가능성이 크다.

그저 재미있다는 이유로 경제 내러티브를 전파시킬 때도 마찬가지다. 우리 마음속에 구축한 '다른 사람의 생각에 관한 모형'을 바탕으로 상대가 그 이야기를 퍼트리도록 설계할 것이다.

진화생물학에서 변이가 무작위로 발생하는 것처럼, 어떤 이야기가 바이럴이 될지 정해진 법칙은 없다. 전통 진화론에 따르면 돌연변이가 생존해 번성할 수 있었던 것은 수많은 돌연변이 중에서 그것이 가장 생존에 적합했기 때문이라고 말한다. 그러나 다윈 이론에는 생존한 돌연변이가 실은 무작위에 불과할 수 있다는 성 선택 이론도 존재한다. 그리고 때로는 이런 무작위성이 경제 내러티브가 바이럴이 되는데 영향을 끼칠 수도 있다.

조류학자 리처드 O. 프럼Richard O. Frum은 2017년에 출간한 『아름다움의 진화』에서 성 선택이 동물 왕국에 투기 거품과 유사한 변동을 일으킨다고 주장했다. 생물학에서 가장 유명한 성 선택의 예시는 수컷 공작일 것이다. 수컷 공작은 크고 무거운 꽁지깃을 갖고 있어 움직임이 자유롭지 못하지만, 이 깃은 암컷 공작의 관심을 유도해 낸다. 따라서 깃을 통해 짝짓기에 성공한 그들은 더 아름다운 꽁지깃을 가진 개체를 재생산하게 된다. 암컷의 이런 성 선택은 쓸모없는 특성에 진화적인 우위를 부여하게 되고 이는 생물학자 R. A. 피셔R. A. Fisher의 이름에서 시작되어 '피셔의 폭주'로 불린다.[19] 이 메커니즘이 작동하기 위해서는 딱히 2개의 구분된 성이 필요하지도 않다. 이러한 성 선택 과정은 암수 성기를 모두 지니고 있는 자웅동체 종에서도 나타나기 때문이다.[20] 즉 진화생물학과 내러티브 경제학 양쪽 모두에서 일종의 꾸밈 장식이나 과시는, 무작위로 인기를 얻기 시작했다는 단순한 이유만으로도 인기를 얻을 수 있다.

## 경제 내러티브를 전달하고자 하는 야성적 충동

인류 문화를 이해하는 데 있어 내러티브의 중요성을 강조했던 심리학자 제롬 브루너Jerome Bruner는 인간의 행동을 객관적 사실에 대한 순수한 반응이라고 추정해서는 안 된다고 말한다.

> 나는 사실이 우리의 얼굴을 정면으로 직시한다고 믿지 않는다. 인지와 기억과 사고에 대한 많은 연구를 통해 익히 알고 있듯, 심리학자의 관점에서 사실은 그런 식으로 작용하지 않는다.
>
> 우리의 사실 세계는 우연히 발견한 원시림이 아니라 조심스럽게 만들어진 장식장에 가깝다.[21]

다시 말해 내러티브는 사실과 감정, 인간적 흥미, 그리고 사람들의 인상이 만들어낸 외적 세부 사항이 뒤섞인 인공적인 구조다.

정신과의사와 심리학자들은 정신질환을 정상적인 행동이나 정신적 능력이 제한되어 있는 혼란스러운 상태라고 인식한다. 그러므로 우리는 디스내러티비아dysnarrativia, 즉 이야기를 구성해 내지 못하는 문제를 연구한다면, 정상적인 뇌가 내러티브를 처리하는 복잡한 과정에 대해서도 배울 수 있다.

신경학자인 케이 영Kay Young과 제프리 세이버Jeffrey Saver는 디스내러티비아를 여러 개의 증상으로 구분했다. 뇌 손상을 입기 전에 들은 이야기만 말할 수 있는 어레스티드 내레이션arrested narration과 이야기를 자주 바꾸고 충동적으로 말하는 언더내레이션undernarration, 이야기를 발생 시간순으로 구성할 수 없는 디내레이션denarration, 그리고 현실과 관련이 거의 없는 이야기를 지어내는 작화증confabulation 등으로 구분했다. 이는 모두 각각 뇌의 특정 부분이 손상되었을 때 나타나는 증상이다.

조현병은 심각한 정신질환으로, 주로 비현실적이거나 조리에 맞지 않는 이야기를 중얼거리거나 환청을 듣는 내러티브 장애로 발현될 수 있다.[22] 조현병의 한 증상인 환청은 특정 뇌 부위의 부피 감소와 관련되어 있으며[23] 자폐 스펙트럼에서 볼 수 있는 내러티브 분열narrative disruption도 뇌의 이상으로 비롯된다.[24]

## 액자화, 대표성 휴리스틱, 감정 휴리스틱

내러티브 심리학은 '액자화'라는 심리학적 개념과 연관되어 있다.[25] 반복 가능한 재미있는 이야기는 사람들에게 특정한 관점을 확립하게 하여 그들의 결정에 영향을 끼칠 수 있다.

액자화는 대니얼 카너먼Daniel Kahneman과 아모스 트버스키Amos Tversky의 대표성 휴리스틱representativeness heuristic과 관련이 있다. 사람들은 이상화된 이야기나 모형을 기준으로 기대를 형성하고, 그 기대치를 발생 가능성이 아니라 이상화된 이야기를 기반으로 판단한다. 이를테면 다가오는 경제 위기의 위험성에 대해 실제 이론이나 논리가 아니라 지난번에 겪은 경제 위기 이야기와의 유사성에 견주어 판단하는 것이다.

행동경제학의 창시자 중 한 명이자 1975년에 출간된 『심리경제학*Psychological Economics*』의 저자인 조지 카토나George Katona는 실험 중 이상한 현상을 눈치챘다. 인터뷰 대상인 일반인들에게 중요한 경제 변수가 무엇이라고 생각하는지 물었을 때, 그들이 확실한 의견을 내기보다는 질문자를 만족시키기 위해 숫자를 둘러대는 듯한 느낌을 받은 것이다. 나는 이들이 사람이나 물가와 관련된 내러티브를 떠올리고 있었다고 생각한다. 만약 그들에게 인플레이션에 대한 전망을 물었다면 아마도 직접적인 대답이 아니라 인간적 흥미가 담긴 드라마틱한 이야기를 들려줬을 것이다. 정치가나 노조 활동에 대한, 인플레이션과 관련된 도덕적 교훈이 담긴 이야기 말이다.

또한 심리학자들은 감정 휴리스틱affect heuristic에도 주목했다. 감정 휴리스틱이란 두려움 같은 강렬한 감정을 경험한 사람이 그러한 감정을 상관없는 사건에까지 확장 적용하는 것을 말한다.[26] 사람들은 어떤 사건이 발생하지 않으리라는 것을 논리적으로는 알면서도 이따금씩 그 가능성에 대해 강렬한 감정이나 두려움을 느낀다. 이는 뇌가 다양한 시스템을 통해 위험을 측정한다는 것을 가리킨다. '위험은 곧 느낌'이라는 이러한 가설은 뚜렷한 감정과 연결된 일부 원시 뇌 체계에 위험을 평가하는 자체적인 휴리스틱이 있음을 암시한다.[27]

윌리엄 괴츠먼William Goetzmann, 조지 애커로프, 김다솔과 나는

1989년 이래 미국의 고소득자와 투자가들을 대상으로 한 설문조사 데이터를 검토했다. 우리는 사람들이 주가 폭락에 대한 위험을 과대평가했고 그러한 평가가 특히 신문 1면의 표제기사 같은 언론 보도의 영향을 크게 받았음을 알게 되었다. 한 가지 흥미로운 사실은 지진을 비롯한 자연 현상이 주가 폭락을 예상하는 데 영향을 미친다는 것이다. 설문 응답자들은 30일 이내에 자신의 거주지와 같은 우편번호를 쓰며 50킬로미터 이내의 지역에서 지진이 발생했을 경우, 감정 휴리스틱을 발동해 증시 폭락에 통계적으로 더 높은 가능성을 부여했다. 국지적인 지진이 부정적으로 연결되어 지역중심 내러티브를 발동시켰다고 가정하는 것이 합리적이다. 외관상으로는 무관해 보이지만, 내러티브 잠재력을 강하게 지닌 사건들이 경제 또는 정치적 결과에 영향을 끼칠 수 있다는 또 다른 증거들도 있다. 가령 월드컵 경기는 경제 신뢰도를 높일 수 있다.[28] 해변에서 상어가 사람을 습격하면 현직 지역 관료의 선거 결과에 영향을 줄 수 있고,[29] 광고의 배경음악은 소비자들에게 지대한 영향을 끼칠 수 있다.[30] 와인 상점들은 매장에 클래식 음악을 틀어놓으면 최신유행 40곡을 틀었을 때보다 구매자들이 더 비싼 상품을 산다는 사실을 알게 되었다.[31]

키보드워리어의 행동에도 감정 휴리스틱이 작용한다.[32] 인터넷의 악플 또한 전염성을 지니는 것 같다. 악플 유형을 미리 제시받은 무작위 선발 실험 그룹은 비슷한 댓글을 달 확률이 높았다.

## 내러티브 경제의 구성 원칙

신경과학 및 관련 연구들을 통해 알아낸 감질나는 증거들은, 심각한 경제 사건에 대해 완전히 색다른 설명이 가능함을 시사한다. 이 책의 2부에서는 내러티브 경제의 구성 원칙에 대해 살펴보겠다. 핵심 쟁점은 분산되어 있는 불분명한 내러티브 군집에서 실제 경제 활동에 인과성을 부여하는 것이다. 그다음 장에서는 내러티브 경제의 핵심 기반을 제시한다. 3부에서는 각 장마다 9가지의 중요한 영속적 내러티브 군집에 대해 다룰 것이다.

This book offers the beginnings of a new theory of
introduces an important new element to the usual
the economy: contagious popular
of mouth, the news media, and social
decisions that ultimately affect decisions
how much to spend or save, and
job. Narrative economics, the study of
that affect economic behavior,
and prepare for economic events.
institutions and policy.
for where we are going, let's
recently in full swing.
cryptocurrencies—including
generated enormous
These narratives
currency in history
its market price
basis for
which we
a contagious

# 2부

# 내러티브 경제학의 토대

# 7
# 인과성과 군집

이 책의 목적은 사람들이 불경기나 침체 또는 구조적 장기 침체와 같은 중요한 경제 사건을 예측하고 대처하는 능력을 향상시키는 데 있다. 또한 그러한 경제 사건을 정의하는 과정에서 도움이 될 만한 경제 내러티브를 파악할 수 있도록 한다. 신뢰성 있는 예측을 하기 전에, 우리는 먼저 그러한 사건들의 진정한 원인을 파악할 필요가 있다. 가장 중요한 문제는 원인과 결과를 구분하는 것이다.

현대의 경제학자들은 인과성에 지나치게 신중하다. 일반적으로 새로 발명된 내러티브에 어떤 인과적 의미도 부여하지 않으려 한다. 그러나 나는 내러티브와 경제 사건 사이에 인과성이 존재할 뿐만 아니라 양방향으로도 영향을 끼친다고 주장한다. 새로운 전염성 내러티브는 경제 사건을 촉발하고, 경제 사건은 내러티브의 변화를 초래한다.

물론 흑점을 제외하면 경제와 관련해 순수하게 외부적인 영향 때문이라고 할 수 있는 것은 거의 없지만, 신생 내러티브는 인과적 혁신이나 다름없다(흑점에 대해서는 이 장의 뒷부분에서 설명하겠다). 왜냐하면 내러티브는 개인의 머릿속에서 혹은 몇 명의 합작으로 발원되기 때문이다. 경제사학자인 조엘 모키르Joel Mokyr는 그러한 개인을 '문화 기업가'라고 칭하며 이 개념의 기원을 철학자 데이비드 흄이 1742년에 쓴 글에서 찾고 있다.

> 소수의 사람들로부터 시작된 것은 대부분 우연한, 또는 은밀하거나 알려지지 않은 원인에 기인한다. 다수에게서 발생된 것은 종종 결정적이고 이미 알려진 원인으로 설명될 수 있다.[1]

전염성 강한 내러티브를 창조해 낸 '소수의 사람들'이 끼친 영향을 이해하는 것이야말로 내러티브 경제학 이론의 토대를 닦는 데 필수적이다. 때때로 그 영향은 새로운 전염성 내러티브의 창조를 통해 발휘된다. 내러티브는 흔히 유명인과 연결되어 있지만 전염성 내러티브를 발명한 소수의 사람들은 대개 유명하지 않고, 그래서 우리는 그들이 누구인지 알기 어렵다. 후에 그들과 접점이 있는 유명 인사를 찾아볼 수는 있어도 대부분의 경우 진짜 작가를 알아내는 것은 힘들다.

이 장에서는 경제 내러티브의 심층 구조를 더욱 잘 이해하고 파악하기 위해 내러티브를 바이럴로 만드는 '인과적 요소'에 대해 알아본다.

## 인과성의 방향

내러티브와 경제 사이에서 인과성이 어떤 방향으로 작용하는지 증명하는 것은 결코 쉬운 일이 아니다. 예를 들어 1920년대에 만연했던 성공한 투기꾼과 주식 투자에 대한 들끓는 열정이 주가와 기업 수익을 상승시킨 것일까, 아니면 주가와 기업의 수익 상승이 그런 열정에 불을 붙인 것일까? 2009년 시작된 비트코인 열풍은 비트코인의 가격이 상승했기 때문인가? 아니면 암호기술의 수학적 이론 발전과 새로운 이야기에 대한 자연스러운 호응으로 비트코인 가격이 상승한 것인가?

중요 경제 사건의 인과관계를 규명할 때 따르는 문제는, 경제학자가 실제 경제 상황을 정확하게 모방하는 통제 실험을 행할 수가 없다는 것이다. 실험과학자라면 통제 집단에는 시험 약물을 투여하고 대조군에는 위약을 투여해 통계적 분석으로 약물이 정말로 효능이 있는지 알아낼 수 있다. 하지만 뛰어난 경제학자는 자연 실험처럼 보이는 사건들을 관찰하는 방법을 사용하기도 한다. 헨리 W. 파남Henry W. Farnam은 1912년 미국 경제학회 기조연설에서 경제학자들은 통제 실험을 실시할 수 없으나, 그럼에도 불구하고 충격적인 사건이 무작위로 발생하는 경제사를 통해 인과관계를 추론할 수 있다고 주장했다. 정확히는 "경제학자들은 아무 비용도 들이지 않고 그런 실험을 공짜로 할 수 있다는 점에서 정말로 운이 좋습니다."[2]라고 말했다.

1963년에 출간된 『대공황』에서 밀턴 프리드먼과 안나 J. 슈워츠는 통화정책부터 통합 경제에 이르기까지 인과적효과성을 추정하기 위해 설계한 이른바 '준 통제 실험'이라고 부르는 것의 세 가지 사례를 제시한다. 1897년부터 1914년 사이 거대한 금광의 발견으로 통화공급이 확장된 사건과, 세계 1차 및 2차 대전 시기 그리고 그 직후의 기간이다. 우리는 이런 사건들이 순수하게 무작위로 발생한 외생적外生的 충격—즉 경제에 의해 발생한 것이 아닌—인지 토론할 수도 있지만, 1963년 이후로는 경제 데이터를 이용해 인과관계를 추론하는 데 훨씬 많은 논의가 이뤄지고 있다. 일반적인 결론은, 통제 실험이 불가능할 때도 인과성의 방향을 추론하는 것이 가능하다는 것이다. 신생 내러티브는 우리가 추가적으로 '준 통제 실험'을 식별하는 데 도움을 주는 외생적 요인으로 해석될 수 있다. 사실 프리드먼과 슈워츠가 강조했던 금광 발견과 전쟁도 외생적인 요인으로 해석할 수 있다. 골드러시 이야기나 외국의 음모에 관한 가짜 뉴스처럼 대중 내러티브의 혁신 덕분에 가능했기 때문이다.

우리는 인과성이 언제나 내러티브로부터 경제 사건으로 흐르는 게 아니라, 경제 사건으로부터 내러티브의 방향으로만 흐른다는 여러 경제학자들의 가설을 경계해야 한다. 경제학에서 자기충족적 예언에 대한 논의는 매우 활발하게 이뤄지고 있다. '자기충족적 예언'이라는 표현은 1948년에 사회학자 로버트 K. 머튼Robert K. Merton이 해당 개념을 경제 변동에 적용했을 때 처음 사용되었다. 이 용어는 종종 무관한 사건으로 유발되는 예언을 가리키는데, 가장 유명한 사례는 아마 태양의 흑점일 것이다.

1878년, 경제학자 윌리엄 스탠리 제번스William Stanley Jevons는 "세계 경제의 변동이 어쩌면 태양광선의 주기적 변화에 의해 발생했을 수 있으며, 태양 흑점이 가장 단순한 징조다."[3]라고 주장했다. 태양열이 증가하면 작물의 수확량과 다른 경제 산출량이 늘고, 이것이 주요 경기 변화로 이어진다는 것이다. 1878년 무렵에는 이미 수 세기 전부터 태양 흑점의 변화와 태양 활동에 관한 천문학 증거가 존재했다. 그는 태양 흑점의 수와 경제적 사건 사이의 상관관계를 파악했다고 생각했고, 이 상관관계의 원인은 태양 쪽에 있어야 했다. 지구의 경제 사건이 태양의 흑점에 영향을 미칠 수도 있다는 이론은 도저히 가정할 수 없었기 때문이다. 제번스의 이론은 꽤나 그럴듯하게 들렸지만 후속 연구는 이를 뒷받침하지 못했다. 뿐만 아니라 태양광의 변화가 너무 미미해 지구 경제에 실질적 영향을 끼칠 수가 없었다. 그러나 1983년, 경제학자인 데이비드 카스David Cass와 칼 셸Karl Shell은 흑점 자체가 경제에 영향을 끼칠 수는 없으나 만일 대중이 그렇다고 믿는다면 실제로 경제 변화가 발생할 수 있다고 말했다. 그래서 오늘날 경제학자들은 그저 사람들이 그렇게 믿기 때문에 경제에 영향을 미친다는 무관계한 잡음을 '흑점'이라고 부른다. 경제학자이자 거시경제학 분야에서 자기충족적 예언의 선구자[4]인 로저 E. A. 파머Roger E. A. Farmer와 다른 학자들의 연구 결과와 더불어 나는 자기충족적 예언이 공중에서 느닷없이 튀어나오는 게 아니라는 의견을 덧붙이고 싶다. 그런 예언은 대개 다양한 변형 내러티브에서 비롯되며, 그중 일부가 작금의 환경에서 크게 확산되면 곧 중요한 유행이 되는 것이다. 앞에서 봤듯이 그 과정 역시 관찰하여 모형화할 수 있다.

## 내러티브는 어떻게 경제 내러티브가 되는가

내러티브는 막연한 두려움과 우려를 자극할 때가 있지만, 그런 종류의 두려움은 행동에 거의 영향을 주지 않는다. 내러티브는 특정 금융시장에 투자하거나 부자가 되는 것처럼, 자신이나 타인의 행동에 경제적 이야기를 포함할 때 '경제' 내러티브가 된다. 따라서 대부분 경제 내러티브는 다른 사람들의 행동에 관한 내러티브를 듣고 난 다음 취할 수 있는 일련의 행동, 즉 대본과 관련이 있다.

GDP나 임금률, 금리, 세율 같은 경제 총합의 변화에 관한 데이터만 보고 주요 경제 사건을 이해하려 든다면 근본적인 변화의 동기를 놓칠 위험이 있다. 그건 마치 종교 팸플릿의 발행 비용을 보고 종교적 깨달음을 이해하려는 것과도 같다. 하지만 경제학자가 왜 그런 함정에 자주 빠지는지는 이해할 수 있을 것이다. GDP와 임금률, 금리, 세율에 대한 데이터는 풍부하지만 내러티브에 대한 데이터는 별로 없기 때문이다. 경제학자는 역사학자 제리 Z. 멀러Jerry Z. Muller가 '성과지표의 배신'이라고 부르는 함정에 빠지기 쉽다. 멀러는 중요한 경제 현상에 대한 양적 지표를 제시하는 것 자체를 반대하지는 않았다. 그러나 그는 대부분의 사람들이 한정된 가치를 지닌 지표에 과잉반응하며 그것의 중요성을 과대평가하고 있음을 깨닫지 못한다고 지적했다.[5]

내러티브를 바탕으로 경제적 의사결정을 내리는 사람들은 대부분 그런 결정을 내린 이유를 설명하지 않는다. 이유를 말해달라고 하면 한참 침묵을 지키거나 경제학자 흉내를 내려고 애쓸 뿐이다. 경기가 침체했을 때 지출을 망설이는 궁극적 이유를 누가 어떻게 설명할 수 있겠는가? 망설인다는 것은 행동을 취하지 '않는' 것이며, 이는 그저 행동을 취할 특별한 생각이 없기 때문이다.

전염성 강한 이야기는 그저 경제 사건에 대한 논리적 반응으로 등장하는 게 아니라 매우 창의적이고 혁신적이다. 예를 들어 중요한 주식 시장 조정은 여러 날에 걸쳐 이뤄진다. 그동안 대중은 그들의 관심을 끌 목적으로 만들어진 창의적이고 선정적인 뉴스를 읽을 시간이 충분하다. 주식 투자가들은 정보를 공유하는 것은 물론 재미를 위해서도 수없이 대화를 나누고 뉴스를 해석한다.

내러티브가 발생하는 과정은 박테리아나 바이러스 같은 미생물에 변종이 생기는 것처럼 여러 면에서 무작위적이다. 가령 어떤 유명인이 아무 생각 없이 기억에 남는 인상적인 표현을 사용할 수도 있다. 대공황이 발발하기 2주일 전인 1929년 10월 15일에 저명한 예일대 교수 어빙 피셔Irving Fisher가 뉴욕의 구매관리자협회 앞에서 연설을 했을 때처럼 말이다. 그는 "미국 증시가 '영원히 떨어지지 않는 안정적인 정체기'에 접어들었다."고 말했고, 신문들은 그 뒤로 며칠 동안 이 화려하고 참신한 어구를 무수히 써먹었다.[6] 절묘할 정도로 잘못된 타이밍에 나온 이 아이러니한 표현은 유행처럼 퍼져나갔고, 시장 붕괴가 길어진 데 영향을 미쳤을 것이며, 오늘날까지도 기억되고 있다. 사실 이 짧은 문구는 지금까지 피셔가 쓴 어떤 저서보다도 유명하다. '비이성적인 과열'이나 '래퍼곡선'처럼 다른 유명한 표현들과 어깨를 나란히 할 정도로 말이다. 이런 말들이 끼친 영향력은 경제 그 자체가 아닌 외부에서 비롯된 요인이고, 따라서 외생적인 요인이다.

과거 사건의 기념일이 돌아오면서 과거의 경제 내러티브를 부활시킬 수도 있다. 가령 1987년의 주가 대폭락처럼 오랜 시간이 지나 전염성을 잃은 내러티브도 나이든 사람들의 깊숙한 기억 속에는 아직도 희미하게 남아 있을 수 있다. 이것이 변형되고, 다른 이름이 붙고, 인간적인 이야기와 합쳐진다면 다시 전염성을 띨 수 있는 것이다. 가령 뉴스 매체는 중요한 날짜가 오면 대중에게 1987년의 주가 대폭락 사건을 다시 상기시킨다. 정말로 시장이 폭락하는 날이 올 때까지 계속 이야기할 것이다. 그리고 그때가 되면 1987년 사건은 더 이상 주가 붕괴 내러티브의 기준이 아닐 테고 아무도 거기에는 관심을 기울이지 않을 것이다.

2013년이 되자 비트코인 내러티브가 쇠퇴하기 시작했다. 비트코인은 한물간 이야기가 되었고 2013년 고점 때는 미화 1천 달러가 넘었던 가격도 200달러까지 하락했다. 그러나 새로운 발명품 혹은 변이가 확산되면서 발상 자체는 계속 살아남을 수 있었다. 그중에서 가장 눈에 띄는 것 중 하나가 가상화폐공개initial coin offering, ICO다. ICO는 새로운 암호화폐가 각각 자신만의 독특한 이야기를 창조할 수 있게 도왔고, 가상화폐의 가치는 회사의 주식으로 뒷받침되었다. ICO로 새로운 내러티브가 범람했으며 각각의 내러티브는 특정 코인과 결부된 사업 분야와 연루되어 있었다. 덕분에 대중은 한동안 헛수고로 치부되던 주식 고르기를 다시 중요하게 생각했고, 새로운 이야깃거리들을 만들어냈다. 2017년 한 해에만 새로운 벤처사업 자금을 조달하기 위한 크라우드 펀딩 신생회사의 가상화폐공개가 900건 이상 이뤄졌다. 비록 그중 절반이 1년도 안 되어 실패하긴 했지만 ICO의 물결은 그 뒤로도 멈추지 않았다.[7]

경제학자들은 내러티브와 경제 사건 사이에 상관관계가 있다는 사실을 알고 있다. 하지만 대부분, 뉴스를 본 사람들의 어리석은 반응에 불과하다고 생각한다. 그리곤 종종 그러한 뉴스는 생산의 기술적 발전, 자연 자원의 발견이나 예기치 못한 고갈, 인구 변화, 정책입안자들이 더 나은 행동 법규를 도입할 수 있게 새로운 정보를 제공하는 경제적 연구들로 인해 발생한다고 추정한다.

그러나 이러한 사고방식으로는 경제 변화를 초래하는 중요한 핵심 요인을 놓치기 쉽다. 1부에서 봤듯, 경제 사건을 둘러싼 경제 내러티브는 예측 가능한 방식으로 작동한다. 전염성을 지니고, 사람들이 따를 수 있는 대본을 제시하며, 메시지를 반복하고, 인간적 흥미에 힘입어 퍼져나간다. 그리고 이를 통해 사회와 경제 행동의 향방에 매우 중대한 방식으로 영향을 끼치는 것이다.

## 인과성의 방향을 보여주는 경제학 이외의 통제 실험

경제사를 연구함으로써 인과성의 방향을 추론할 수도 있지만, 경제학 분야 이외의 통제 실험에서도 내러티브가 인간 행동에 미치는 영향을 찾아낼 수 있다.

마케팅의 경우, 제니퍼 에드슨 에스칼라스Jennifer Edson Escalas는 시청자가 상품과 사적인 경험을 결부시킬 때 자기참조효과가 발생한다고 지적한다. 그러나 모든 자기참조가 구매자의 행동을 변화시키는 데 똑같은 효과를 발휘하는 것은 아니다. 에스칼라스는 통제 실험을 통해 분석적 자기참조('당신'이 상품을 사야 하는 이유에 대한 설명)와 내러티브 자기참조 및 내러티브 몰입('당신'이 아니라 '나'라는 단어를 사용해 본인이 다른 사람이라고 상상하게 하는 이야기)을 비교했다. 에스칼라스는 내러티브 몰입이 더욱 효과적이며, 특히 상품에 대한 분석이 약한 경우 더욱 그렇다는 사실을 발견했다.[8]

언론학의 경우, 마르셀 마킬Marcel Machill과 공저자는 통제 그룹에게 단순히 대기 오염의 위험에 대한 TV 뉴스를 보여줬을 때는 시청자가 내용을 거의 기억하고 있지 않다는 사실을 알아냈다. 반면 대기 오염 때문에 건강이 악화된 제빵사가 오염으로 부당한 이득을 챙긴 적대자에 대항해 불공정한 싸움을 한다는 이야기의 형태로 제시했을 때는 실험 집단이 뉴스의 내용을 더욱 효과적으로 기억한다는 사실을 밝혀냈다.[9]

교육학의 경우, 스콧 W. 맥퀴건Scott W. McQuiggan과 공저자는 내러티브를 중심으로 하는 학습이 동기부여에 더욱 효과적이라는 사실을 발견했다. 실험 집단에 속한 8학년 학생들은 가상의 컴퓨터 게임을 플레이했다. 게임 속 이야기의 주인공은 어린 알렉스인데, 그의 아버지는 크리스탈섬에 머무르는 과학자들의 리더를 맡고 있었다. 정체를 알 수 없는 심각한 질병이 과학자들 사이에 퍼져나갔고, 그중에는 알렉스의 아버지도 있었다. 알렉스는 병의 원인을 밝혀내려고 마음먹는다. 이 게임을 하려면 게임 속 다른 인물들과 대화를 나누며 상호작용을 해야 했고 그 과정에서 학생들은 박테리아와 바이러스, 균류, 기생충 등 미생물학을 배울 수 있었다. 연구 결과, 이 게임을 하지 않은 통제 집단에 비해 실험 집단은 자기효능감, 참석률, 흥미, 그리고 통제력 인식면에서 더욱 뛰어난 학습률을 보였다.[10]

건강 개입 분야의 마이클 D. 슬레이터Michael D. Slater 및 공저자는 사람들의 과일 및 야채 섭취량을 늘리려면 그들을 어떻게 설득해야 할지에 대해 연구했다. 이들은 각 영양분이 얼마나 건강에 좋은지 과학적 증거를 제시하는 강의식 접근은 효과가 없다는 것을 알게 되었다. 청중은 내러티브로 된 메시지를 전달받았을 때, 그리고 이야기 속 사람들과 자신을 동일시할 때 더욱 강렬한 반응을 보였다. 이런 결과는 미리 이야기 내용을 주의 깊게 테스트하고, 적절한 청중을 선택해야 함을 강조한다.[11]

자선 활동 분야의 경우, 키스 웨버Keith Weber와 공저자는 사람들에게 장기기증 카드에 서명하기 전에 먼저 관련 메시지를 읽어달라고 요청하는 실험을 했다. 메시지의 내용(내러티브 혹은 통계자료)은 실험을 위해 조작되었는데, 그 결과 내러티브가 통계보다 메시지 전달에 더욱 효과적임이 드러났다.

법률 분야에서 브래드 E. 벨Brad E. Bell과 엘리자베스 F. 로프터스Elizabeth F. Loftus는 실험 대상에게 배심원 역할을 맡기는 통제 실험을 실시했다. 실험 목표는 배심원이 강렬하고 생생한 기소와 그렇지 않은 기소를 접했을 때 각각 어떻게 반응하는지 살피는 것이었다. 예를 들어 강렬하고 생생한 기소에는 피고의 행위에 대한 불필요한 설명('범죄 당시 우연히 과카몰리 소스가 담긴 그릇을 새하얀 카펫 위에 떨어뜨렸다.')이 포함되어 있었다. 결과적으로 재판 내용과 상관이 없더라도 선명한 심상 이미지는 실험 대상인 배심원들에게 유죄 판결을 내리도록 유도했다.

요컨대 경제학은 다른 사회과학으로부터 많은 것을 배울 수 있다. 심리학을 포함해(특히 사회심리학), 사회학, 인류학(특히 문화인류학과 역사인류학), 역사(문화사, 지성사知省史, 또는 심성사心性史) 등에서 말이다. 하지만 경제에 대한 통제 실험은 결코 쉬운 일이 아니며, 무엇보다 가장 중요한 것은 경제 내러티브의 구성 요소를 명확히 식별하고 이해하는 것이다. 그 핵심 요소 중 하나가 바로 이야기다.

### 행동을 유도하는 이야기의 중요성

감정은 경제학 및 다른 분야의 내러티브 구조에서 매우 중요하며 '이야기'를 통해 드러난다. 역사 소설과 영화가 학문 분야에서는 벗어나 있을지 몰라도 역사 속의 감정을 이해하고 일부 역사 내러티브를 중요하게 인식하도록 돕는다. 연구의 도움을 받아 직관과 상상력을 기반으로 대화를 구성해 내는 역사소설가나 역사영화 제작자들은 학자라기보다는 발명가에 가깝다.

2013년 미국 역사학회American Historical Association에서 역사가 윌리엄 크로논William Cronon은 기조연설을 통해 학문적 연구와 역사소설을 이렇게 비교했다.

> 역사가는 문헌에서 침묵하는 과거는 서술하지 않지만, 그중 어떤 것—명백히 지루한 비공식적인 대화—들은 우리 삶에서 너무나도 근본적인 것이다. 그래서 어떤 방식이 더 잘못된 서술인지 판단하기란 어려운 일이다. 과거를 침묵하는 역사인가, 아니면 권위 있는 증거가 부재할망정 최대한 책임감 있게 묘사하려는 픽션인가.[12]

그렇다면 우리가 경제 위기를 이해할 때 사용하는 가장 기본적인 '메타포'에 대해 작은 의문 하나가 생긴다. 대중 매체는 흔히 경제를 건강한 사람이나 아픈 사람에 비유한다. 경제를 때때로 건강하거나 아니면 병이 들었다고 묘사하는 것이다. 마치 그런 상황을 타계하려면 의사가 올바른 약(재정정책이나 금융정책)을 투여해야 하는 것처럼 말이다. 또 이런 건강/질병 비유와 더불어 언론 매체는 종종 신뢰 지수나 주식 시장을 기반으로 측정한 '신뢰'라는 체온에 대해 보도한다.

인간적인 이야기의 중요성은 심리학자 로버트 스턴버그Robert Sternberg의 글을 떠올리게 한다. 그는 『사랑이란 이야기*Love Is A Story*』에서 내러티브로 만들어진 두 사람 사이의 건전하고 애정 넘치는 관계에 대해 묘사한다. 사랑이 그렇듯, 경제 발전도 1차원적으로 인식해서는 안 된다. 경제 이야기는 단순히 건강에 대한 비유 이상의 여러 가지 측면을 지니고 있다. 충직함과 기회주의, 신뢰와 불신, 단도직입적인 태도와 참을성 있고 예의바른 태도들이 대립하는 도덕적 측면도 있다. 안전 대 불안, 개인의 주체성 대 대중적 추세라는 측면도 있다. 언제가 됐든 세상을 떠도는 이야기에는 이 모든 관점들이 포함되어 있다.

## 섬광기억

우리의 기억력은 이야기와 유사한 구조를 가진 것 외의 몇 개의 인상적인 이미지에도 무작위로 집중하는 경향이 있다. 어떤 내러티브는 너무 강렬한 감정적 반응을 유발해서 몇 년 후까지도 사람들의 기억에 각인된다. 그런 내러티브들은 어떻게 단시간의 노출만으로도 오랫동안 사람들의 경제적 행동에 변화를 줄 수 있는 걸까?

때때로 사람들은 최근 갖게 된 동기나 믿음에 대해 말할 때 정신적으로 갑작스러운 변화가 있었음을 기억해 내곤 한다. 이는 개별적이고 식별 가능한 인과 자극이 존재했다는 의미다. 즉 극단적인 형태로, 너무 갑자기 장기 기억으로 확립된 섬광기억Flashbulb Memory, 閃光記憶이 바로 그것이다.[13] 섬광기억이 저장되는 경험은 노출값이 부족한 영화가 사람들에게 미치는 영향과 비슷하다. 내내 어두컴컴한 화면만 나오다가 플래시가 터지는 장면에서만 순간적으로 밝아지는 것을 경험할 때처럼 말이다. 섬광 이미지는 사건의 이유와 배경, 분위기 등에 대해 꽤 많은 이야기를 들려줄 수 있다. 우리는 다른 많은 기억들로 중요한 시점과 맥락을 어느 정도 보유하지만, 온 신경이 집중된 섬광기억에서는 벗어날 수가 없다.

심리학자들은 사람들이 가족 앨범에 어떤 사진을 끼워 넣을지 고민할 때처럼 우리의 뇌가 어떤 기억을 섬광 상태로 선택하는지를 연구한 바 있다. 결과에 따르면 섬광기억은 기억하는 사건에 대한 감정은 물론 사회적 심리 요인과도 관계가 있다. 남들과 정체성을 공유하고자 했던 기억이나 다른 사람들과 함께 반복한 경험이 섬광기억의 자리를 차지할 확률이 높다.[14] 그러므로 섬광기억은 전염성 있는 내러티브로 선택될 확률이 더 높다.

예를 들어 미국 남북전쟁의 발단이 된 1861년 섬터 요새 전투에 대한 내러티브는 그 뒤로 몇십 년 후까지 생생하게 기억되었다. 사건이 발생하고 35년이나 지났음에도 불구하고 당시 상사로 복무하던 군인이 그 시각에 무슨 일을 했는지 정확하게 설명할 수 있을 정도였다. 부하들을 관리하던 그는 살아생전 처음으로, 모두 죽을지도 모르는 임무를 수행해야 한다는 명령을 들은 상태였다.

> 나는 뉴욕항에 있는 거버너스섬에서 잘 훈련된 백 명의 병사들로 꾸려진 보병중대의 상사로 복무하고 있었다. 우리는 막 크리스마스 축하연을 보내던 참이었다. 전쟁 전의 군대에서는 거의 열흘 동안 크리스마스를 축하했는데, 매년 그렇듯 따뜻하고 풍요로운 시간이었다. 그날은 1월 5일 토요일이었다. 나는 평상시처럼 막사를 점검하고 오늘 하루를 조용히 보낸 다음 저녁때 명절 분위기를 더 즐겨볼까 생각하던 참이었다. 그런데 부대장에게서 호출을 받았다. 원사는 내게 중대 모두 완전군장을 갖춰 오후 2시까지 사열을 위해 행군 대열로 준비시키라고 말했다. 질문을 해봤자 아무 대답도 듣지 못했다.[15]

미국이 2차 세계대전에 참전한 계기인 1941년 12월 일본군의 진주만 공습 역시 마찬가지다. 전쟁에 참여해야만 하는 이유로써 강력한 내러티브의 형태를 띤다. 40년이 지난 후까지도 사람들은 진주만 공습과 관련한 일들을 생생하게 기억한다.

> 유니버시티 고등학교 졸업생인 존 홈스는 그때 어디서 무엇을 하고 있었는지 아직도 기억하고 있다. "그때만 해도 거리에서 신문을 파는 아이들이 있었어요. 나도 피코와 프로서가 모퉁이에서 〈이그재미너〉를 팔았죠. 그때 당시 진주만이 폭격을 받았다는 신문을 팔았던 게 기억나요. 하지만 그때는 그게 무슨 뜻인지, 그 사건이 내 인생을 송두리째 바꿀 것인지에 대한 것들을 이해하지 못했어요. 나는 너무 어렸으니까요."
>
> 조 아놀드는 웨스트우드의 글렌든과 린드브룩에 있는 주유소에서 일하고 있었다. "거기엔 커다란 정유탑이 있었죠. 그날은 안개가 워낙 자욱하게 끼어서, 정유탑 꼭대기에 올라가 주변에 뭐가 보이는지 두리번거렸어요. 뭘 보게 될지 전혀 짐작도 못한 채……."
>
> 바바라 라이언 던햄의 회상은 많은 미국인들에게 들을 수 있는 전형적인 이야기다. "우리는 아침식사 중이었습니다. 막 교회에서 돌아온 참이라 라디오를 켰는데…… 처음에는 아무도 그 소식을 믿지 못했어요."[16]

섬광기억은 무작위로 보이는 세부 사항에—일화에 불과한 짧은 이야기라도—강한 자극을 받는, 인간이 지닌 경향 중 하나다. 위의 사례들에서 알 수 있듯 충격적인 소식을 접하기 직전이나 직후에 관한 이야기는 대부분 무의미한 사건들의 연속에 불과하다. 본래 수십 년 전 어느 평범한 날에 있었던 사소한 세부 사항에 대해서 사람들은 전혀 기억하지 못하는데, 이는 유명하거나 악명 높은 사건들과 관련된 요소가 없기 때문이다.

미국 역사상 가장 강렬한 섬광기억을 남긴 사건이라면 2001년 9월 11일, 테러리스트들의 공격으로 뉴욕의 세계무역센터의 쌍둥이 빌딩이 무너지고 워싱턴 D.C.에 있는 펜타곤이 심각한 피해를 입은 일일 것이다. 지금도 수많은 미국인이 그 충격적인 소식을 들었을 때 어디서 무엇을 하고 있었는지 정확히 기억해 낼 수 있다. 그날에 대한 생생한 기억들은 그 사건이 그들의 경제적 행동에 인과효과를 남겼다는 증거나 다름없다.

미국 경제연구소NBER에 따르면, 당시 미국 경제는 2000년 세계 증시가 절정을 찍은 다음 금융위기와 주가 하락이 찾아왔기 때문에 2001년 3월부터 침체기에 접어들고 있었다. 더구나 당시 미국 전역은 또다시 테러가 발발할까 두려운 사람들이 집 안에만 머무를 것이며, 따라서 경기침체가 장기화되리라는 두려움으로 가득했다.[17] 2000년에 주식 시장 거품이 터지고 1년 후, 경기침체를 알리는 수많은 신호 중에서도 테러 공격은 경제가 '벽에 부딪힌' 최악의 상황이었다.[18]

그러나 9.11 테러는 놀랍게도 정반대의 효과를 부른 것 같다. 2001년 11월이 되자 경기침체가 끝나고 미국 경제가 회복되기 시작했다. 미국 역사상 가장 짧은 침체기였다. 이런 신속한 회복을 어떻게 해석해야 할까? 테러가 발생한 후 미국에서는 국민의 신뢰와 자신감을 회복하기 위해 지도자가 국민들에게 상징적인 일을 해줄 것을 당부하는 내러티브가 유행했다. 테러가 발생하고 2주일 뒤, 당시 미 대통령이었던 조지 W. 부시는 항공사 직원과 국민들에게 이렇게 말했다.

> 우리는 테러에 맞서기 위해 일터로 돌아가야 합니다. 사람들이 일터로 돌아가는 것은 분명한 선언이 될 것입니다. 테러리즘은 이곳에 설 자리가 없으며 사악한 자들이 우리의 노동자와 국민들을 공포에 떨게 만들 수 없다는 것이죠. (박수갈채) 그들은 궁지에 몰릴 때마다 공포 가득한 분위기를 조성하고자 합니다. 앞으로 미국이 치를 전쟁에서 가장 큰 목표 중 하나는 항공 산업 분야에 대한 대중의 신뢰를 회복하는 일이 될 것입니다. 여행객 여러분께 말합니다. 비행기를 타십시오. 전국을 돌아다니며 업무를 처리하십시오. 미국의 가장 위대한 도시를 방문하고 즐기십시오. 플로리다에 있는 디즈니 월드에 가십시오. 가족들과 함께 인생을 즐기고, 늘 원하던 대로 삶을 만끽하십시오.[19]

나아가 부시 대통령은 미국 국민들에게 아낌없는 찬사를 보냈다. "미국은 단호하고, 강력한 국가입니다. 우리는 훌륭한 가치를 지닌 나라입니다." 그는 마치 뛰어난 스포츠 감독처럼 항공사 직원과 국민들을 하나로 묶는 연대의식을 강조했다. 그의 내러티브는 강력했고, 용감했고, 사람들의 참여 의식을 북돋았다. 세계가 우리를 지켜보고 있으며, 그러므로 용기를 발휘해 본보기가 되어야 한다는 생각을 장려하기 위해 고안된 내러티브였다. 그러나 경제 회복 기간에도 대부분의 경제학자는 9.11이 어떠한 섬광적 자질을 갖추고 있었는지 눈치채지 못했다. 전염적 내러티브 군집을 촉발하고 미국 경제에 심오한 영향을 끼쳤을지도 모른다는 사실까지도 말이다.[20]

## 어디에나 존재하는 가짜 뉴스

스토리텔러들은 생생한 이야기를 전달하고 싶은 욕구 때문에 종종 지어낸 이야기나 가짜 뉴스를 이용하고 그 결과 가짜 내러티브를 증폭시킨다. 내러티브의 역사에 따르면 가짜 뉴스는 전혀 새로운 게 아니다. 사람들은 언제나 신기하고 놀라운 이야기를 좋아했고 도시전설처럼 진위가 의심스러운 이야기를 퍼트렸다. 사람들은 종종 자신이 거짓을 퍼트리고 있는지에 대한 뚜렷한 도덕적 판단 없이 자극적인 이야기를 퍼트린다.

가짜 뉴스는 흔히 사람들에게 깊은 인상을 준다. 우리 뇌의 현실감시現實瞰視 처리 기능은 불완전하기 때문이다. 심리학자와 신경과학자에 따르면, 다른 기억과의 연관성을 통해 기억의 원천을 확인하는 출처감시出處瞰視는 뇌에게 아주 힘든 일이다.[21] 따라서 뇌는 시간이 지나면서 어떤 이야기가 믿을 만한지, 그렇지 못한지에 대한 생각을 잊어버린다. 더구나 출처감시 기능에는 개인차가 있고, 외측 간뇌와 전두엽에 손상이 가해질 경우 극단적인 결함이 있을 수도 있다.[22]

프로레슬링 경기를 생각해 보라. 레슬링 선수들은 편법을 써서라도 서로를 죽일 것처럼 무섭게 달려든다. 어떤 사람들은 그런 시합을 보며 즐거워하지만, 어떤 사람들은 그게 진짜인 척 미리 짜놓은 각본일 뿐이라고 말한다. 이 이상한 현상을 일컫는 '케이페이브kay-fabe'라는 용어가 인쇄 매체에 등장하기 시작한 것은 1970년대다.

이런 레슬링 시합은 철저한 규칙을 따르는 고등학교나 대학교의 레슬링 경기와는 다른 방식으로 진행된다. 한 선수는 지나치게 악랄하거나 노골적으로 못생긴 반면, 다른 선수는 잘생겼고 신사답다. 악역은 로프 뒤에 몸을 숨기거나 심판이 딴 곳을 볼 때 관객들 앞에서 반칙을 하는 등 비겁하고 치사하게 공격을 가한다. 상대방이 바닥에 쓰러져 있을 때 일부러 로프를 밟고 높은 곳에 올라가 적수의 몸 위로 힘껏 뛰어내리는 척을 하기도 한다.

이런 행동들은 너무 뻔해서 구경꾼들도 어느 정도 간파할 수 있다. 관중은 선수들의 연기가 기대에 못 미칠 때면 때때로 "가짜다!"라고 소리치기도 한다. 그런데도 이런 경기는 대부분의 사람들에게 진짜처럼 제공되고, 진짜처럼 받아들여진다. 관중은 그것이 진짜이길 바라며 때로는 상상력을 자극하는 그것이 진짜인 척하기도 한다. 그러나 문학평론가 롤랑 바르트Roland Barthes는 프로레슬링 관객이 다른 스포츠와 달리 경기 결과에 내기를 거의 하지 않는다고 지적했다. "레슬링은 스포츠가 아니라 그것을 구경거리로 만드는 과잉적 요소 때문에 독창성을 유지한다."[23] 즉 많은 사람들이 일정한 수준 아래에서 이야기를 즐기며, 사실 여부에 대해서는 관심이 없다는 얘기다.

이런 가짜 대결은 많은 나라에서 긴 역사를 지니고 있는데, 이는 이야기의 수명이 길다는 의미다. 프로퀘스트에서 '가짜 레슬링fake wrestling'의 검색 결과는 1890년까지 거슬러 올라간다. 한 기사는 "최근에 많은 가짜 레슬링 시합이 열리고 있다."[24]고 언급했다. 고대 로마에서도 대부분 한쪽의 죽음으로 끝나는 진짜 검투 시합을 앞두고 관객들의 입맛을 자극하기 위해 가짜 시합인 프롤루시오prolusio가 열리곤 했다.[25] 프롤루시오는 아마 현대의 가짜 레슬링 시합과 비슷했을 테고, 어떤 면에서는 심지어 더 흥미진진했을 것이다. 배우들이 숙련된 솜씨로 관객들을 들었다 놨다 했을 뿐만 아니라 일부는 유명 인사였기 때문이다.

고대 로마인이 콜로세움에 사자를 풀어 범죄자나 도망치다 잡힌 노예, 혹은 기독교도들을 고문하고 죽이던 시대가 지난 후로, 많은 것들이 개선됐다. 우리는 정직하다는 평판을 가진 뉴스 매체를 설립했다. 21세기는 팩트체크 웹사이트를 탄생시켰고, AP 팩트체크AP Fact Check, 팩트체크닷오알지factcheck.org, 폴리티팩트닷컴politifact.com, 스노프스닷컴snopes.com, 유에스에이팩츠닷오알지USAfacts.org와 위키트리뷴닷컴wikitribune.com 등은 한때 주류 언론 매체가 그랬듯 중립적인 입장에서 논란의 모든 측면을 보도하는 게 아니라, 가짜 뉴스를 폭로하며 명성을 쌓았다. 그러나 불행히도 대부분의 사람들은 이제 이런 팩트체크 웹사이트를 읽지 않는다. 이들의 신뢰성 또한 이들의 평판을 해치기 위해 의도적으로 조작된 가짜 뉴스에 의해 더럽

혀졌기 때문이다. 상당수의 일반 대중들은 진실을 발견하고자 하는 희망을 포기하고 있다.

여기서 우리는 어떤 결론을 낼 수 있는가? 과거 수백 년, 수천 년 전부터 존재했던 가짜 뉴스는 인간의 자연스러운 결과물처럼 보인다. 가짜 성과, 가짜 이야기, 가짜 영웅들은 어디에나 있다. 이런 가짜들이 어찌나 교묘한지 거기에 가려 진짜 기본적인 경제 요인들이 초래한 결과를 찾아보기가 힘든 지경이다. 오히려 그 반대가 진실이라 해야 할 것이다. 내러티브의 형태를 띤 가짜들이 경제 결과에 영향을 끼치고 있다.

## 내러티브 군집의 인과성에 대한 증거

아카이브 데이터를 활용해 내러티브 연구를 하다 보면 문화적인 변화 뒤편에 숨은 내러티브 군집을 놓치기 쉽다. 우리는 오직 피상적인 내러티브의 일부만을 볼 수 있기 때문이다. 수십 년 뒤에 이를 되돌아보는 것은 마치 구름 낀 밤에 별자리를 구분하려 드는 것과 비슷하다. 우리는 분명 많은 별들을 보지 못하고 놓칠 것이다. 또한 내러티브는 으레 수년에 걸쳐 등장했다가 사라지지만 경제 변동은 갑작스레 발생하며, 경제 공황은 고작 며칠 사이에 발생하기도 한다. 하지만 그런 공황의 씨앗은 수개월 전이나 수년 전에 심어졌을 수도 있다.

결과적으로 소비 및 투자를 결정하고 경기 변동을 초래하는 대중은 그리 많은 정보를 제공받지 못한다. 대부분의 사람들은 뉴스를 신중하게 읽지도 않고 사실을 분명한 순서로 이해하는 경우도 드물다. 그러나 그럼에도 그들이 내리는 결정은 전반적인 경제 활동을 주도할 것이다. 그렇다면 주목받는 내러티브가 종종 유명인이나 신뢰감을 주는 인물의 도움을 받아 사람들의 결정을 유도하는 것이 틀림없다.

일단 내러티브 군집 안에서 변이된 이야기가 경제 사건을 촉발할 수 있다는 사실을 깨닫고 나면 우리는 진정한 발전을 이룰 수 있다. 그러나 내러티브가 어떻게 경제에 영향을 미치는지 분명하게 이해하는 것은 결코 쉬운 일이 아니다. 그러니 먼저 한 발짝 뒤로 물러나 지난 장에서 일부 언급했던 기본 원칙을 둘러보고 생각을 정리해 보자.

# 8

# 내러티브 경제학의 7가지 기본 명제

이제까지 우리는 대중 내러티브가 바이럴이 되어 경제적 결과를 낳는 과정을 살펴보았다. 우리의 궁극적인 바람은 경제학자들이 이러한 관련성을 모형화하여 경제 사건을 예측할 수 있게 하는 것이다. 그러기 전에 이 장에서는 역사적으로 유명한 내러티브를 이해하고, 새로운 내러티브를 개발할 때 사용할 수 있는 경제 내러티브의 기본 명제에 대해 먼저 알아보도록 한다.

본격적으로 시작하기 전에 경제 내러티브의 몇 가지 중요한 특성을 살펴보자. 비트코인 내러티브에서 봤듯 경제 내러티브는 사람들이 잊어버렸을지도 모르는 사실들을 상기시키고, 경제 원리를 설명하고, 사람들이 경제적 행동의 목적 또는 그 정당화를 생각하는 방식에 영향을 끼친다. 또한 세상이 돌아가는 방식에 대해 다른 관점을 제공해 줄 수도 있다. 예를 들어 비트코인 내러티브는 이제 컴퓨터가 세상을 지배하고 있으며, 드디어 지역정부의 부패와 무능이라는 끝없는 문제에서 해방될 새로운 코즈모폴리턴 시대로 들어서고 있다는 생각을 암시한다. 또한 그러한 정보를 유리하게 사용할 방법도 내포한다. 또 경제 내러티브에는 특정한 경제 활동을 실천하면 미래에 이득을 볼 수 있다는 생각이 포함되어 있을 수도 있다. 경제적 행동을 취하는 것은 때로 우리가 내러티브에 직접적으로 관여할 수 있는 방법이기도 하다. 우리는 내러티브에서 하나의 역할을 맡음으로써 역사의 일부가 될 수 있다. 가령 비트코인을 구매한다면 자본주의의 국제 상류층에 합류할 수 있는 것이다.

### 명제 1: 내러티브는 다양한 속도와 규모로 전염된다

경제 내러티브의 유행은 그 규모와 속도가 매우 다양하다. 내러티브가 확산되는 과정에서 표준은 존재하지 않으며, 급격하게 전염된다고 해서 장기간 영향력을 떨치는 것도 아니다. 이 책의 말미에 수록된 부록을 보면 전염 및 회복 매개변수에 따라 빠르고 큰 전염병, 빠르고 작은 전염병, 더디고 큰 전염병, 더디고 작은 전염병을 구분하는 역학 모형을 찾아볼 수 있을 것이다.

내러티브가 유행했다가 사라지는 기간은 수십 년이 될 수도 있다. 경제학자가 의존하는 어떤 데이터 집합보다도 오래 생존할 수 있는 것이다. 그러므로 내러티브가 경제에 어떤 영향을 끼쳤는지 성급하게 판단해서는 안 된다. 예를 들어 바이럴 경제 내러티브를 페이스북이나 트위터에서 반짝 유행하는 인터넷 밈과 똑같이 간주한다면 이례적으로 장기간 유지됐던 경제 활황이 그보다 훨씬 오래 존재했던 전염성 내러티브의 결과일지도 모른다는 가능성을 놓치게 될 것이다. 또 다른 사례를 들어보자. 만일 내러티브에 따라 전염 속도가 다르다는 사실을 감안하지 않는다면 작품의 중요성을 판단할 때 베스트셀러라는 평판에 지나치게 의존할 수 있다. 흔히 우리가 생각하는 베스트셀러 목록은 비교적 단기간의 판매량을 반영하는 경향이 있다. 가령 〈뉴욕 타임스〉 베스트셀러 목록은 바로 전 주에 가장 많이 팔린 서적들이다. (앞 장에서 뉴스 매체들이 왜 유독 속도를 강조하는지 이해할 수 있을 것이다. 계속해서 새로운 뉴스 기사를 올려야 하기 때문이다.) 가령 수십 년 전 〈뉴욕 타임스〉 베스트셀러 목록을 뒤져 보면 우리가 아는 책은 거의 없다. 대부분 단기간에 반짝 지나가는 유행에 지나지 않기 때문이다.

전염률 또한 내러티브마다 차이가 크다. 전염률이 높은 내러티브의 예로 전쟁 같은 국가적 비상사태를 들 수 있다. 이런 내러티브가 확산될 때는 이 이야기가 너무 중요한 나머지, 사람들은 누군가 다른 이야깃거리를 말하고 있는 중간에 끼어든다거나 평소에는 거의 소통하지도 않던 사람들한테 말을 걸어도 될 것처럼 느낀다. 전염율이 낮은 성공적인 내러티브로는 조국의 위대함을 설파하는 애국적 이야기가 있다. 가정이나 학교, 또는 시민단체처럼 적절한 시간 또는 장소에서만 불러올 수 있는 이야기 말이다. 이런 내러티브는 망각률만 충분히 낮다면 (천천히) 커다란 유행으로 확산될 공산이 있다.

모든 내러티브는 회복률이나 망각률이 서로 다르다. 회복률이 높은 내러티브는 대개 내러티브 군집의 일부로 기능하기보다 따로 분리되는 경향이 있다. 회복률이 낮은 내러티브는 사람들에게 지속적으로 자신의 존재를 상기시키는 요소를 지닌다. 예를 들어 우리는 거리에서 거지나 노숙자를 볼 때마다 불경기가 되면 실업률이 최고조에 이른다는 내러티브를 떠올리게 된다. 장기적인 내러티브는 세상을 보는 관점이나 삶의 의미에 대한 생각에 영향을 미칠 가능성이 크다.

부록의 수학적 모형에 따르면 높은 전염 매개변수와 낮은 회복률은 결과적으로 거의 모든 인구가 그 내러티브를 접하게 된다는 의미며, 때때로 이는 매우 짧은 기간 내에 발생할 수도 있다. 그러나 전염 매개변수가 낮고 회복률이 그보다도 낮다면 같은 내러티브라도 대다수 인구에게 느리게 전파된다. 다음 사례를 생각해 보라.

1987년 10월 19일 주가 대폭락이 발생한 직후에, 나는 미국에서 설문조사를 실시했다. 무작위로 선택한 고소득자들에게 정확히 언제 주가 폭락 소식을 들었느냐고 묻자 응답자의 97퍼센트가 주가가 폭락한 바로 그날 소식을 접했다고 대답했다. 평균 시각은 동부표준시 오후 1시 56분/태평양표준시 오전 10시 56분이었다.[1] 대부분의 응답자들은 조간신문이나 저녁 TV 뉴스가 아니라 사건이 발생한 당시, 다른 사람들에게서 직접 전해 들었다.

### 명제 2: 중요한 경제 내러티브는 적은 양의 대화만으로도 만들어질 수 있다

경제 내러티브의 중요성을 판단하는 데 있어 사람들의 입에 얼마나 오랫동안 오르내리는지가 기준이 되면 안 된다. 중요한 전염성 내러티브라도 사람들이 대화를 나누지 않을 수도 있다. 더구나 사람들은 항상 대화를 나누기 때문에 어떤 종류의 내러티브든 언제나 전염되고 있다는 사실을 잊지 말라. 경제 내러티브를 연구할 때는 경제적 변화를 해석하는 데 별로 도움이 되지 않는 사소한 잡담에 신경을 팔면 안 된다.

대공황이 절정에 달한 1932년, 프랭클린 루스벨트Franklin Roosevelt는 현직 대통령인 허버트 후버Herbert Hoover에게 도전장을 내밀며 미국 대통령 선거에 출마했다. 퓰리처 수상자인 저널리스트 아서 크록Arthur Krock은 평범한 일반 대중이 작금의 경제 상황에 대해 무슨 이야기를 하는지 〈뉴욕 타임스〉에 정리하고 싶었다. 그는 가급적 대화를 부추기지 않으면서 다른 사람들의 대화에 귀를 기울였다.[2]

열차와 자동차, 비행기, 그리고 도보를 이용해 나는 거의 1만 5천 킬로미터를 돌아다녔다. 나는 기차에서, 식당에서, 길거리에서, 무허가 술집에서, 호텔 로비에서, 클럽과 가정에서, 수많은 사람들의 이야기를 듣고 대화를 나눴다.

그는 한 달 동안 미국의 209개 도시를 돌아다니며 요즘 사람들이 무슨 이야기를 하는지 하나하나 수집했다. 직접 대화를 나누거나 옆에서 들은 생생한 대화들을 그대로 옮겨 적었다. 크록은 거의 모든 대화들이 시시하고 진부하다는 데 다소 놀랐다.

책이나 영화에 관한 이야기는 거의 듣지 못했다. 참신한 우스갯소리는 단 한 번도 듣지 못했다. 개인적으로 어떤 대선 후보를 열렬히 지지하는지에 관한 이야기조차 한 마디도 듣지 못했다.

크록의 기사는 내러티브가 특정 시간이나 장소에서 언급되지 않는다는 이유로 무시할 수 있는 게 아니라는 일종의 경고를 담고 있다. 경제 이론은 일상적인 대화거리가 아니다. 경제 정책에 대해 아무리 뉴스 매체에서 시끄럽게 떠들고 사람들이 자주 생각하고 있는 게 분명하더라도 말이다.

크록은 사람들이 기회만 되면 대공황에 대한 두려움과 그 결과에 대해 이야기를 하고 싶어 한다는 사실을 알아차렸다. 가령 그는 1932년에 클리블랜드의 한 택시운전사에게 다음과 같은 말을 들었다고 기록했다.

"동부에서 왔다고? 거긴 어떤가요? 여기가 어떤지 알고 싶으면 새벽 3시에 밤새 여는 식당 뒷문에 있는 쓰레기통에 가봐요. 먹을 걸 찾으려고 쓰레기통을 뒤지는 사람들을 봐야 해요. 그 사람들이라고 항상 그렇게 살던 건 아니었겠지……. 동부 사람들은 루스벨트가 지금보다 나아지게 할 수 있다고 생각한대요? 어쨌든 지금보다 더 나빠질 순 없을 테니까. 후버가 되기 전에는 나도 꽤 괜찮게 살았거든. 택시를 몰지도 않았고. 센트럴에서 잘나가다 해고됐는데, 그 뒤로는 일자리를 구할 수가 없더라고요. 여긴 좋은 곳이에요. 하지만 다들 풀이 죽어 있죠. 언제쯤 경기가 다시 좋아질 것 같아요?"

이 대화는 대공황 때문에 사람들이 쓰레기통을 뒤질 정도로 절박해졌다는 전염성 내러티브가 존재한다는 사실을 시사한다. 택시 운전사는 명백한 답이 존재하지 않는 질문을 던진다. "언제쯤 다시 경기가 좋아질까?" 그는 미국이 장기 불황에 갇혀 있는지 알고 싶어 한다. 가령 돈을 얼마나 쓸 것인지와 같은 그의 경제적 의사결정이 그 대답에 달려 있기 때문이다. 쓰레기통을 뒤질 정도로 절박한 사람들에 대한 내러티브는 사태가 장기화될지도 모른다는 가능성을 암시하고, 그래서 택시 운전사는 "언제쯤 경기가 다시 좋아질 것 같아요?"라는 절박한 질문을 던지는 것이다. 운전사는 아는 게 많아 보이는 크록이 미래에 대해 뭔가를 알려주길 바라지만 그렇다고 구체적인 대답을 기대하는 것은 아니다. 아마도 그는 크록이 단서가 될 수 있는 일종의 내러티브를 들려주길 바랐을 것이다.[3]

경제 내러티브가 인간의 경제 행동에 미치는 영향을 판단하는 데 있어, 노후를 위해 돈을 얼마나 저축해야 하는지와 같은 대화가 경제적 의사결정에 영향을 거의 미치지 않는다는 사실을 우리는 기억해야 할 것이다. 당신이라면 소득의 몇 퍼센트를 저축하겠는가? 5퍼센트? 10퍼센트? 아니면 그 이상? 이 문제에 대해 남들과 무슨 이야기를 나눴는지 떠올려 보라. 아마 대부분은 그런 이야기를 한 적이 거의 없을 것이다. 그럼에도 사람들은 저축을 얼마나 해야 하는지 결정을 내려야 하고, '무언가'에 의거해 결정을 내릴 것이다. 어쩌면 대공황 때는 가난한 사람들이 새벽 3시에 쓰레기통을 뒤지는 이야기처럼 불경기의 어려움을 토로하는 내러티브의 영향을 받았을지도 모른다. 아니면 장기 침체와 그로 인한 심각한 결과를 두려워하라는, 누군지도 모르는 전문가들의 우려에 근거해 결정을 내렸을 수도 있다. 즉 모호하고 개별적인 내러티브가 아니라 여러 내러티브 군집이 사람들의 행동을 결정했을 수도 있다.

### 명제 3: 내러티브 군집은 하나의 내러티브보다 강력하다

군집으로 발생하는 내러티브의 기원은 제각각일지 모르나 기본 아이디어가 비슷하다는 점에서 우리의 머릿속에서 하나로 묶이며,

서로의 전염성을 강화한다. '내러티브 군집'의 다른 용어로는 거대 내러티브grand narrative, 지배적 내러티브mater narrative, 메타 내러티브metanarrative 등을 들 수 있는데, 나는 이런 용어들을 별로 사용하지 않는 편이다. 이런 단어들은 대중에게 내러티브를 퍼트리는 단순한 이야기보다 더 지적이고 조직적인 인상을 주기 때문이다.

때때로 군집 내 내러티브들은 구체적인 이름이나 장소가 제거되어 있으며, 그 사람들이 누군지 밝히지 않은 채 '사람들이 그러는데'와 같은 형태를 띤다. '사람들이 그러는데' 같은 내러티브의 화자는 '사람들'이라는 애매한 대명사를 사용함으로써 권위를 지닌 이들이 등장하거나 그들이 전하는 내러티브 군집이 존재한다는 사실을 암시한다. 이런 내러티브 군집이 현재 유행 중인 다른 전염 내러티브의 영향을 받아 감염되면, 군집의 구성이나 범위가 변할 수 있다.

가령 암호화폐는 수많은 내러티브의 군집으로 구성되어 있다. 소수의 중심 내러티브와 수천만 개의 작은 이야기들로 말이다. 2018년에는 거의 2천 개에 달하는 암호화폐가 비트코인과 각축전을 벌이고 있을 정도였다. 각각의 암호화폐는 기발한 아이디어를 가진 열정 넘치는 개발자에다가 창의적인 신생기업가라는 이야기를 보유하고 있었다. 그러나 암호화폐 이야기 중에서도 비트코인과 관련된 이야기에 가장 많은 초점이 맞춰져 있었다. 2009년, 유명 가수인 릴리 앨렌Lily Allen이 비트코인으로 대금을 지불하겠으니 공연을 해달라는 제안을 받았다는 내러티브도 그중 하나다. 이 내러티브에는 유명한 문장이 등장한다. "지금 앨렌은 그 일을 지극히 후회하고 있다. 만약 그 제안을 받아들여 지금까지 비트코인을 보유하고 있었다면 2017년에 억만장자가 되었을 것이기 때문이다."[4] 이런 이야기는 기가 막힌 투자 기회를 놓친 사람들이 후회하도록 자극함으로써 비트코인 내러티브와 비트코인 가격의 상승을 유지하는 데 도움을 주었다. 다른 많은 내러티브들처럼 이 이야기의 중심에도 내러티브를 창조하거나 유지하는 유명인이 존재한다.

내러티브 군집의 정확한 매개변수를 규명하는 것은 어려운 일이다. 우리는 대개 그런 이야기 중 일부 피상적인 사례들을 발견할 수 있을 뿐이다. 대부분의 내러티브는 글로 기록되지 않아 영원히 사라진다. 또 이야기의 배경을 이루는 내러티브는 경제 결정을 내릴 때 표면으로 드러나는 경우가 거의 없다. 가령 배우자와 함께 올해 새 자가용을 살 것인지 아니면 여유 자금이 더 모일 때까지 기다릴 것인지 의논할 때, 당신은 배우자에게 안정감이나 불안감을 느끼게 하는 이야기들을 굳이 말로 하지 않을 수도 있다. 이런 경우에는 내러티브와 행동의 연관성을 정립하기가 어려워진다. 언어적 내러티브와 경제 행동 사이의 최종적인 연결고리는 비언어적일 수 있기 때문이다.

## 명제 4: 내러티브의 경제적 영향은 시간에 따라 변화할 수 있다

경제 내러티브가 행동에 미치는 영향은 최근 발생한 내러티브의 변이와 관련한 세부 사항에 따라 달라진다. 내러티브의 핵심 단어나 표현을 연구하기 위해 디지털 데이터에 의존할 때, 우리는 특정 표현을 포함한 모든 내러티브가 어떤 시간대에서든 항상 같은 의미를 지닌다는 가정을 물리칠 수 있어야 한다. 내러티브는 행동에 미치는 영향이라는 관점을 가지고, 또는 최소한 그것이 발화되는 맥락이라는 전제를 달고 읽어야 할 필요가 있다. 어쩌면 미래에는 정보처리 기술의 혁신에 힘입어 이에 대해서도 인간의 판단에 덜 의존할 수 있게 될지도 모르겠지만 말이다.

사상 최대의 낙폭을 기록한 1987년 10월 19일의 주가 대폭락에 관한 이야기로 다시 돌아가 보자. 매년 그날이 되면 이 일은 다시금 사람들의 입에 오르내리곤 한다. 주식 시장은 이런 증시 폭락에 대한 우리의 기억 때문에 대폭락에 취약하다. 주가가 하락하기 시작할 때 과거를 떠올린 사람들이 격렬하게 반응할 수 있기 때문이다. 그러나 사람들이 그때와 같은 상황이라고 여기지 않는 한 1987년 주가 대폭락 내러티브는 그리 큰 영향력을 발휘할 수가 없다. 1987년에는 '포트폴리오 보험'이라는 새로운 거래 프로그램에 대한 이야기가 돌았다. 다른 요인들과 더불어 포트폴리오 보험 내러티브는 당시 변동성을 지닌 눈에 띄는 주식을 매도하는 경향으로 이어졌다.[5]

또 다른 충격적인 증시 폭락 사건은 포트폴리오 보험과는 아무 상관도 없는 내러티브와 관련이 있었다. 1914년 7월 28일, 오스트리아-헝가리 제국이 세르비아에 선전포고를 하면서 1차 세계대전의 서막이 시작되자 주가가 급격히 하락했다. 그 결과 공황을 맞은 뉴욕 및 유럽의 주요 증권거래소들은 문을 닫았다. 전쟁에 참전하지 않은 미국에서도 뉴욕증권거래소는 12월 12일이 되어서야 거래를 재개했다. 윌리엄 실버William Silber는 이 사건을 다룬 저서 『워싱턴이 월가를 폐쇄했을 때When Washington Shut Down Wall Street』에서 증권시장이 단호하게 반응한 이유를 설명하는 몇 가지 이야기와 루머에 대해 자세히 소개했다. 특히 크게 당황한 유럽 투자가들은 미국에 투자한 자금을 회수하기 위해 다급하게 몰려들었다. 이 '유럽 골드러시' 기간 동안 엄청난 양의 금이 미국에서 유럽으로 반출되었다. 1907년 공황과 관련한 수많은 이야기가 회자된 것과, 또 다시 공황이 발생할지 모른다는 두려움은 미국 시장이 불안정하다는 증거였다. 1차 세계대전을 촉발한 프란츠 페르디난트 대공 암살 사건이 더 큰 전쟁에 대비하기 위해 금을 긁어모으고 있는 러시아인들의 음모라는 허황된 루머도 있었다.

이와는 대조적으로, 1939년 2차 세계대전이 발발했을 때, 미국의 증권시장은 폐쇄되지 않았다. 1939년 9월 3일 영국이 독일에 선전포고를 하면서 2차 세계대전이 시작되었을 때, 스탠더드 앤드 푸어스(S&P) 종합지수는 그날 하루 9.6퍼센트나 상승했다. 신문은 시장의 이런 긍정적인 반응에 대체적으로 놀라움을 표했고, 어째서 1914년의 경험을 반복하지 않는지 설명하지 못했다. 과거와 상이한 이런 반응은 1차 세계대전에서 주식 투자를 포기하지 않았거나 무기, 물자를 유럽에 판매한 일부 투자가에게 이득으로 작용했다는 내러티브와 관련이 있을 것이다.[6] 1차 세계대전과 2차 세계대전의 인간적인 이야기는 비슷할지 모르나, 성공적인 투자가에 대한 내러티브에는 큰 차이가 있었다.

우리는 사람들이 내러티브에 붙이는 이름에 주목해야 한다. 명칭의 변화는 사소해 보일지라도 실은 매우 중요하며, 특히 새 이름이 다른 내러티브 군집과 관련되어 있을 때에는 더욱 그렇다. 언어학적 측면에서 유의어 관계에 있는 단어들은 절대로 완벽하게 동일하지 않다. 언어학과 관련이 없는 평범한 사람들에게 단어들의 차이에 대해 끈질기게 물어본다면 그들마저도 유의어의 각기 다른 의미에 대해 복잡한 해석을 들려줄 것이다. 신경언어학에서도 유의어는 신경망에서 서로 다른 연결 구조를 지니고 있으며, 그러한 연결 구조 중 일부는 경제적 사고에 있어 매우 중요할 수 있다.

## 명제 5: 진실만으로는 잘못된 내러티브를 막을 수 없다

때로는 탁월한 경제 내러티브가 뚜렷한 이유도 없이 불쑥 등장하기도 한다. 2007~2009년 세계금융위기가 닥쳤을 때도 그랬다. 거의 0으로 떨어진 금리가 일본의 1990년대와 같은 이른바 '잃어버린 10년'의 조짐으로 해석되던 시기였다. 일본의 '잃어버린 10년'은 하나의 관찰 결과이자 예시일 뿐이었다. 그러나 이는 통계적으로는 중요하지는 않았지만, 전 세계로 확산되어 대공황 내러티브에 다시 불을 붙일 정도로 전염성이 강했고, 구조적 장기 침체에 대한 두려움을 불러왔다.

실제로 이런 내러티브와 그에 따른 두려움은 우리의 삶과 경제에 심각한 영향을 끼칠 수 있다. 예를 들어, 정치학자 스티븐 반 에베라Stephen van Evera에 따르면 1차 세계대전이 발발한 것은 그가 '공격 숭배'라고 부르던 잘못된 내러티브가 바이럴이 된 것에 일부 원인이 있었다. 이 내러티브는 먼저 공격하는 국가가 대체적으로 우위를 차지할 수 있다는 내용이었다. 그리고 그런 발상의 기저에는 기존의 내러티브와, 단순화된 심리학 및 수학, 그리고 밴드왜건 이론이 있었다. 반 에베라는 이 이론이 궁극적으로 국제 정세의 불안정으로 이어졌다고 주장한다. 모두가 선제공격을 하고 싶어 했기 때문이다. 독일은 러시아를 상대로 한 전쟁을 막을 수 있다고 믿었다. 그러나 그 내러티브는 틀렸다. 결국 거대한 군비경쟁과 같은 경제적 대가가 뒤따랐고, 공격 국가와 방어 국가 양쪽 모두에게 대재앙이 된 전쟁이 발발했다. 노먼 에인절Norman Angell은 이 내러티브를 '거대한 환상The Great Illusion'이라고 불렀는데 이는 그의 책 제목이기도 하다. 후에 노벨상을 수상하기까지 한 에인절의 사상은 많은 이들을 설득했지만 전쟁을 막을 만큼 빠른 속도로 확산되지는 못했다. 거짓 환상은 그것이 잘못되었다는 사실이 밝혀진 후에도 성공적으로 퍼지는데, 이를 반박하는 증거가 거짓 환상만큼 빠른 속도로 전파되지 못하기 때문이다.

즉 경제적 활동이 항상 최신 정보에서 시작하는 것만은 아니다.

때때로 사람들은 내러티브가 바이럴이 된 특정 시기에 머무른 채로 행동한다. 일반 지식이나 상식이 여러 면에서 꾸준히 발전한다고 해서, 경제 행동에 중요한 영향을 끼치는 지식까지 꾸준히 발전하는 것은 아니다. 비트코인을 정의하는, 그리고 이를 둘러싼 내러티브가 좋은 예가 될 것이다. 암호화폐에 매료된 유능한 컴퓨터 과학자들은 대중의 흥분을 자아낸 이 매혹적인 아이디어가 궁극적으로 옳은지 그른지를 끝내 말하지 않았다.

다행히도 단순한 문제에 있어서 현대 사회는 사실에 집중하는 편이다. 혹은 오류를 발견할 경우 최소한 이를 바로잡으려 한다. 예를 들어 대부분의 사람들은 자기 집 근처에 있는 고속도로 번호를 정확하게 말했음에도 만일 누군가 잘못을 지적하면 시정할 것이다. 또한 의사들이 진실을 말해줄 것이라고 믿고 있다. 어쨌든 대부분은 말이다. 반면, 2003년 연구조사에서 세계보건기구WHO는 만성질환 치료에 있어서 환자의 불응이 전 세계적으로 매우 심각한 문제라고 지적했다.[7] WHO는 선진국 환자들의 50퍼센트만이 만성질환 치료를 위해 의사의 지시에 순응하며, 심지어 신흥국가에서는 그 수가 더욱 적다고 보고했다.

그렇다면 의사보다도 논란의 여지가 더 많은 경제전문가나 자산관리사의 조언은 어떤가? 사람들은 그들의 조언을 더욱 듣지 않을 것이며, 이는 큰 문제를 초래할 것이다. 하지만 조언의 끝은 어디고 추측의 시작은 어디인가? 정보에 입각한 추측과 대화, 또는 지어낸 이야기를 어떻게 구분할 것인가? 이런 것들의 경계는 매우 모호할 수밖에 없다. 결국 이야기의 전염률을 높이는 것은 기저에 내포된 진실이 아니다. 전염성이 강한 이야기란 사실 여부와 관계없이 재빨리 사람들의 관심을 휘어잡고 깊은 인상을 남기는 이야기다.

소로쉬 보수기Soroush Vosoughi 및 공저자는 2018년 〈사이언스〉지에 소셜미디어 데이터를 활용해 진짜 이야기와 가짜 이야기의 전염률을 비교한 논문을 발표했다.[8] 연구진은 6개의 팩트체크 사이트—스노프스닷컴, 폴리티팩트닷컴, 팩트체크닷오알지, 트루스오어픽션닷컴truthorfiction.com, 혹스슬레이어닷컴hoax-slayer.com, 어반레전드닷어바웃닷컴urbanlegends.about.com—에서 사실 여부를 검토해 무슨 이야기가 가짜고 진실인지를 판단했고, 95~98퍼센트의 확률로 각 사이트들의 의견이 일치했다. 더불어 3백만 명 규모로 확산된 126,000개의 루머를 살펴보고 가짜 이야기가 진실보다 트위터에서 리트윗될 확률이 여섯 배나 높다는 사실을 발견했다. 연구진은 이런 현상이 트위터에만 국한된 것이 아니라고 해석했다. 어쩌면 그 당시 기존 언론 매체에 대한 불신이 유독 높았기 때문에 이러한 결과가 나타났을 수도 있다. 어쨌거나 연구진은 사람들이 '새로운 정보를 공유할 확률이 크다.'는 가설을 확인할 수 있었다. 이로써 이야기의 전염은 남들을 놀래키거나 흥분시키고 싶은 욕구가 반영된 결과라는 것을 알 수 있다.

여기에 약간의 반전을 덧붙일 수도 있다. 잘못된 이야기를 바로잡는 새로운 이야기는 가짜 이야기보다 전염성이 낮고, 이는 어떠한 내러티브가 진실되지 않다는 사실이 밝혀진 후에도 경제 활동에 커다란 영향을 미칠 수 있음을 의미한다.

### 명제 6: 경제 내러티브는 반복 기회가 많을수록 전염된다

이야기의 전염은 대화에 내러티브를 끼얹을 기회가 높을수록 증가한다. 더구나 새로운 발상이나 개념은 이야기의 전염성을 높일 수 있다. 가령 주식 시장 내러티브는 1920년대와 1930년대에 대중이 주가지수에 관심을 보이기 시작하면서 전염률이 증가했다. 1970년대에 부동산중개업자와 주택 구매자들이 주택 가격지수에 주목하기 시작했을 때도 비슷한 일이 일어났다. 두 사례 모두 언론 매체가 대중의 관심을 사로잡을 새로운 기삿거리를 찾고 있었고, 그에 따라 관련 지수를 자주 언급하면서 일어난 일이었다.

또 다른 사례를 생각해 보자. 우리 모두 생일 축하 노래인 「해피 버스데이 투 유」를 알고 있을 것이다. 이 노래는 경제 내러티브로서 그리 중요하지 않을지도 모른다. 어떤 이들은 노래 가사에 이야기가 담겨 있는 것도 아니니 내러티브가 아니라고 말할 수도 있다. 그러나 이 노래에는 모두의 의식 속에 깊이 각인된 이야기가 연결되어 있다. 이 이야기는 일련의 사건들로 구성되어 있고 생일 때마다 다양한 버전으로 반복된다. 기나긴 전통에 따라 사랑하는 사람의 생일을 축하하기 위해 가족들이 한자리에 모이고, 누군가 생일자의 나이에 맞춰 촛불을 잔뜩 꽂은 생일 케이크를 안아 들고 가족들을 향해 걸어온다. 그 후 생일의 주인공이 소원을 빌면서 단숨에 촛불을 불어 끈다. 물론 대부분의 사람들은 소원이 진짜로 이뤄질 거라고 생각하진 않지만 어쨌든 이 의식은 전통처럼 아주 오랫동안 반복되어 왔다. 가끔은 생일 축하 노래에 새로운 구절을 보태거나 변형하기도 한다. 나이든 사람들에게 '앞으로도 계속And many more to you'이라는 가사를 덧붙이는 것처럼 말이다. 하지만 이 가사는 음절이 딱 맞아 떨어지지 않아 좀 어색하게 느껴지기도 한다. 그리고 이 의식은 대개 박수갈채와 함께 끝난다.

「해피 버스데이 투 유」는 전염성 내러티브의 아주 훌륭한 예시 중 하나다. 수많은 언어로 번역되어 전 세계에 널리 퍼졌고, 어쩌면 세상에서 가장 유명한 노래일지도 모른다. 이 노래가 전염성을 띠게 된 것은 사람들이 딱히 이 노래를 좋아해서라기보다는 생일이라는 행사가 1년마다 돌아오기 때문이다. 그리 잘 만들어지거나 좋은 노래도 아니다. 누군가 계획적으로 퍼트린 것도 아니다. 정부가 생일에는 이 노래를 불러야 한다고 선포한 것도 아니고 이 노래를 부르거나 들으면 행복하게 오래오래 살 수 있다고 마케팅 캠페인을 펼친 것도 아니다. 디지털 데이터에 따르면 이 노래는 1920년대와 30년대의 영어권에서 유행병처럼 순식간에 퍼져나갔고, 사람들이 좀 더 중요한 것들에 대해 생각해야 했던 2차 세계대전 시기에는 조금 주춤했다가 이후 다시 인기를 타기 시작했다.

워너/채플 뮤직은 1935년부터 이 노래에 대한 저작권을 주장했고 매년 로열티로 수백만 달러를 벌어들였지만 2016년에 「해피 버스데이 투 유」가 1893년에 발표된 「굿 모닝 투 올Good Morning to All」[9]과 모든 면에서 놀랍도록 유사하다는 사실이 밝혀진 뒤 저작권을 상실했다. 이 노래는 「해피 버스데이 투 유」와 정확하게 같은 멜로디, 심지어 비슷한 가사임에도 불구하고 그다지 널리 알려져 있지 않았다.

좋은 아침이에요
좋은 아침이에요
사랑하는 아이들에게
좋은 아침이에요

어쩌면 학생의 생일을 축하하고 싶은 교사가 우연히 유치원 교실에서 가사를 바꿔 불렀는지도 모른다. 그러고는 이 변형된 버전이 언제 어디서 시작되었는지 몰라도 얼마 안 가 바이럴이 된 것이다.

생일 축하합니다
생일 축하합니다
사랑하는 (　)의
생일 축하합니다.

이 사소한 변이가 어떻게 원곡을 더욱 낫게 만든 걸까? 아마도 '생일 축하합니다'라는 가사로 변형된 이유는 1890년대 무렵부터 자녀 보살핌을 상징하는 생일파티가 유행했기 때문이다. 전염률 높은 이 내러티브와의 결합이 노래의 전염성을 높였고, 또 생일 축하 의식은 해마다 있기 때문에 사람들의 기억을 강화해 회복률을 감소시켰다. 노래를 부르는 사람들이 그때마다 생일자의 이름을 넣을 수 있을 정도로 가사 변형이 용이했고, 그 결과 노래를 개인적으로 만들며 인간미를 보탤 수 있었다.

「굿 모닝 투 올」의 작가는 어째서 자신이 백만장자가 될 수 있을 거라는 생각을 하지 못했을까? 그 노래를 「해피 버스데이 투 유」로 바꾸고 저작권을 등록했더라면? 어느 시점에선가 그는 사람들이 계속 생일 파티에서 이 노래를 부르는 걸 보고 노래의 인기가 지속되리라는 사실을 알았을 것이다. 그들은 생일 축하 의식과 결합됐으며 짧고 기억하기 쉽고 자주 부르는 이 노래가 승자가 되리라는 것을 알았을 것이다. 그리고 노래의 저작권을 획득한다면 상업적 이용을 통해 수백만 달러를 벌 수 있다는 것도 분명 알았을 것이다.

하지만 말이 쉽지 행동에 옮기는 것은 어렵다. 지금은 이렇게 당연해 보이는 사실도 당시에는 그렇게 보이지 않았을 테고 말이다. 더불어 원곡의 변형 버전은 하나가 아니라 무수히 많았을 것이다. 「굿 모닝 투 올」의 가사는 16개의 단어(원곡의 영어 가사 기준-옮긴이)로 이뤄져 있고, 단어 수를 유지한 채 그중 절반만 바꾼다고 가정해도 벌써 16!/8!(=518,918,400)개의 버전이 가능하다. 거기에 이 16개 단어 중 8개를 대체할 수 있는 영어 단어가 한 100개쯤 존재한다고 치면 $100^8$은 1만조이고, 여기에 518,918,400을 곱하면 존재 가능한 변형된 노래의 수가 나온다. 이 모든 가능성을 미리 생각하여 노래를 이용해 돈을 벌 방법을 알아내는 것은 불가능하다. 그러므로 「굿 모닝 투 올」에서 「해피 버스데이 투 유」가 파생된 것은 그저 우연에 불과했으며 일어날 가능성이 거의 없는 일이었다. 그러나 이 일은 일어났고, 처음에는 눈에 띄지 않았지만 조용히 전염되기 시작했다. 변화를 만들어낸 장본인은 자신도 알지 못하는 사이에 잊혀졌다. 그러고는 노래와 관련된 방대한 내러티브 군집이 영화와 TV, 소셜미디어를 비롯한 다른 플랫폼에 스며들었다.

### 명제 7: 내러티브는 인간적 흥미, 정체성, 애국심 등과의 결합을 통해 번성한다

경제 내러티브는 보통 인간적 흥미가 담긴 이야기에 기대어 확산된다. 그런 이야기에는 사람이 연관되어 있기 때문이다. 내러티브가 잘 알려진 인물, 우리 머릿속에 쉽게 떠오르는 얼굴과 결합될 때 우리의 뇌는 사람과 목소리, 얼굴에 대한 원형을 이야기와 결합시킨다. 따라서 망각 확률이 감소한다. 그러나 인간적인 이야기 그 자체만으로는 내러티브를 전염시킬 수 없다. 성공적인 경제 내러티브는, 전염 요인을 파악할 수 있는 창의적인 사람, 즉 탁월한 솜씨로 이야기의 구성 요소를 결합해 전염성 강한 내러티브로 만들 수 있는 이들의 발명품이다. 전염성 내러티브를 창조하고자 하는 사람들은 내러티브와 관련된 유명인을 신중하게 선택해야 하는데, 목표 청중이 이야기 속 유명인을 알고 그에게 감정을 이입할 때 효과가 가장 크기 때문이다.

가령 조지 워싱턴George Washington과 벚나무의 이야기는 200년 동안 높은 인기를 구가해 왔다. 이 이야기는 조지 워싱턴이 1799년에 사망하고 얼마 지나지 않아 출간된 베스트셀러 메이슨 로크 윔스Mason Locke Weems의 『조지 워싱턴의 생애: 그의 고결함을 보여주고 이 나라 젊은이들의 본보기가 될 흥미로운 일화들*The life of George Washington with Curious Anecdotes, Equally Honourable to Himself and Exemplary to His Young Countrymen*』의 새 판본에 처음 등장한다. 책의 제목을 보건대 윔스는 분명 워싱턴에 대한 흥미로운 내러티브를 들려주고 싶어 했다. 그는 워싱턴과 벚나무 이야기를 '조지 워싱턴과 먼 친척으로 어렸을 적 그 집 식구들과 많은 시간을 함께 보낸 나이 지긋한 여인'에게서 들었다고 전한다.[10]

"조지가 여섯 살이 되었을 때 손도끼를 갖게 되었지!" 여인이 말했다. "어린 사내애답게 그거에 푹 빠져서는 눈에 보이는 거라면 뭐든 가리지 않고 썰어대기 시작했어. 그러던 어느 날, 평소 어머니의 완두콩 지지대를 자르고 놀던 정원에서, 불행히도 그 손도끼를 아름다운 영국산 벚나무 묘목 줄기에 가져다 대고 말았던 거야. 어찌나 공을 들여 쪼아댔는지, 나무가 버텨내질 못했어……. '조지.' 그의 부친이 말했어. '정원에 있던 어린 벚나무를 누가 죽였는지 아니?' 그건 아주 어려운 질문이었어. 조지는 잠시 고민했지만 재빨리 마음을 고쳐먹고 모든 걸 능가하는 것은 진실뿐이라는 듯, 밝게 빛나는 사랑스러운 얼굴로 아버지의 눈을 똑바로 바라보며 용감하게 외쳤지. '전 거짓말 못해요, 아빠. 제가 거짓말 못하는 거 아시잖아요. 제가 손도끼로 잘랐어요.'"[11]

이 이야기는 미국에서 오늘날까지도 도덕적인 교훈으로 널리 기억되고 있다. '전 거짓말 못해요I can't tell a lie.'와 '워싱턴'의 검색 결과는 구글에서만 188,000건에 이르며, 이는 '전 거짓말 못해요.'를 단독으로 검색했을 때보다 3배에 달하는 수치다. 워싱턴과 벚나무의 이야기가 흔하디흔한 문장 하나의 검색 결과를 오히려 압도하는 것이다. 어째서 이 일화는 이토록 전염성이 강한 이야기가 되었을까? 아마도 미국의 초대 대통령에 관한 이야기고, 따라서 애국적인 요소를 지니고 있기 때문일 것이다. 그런 맥락에서 이것은 매우 훌륭한 내러티브다. 만약 다른 평범한 사람의 이야기였다면 아무것도 아니었을 테지만 말이다. 이야기 자체는 별로 특별할 것도 없다. 그저 어린 워싱턴이 거짓말을 하지 않았다는 이야기일 뿐이다. 한편 구글에서 '전 거짓말 못해요.'와 '링컨'의 동반 검색 결과는 102,000건이다. 워싱턴만큼 인기 있는 대통령인 링컨도 이와 비슷한 일화를 가지고 있고, 때로는 똑같은 이야기에 워싱턴 대신 링컨이 등장하기도 한다. 전설적인 두 유명인과 관련된 이 이야기는 정직에 관한 경제 내러티브 군집의 일부다. 이는 미국뿐만 아니라 다른 국가에서도 강하게 나타나는, 어쩌면 정직성을 높이 평가하는 전통의 일부로 보인다. 이 내러티브는 마침내 사업 거래에서 신뢰성을 높이고 뇌물과 부패를 경계함으로써 미국 경제가 번성하는 데 도움이 되었다.

경제 내러티브의 인간미 넘치는 요소들은 종종 동시대의 다른 바이럴 이야기에서도 엿볼 수 있다. 내러티브 속 유명인은 각각의 버전에서 목표 청중에게 알맞은 다른 사람으로 대체되기도 한다. 유명인이 연루된 새로운 내러티브의 경우, 기억 속에 이미 익숙한 내러티브가 있다면 전염성을 증대시킬 수 있다.[12] 유명인을 중심으로 형성된 내러티브 군집은 자기강화적이다. 극단적인 경우 해당 유명인은 거의 초인적인 취급을 받고, 이런 흐름은 자연스럽고 당연해 보인다. 예를 들어 미국의 1달러 지폐와 25센트 동전에 조지 워싱턴의 초상화가 새겨져 있는 것처럼 말이다.

때때로 사람들은 간결하고 예리한 명언구를 생각해 내기도 하는데, 그런 명언구가 전염성을 띠게 되는 것은 처음 그 말을 한 사람이 유명인이라고 잘못 알려질 때다. 이를테면 20세기 중반에 유행했던 "능력껏 일하고 필요한 만큼 가져간다."라는 사회주의 슬로건은 카를 마르크스Karl Marx의 말이라고 알려져 있지만, 실제로 이 말을 강조한 것은 사회주의 운동가인 루이 블랑Louis Blanc이다. 1851년에 루이 블랑이 처음 그렇게 말했을 때 마르크스는 무명에 불과했고, 이 문구는 다른 형태로 성경에도 존재한다.[13] 루이 블랑은 1900년 즈음까지 마르크스보다 더 유명했지만 오늘날에는 거의 잊혔고, 따라서 이 문구의 공은 20세기 중반 이름 모를 사람에 의해 마르크스에게로 넘어갔다.

위키쿼트Wikiquotes 웹사이트는 유명한 명언구의 출처를 추적하는 사이트다. 이 사이트에 따르면 유명 인사들은 대개 다른 사람의 말을 인용했거나, 혹은 아예 그런 말을 한 적이 없다. 하지만 상관없다. 위키쿼트가 존재함에도 불구하고, 명언을 처음으로 말한 사람들은 결코 바이럴을 만들어내지 못할 것이다. 전염성이 없기 때문이다. 내러티브가 바이럴이 되기 위한 가장 중요한 요인은 바로 그러한 전염성이다. 커뮤니케이션을 통해 수없이 반복되지 않으면 내러티브는 점차 잊혀진다. 또한 유명인과 관련된 내러티브일지라도 어떤 사건이 발생해 해당 유명인의 평판이 바닥에 떨어지거나, 내러티브에 내재된 발상이 진실이 아니라는 등 부정적인 방향으로 바뀐다면 갑자기 전염성을 잃을 수 있다.

앞에서 봤듯 유명인이 선택되는 이유는 보통 자신과 동일한 국가 또는 민족을 선호하기 때문이다. 그래서 애국적인 측면을 띄게 된다. 이런 선호는 내러티브의 전염이 어째서 눈에 안 띄는지를 설명해 준다. 이를 알아차리기 위해서는 그것이 외부에서 기인했음을 인정해야 하기 때문이다. 사람들은 중요한 아이디어가 동시대의 동포들에게서 시작된다는 환상을 갖고 있으며, 그 아이디어가 실제로 전 세계적으로 유행하고 있다는 사실을 보지 못한다. 유명 인사 말고 당파와 종교, 또는 지역중심주의라는 문제도 있다.

애국심은 단순히 국가에 대한 충성심으로 열렬히 국기를 흔드는 것이 아니다. 그것은 좋은 일이든 나쁜 일이든 오직 내 조국 안에서만 중요한 일이 일어난다고 느끼는 것이다. 미국 CBS 뉴스의 「90초로 보는 세계Your World in 90 Seconds」라는 정규 프로그램이 그 예다. 이 방송은 오늘 일어난 중요한 뉴스들을 짧게 설명해 주곤 했는데, 사실 이 프로그램 이름은 틀렸다고 봐야 한다. 이 꼭지는 세계 뉴스를 다루지 않기 때문이다. 이 프로그램은 실질적으로 대부분 미국 내 소식만을 다룬다. 간혹 영국 왕실이나 블라디미르 푸틴에 관한 짧은 소식을 전할 때를 제외하면 말이다. 그렇지만 세계 인구의 5퍼센트에 불과한 미국이 곧 전 세계라고 생각하는 많은 미국인들에게는 '정확한' 것일지도 모르겠다.

지금까지 우리는 경제 내러티브에 관한 7가지 핵심 명제를 살펴보았다. 3부에서는 이 7가지 명제를 이용해 역사적으로 중요한 의미를 지니는 경제 내러티브를 살펴본다. 거기에서 우리가 무엇을 배울 수 있는지 그리고 현실 세상에서 어떠한 결과가 나타났는지 또한 알아볼 것이다.

This book offers the beginnings of a new theory of
introduces an important new element to the usual
iving the economy: contagious popular stori
d of mouth, the news media, and social media
s decisions that ultimately affect decisions
st, how much to spend or save, and wheth
job. Narrative economics, the study of t
s that affect economic behavior, ca
and prepare for economic events. I
stitutions and policy.
for where we are going, let's be
e, recently in full swing. Bitc
ryptocurrencies—including
enerated enormous lev
ivity. These narratives s
urrency in history a
its market price
uitive basis for dis
hich we explor
a contagious
omic decis
imes, to s

# 3부

# 영속적 경제 내러티브

# 9
# 재발과 변이

이제까지 우리는 내러티브 경제학의 구성 요인에 초점을 맞췄다. 이야기가 어떻게 인기를 얻어 바이럴이 되고 어떤 변이를 거쳐 전염병처럼 확산되는지, 그리고 경제 및 정치 사건에 어떻게 영향을 미치는지 살펴보았다. 또한 프레드릭 루이스 앨렌의 대공황에 대한 통찰력과 존 메이너드 케인스의 2차 세계대전 내러티브의 기원에 대한 분석, 비트코인 내러티브와 래퍼곡선 내러티브를 비롯한 몇 가지 실제 사례들에 대해서도 논의했다.

3부에서는 가장 중요한 9가지 내러티브 군집에 대해 알아볼 것이다. 이러한 영속적 내러티브는 절대로 완전히 사라지지 않으며 다양하게 변이된 모습으로 언제나 다시 출현한다. 이들은 오늘날 우리 사회에서 가장 중요한 몇 가지 주제들과 연관되어 있다. 기계가 모든 일자리를 대체해 대규모 실업 사태가 발생할 것이라는 우려, 금본위제로의 귀환이 통화 안정을 불러올 것이라는 기대, 특별한 가치를 지녔다고 생각되는 부동산과 주식 시장, 사악한 기업 또는 노동조합……. 이처럼 끊임없이 변하고 보완되는 내러티브는 경제에 대한 대중의 이해를 변화시킨다. 또한 경제적 현실에 대한 대중의 인식을 바꿈으로써, 무엇이 의미 있고 중요하고 도덕적인지 새롭게 사고하게 한다. 결국 새로운 행동 각본을 제시함으로써 경제 행동에 영향을 끼친다.

3부의 각 장들은 이러한 영속적 내러티브가 어떻게 지속적으로 변화하는지, 그래서 오늘날 우리 사회에 어떤 영향을 미치는지에 대해 다룬다. 현대의 개별적인 여러 요인이 작용한 탓이라고 여겼던 많은 도전들이 실은 내러티브의 영향을 받았음을 알려줄 것이다. 여러 세대, 나아가 수백 년 전에 뿌리를 두고 언제나 새롭게 단장된 모습으로 다시금 나타나는 이야기들 말이다. 이러한 사례를 살펴봄으로써 우리는 대공황이나 전쟁 같은 대규모 현상에서부터 주식 시장과 부동산 같은 주요 경제 요인, 일자리와 첨단기술 같은 사회적 제도에 이르기까지 지금껏 경제에 대해 가졌던 사고방식에 도전장을 내밀게 된다.

인플루엔자와 홍역, 유행성이하선염 같은 전염성 질환은 종종 변이를 통해 재발한다. 전염병은 면역력이 생긴 뒤에도 변이 때문에 다시 유행할 수 있는데, 그러한 변이는 전염성을 부추기는 환경적 변화의 결과일 수 있다.

예를 들어 인플루엔자는 바이러스 게놈이나 환경 조건의 미묘한 차이에 따라 주기적으로 유행하거나 간혹 위험할 만큼 대규모로 확산되기도 한다. 흔히 스페인 독감이라고 부르는 1918년의 유행성 독감은 1차 세계대전보다도 더 많은 희생자를 냈다. 스페인 독감의 역학은 1930년대 경제 대공황이 확산된 궤적을 거의 고스란히 보여주는데, 후자의 경우에는 대공황이라는 질병을 옮긴 것이 바이러스가 아니라 내러티브였을 뿐이다.

두 가지 유행 모두 무척 유해하고 충격적이었다. 그러니 영속적인 경제 내러티브를 면밀히 살펴보기 전에 내러티브 전염의 필수적인 두 가지 메커니즘, 재발과 변이가 경제 내러티브를 어떻게 정의하고 설명하는지 자세히 알아보자.

## 경제 내러티브의 변이

인플루엔자 바이러스가 돌연변이를 거쳐, 전에 유행한 것과 유사한 새 전염병을 유발할 수 있는 것처럼 경제 내러티브 또한 시간이 흐르면서 변이를 거친다. 하지만 여기서 유사성과 차이점을 신중하게 분리해야 할 필요가 있다.

가령 몇십 년 뒤에 다른 국가에서 재등장한 내러티브는 대개 원래의 내러티브와는 다른 특성을 지닌다. 내러티브와 연관된 유명인이 다르다거나 시각적 이미지, 또는 핵심적인 문구가 바뀌는 것처럼 말이다. 예를 들어 12장에서 이야기할 금본위제와 복본위제 내러티브는 비트코인 내러티브와 많이 비슷한데, 그저 사카시 나카모토의 이름이 윌리엄 제닝스 브라이언William Jannings Bryan으로 대체되었을 뿐이다. 아마도 미래에 등장할 또 다른 새로운 화폐 내러티브에서는 다른 유명인의 이름이 사용될 테고, 오늘날 나카모토가 거의 잊혔듯이 브라이언의 이름 역시 잊힐 것이다. 미래에 성공적인 새 전자화폐를 발명할 사람은 또다시 그에 대한 전염성 이야기를 창조할 테고, 거기에는 새로운 유명인의 이름이 첨가될 것이다. 어쩌면 이것은 전염성을 확보하기 위해 불가피한 일일지도 모른다.

또한 내러티브의 변이는 새로운 사건이 발생해 내러티브와의 관련성이 변화할 때 발생할 수 있다. 예를 들어 어떤 사건으로 인해 내러티브가 정치적으로 올바르지 않다는 사실이 부각되면 사람들은 수치스러운 사건을 떠올림과 동시에 그 이야기를 하길 망설일 것이다.[1]

어떠한 내러티브가 변이하거나 주변 환경이 변화함으로써 경제적 의사결정과 더욱 면밀히 연관되면 경제 내러티브가 될 수도 있다. 혹은 반대로 전염성이 증가해도 이야기가 너무 많이 변형되어 더는 경제 내러티브로서의 위치를 유지하지 못할 수도 있다. 어쩌면 기존과는 다른 도덕적 교훈으로 탈바꿈할 수도 있다.

가령 노동절약 기계가 일자리를 대체할 것이라는 내러티브(13장)

는 1930년대 대공황 때 대중의 두려움을 유발했지만, 변형된 내러티브는(14장) 1990년대의 인터넷 호황 때 희망과 기회로 가득한 분위기를 자아냈다. 이런 사례들은 내러티브 연구자들을 다소 혼란스럽게 만들 수 있다. 내러티브의 핵심 용어들은 그들이 경제적으로 특정하게 해석할 수 있는 기간이 지난 후에도 훨씬 오랫동안 검색 결과에 포함될 수 있기 때문이다.

내러티브는 그것의 등장 시기와 사건의 발생 시기가 일치하지 않을 때에도 경제적 사건과 연결될 수 있다. 내러티브가 새롭게 유행하면서 잠자고 있던 과거의 두려움을 자극할 수 있기 때문이다. 예를 들어 첨단기술이 일자리를 빼앗아 갈 것이라는 내러티브가 몇 년 뒤 다시 유행하게 된다면 경제 행동의 변화를 초래할 수 있다.

## 경제 내러티브의 재발

내러티브의 재발을 촉발하는 변이는 무작위로 발생할 수도 있지만 마케팅 전문가나 정치가, 피싱 전문가, 소셜미디어 사용자 등 창의적인 사람들이 기획과 설계에 일부분 관여하고 있을 수도 있다. 이들은 과거에 바이럴이었던 내러티브가 이미 입증된 잠재력을 지니고 있으나 어떤 이유에서건 전파력을 상실했다는 사실을 안다. 원래의 내러티브와 연결된 유명인이 사람들의 기억 속에서 잊혀졌거나 신뢰를 잃었을 수도 있다는 사실을 말이다. 해당 내러티브는 또 다른 잃어버린 내러티브와 함께 연결되었을 수도 있다. 그러므로 그들은 과거의 내러티브를 현존하는 전염성 내러티브와 연결해야 한다.

경제 내러티브는 대체로 국제적인 규모로 재발한다. 이는 오래전 언론 매체 사람들이 외국 뉴스를 봐야 한다고 배워왔기 때문이다. 한 국가에서 바이럴이 되는 이야기는 다른 국가에서도 전염력이 높은 경우가 많다. 그러나 전염병과 마찬가지로 일부 국가에서 유독 강하게 발생하며, 특히 언어를 공유하거나 국경을 맞댄 국가에서 유사한 형태로 나타나는 경향이 있다. 참고로 이 책에 제시된 사례들은 주로 미국에서 일어났는데, 이는 내가 평생 거주한 국가이기에 가장 직관적이고 풍부한 지식을 보유하고 있기 때문이다. 또 미국은 경기 변동의 역사가 매우 잘 기록된 나라이기도 하다. 미국 경제연구소는 1854년부터 미국 경기의 확장 및 수축에 대해 꾸준히 기록해 오고 있다.

일부 비평가들은 미국이 워낙 큰 변동과 불규칙적인 제도적 변화를 거쳤기에 오래전의 기록에 관해서는 유용한 자료를 거의 건질 수 없다고 주장한다. 그러나 50년, 100년, 150년 전 사건과 그에 대한 반응은 오늘날 우리가 보고 경험하는 것과 놀랍도록 흡사하다.

오늘날의 내러티브에서 우리는 지난 역사의 메아리를 본다. 길거리 야바위꾼이 동전을 던지며 "앞면이 나오면 내가 이기고 뒷면이 나오면 당신이 지는 거요."라고 말하자 순진한 구경꾼이 바보처럼 덥석 내기를 받아들인 이야기를 기억하는가? 이 작은 내러티브는 1947년부터(혹은 그 전부터) 세상에 돌아다녔다. 당시 이 이야기는 때때로 휘그당의 재커리 테일러Zachary Taylor(미국의 20대 대통령)나 19세기의 자유시장 주창자이자 요즘에는 쉽게 떠올리기 힘든 리처드 코브던Richard Cobden과 연결되었다. 19세기 중반에는 내용이나 그 해석이 요즘과 정확히 일치하지는 않았지만 그럼에도 기본적인 핵심은 놀랍도록 비슷하다.

## 커다란 경제적 사건, 커다란 내러티브적 교훈

미국 경제연구소의 정의에 따르면 1854년 이후 발생한 미국 최대의 경제 사건은 다음과 같다. 이 사건들에 대해서는 책의 나머지 부분에서도 자주 다룰 예정이다.

- 1857년~1859년 경기 불황. 후에 남부 분리주의 운동(1860~1861)과 미국 남북전쟁(1861~1865)으로 이어졌다. 남북전쟁은 미국 역사상 가장 참혹한 전쟁으로, 미국이 치른 다른 모든 전쟁을 합한 것보다 더 많은 미국인 사상자를 냈다.[2]
- 1873년~1879년 경기 불황. 미국에서 역대 최고의 베스트셀러 작품 중 하나인 헨리 조지Henry George의 『진보와 빈곤』으로 이어졌다. 이 책은 아무 통제도 받지 않은 자유시장체제가 불평등을 심화시킨다고

주장한다.

- 1890년대에 발생한 두 번의 경기 위축(1893~1894, 1895~1897년). 실업률이 8퍼센트를 초과하는 장기 불황이 1893년부터 1899년까지 이어졌다. 이 불경기는 미국 역사상 가장 공격적인 시기와 맞물려 있는데, 미국-스페인 전쟁과 필리핀 전쟁이다.
- 1907년~1914년 사이 발생한 세 번의 짧은 경기 위축. 1907년 공황으로 시작했으며, 결국 J. P. 모건과 다른 은행가들의 영웅적인 개입으로 끝날 수 있었다. 미래에 이러한 금융위기가 반복되는 것을 막기 위해 연방준비제도Federal Reserve System가 창설되었다. 경기 위축이 끝난 1914년에 1차 세계대전이 발발했다.
- 1920년~1921년에 발생한 짧고 극심한 경제 공황. 미국 역사상 가장 급격한 디플레이션을 기록했다.
- 1929년 증시 대폭락 이후 발생한 대공황. 후에 세계적인 경기 불황이 닥쳤다. 미국에서는 1930년부터 1941년까지 장기 불황이 지속되었고, 실업률은 꾸준히 8퍼센트 이상을 유지했다. '대공황'이라는 명칭은 1934년에 출간된 라이오넬 로빈스Rinoel Robbins의 동명의 저서에서 비롯되었다. 미국 경제연구소의 정의에 따르면 대공황은 1929~1933년과 1937~1938년에 발생한 2개의 경기 위축으로 구성된다. 불황이 전 세계를 휩쓴 직후 2차 세계대전이 발발했다.
- 1973년~1975년, 중동전쟁 및 석유파동과 연계된 심각한 경기침체. 경제학자 오토 엑스타인Otto Eckstein은 1978년 출간한 동명의 저서에서 이를 '대침체'라고 부르며 대공황에 비교했다.

- 1980년부터 1982년 사이의 심각한 경기침체. 1980년에 지나간 짧은 경기 위축과 이후 중동 전쟁과 관련된 1981~1982년의 경기 위축으로 구성된다. 당시 '대침체'라고 불렀으며, 역시 대공황에 비유했다.[3]
- 2007년부터 2009년 사이의 심각한 경기침체. 역시 '대침체'라고 불렀으며, 그때부터 이 용어가 바이럴이 되어 지금까지 사용되고 있다.

이런 경기침체와 불황은 그 자체로 내러티브이며 차후에 다른 사건들의 원인이 된다. 불황에 대한 생각은 지난번에 경험한 커다란 경기 하락과 역사적으로 가장 크고 심각했던 사건에 주목하게 한다. 미국뿐 아니라 세계에서 가장 크고 심각한 사건이라면 역시 대공황이다.

경기침체 및 불황의 원인을 규명하고자 하는 경제사학자들은 대개 경기 하강과 동시에 발생한 사건들에 주목한다. 은행 파산, 파업, 정부의 대처, 금광 발견, 작물의 흉년, 증시……. 이런 정보가 유용한 건 사실이나, 이 책에서 우리의 목표는 경기침체와 불경기를 유발하거나 악화시키는 데 영향을 끼친 유명한 내러티브나 내러티브 군집의 관점에서 살펴보는 것이다.

하지만 우리는 확정적인 증거를 댈 수가 없다. 이런 경제 사건은 수많은 내러티브가 얽혀 있어 복잡하기 때문이다. 그러나 심각한 경제 사건을 잉태함에 있어 내러티브의 누적이 미치는 영향은 단순한 정황증거 이상을 보여준다.

우리가 해야 할 첫 단계는 주요 경제 내러티브와 장기간에 걸쳐 반복을 가능하게 해준 변이를 체계적으로 정리하고 분류하는 것이다. 앞으로 3부의 각 장에서는 9개의 영속적 경제 내러티브와 그 일부에서 나타난 변이 및 재발 양상에 대해 알아본다. 이 각각의 내러티브들이 최근에는 어떠한 형태를 띠고 있을지 독자들 모두 알아볼 수 있으리라 믿는다.

1. 공황 vs. 신뢰
2. 근검절약 vs. 과시적소비
3. 금본위제 vs. 복본위제
4. 노동절약 기계가 다수의 일자리를 대체
5. 자동화 및 인공지능이 거의 모든 일자리를 대체
6. 부동산 시장의 호황과 붕괴
7. 주식 시장 거품
8. 보이콧, 폭리취득자, 악덕기업
9. 임금-물가 상승의 악순환과 사악한 노조

이 중에서 몇몇 상반되는 내러티브 군집, 가령 근검절약 vs. 과시적소비는 각각 상반되는 경제적 행동과 도덕적 판단을 보여준다. 어떤 시기에는 한 내러티브 군집이 다른 하나를 소멸시키는 쪽으로 작동할 수도 있지만, 때로는 논란을 일으킴으로써 반대쪽 군집을 오히려 강화시키는 효과를 발휘하기도 한다.

각각의 장들이 시간 순서가 아니라 주제에 따라 나열되어 있다는 사실을 명심하라. 왜냐하면 이 각각의 주제들은 발생 시점 이상의 밀접한 연관성을 맺고 있기 때문이다. 우리의 가장 주된 목적은 이러한 내러티브들에서 공통 주제를 추론하여 미래 경제 내러티브의 효과를 미리 예측하고 인식할 수 있도록 하는 것이다.

# 10
# 공황 vs. 신뢰

신뢰에 관한 내러티브 집단은 19세기 초반부터 우리의 경기 변동에 영향을 끼쳐왔다. 은행에 대한 신뢰, 기업에 대한 신뢰, 경제에 대한 신뢰 말이다. 경제적으로 가장 중요한 것은 '남들'의 신뢰와 공신력을 증진하기 위한 노력에 관한 이야기다.

초반에 존재하던 신뢰 내러티브 중 하나는 금융공황에 관한 것이다. 우리는 보통 은행이 약속을 잘 지킬 것이라고 확신한다. 대중은 은행가와 규제 당국의 도덕성을 신뢰하고, 은행의 다른 고객들이 갑자기 한꺼번에 예금을 인출하지는 않을 것이라고 믿는다. 대공황 기간 동안 프랭클린 루스벨트 대통령의 정책자문단Brain Trust 중

한 명이었던 레이먼드 몰리Raymond Moley는 단순한 내러티브를 이용해 그런 사고방식을 설명한 바 있다.

> 불황이란 은행에 예금인출 요구가 쇄도하는 것과 같다. 그것은 신뢰의 위기다. 공황에 빠진 사람들은 돈을 움켜쥐고 놓으려 하지 않는다. 내가 즐겨 하는 이야기가 하나 있다. 내가 어렸을 때 살았던 고향에서의 일이다.
>
> 마을 채석장에서 일하던 한 아일랜드인이 은행에 가서 이렇게 말했다. "내 돈이 여기 있다면 안 줘도 괜찮소. 하지만 여기 없다면 빨리 내놓으시오."[1]

이 이야기를 포함한 신뢰 내러티브들은 우리의 현대 역사를 구성하는 주요 사건들을 이해하는 데 큰 도움이 된다.

몇몇 신뢰 내러티브 집단에는 산업화의 역사가 새겨져 있다. 첫 번째는 금융위기 당시의 심리 상태를 반영한 금융공황 내러티브다. 두 번째는 기업 신뢰 내러티브로 경제 활동이 위축된 이유를 경제위기가 아닌 사업 확장이나, 고용을 꺼리는 태도나, 비관적인 분위기 속에서 찾는다. 세 번째는 소비자 신뢰 내러티브로 개인 소비자들이 두려움 때문에 소비지출을 줄임으로써 매출이 감소하고 경기침체가 발생했다고 여긴다. 그림 10.1은 1800년부터 이러한 내러티브들의 추이를 표시한 것이다. 이 내러티브들은 느리지만 꾸준한 성장 경로를 보여준다. 먼저 금융공황 내러티브가 덮치고, 기업 신

그림 10.1 '금융공황', '기업 신뢰', '소비자 신뢰'의 언급 비율

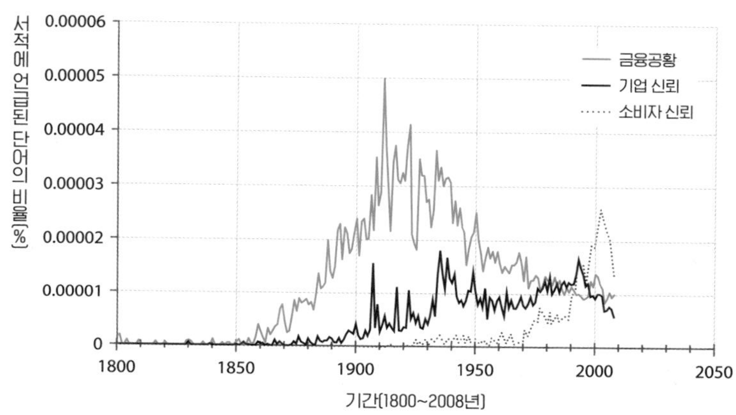


이 그래프는 금융, 기업, 소비자에 관한 각기 다른 신뢰 내러티브의 재발 양상에 대해 보여준다.
(출처: 구글 엔그램 뷰어)

뢰도의 위기에 대한 내러티브가 뒤따르고, 그다음은 소비자 신뢰도의 위기에 대한 내러티브가 이어진다.

기업의 손실 위험과 고객 신뢰 감소에 대한 내러티브가 확산될수록 내러티브에 대한 자기검열이 심해지고, 이는 때로 공황을 부추긴다. 이는 사람들이 진실을 알아내기 위해 여론 속에서 행간을 읽으려들기 때문이다.

금융 사건이 인간의 심리와 관련되어 있을지도 모른다는 것에 대한 일반 대중의 관심은 19세기 초반에 시작되어 1857년의 금융공황을 거쳐 남북전쟁으로, 그리고 수십 년에 걸쳐 성장해 나갔다.

그림 10.2 경제 공황 내러티브 군집 내에서 '금융공황 내러티브'의 언급 비율

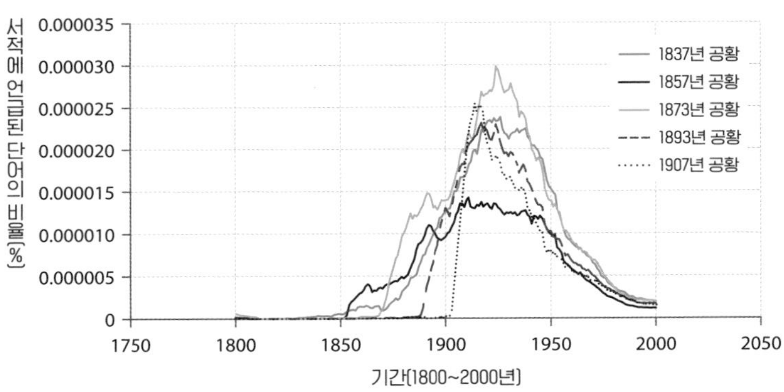


발생 연도는 각각 다르지만 각 경제 공황이 언급되는 빈도는 다년간에 걸쳐 그림 10.1에서 볼 수 있는 '금융공황'의 일반적 패턴과 유사한 그래프를 그린다. (출처: 구글 엔그램 뷰어(평활값 = 5))

구글 엔그램 뷰어에서 '금융공황financial panic'이라는 단어의 등장 빈도는 1907년 공황이 발생하고 3년 뒤인 1910년에 최고치를 기록했다. 금융공황은 그것과 함께 확산된 내러티브 군집의 일부였다. 개개인의 공황은 내러티브 군집 안에서 피었다가 사그라들었다. 1907년 경제 공황이라는 강력한 내러티브는 유명 인사—당시 미국에서 가장 유명했던 은행가 J. P. 모건—와 연계되어 있었고, 따라서 수십 년 동안 지속될 수 있었다. 그림 10.1을 보면 금융공황에 대한 대중의 관심이 그 당시 최고점을 기록한 것을 볼 수 있다.

그림 10.2는 미국에서 발생한 주요 금융공황 내러티브를 표시한 것이다. 가령 1857년 경제 공황은 몇 년이 지나자 거의 잊혀졌지

만, 후에 다른 공황에 대한 내러티브 군집의 일부로 재발했다. 1857년 금융공황 당시 언론은 파산과 예금인출, 지급정지 같은 중립적 사건을 다루는 동시에 항간에 떠도는 루머와 사람들의 감정에 대해서도 언급했다. 1857년의 한 신문 기사는 그해 발생한 공황에 대해 이렇게 요약하고 있다.

> 증권중개인과 다른 사람들은 매우 흥분했고, 무시무시한 보고서를 퍼트렸다. 동요한 일반 대중은 냉정하게 판단할 수 없으며, 재계에서 가장 신뢰할 수 있는 사람들의 의견 또한 확신할 수 없게 된다.[2]

19세기에 일반 대중과 언론이 어째서 불황이나 소비자 신뢰가 아니라 공황에 대해 언급했을까? 현대적 관점에서 이를 이해하려면 당시 전반적으로 퍼져 있던 내러티브와 그와 결부된 세계관을 돌아볼 필요가 있다.

금융공황에 대한 당대의 내러티브는 대부분 부유하고 가식적인 사람들에 관한 이야기로 인식되었다. 은행 계좌가 있고, 어쩌면 공황과 그로 인한 거래 침체로 파멸해도 싼 사람들 말이다. 18세기 및 19세기 대부분의 사람들은 매트리스나 벽 틈새에 동전 몇 개를 끼워두는 것을 빼면 저축이라는 것을 거의 하지 않았다. 경제학 용어로 표현하자면 추가 소득의 한계소비성향이 거의 100퍼센트에 가까웠다. 다시 말해 고소득자를 제외하고는 대부분의 사람들이 소득을 거의 전부 지출했다는 의미다. 따라서 당시 내러티브를 만들어

내는 사람들에게 평범한 사람들의 소비자 신뢰를 조사하는 것은 아무 의미도 없었다.

그 당시 사람들은 은퇴에 대한 개념이나 자식을 대학에 보낸다는 발상 자체가 없었고 그래서 저축의 필요성을 느끼지 못했다.[3] 늙어서 자리보전을 하게 되면 가족이나 교회, 자선단체의 보살핌을 받았다. 기대수명은 짧았고 의료비도 별로 비싸지 않았다. 사람들은 가난의 원인을 경제력과 관련된 조건이 아니라 도덕적 퇴폐와 음주 또는 현대에는 알코올중독이라고 불리는 음주벽에서 찾았다. 그러니 소비자 신뢰를 강화해야 한다는 생각 자체가 실질적으로 존재하지 않았던 것이다.

사람들은 당국의 의무가 소비자 신뢰를 구축하는 것이 아니라 도덕성을 주입하는 것이라고 믿었다. 19세기가 되어서야 가난한 이들에게 돈을 모으고 저축하는 법을 가르쳐야 한다는 사고가 점진적으로 증가하기 시작했는데, 그나마 저축은행 캠페인이 일궈낸 성과였다.

1907년 공황이 발생하고 몇 년 뒤 '금융공황'이라는 단어의 사용이 정점을 기록했는데, 이때 미국은 알드리치-브릴랜드 법Aldrich-Vreeland Act을 가결해 국가통화협회를 창설했다. 그리고 1913년에는 연방준비법Federal Reserve Act을 통과시켜 미국 중앙은행을 설립했다. 그 목적은 기업 공황에 대한 구제책을 제공하는 것이었다.[4]

당대의 강력한 내러티브 중 하나는 미국 최고의 부자로 알려진 유명인 J. P. 모건에 관한 이야기였다. 중앙은행이 존재하지 않던 미국의 1907년 공황 당시 그는 개인 재산을 이용하면서까지 다른 은행가들을 설득해 은행들을 구제했다. 극심한 불황에서 미국 경제를 구한 행위는 그야말로 강력한 이야기를 형성했고, 모건의 명성은 계속해서 상승했다. 후에 그는 월 스트리트 23번지에 사무실 건물을 세웠는데 1913년에 건물이 완공되기 전에 사망하긴 했지만 그가 세운 건물은 지금도 그 자리에 건재해 있다. 1903년에 완공되어 지금도 운영 중인 미국 증권거래소와 1842년에 건축된 연방정부청사 맞은편에 있는 건물이 그것이다. 원래 연방정부청사 자리에는 연합의회Congress of Confederation 건물이 있었고, 그곳에서 1789년 조지 워싱턴이 미국의 초대 대통령으로 취임했다. 모건은 그의 애국심과 공공의식에 걸맞게 건물을 작고 소박하게 짓기로 결심했다. 그렇게 모건은 내러티브의 중심이자 미국의 영웅, 모범적인 시민으로 부상한 것이다. 그러니까 1907년 공황이 지나고 경제 신뢰가 회복된 것은 사실 한 남자에 대한 신뢰에서 비롯된 것이었다. 연방준비제도는 J. P. 모건이 1907년에 만든 컨소시엄을 바탕으로 한 것이다. 이 내러티브에 따르면 새로운 중앙은행은 비록 연방정부에 의해 창설되었다 할지라도 이론적으로는 은행가들의 소유다. 연방준비은행이 설립된 이래 모든 연준 의장들은 J. P. 모건의 화신으로서 내러티브를 이어간다.

1930년 이후에 내러티브는 여러 가지 방향으로 변이되고 확산된다. 기업 신뢰, 그리고 소비자 신뢰의 부족은 급작스러운 공포심보다 좌절감과 결합되었다. 그 무렵에는 '패닉panic(공황)'이라는 단어 또한 심리적 우울감 또는 낙담한 상태를 지칭하는 다른 의미를 갖게 되었다. 따라서 경기수축 상태를 묘사하는 '디프레션depression(불황/우울)'이라는 단어의 사용이 늘어난 것은 당시의 새로운 심리 상태를 바탕으로 한 경제 내러티브의 출현을 반영한다.

1930년대의 대공황 시기, 갤럽Gallup조사연구소의 창설자이자 여론조사의 선구자인 조지 갤럽George Gallup이 최초로 과학적 여론조사 방식을 사용해 기업과 소비자 신뢰를 조사했다.[5] 1950년대에는 미시간대학의 심리학자 조지 카토나가 소비자심리지수Index of Consumer Sentiment를 개발했다. 미시건대학 서베이연구센터The Survey Research Center는 카토나가 1952년에 개발한 이 지수를 지금도 매월 발표한다. 1966년에는 컨퍼런스보드Conference Board가 소비자신뢰지수Consumer Confidence Index를 개발했다. 이 두 지수는 현재와 향후 경제에 대해 소비자들이 어떻게 판단하는지를 설문조사하고 그것을 바탕으로 결정된다. 그러나 지수 계산에 사용되는 어떤 질문도 응답자에게 금융공황이나 투자가들의 갑작스러운 쇄도 위험에 대해 묻지 않는다. 이는 그동안 비즈니스에 대한 내러티브가 변화했음을 의미한다. 그러나 완전히 변한 것은 아니며, 영국에서 1866년 이후 발생한 최초의 예금인출 사태였던 2007년 영국 노던록Northern Rock 은행의 사례처럼 이 내러티브는 언제든 다시 부활할 수 있다.

## 바이럴이 된 군중심리

금융공황 내러티브는 강력한 심리적 요소를 갖추고 있고, 그 중심에는 군중심리가 있다. 19세기 중반, 찰스 맥케이의 『대중의 미망과 광기』로 인해 군중심리학에 대한 관심이 증가하기 시작했다. 이 용어를 널리 알린 것은 귀스타브 르 봉의 1895년 베스트셀러인 『군중심리』였다. 이후 위용을 떨치기 시작한 군중심리학은 전염병과 비슷한 확산 경로를 거쳐 1930년대에 절정을 맞이했다. '군중심리'의 사용 빈도는 1920년대 주식 시장의 호황과 나란히 상승하는 것처럼 보인다.

군중심리와 밀접한 관련이 있는 개념은 피암시성suggestibility, 被暗示性이었다. 이는 개인의 행동이 무의식적으로 타인을 모방하거나 타인에게 반응하는 것을 가리키는데, 19세기 후반에 등장한 이 용어야말로 군중심리에 대한 일반적인 이해와 내러티브 군집의 핵심이다. '피암시성'과 관련한 '자기암시'라는 단어는 기본 유행곡선의 양상을 따르며, 1920년대에 최고점에 달해 그 뒤로 하향세를 그린다(그림 10.3). 이 개념은 1920년대의 경제 과열과 1930년대 불황에 큰 역할을 했을 것으로 보인다.

인간의 사고가 암시에 영향을 받는다는 사실은, 인간은 언제나 신중하며 계산에 따라 행동하는 합리적인 경제인이라는 개념과 상치된다. 피암시성은 우리가 실은 아무것도 모르거나 혼자만의 망상에 빠져 행동하는 경우가 많다고 시사한다. 1920년 즈음, 피암시성

그림 10.3. '피암시성', '자기암시', '군중심리'의 언급 비율

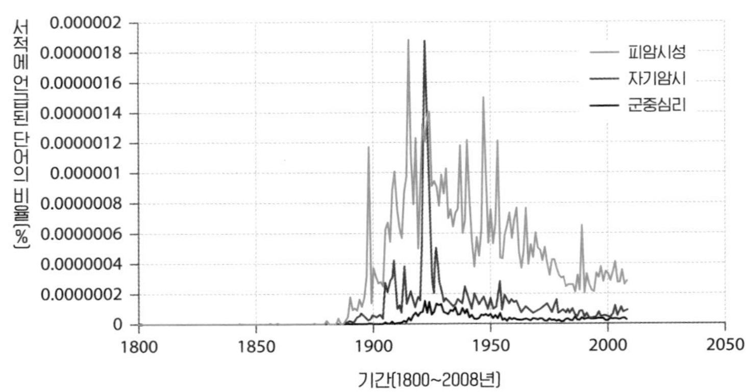


이 그래프는 각각 다소 다른 맥락과 윤색을 거친 세 가지 신뢰 내러티브의 재발 양상을 보여준다.
(출처: 구글 엔그램 뷰어, 비평활화)

이라는 개념은 널리 알려져 있었다. 때문에 당대의 사람들은 남들이 추상적 또는 교묘하게 조작된 사례에 쉽게 영향을 받을 거라고 예상하며, 세상이 불안정하다고 가정하고 경제적 행동을 취했을 가능성이 크다. 피암시성 내러티브는 사람들이 집단적 행동을 기대하거나 또는 그런 행동을 하도록 기여했을 것이다. 만약 사람들이 남들을 예민한 양 떼라고 간주한다면 사람들은 그 양 떼의 행동을 예측하고 앞서나가고 싶어 할 테니 말이다.

우리는 이런 군중심리학과 피암시성 개념을 1930년대 대공황 같은 경제불황을 이해하는 데 활용할 수 있다. 이러한 개념을 직접적으로 적용하는 것은 물론, 당시 사람들이 어떻게 이 개념이 불황을

설명하는 데 도움이 될 것이라고 생각했는지를 살펴봐야 한다. 이는 현재의 우리가 아닌, 당대인들이 품고 있던 개념이기 때문이다.

### 암시와 자기암시 캠페인의 심리학

피암시성이 유행할 무렵, 『암시의 심리학*The Psychology of suggestion*』이 출간되었다. 심리학자 윌리엄 제임스William James의 동료인 보리스 시디스Boris Sidis의 이 저작은 하버드대학 심리학 실험실에서 수행한 실험에 대해 이야기한다. 시디스는 피암시성에 대해 이렇게 정의하고 있다.

> 나는 손에 들고 있던 신문을 말기 시작했다. 그러자 맞은편에 앉아 있던 친구가 나처럼 신문을 돌돌 말기 시작했다. 이것이 바로 암시의 사례다.
>
> 나의 친구 A는 아무 생각도 하고 있지 않다. 그는 탁자 앞에 앉아 도저히 풀리지 않는 난해한 수학 문제에 대해 골똘히 고민하고 있다. 골치 아픈 수학 문제에 정신이 팔려 주변에서 무슨 일이 일어나고 있는지 전혀 눈치채지 못한다. 시선은 탁자에 고정되어 있지만 딱히 뭔가를 보고 있는 것 같지도 않다. 나는 탁자 위에 물 두 잔을 내려놓은 다음, 물컵을 향해 여러 번 손을 내밀었다 거둔다. 그는 내가 그러는 것을 알아차리지도 못한다. 그러고는 잠시 후, 나는 단호하게 손을 뻗어 물컵 하나를 잡

고 물을 마시기 시작한다. 친구는 그 동작을 똑같이 따라한다. 그는 멍하니 손을 들어 물컵을 집어 들고 물을 마시기 시작했는데, 물을 거의 다 마셨을 즈음에야 정신을 차린다.[6]

'자기암시'라는 단어는 '피암시성'보다 약간 늦게 등장했지만 이는 자기 자신뿐만 아니라 경제 행동을 조작할 수 있다는 새로운 기대로 이어졌다. 1921년에 시작된 자기암시 유행은 대중의 관심을 폭넓게 자극했다. 1922년에 미국을 방문한 프랑스 심리학자 에밀 쿠에Emile Coue는 자기암시 캠페인 분야에서 가장 큰 영향력을 떨친 인물이다. 수백만 명을 매료시킨 그의 핵심 아이디어는 우리가 성공하지 못하는 이유는 자신이 성공할 수 있다고 스스로 믿지 않기 때문이라는 것이다. 성공하려면 자신이 성공할 수 있다고 반복적으로 암시를 걸어야 한다. "나는 매일매일 모든 면에서 더 나아질 것이다." 쿠에는 사람들에게 이런 식으로 끊임없이 다짐하라고 조언했다. 동기부여 강사로 유명한 나폴레옹 힐Napoleon Hill은 1925년에 출간한 『나폴레온 힐 성공의 법칙』과 1937년 작 베스트셀러 『놓치고 싶지 않은 나의 꿈, 나의 인생』에 자기계발 내러티브를 추가했다. 그는 잠재의식을 이용해 긍정적이고 부자가 될 수 있는 마음가짐을 다져야 한다고 강조했다.

자기암시 내러티브는 1920년대보다 수십 년 전에 바이럴이었던 자기최면 내러티브의 변종이다. 이 내러티브는 여행을 다니면서 사람들에게 최면을 거는 최면술사에 관한 이야기다. 최면 상태에 빠진 사람들은 극도의 피암시성을 보였다. 1920년에 출간된 오리슨 스웨트 마든Orison Swett Marden의 『성공의 기본*Success Fundamentals*』에 따르면 다음과 같다.

> 각자가 지닌 가능성과 유망한 장래성을 실현하지 못하고, 뛰어난 사람들이 평범한 일을 하는 한 가지 이유는 사람들이 자신에 대해 제대로 알지 못하기 때문이다. 우리는 우리가 얼마나 신성한 존재인지 모른다. 우리가 이 거대한 우주의 인과법칙 중 일부라는 사실을 깨닫지 못한다. 우리는 우리 자신의 힘을 알지 못하고, 그렇기에 그 힘을 사용할 수 없다. 최면술사가 산도라는 남자에게 당신은 의자에서 일어날 수 없다고 하면 그는 정말로 일어나지 못한다. 그가 의자에서 일어서려면 스스로 할 수 있다고 믿어야 한다. 왜냐하면 "할 수 없다고 믿는다면 할 수 없기 때문이다."라는 말은 "할 수 있다고 믿는다면 할 수 있다."라는 말만큼이나 진실이기 때문이다. (유겐 산도(1867~1925)는 전문 운동가이자 보디빌더로, 어마어마한 완력으로 청중들에게 깊은 인상을 남겼다.)[7]

자기암시 캠페인은 1924년 이후 점차 줄어들기 시작했지만 여파는 그 뒤로도 계속되었다. 그중에서 가장 눈에 띄는 결과물은 1935년의 나치 선전 영화 「의지의 승리」다. 감독인 레니 리펜슈탈Leni Riefenstahl은 자기암시 캠페인에서 많은 영향을 받은 듯 보인다. 히틀러의 호소는 1차 세계대전으로 인한 경제불황에서 독일이 벗어날 수 있을 것이라는 생각에 일부 바탕을 두었다. 당시 독일인들은 불황이 자신감의 상실 때문이라고 믿었고 국가적 자존심을 회복할 수 있는 지도자가 필요하다는 믿음으로 팽배해 있었다. 리펜슈탈의 영화는 뜨겁게 열광하는 군중을 앞에 두고 연단에 서 있는 히틀러의 모습을 보여준다. "우리의 의지가 조국을 천년 동안 유지할 것입니다. 미래는 전적으로 우리의 것입니다!" 히틀러는 마치 마법이라도 부리는 것처럼 독일이 강대국이 될 수 있다는 듯 외친다. "우리의 의지가 조국을 천년 동안 유지할 것입니다!"

보이지 않는 신뢰의 힘은 마치 날씨에 영향을 미치지만 보이지 않는 기압과도 유사하다. 그리고 양쪽 모두 어느 정도 예측이 가능하다는 공통점을 지닌다.

### 기상예보와 경제 신뢰 예측

과학적인 기상예보는 19세기 중반에 시작된 획기적인 발견이었다. 이 첨단과학이 발전할 수 있었던 것은 1840년대에 탄생한 두 가지 중요한 발명품 덕분이었다. 바로 멀리 떨어져 있는 장소여도 날씨 정보를 송신할 수 있는 전신과, 기압 변화를 시계열로 기록할 수 있는 기압기록계였다. 사람들은 기상예보에 열광했고, 그것은 사람들에게 과학적으로 엄청난 설득력을 발휘했다. 이는 지금도 마찬가지다. 가령 크림 전쟁에 관한 한 유명한 이야기를 들 수 있다. 과학자들이 1854년 11월에 발생한 2개의 태풍이 실제로는 하나의

태풍임을 밝혀내고 그 경로를 예측해 영국과 프랑스 함대가 침몰하는 것을 방지했다는 이야기다.[8]

기상예보는 현대 과학의 한계에 대해 사람들의 상상력을 자극했다. 1980년대에는 신문들이 매일 기상예보를 실었는데, 이런 반복은 기상학 내러티브에 대한 강력한 전염성을 낳았다. 또 이 내러티브는 경제 예측과도 비슷하다. 경제에 대한 대중의 신뢰 변화는 바람이나 기압의 변화와 유사해 보인다. 실제로 사람들은 회복의 기미나 낙관주의, 또는 어떤 다른 경향에 대해 "공기 중에 떠돈다."라고 표현한다. 기상학자들이 풍향을 예측할 수 있다면 경제학자도 경기침체를 예측할 수 있지 않겠는가.

대중이 경기 활황이나 불황을 예측할 수 있다고 믿는다는 점에서 어쩌면 경제 예측은 자기충족적 예언의 측면을 지니고 있는지도 모른다. 사람들은 경제 침체가 임박해 있으니 경제를 활성화할 수 있는 행동을 뒤로 미루라는 경제학자들의 말에 따른다. 역으로 경제학자/과학자들이 과거의 경제 침체는 시간이 지나면 항상 해소되었다고 말했기에 사람들은 언젠가 침체가 끝날 것이라고 기대할 것이다. 가령 전 세계의 모든 기상예보관이 특정 지역에 극심한 폭풍이 몰아칠 가능성이 있으며 일반적으로 그 위험이 약 6개월 동안 지속될 것이라고 보도한다고 치자. 사람들은 자신이 계획해 놓은 다양한 활동들을 취소할 것이고, 따라서 그 6개월 동안에는 경제 활동도 감소할 것이다. 경제학자들이 경기침체를 예보할 때에도 마찬가지다. 경고를 들은 이들이 지출을 줄이고, 또 그걸 본 다른 사람들은 그것을 신뢰 상실이라는 폭풍우의 증거로 여길 것이다.

경기 변동이 반복되고 있다는 생각은 현대 문화에서 중요한 자리를 차지하고 있는 과학적 전통에 의한 것이다. 예를 들어 1682년에 천문학자 에드먼드 핼리Edmond Halley는 혜성이 76.3년 간격으로 출현한다는 사실을 발견했다. 그는 동일한 혜성이 반복적으로 돌아온다는 가설을 세웠고 1758년에 지구에서 다시 그 혜성을 관측할 수 있을 것이라고 예측했다. 핼리의 가설은 옳았다. 비록 1985~1986년에는 너무 어두워서 거의 보이지 않았지만 오늘날까지도 핼리 혜성은 약 76.3년마다 지구를 지나간다. 핼리 혜성은 대중의 기억 속에 뚜렷하게 각인된 이야기의 좋은 사례다. 이제는 이를 중심으로 구성된 내러티브 군집도 있다. 가령 마크 트웨인이 핼리 혜성이 나타난 해에 태어났고 그가 혜성이 다시 나타날 76년 뒤에 자신의 죽음을 예언했다는 이야기처럼 말이다.

프로퀘스트에 따르면 '경기순환business cycle'이라는 단어는 1858년 경제불황에서 처음 언급되었고 날씨에 대한 이야기가 함께 동반되었다.

> 기상학을 연구했다는 일부 사람들은, 이런 계절이 10년마다 반복된다고 말한다. 또한 일종의 경기순환 주기도 같은 간격으로 돌아오는 것 같다. 10년 주기로 발생하는 경제 공황이 유난히 온화한 겨울과 함께 온다는 것은 참으로 다행한 일이 아닐 수 없다. 우연인지 신의 섭리인지, 혹은 이 같은 현상이 사실인지는 다른 이들의 판단에 맡긴다.[9]

경기 변동이 10년 혹은 다른 시간적 간격을 두고 반복 발생한다는 생각은 경제학자들 사이에서 그리 신빙성을 얻지 못했다. 하지만 경기침체와 신뢰 하락에 대한 내러티브가 주기적으로 발생하고 예측이 가능하다는 생각은 대중들의 머릿속에 꽤 깊이 남아 있다.

또한 기상예보는 미래의 경기 변동에 대한 주요 지표를 통계적으로 문서화해야 한다는 생각을 고취시켰다. 1929년 주가 대폭락과 대공황이 발발하고 10년 뒤인 1938년에 웨슬리 C. 미첼Wesley C. Mitchell과 아서 F. 번스Arthur F. Burns는 경제를 예측하는 선행지수leading indicators를 개발했다. 이는 사람들이 증시 하락 이후의 경제적 결정을 신중하게 내릴 수 있도록 했는데 어쩌면 선행지수가 예측한, 바로 그 경기침체를 유발했을 수도 있다.[10] 오늘날 이러한 선행지수로는 미국 상무부의 경기발전지수(현재는 경기실태조사Survey of Current Business로 통합), 컨퍼런스 보드의 선행종합지수, 그리고 OECD의 경기선행지수 등이 있다. 프로퀘스트나 구글 엔그램 뷰어에서의 '선행지수'의 검색 결과는 이런 생각이 1930년대부터 오랫동안 서서히 전파되었으며 여전히 강력하다는 사실을 보여준다.

### 경제 지표로서의 신뢰

이제는 기상예보에 필요한 기압을 측정할 수 있는 것처럼, 경제 예측을 위한 신뢰도 측정할 수 있어야 한다. 뿐만 아니라 기압과 달리 신뢰는 외부의 영향을 받을 수 있는데, 이런 경우 도덕적 공신력을 뒷받침해야 한다. 실제로 1923~1929년에 미국 대통령을 역임한 캘빈 쿨리지는 몸소 미국 경제와 주식 시장에 대한 대중의 신뢰를 북돋았다.

'쿨리지-멜론의 엉터리 조언bull tip'이라고도 불리는 쿨리지의 확신에 대해서는 상당한 논란이 있었다. 1928년에 랠프 로비Ralph Robey는 〈애틀랜틱〉지의 기사에서 한 가지 익숙한 패턴을 지적한다. 주가가 현저히 하락하거나 투기꾼이 주식 매수를 위해 돈을 지나치게 빌리는 것에 대해 대중들이 비난할 때마다 캘빈 쿨리지 대통령이나 앤드루 멜론Andrew Mellon 재무장관이 나타난다는 것이다. 그리고 그들은 증시에 대해 긍정적인 발언을 하거나 혹은 과잉투기에 관한 문제점들을 부인한다.[11] 로비는 쿨리지와 멜론의 낙관론에는 합리적인 근거가 없으며 그저 주식 시장에 대한 대중의 신뢰를 유지하기 위한 노력에 불과하다고 해석했다.

쿨리지와 멜론의 엉터리 조언은 투자가의 신뢰가 흔들릴까 봐 두려워한 강력한 인사들을 달래기 위한 행정부의 시도였을지도 모른다. 1928년 〈월스트리트 저널〉의 기사를 읽어보자.

> 얼마 전 주요 기업의 한 최고경영자가 친구들과 시장에 대해 논의하고 있었다. "우리 회사 주식 가격을 끌어올렸다가 곧장 다시 낮출 거야." 그가 말했다. "이왕이면 가진 주식을 전부 이용하고 싶은데, 난 투기를 안 하니까 당연히 내 이름으로 넣게 되겠지. 문제는 그걸 파는 거야. 만

일 내가 주식을 매도하게 되면 직원들도 알게 될 테고, 그들 대부분이 주주들이니 당황할 거야. 실질적으로 그들에게 투자금을 회수하라는 암시를 주는 셈이 될 테니까. 그러니 혼자만 알고 재빨리 행동해야겠지."[12]

1929년 10월, 미국 증시가 폭락했다. 8개월 전인 1929년 2월에 연방준비이사회는 연방준비제도가 상향 시장에 돈을 대출해 준 은행들을 지원해 줄 수 없다고 경고했다. 그들은 "투기의 이점에 대해 어떠한 옳고 그름이나 의견을 가정하는 게 아니다."라고 말하며 그 의미를 제한했지만, 행간을 읽은 투자 대중은 격렬하게 그리고 즉각적으로 반응했다.[13] 〈워싱턴 포스트〉는 연방준비제도와 월 스트리트의 격렬한 전투를 보도하며, 월 스트리트가 연방준비제도에 대해 자기들 일에나 신경 쓰라는 태도로 반응했다고 덧붙였다.[14] 1929년 8월, 주가 대폭락이 발생하기 겨우 2달 반 전에 뉴욕 연방준비은행이 재할인율—중앙은행이 시중 은행에 대출해 줄 때 적용하는 금리—을 인상했다. 이제까지 미국 역사에는 어떤 정부 당국도 증시 안정이라는 사명을 수행해야 했던 적은 없었다. 월 스트리트와 연준의 전투 내러티브는, 아마 증시 대폭락에 엄청난 중요성을 부여했던 이야기들이 확산되는 데 가속도를 붙였을 것이다. 또 그러한 내러티브들은 보통 사람들보다 더욱 똑똑한 전문가들이 이미 투기과잉을 예측하고 있었다는 인상을 퍼트렸다.

증시 붕괴 이후 공직자와 사업가, 언론인의 경제 예측에 대한 환멸은 더욱 심화됐다. 1930년에 한 논평가는 이렇게 말했다. "불행히도, 경제 관련 글을 쓰는 사람들은 낙관적인 말만 늘어놓았다. 또 비관적으로 해석될 수 있는 모든 토론을 회피했다."[15] 1931년, 〈뉴욕 타임스〉 금융 부문 편집자인 알렉산더 다나 노이스Alexander Dana Noyes는 이렇게 지적했다. "저명인사들은 신년 예측에 그들의 이름을 붙일 때, 희망적인 측면만 눈에 불을 켜고 찾으며, 부정적 측면은 전부 배제할 것이다."[16]

사람이 가득 찬 극장에서 "불이야!"라고 외치는 바람에 대중의 공포심을 심화하고 어쩌면 주식 시장의 대탈출을 야기했다는 비난을 듣고 싶은 사람은 아무도 없었다. 한편 사람들이 가득한 극장에서 불이 났다고 외치는 이 내러티브는 주가 폭락이 일어나기 반세기 전인 1884년의 〈뉴욕 타임스〉 기사까지 거슬러 올라간다.

> 토요일 밤, 할렘 지구 마운트 모리스 극장을 가득 채운 관객들 앞에서 「폭풍우에 시달린」의 막이 열렸다. 무대 위에서 한창 화재 장면이 펼쳐지고 있던 도중, 건물 전체에 "불이야!"라는 고함 소리가 세 번 잇달아 울려퍼졌다. 많은 관객들은 겁에 질렸지만 연극은 계속되었고, 공황은 곧 진정되었다. 프랜시스 맥캐론이라는 젊은이(4번가 2,446번지에 거주)가 루이 에이슬러에 의해 소동의 주동자로 지목되었으며, 지역 경관인 에드민턴에게 체포되었다. 웰드 판사는 그를 한 달 동안 감옥에 보냈다.[17]

실제로 사람이 가득 찬 극장에서 "불이야!"를 외치는 내러티브는 처음에는 그리 주목을 얻지 못한 듯 보인다. 이 내러티브는 한참 후인 1919년 대법원에서, 나중에 대법원장이 된 올리버 웬델 홈스 2세 판사Oliver Wendell Holmes, Jr.에 의해 언급된다. 즉 그제야 유명인과 연결고리를 갖게 된 것이다. 이 내러티브는 1930년대에 조금씩 퍼지기 시작하다가 이후 바이럴이 되었다.

1930년대가 되자 대중의 심리에 무관심했던 여론 주도자들의 무모한 대화에서 대공황이 비롯되었다는 생각이 뿌리내리기 시작했다.[18] 하지만 현실적으로 유명 인사들은 또 다른 내러티브를 만들어내는 그들의 이야기가 대중에게 심리적 영향을 미친다는 사실을 매우 잘 알고 있었던 것으로 보인다. 자신들의 발언이 대중의 두려움을 자극할까 너무 걱정한 나머지 그들은 가짜 낙관론을 설파했고, 이제 사람들은 가짜 낙관론에 대해 전반적인 편견을 갖게 되었다. 다시 말해 사람들은 지도자들이 일부러 낙관적으로 말하려고 하기 때문에 그런 지나친 자신감을 우리 스스로 바로잡아야 한다고 믿었다. 그런 분위기에서는 미래에 대한 예측이 얼마나 변덕스러운지 간파하기 쉽다.

앞의 공황 내러티브와 더불어 많은 사람들이 경제 대공황을 급격한 예금인출 사태나 정신적 공황으로 이해했다. 그들은 다른 사람들이 대공황을 피해 도망치는 것을 보고 두려움에 휩싸여 함께 달아나기 시작했다. 이런 공포심은 대중의 상상력을 장악했고, 1930년에 예일대 경제학 교수인 어빙 피셔는 이런 글을 남겼다.

가장 큰 위험은 상황에 내재되어 있는 것이 아니었다. 그것은 주식 시장에서 사업체로 전파될지도 모른다는 두려움, 공황을 초래하는 두려움이었다. "내 유일한 두려움은 두려움에 대한 두려움이다." 용기 있는 자의 말이다.[19]

보스턴 시장인 제임스 컬리James Curley의 보좌관인 토머스 멀린Thomas Mullen도 1931년에 그와 비슷한 말을 남겼다.

나는 우리가 두려워해야 할 유일한 것이 두려움 그 자체라고 믿는다.[20]

대공황이 최악에 달한 1933년, 프랭클린 루스벨트 대통령은 취임사에서 이렇게 말했다.

그러므로 먼저, 저의 확고한 믿음에 대해 말씀드리겠습니다. 우리가 두려워해야 할 유일한 것은 두려움 그 자체입니다. 이름도 없고, 비합리적이며, 후퇴를 전진으로 전환하는 데 필요한 노력을 마비시키는 근거 없는 공포 말입니다.[21]

토머스 멀린은 유명 인사가 아니었지만 루스벨트 대통령은 달랐다. 그래서 루스벨트는 처음으로 이 말을 한 사람으로 유명해졌고, 전에 이미 수없이 반복되었기에 합리적으로 보이는 이 아이디어에 대한 공을 가져갈 수 있었다. "두려워해야 할 유일한 것은 두려움 그 자체"라는 말은 루스벨트가 남긴 명언 중에서도 아마 가장 유명할 것이며[22], 프로퀘스트는 이 말이 1930년대보다 오히려 21세기의 첫 10년 동안 더 빈번히 사용되었음을 보여준다.

그러나 바이럴 내러티브는 쉽게 통제할 수 없고 의도하지 않은 효과를 발휘할 수도 있다. 다들 두려워하고 있으니 용기를 내자고 다독인다면 어떤 이들에게는 두려움을 없애고 애국적 결의를 고취시킬 수 있을지도 모른다. 하지만 동시에 이런 설교는 남들이 두려움을 과연 극복할 수 있을지 의심하게 만든다. 따라서 이를 두려움의 문제로 해석하는 것은 문제를 악화시킬 뿐이다.

1930년대의 또 다른 내러티브는, 경제적으로 몰락해 빈민들이 바글거리는 구빈원에 의탁하여 밤에는 임시 잠자리를 펼치고 낮에는 침구를 접어 생활 공간을 만들게 될지도 모른다는 것이었다.[23] 병에 걸려도 돈이 없어 의사를 찾아갈 수 없을 거라는 내러티브도 돌았다.[24] 설사 이런 내러티브가 과장된 것이라 할지라도 사람들은 최대한 돈을 아껴야 한다는 생각을 하기 시작했다. 이제 그들은 정기적으로 치과 치료를 받기보다 치통이 느껴질 때에야 비로소 응급실을 찾았다.

루스벨트는 소비자들에게 돈을 써야 할 도덕적인 이유를 제시했다. 1933년 대통령에 취임한 지 얼마 지나지 않아, 그는 라디오를 통해 대국민연설을 하는 매우 보기 드문 행보를 보였다. 전국적인 대규모 예금인출 사태가 발생하는 바람에 불가피하게 모든 은행이 문을 닫아야 했던 시점이었다. 루즈벨트는 이 유명한 노변담화를 통해 은행 위기에 대해 설명하고 국민들에게 예금을 인출하지 말아 달라고 호소했다. 마치 장군이 전쟁을 앞둔 병사들 앞에게 연설하듯, 용기를 발휘하고 이타적으로 행동해 달라고 국민들에게 부르짖었다. 루스벨트는 말했다. "국민 여러분, 믿음을 가져야 합니다. 소문과 의혹에 선동되어 은행으로 달려가지 마십시오. 모두가 합심하여 공포를 떨쳐냅시다."[25] 대중은 루스벨트의 개인적인 호소를 존중했다. 쇄도하던 예금인출이 멈췄고, 마침내 은행이 운영을 재개했을 때는 밖이 아니라 안으로 돈이 흐르기 시작했다.

우리는 아직도 이런 내러티브 군집에 영향을 받는다. 전체 내러티브가 충분히 강력하지 않거나 또는 경제 침체를 막는 데 적절히 사용되지 않을 때조차도, 내러티브는 우리의 의식 깊은 곳에 각인되어 상황이 변했을 때 또다시 힘을 얻는다. 그러는 동안 우리는 매일 하루가 끝나면 증시 종장 시세를 확인하는 습관을 들였고, 이를 대중 신뢰의 지표로 여기게 되었다. 또 우리는 매달 다양한 신뢰 지수를 검토한다. 경제학자들이 그렇게 권고하기 때문이 아니다. 우리가 아직도 사람이 가득 찬 극장에서 "불이야!" 하고 외치는 것처럼 대중의 신뢰가 한 순간에 갑자기 무너질 수 있다는 오래된 내러티브를 믿고 있기 때문이다.

## 대량 실업 내러티브

대공황이 발생했을 당시, 대공황의 원인에 대해 수많은 추측과 분석이 있었다. 그렇게 추측된 혹은 밝혀진 원인들은 실은 대공황에 영향을 미친 사건들에 대한 반응인 경우가 다분하다. 예를 들어 오늘날의 키플링어 출판사Kiplinger를 설립한 윌러드 먼로 키플링어Willard Monroe Kiplinger는 대공황 초기인 1930년에 대공황의 원인을 다음과 같이 꼽았다.

1. 소수의 관리자하에서 다수의 노동자를 대신해 일할 수 있는 기계의 발달. 이는 기술적 측면이다.
2. 시골에서 도시로 인력이 이동하거나 어쩔 수 없이 내몰려 발생한 산업 중심지의 과부하.
3. 남성의 직업으로 간주되던 분야로 여성들이 진출하기 시작했다.
4. 이민자. 다만 과거에 비해 실업 요인으로서는 중요도가 감소.
5. 경기 부진. 다만 이는 워낙 광범위하여 실업의 원인이자 결과이기도 하다.

이 이론은 실제로 각 항목마다 상당한 진실이 숨어 있다. 특히 첫 번째 항목인 노동절약 기계의 발전은 더욱 그렇다. 다만 여기서 명심해야 할 점은 이 목록의 어떤 항목도 정확한 해답을 제공하지는 않으며, 검증 기관이나 권위자에 의해 연구되거나 탐구된 바가 없는 부분이 존재한다.[26]

키플링어의 다섯 가지 원인 중 대공황에 대한 대중 내러티브로써 아직까지 떠올릴 수 있는 것은 단 한 가지뿐이다. 바로 오늘날 대부분의 사람들이 신뢰 상실과 관련된다고 여기는 경기 부진이 그렇다. 그러나 키플링어가 위의 목록을 제시한 1930년 이후 대공황이 심화되면서 점점 더 많은 사람들이 신뢰 상실을 대공황의 원인으로 여기게 되었다.

키플링어는 내러티브가 아니라 사실을 분석했지만, 우리는 이 다섯 가지 원인을 1930년대에 유행했던 내러티브와 연결지을 수 있다. 또한 이런 내러티브 중 일부 또는 상당수가 오랜 기원을 지니며 대공황이 영원히 지속될 거라는 암시를 내포한다는 사실은 주목할 만한 가치가 있다.

1930년대를 지나면서 대공황 내러티브는 환경적 재앙인 황진黃塵, Dust Bowl 이야기에 감염되기 시작했다. 이 모래폭풍은 1934년부터 1940년 사이에 미국 중부의 오클라호마와 캔자스, 콜로라도, 텍사스주를 연달아 강타하여 제대로 관리되지 않고 있던 농장과 건조한 땅을 파괴했다. 존 스타인백이 1939년에 발표한, 농장에서 일하는 이주 노동자 가족의 일대기를 그린 『분노의 포도』는 대공황과 황진의 연결고리를 굳히는 데 큰 영향을 끼쳤다. 이 소설은 베스트셀러가 되었고 1940년에는 헨리 폰다Henry Fonda 주연의 영화로도 제작되었다. 나아가 퓰리처상과 전미도서상, 노벨 문학상을 수상했으며 미국 고등학교와 대학교 수업 교재로도 사용되고 있다. 이 책은 대공황 내러티브를 이끈 내러티브 군집의 일부다.

도로시아 랭Dorothea Lange은 대공황 시절의 생동감 넘치는 사진을 통해 대초원 지대에 거주하는 빈곤층 사람들의 강렬한 모습을 보여준다. 빵을 얻기 위해 긴 줄에 서 있는 지저분하고 생기 없는 사내, 길거리 모퉁이에 작은 나무상자나 탁자를 세워두고 5센트짜리 사과를 파는 남자, 은행 문 밖에 줄지어 서 있는 사람들, 빈민촌에서의 삶……. 이러한 사진들은 오늘날까지도 대공황에 대한 생생한 현장감을 제공한다.

1930년대는 계량경제학의 전환점이 된 시기였다. 그때까지는 실업에 대한 어떠한 신빙성 있는 통계도 존재하지 않았다. 미국 통계청은 직업을 가진 사람과 그렇지 않은 사람의 수를 제공했지만 직업이 없는 사람들 중에는 노인과 환자, 아직 교육과정에 있는 사람과 가정주부, 그리고 휴가 중인 사람까지 전부 포함되어 있었다. 1930년대가 되자 통계는 실업률에 주목하게 되었다. 이는 인구 전체가 아니라 노동력의 규모를 바탕으로 고용률을 측정하는 것이었다. 대공황이 끝난 뒤에도 매달 공표되는 실업률은 우리가 언제든 그 사건을 다시 겪을지도 모른다는 불안감을 조성하고 있는지 모른다. 구글 엔그램 뷰어에서도 비록 1960년대까지는 현저한 증가세가 나타나지 않지만 그 이후 '실업률'이라는 단어의 사용이 급격히 증가하는 것을 볼 수 있다.

'실업률'이라는 단어가 1930년대에 더 자주 언급되지 않았다는 사실이 다소 이상하게 느껴질 수도 있겠지만 이는 대중이 수량적 표현에 아직 익숙하지 않았다는 현실의 반영일 수 있다. 당시의 사람들은 비자발적 실업과 게으름, 그리고 빈곤 상태를 구분하지 않았다. 한편 오늘날의 내러티브는 일자리를 찾고는 있으나 취직이 어려운, 비난할 여지가 없는 실업에 초점을 맞춘다.

## 대공황 시기의 다른 내러티브

오늘날 회자되는 대공황 내러티브들은 키플링어와 다른 이들이 당시 제시했던 대공황의 원인을 거의 언급하지 않는다. 대신 현대인들은 대공항의 원인을 두려움 및 은행 도산과 관련된 신뢰 부족에서 찾는 경향이 있다. 그림자 은행 도산을 포함한 은행 도산 사태는 2007~2009년 대침체의 핵심 내러티브였다. 키플링어는 은행 도산에 대해서는 아예 말을 꺼내지도 않았는데 대부분이 1930년 이후에 발생했기 때문이다.

대공황이 그토록 극단적인 규모로 장기화된 이유를 이런 내러티브에 직접적으로 의존하지 않고 찾아내려는 일부 현대 이론들도 그럴듯해 보인다. 해롤드 L. 콜Harold L. Cole과 리 E. 오해니언Lee E. Ohanian은 1933년 전국산업부흥법National Industrial Recovery Act에서 대공황에 대한 대처로 공정경쟁규약을 도입한 것이 실질적으로 공황을 장기화시키는 결과를 낳았다고 주장한다. (이 법안은 13장에서 설명할 구매력 부족에 관한 다른 내러티브에 대한 반응이었다.) 산업부흥법은 기업체들이 카르텔을 쉽게 형성하고 임금을 삭감하기 어렵게 만들었다.

1935년에 대법원이 위헌 판결을 내리긴 했지만, 콜과 오하니안은 루스벨트 행정부가 이후에도 계속 이 법안을 중심으로 정책을 펼쳤다고 주장한다. 뿐만 아니라 실업률도 여전히 높은 수준으로 유지됐는데, 이는 이미 일자리를 가진 노동자들은 일종의 내부인이 되고 일자리를 잃은 사람은 외부인이 되었기 때문이다. 아사르 린드벡Assar Lindbeck과 데니스 J. 스노워Dennis J. Snower[27]가 주장했듯, 노동자 수요가 증가한 뒤에도 내부자들은 실업자인 외부인을 재고용하기를 요구하기보다 자신들의 결속을 다지고 임금 인상을 요구했다.

다른 유용한 이론들도 있다. 경제사학자인 배리 아이켄그린Barry Eichengreen과 피터 테민Peter Temin은 대공황의 장기화 원인에 대해 임금을 하향 조정해야 하는 노동 시장의 변화에도 불구하고 국가가 무모하게 금본위제를 고수한 데 있다고 주장했다. 그들의 연구에 따르면 금본위제를 초기에 포기한 국가들은 경제 회복 속도가 더 빨랐다.[28]

밀튼 프리드먼과 안나 J. 슈워츠의 『미국 화폐사A Monetary History of the United States』는 대공황의 원인에 대해 연방준비제도와 그들의 통화 공급권에 책임이 있다고 말한다. 그러나 아이켄그린과 테민은 미국의 통화공급이 하락한 이유가 대체로 연준이 아니라 경제 사정 때문이라고 주장한다. 통화 공급의 감소는 부분적으로 예금인출 사태 때문이었고, 이는 대공황을 초래한 것과 같은 되먹임고리에 의해 비롯되었다는 것이다. 실질적으로 프리드먼과 슈워츠는 연준이 통화공급 하락을 막았다면 더 좋은 결과를 낼 수 있었을 것이라 주장했다. 반면에 테민은 프리드먼과 슈워츠가 예금인출 사태와 경제 활동량 사이에 실질적인 관련성을 제시하지 못했다고 지적했다.

대공황의 심각성에 대해 경제학자들이 들려줄 수 있는 이야기는 전체의 일부분에 불과하다. 한편 코미디언 그루초 막스Groucho Marx는 그보다 훨씬 재미있는 이야기를 들려준다. 1959년에 출간된 그의 자서전에 따르면 1920년대 후반에 30대 초반의 나이였던 그루초는 보드빌 무대에서 높은 인기를 구가하며 꽤 많은 돈을 벌고 있었다.

> 얼마 지나지 않아 공연 사업보다 더 잘나가는 사업이 등장해 나와 국가의 관심을 끌었다. 주식 시장이라는 소소한 분야였다. 내가 주식 시장을 처음으로 알게 된 것은 1926년 즈음이었다. 내가 꽤 똑똑한 투자가라는 사실을 아는 것은 즐거운 일이었다. 어쨌든 겉으로는 적어도 그렇게 보였다. 왜냐하면 내가 손대는 족족 주가가 올랐기 때문이다. 코코아넛에서 나는 주급 2천 달러를 받았는데, 월 스트리트에서 버는 돈에 비하면 쌈짓돈이나 다름없었다. 아, 하지만 이 점은 확실히 해두자. 나는 무대에 서는 것을 좋아했다. 그렇지만 공연으로 얼마를 버는지에 대해서는 별로 관심이 없었다. 온갖 사람들이 주식 투자에 대해 조언을 해댔다. 지금은 믿기 힘들지도 모르지만, 그때는 아주 흔한 일이었다.[29]

그루초는 그와 형제들이 자신만만하게 따랐던 몇 가지 투자 조언에 대해 털어놓는다. 엘리베이터맨, 월 스트리트 투자가, 그가 일하는 극장의 제작자, 그리고 골프를 치다 만난 사람들이 귀띔해 준 정보들이었다. 그는 이 모든 경험이 엄청난 어리석음의 결과라고 말하며 자신이 도대체 왜 투자에 뛰어들었는지 이해하려 애썼다. 광란의 20년대와 대공황은, 경제학자보다 훨씬 큰 영향력을 지닌 그루초 막스 같은 훌륭한 스토리텔러의 설득력 있는 이야기를 통해 전설이 될 수 있었다.

사실 이 이야기에 대한 흥미와 관심은 계속해서 팽창했다. 그림 10.4는 대공황 당시보다도 오히려 2009년에 사람들의 관심이 더 지대했음을 보여준다. 물론 그때는 사람들이 '대공황'이라고 부르

**그림 10.4 '대공황'의 언급 비율**

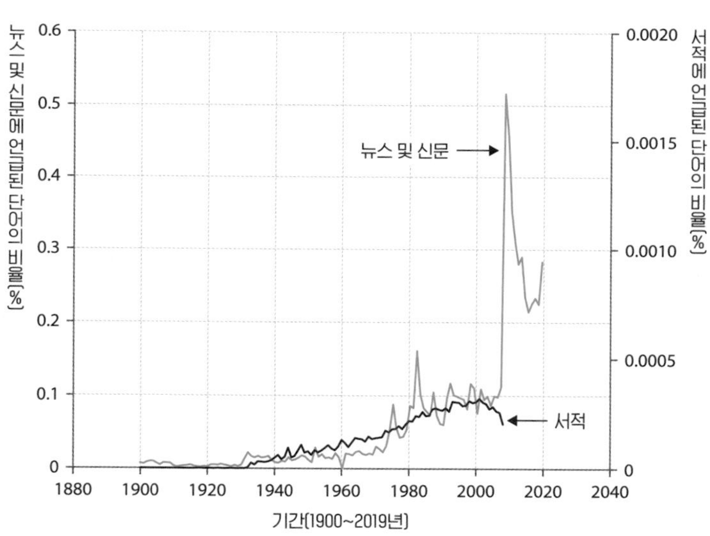


대공황 내러티브는 수십 년 동안 대공황 그 자체보다 훨씬 더 오래 유지되었다.
(출처: 구글 엔그램 뷰어, 비평활화, 프로퀘스트 데이터를 사용한 저자의 계산)

지 않았다는 점을 감안해야겠지만 말이다. 그 당시 사람들은 그저 '어려운 시기'라고만 불렀다. 한편 대공황과 관련된 당대의 다른 내러티브들은 그 시대만의 독특한 단어와 연계되어 있었다. 가령 최저소득을 의미하는 '브레드라인breadline'은 1929년부터 1934년 사이에 사용 빈도가 급증했다가 그 뒤로 점차 사라졌다. 2009년에 팽배했던 대공황에 대한 관심은 구글 트렌드 검색어에서도 찾아볼 수 있는데, 그림 10.4만큼 극적이지는 않다.

그렇다면 대공황 내러티브는 경기침체에 대한 우리의 사고에 궁극적으로 어떤 영향을 미쳤는가? 19세기 예금인출 사태를 연상케 하고, 실질적으로 금융위기와 동일어였던 2007~2009년의 세계 금융공황 내러티브가 어떻게 발전했는지 생각해 보라. 대공황이 끝난 후 사람들은 더 이상 예금인출 사태가 발생하지 않을 것이라고 믿었다. 하지만 2007년 노던록 은행의 대규모 인출 사태는 굳게 닫힌 은행 문 앞에 몰린 공황에 빠진 예금자와 화난 군중에 관한 오랜 내러티브를 다시 현대로 소환했다. 이 이야기는 국제적인 혼란을 야기해 1년 뒤에는 미국의 워싱턴뮤추얼WaMu 예금인출 사태로, 그리고 며칠 뒤의 리저브 프라이머리 펀드Reserve Primary Fund 인출 사태로 이어졌다. 그리고 이런 사건들로 말미암아 결국 미국 정부는 통화시장 펀드를 1년간 보장하는 보기 드문 조치를 취하기에 이르렀다. 정부는 이 유서 깊은 예금인출사태 내러티브가 대중의 불안을 부추기게 내버려둬서는 안 된다는 사실을 명백하게 인지하고 있었던 것이다.

2007~2009년 금융위기 기간 동안, 대공황 내러티브는 예금인출사태 내러티브와 결합해 대중들에게 다음과 같은 생각을 심었을지도 모른다. '우리는 광란의 20년대처럼 자기도취적이고 투기적이고 비도덕적인 시대에 이르렀다. 주식 시장과 은행은 1929년처럼 붕괴하고 있고, 경제 역시 1930년대처럼 다시 무너질지 모른다. 일자리를 잃고, 절박해진 대부분의 사람들은 예금을 돌려받기 위해 도산한 은행에 몰려갈 것이다.'

간단히 정리하자면 대공황과 그 원인—도취의 시대가 지난 뒤 신뢰의 상실—은 사람들의 마음속에 강력한 내러티브로 남았다. 미래를 예측하는 내러티브를 들을 때마다 머릿속에 항상 대공황이 소환될 정도로 그것은 사람들에게 깊은 트라우마를 남겼다. 한편 공포와 신뢰 내러티브보다 덜 강렬하긴 하지만 대공황을 경험한 사람들을 지배한 또 다른 내러티브 군집은 바로 검소함과 연민, 소박한 삶에 대한 내러티브다. 이 내러티브는 대부분 누그러져 이 책을 쓰는 지금에는 과시적소비를 정당화하는 성공 이야기로 대체되었다. 이에 대해서는 다음 장에서 살펴보자.

# 11
# 근검절약 vs. 과시적소비

근검절약과 검소한 생활 방식을 고수하고자 하는 욕구는 아주 오래전까지 거슬러 올라간다. 고대 그리스와 로마에는 사치금지법이 있었고 중국과 일본, 다른 국가에서도 과도한 허영을 금지했다. 이처럼 부의 과시에 대한 혐오감은 많은 국가와 종교에서 가장 오래된 영속적 내러티브 중 하나다. 한편 이런 근검절약 내러티브의 반대쪽에는 과시적소비 내러티브가 있다. 성공한 인생을 누리려면 성공의 지표로서 자신의 성취와 권력을 외부에 보여주어야 한다는 것이다. 이 두 가지 내러티브는 끝없는 전쟁을 벌이고 있다. 한때는 검소함이 상대적으로 강세를 보였다가도 시기가 바뀌면 과시적소비가 압도한다. 두 이야기는 모두 경제적으로 중요한 내러티브다. 돈을 지출하거나 저축하는 방식에 영향을 끼치며 따라서 국가 전체의 경제를 좌우한다. 실제로 이런 내러티브들은 경제학자나 정책입안자들이 예측할 수 없는 방대한 경제적 결과를 야기할 수 있다.

## 대공황 시기의 근검절약과 연민

비자발적 실업에 대한 개념이 널리 퍼져 있던 1930년대 대공황 시절에는 근검절약 내러티브가 특히 강력했다. 이는 동시에 1920년대의 과잉 소비에 대한 반응이기도 했는데, 그 당시 유행하던 '옆집 존스 씨네와 똑같이'라는 표현은 대개 잘 사는 옆집 사람이 뭔가를 사면 그것을 똑같이 사들여 체면을 차리려는 사람들을 폄하할 때 사용되었다. 실제로 이 표현이 가장 많이 사용된 때는 1930년대였다. 대공황 이전에는 불황에서 비롯된 검소함의 이유를 설명하기가 어려웠다.[1] '새로운 검소함new modesty'이라는 단어는 2차 세계대전 시기부터 50년대까지 활발히 사용되다가 이후 하락했다.

대공황 및 2차 세계대전과 함께 등장한 이 새로운 검소함은 사람들이 고난을 겪고 있는 이런 상황이 그들 잘못이 아니라는 강력한 내러티브에서 진화한 것이다. 일자리를 잃은 것은 대공황 때문이고, 어떤 이들은 전쟁 때문에 목숨을 잃었다. 이웃인 존스 씨는 부유하게 살고 있을지 몰라도 스미스 씨네 집은 다른 수많은 가정처럼 힘겨운 시기를 지내고 있을 수도 있다. 비극적 삶이라는 거대한 내러티브 군집은 친구와 이웃들의 입을 타고 퍼져나갔다. 아버지가 일자리를 잃고 더 이상 주택 대출을 갚을 수가 없어 집을 빼앗기고 결국 길거리에 나앉은 가족에 관한 이야기들이었다. 그 무엇도 그들의 잘못이 아니었다. 이런 분위기에서는 일자리가 있는 이들조차 새 자가용을 사는 것을 미루고, 호화로운 파티를 열거나 값비싼 옷을 사지 않는 것이 합리적인 반응이었다. 이런 자발적인 긴축재정은 대공황 초기의 심각한 경기 위축뿐만 아니라 2차 세계대전 때의 소비 위축을 설명하는 데도 도움이 된다.

## 대공황 시대의 내러티브

대중이 나누는 이야기는 당대의 지배적인 내러티브를 반영한다. 여기 신문 〈보스턴 글로브〉의 '가정 부서—서로 돕는 여성들—비밀 이야기' 칼럼에 투고된 서신을 소개한다. 여성들이 글을 투고해 서로에게 가명으로 조언을 나누는 우리 시대의 트위터나 웨이보, 또는 레딧과 비슷한 코너로 이해하면 될 것 같다. 다음 서신은 1929년 주가 대폭락 이후 6개월 뒤인 1930년 3월 자에 실린 글이다.

> 친애하는 미카도. 얼마 전 가계 재정에 관한 서신에서 금융위기로 저축한 돈을 전부 잃었다고 했지요? 나 역시 깊이 공감하기에 이 편지

를 보냅니다. 다만 저는 가진 것만 잃은 게 아니라 많은 빚까지 지게 되었답니다.

하지만 진정한 문제는 이겁니다. 우리가 지금처럼 실용적으로만 산다면 10년 내에는 빚을 갚을 수 있을 거예요. 다시 말해 계속 이 집에 살면서 돈을 엄격하게 관리한다면 말이지요. 물론 집세가 더 싼 집으로 이사를 가거나 생필품에만 돈을 쓴다면 빚을 더 빨리 갚을 수도 있겠지요. 하지만 과연 정말로 그렇게 하는 게 현명한지 란세올라타와 다른 자매들의 조언을 듣고 싶습니다.

난 이사 가는 게 두려워요. 우리에게 미칠 도덕적 영향 때문에요. 옛날 같은 생활수준을 유지하지도 못할 테고, 이사로 바뀌게 될 여러 가지 것들과 우리 가족의 사기와 용기, 인생관에 미칠 영향에 대해 고민하는 것 자체가 무척 두렵습니다. 소심하게 들리겠지만 그런 걸 겪어 보지 않은 이상 그런 걱정과 부담을 알기 힘들고 미래에 대해 냉정하게 생각하기가 어려울 거예요…….

–크리욜드[2]

옆집 사람이 크리욜드처럼 간신히 생활을 유지하고 있다면 과시적소비를 뽐내는 것에 공감하지 못할 것이다. 서신의 필자가 '우리의 사기spirit'라고 표현하고 있다는 데 주목하라. 이는 공황이 야성적 충동이 감소해 발생한다는 케인스의 견해를 연상케 한다. 지금 살고 있는 집을 팔아야 할 것인가 고민하는 크리욜드의 결정은 그런 심리적인 틀 안에 있다. 그는 가족들의 사기를 지켜야 한다. 사기를 유지하는 것은 평범한 사람부터 국가 지도자에 이르기까지, 또는 평범한 가장에서부터 항상 낙관적인 경제를 부르짖으며 국민들에게도 낙관적인 사고를 독려하던 미국의 대통령 후버에 이르기까지 그 시대의 가장 중요한 담론이었다.

크리욜드와 그와 유사한 혹은 더 나쁜 처지에 있던 많은 가족들은 아마도 새 자동차를 사는 것을 뒤로 미뤘을 것이다. 현실적으로 보자면 새 자동차를 사는 것을 미루더라도 아마 아이들은 집안의 금전 사정이 좋지 않다는 신호를 알아차리지 못했을 것이다. 하지만 대신에 휴가 계획이나 영화 관람이 취소되고 있다는 것은 '눈치챘으리라.'

가족들의 사기에 관한 걱정은 1929년 이후에 새로 유행하기 시작해 1931년 절정에 이르렀다가 남은 대공황 기간 내내 높은 수준을 유지했다(1920~1921년 불황 당시에도 가족의 사기에 관한 이야기가 부상했다). 이혼률의 상승은 그런 사기를 잃은 탓이 컸고, 특히 일자리를 잃은 남자의 수치심이 큰 영향을 끼쳤다.[3] 사람들은 사기 저하를 새로 부상하는 장기적인 문제로, 앞으로 더욱 중요해질 문제로 여겼다. 1936년에 한 여성단체는 이렇게 주장했다.

> 가족은 미국의 생활 체제를 구성하는 기본 단위다. 사기 저하 또는 경제력 상실로 인한 가족의 붕괴는 후세에 치명적인 영향을 미칠 것이다.[4]

이러한 내러티브는 일상적인 태도를 유지하고 불필요한 지출을 미루는 것을 정당화하는 한편, 경기침체를 장기화하는 데 기여했다. 또한 대공황의 영향을 받지 않은 가정은 이웃의 고통을 인식하고 이를 존중하기 위해 과시적소비를 지양했다. 심지어 지출을 많이 하지 않고도 가족들의 의욕을 유지할 수 있는 방법이 신문에 실리기도 했다.

> 예산이 충분하지 않을 때에는 가구를 자주 재배치하라. 대형 가구의 위치를 바꾸고 액자를 다른 위치로 옮겨라. 이러한 방법으로 약간의 독창성을 발휘한 많은 여성들이 익숙한 집을 떠나지 않고도 여행을 떠난 것과 같은 느낌을 만끽할 수 있었다. 그의 삶에 대한 태도는 어떤 면에서 깔끔하게 다림질되었다.[5]

프레드릭 루이스 앨렌은 『원더풀 아메리카』에서 사람들의 수수한 외양과 깊은 신앙심에 대해 이야기한다. "미국적 생활 방식과 국가의 성향에 있어 놀라운 변화, 미국의 어떤 도시나 마을에서도 그들을 마주치지 않을 수 없다."[6] 작가 겸 배우인 리타 와이만Rita Weiman은 1932년 〈워싱턴 포스트〉에서 대공황과 1920년대를 비교하며 그러한 변화에 대해 언급한 바 있다.

> 항상 벼랑 끝에 매달려 있던 인플레이션의 시대에, 우리는 균형감각을 잃었다. 우리는 돈을 많이 벌수록 근사한 물건과 쾌락을 위해 엄청난 돈을 써댔다. 뭔가의 가격이 비싸다면 그건 좋은 것임이 틀림없었다. 가정에서 어떻게 오락을 즐겼는지 생각해 보라. 이제 사람들은 누군가의

집에 모여 친구들과 함께 시간을 보내는 일이 얼마나 재미있고 즐거운 일이었는지 잊어버렸다. 이제는 모두가 '외식 소화불량'으로 고통받고 있다.[7]

대공황은 이제 소비가 아닌, 삶에서 가장 중요한 것이 무엇인지 고찰하는 시기가 되었다. 1931년에 영국의 칼럼니스트 위니프리드 홀트비Winifred Holtby는 이렇게 물었다.

이 시기를 이용해 속물근성과 허튼소리를 없애고 이웃이 무엇을 했는지 궁금해하기보다 그저 자신의 취향대로 살 수 없을까? 이렇게나 할 일이 많고 풍부한 경험을 할 수 있는 세상에서 모두가 똑같이 좁고 우아한 공간에 갇혀 똑같은 기준을 따르고, 똑같은 옷을 입고, 똑같은 음식을 먹고, 똑같이 슬픈 모습으로 살아가야 할까? 우리 모두 마리 로이드의 노래를 명심하는 게 어떨까? "당신이 좋아하는 것을 적당히 하는 것은 좋다!" 그러니까 당신의 이웃이 좋아할 만한 것을 좋아하는 것은, 좋은 게 아니다. 우리는 감히 가난해질 수 있을까?[8]

대공황이 소강 국면으로 접어들고 있던 1932년, 또 다른 작가인 캐서린 해킷Catherine Hackett은 대공황이 낳은 새로운 도덕주의에 대해 썼다.

경기가 좋던 시절의 나는 생필품도 못 살 만큼 빈곤한 사람들에게 죄책감을 느끼지 않고도 목욕용 소금이나 파티용 신발을 살 수 있었다. 실크 셔츠를 입고 포드 자동차를 몰며 출근하는 노동자들을 즐거운 마음으로 떠올릴 수도 있었다. 하지만 이제는 모든 게 달라졌다. 이웃집에 사는 존스 가족이 항상 호화로운 파티를 열고 좋은 옷을 사 입는다면 이제 그들은 남들의 고통을 느낄 줄 모르는 냉혹한 사람들이 되는 것이다.[9]

이런 내러티브들에도 불구하고, 대공황의 어려운 시기가 가져온 어떤 부분들은 1920년대에 비해 바람직한 변화로 여겨졌다. 퓰리처 수상자인 〈뉴욕 타임스〉 기자 앤 오헤어 매코믹Anne O'Hare McCormick이 남긴 글을 읽어보자.

자기만족, 굳건한 이기주의와 주변의 저속한 탐욕을 참기 힘들었던 때도 있었다. 그러나 지금은 아니다. 경제가 바닥을 친 지금, 우리는 경기가 좋았던 시절보다 훨씬 좋은 사람이 되었다. 불황이 휩쓴 메인 스트리트는 세상에서 가장 친절하고 인정 넘치는 곳이다. 도로 위에서도 모두가 조용히 인내심을 발휘한다.[10]

대공황 시절, 실업률은 높았을망정 범죄율이 증가하지 않았다는 사실은 무척 흥미로운 일이다.[11] 이는 어쩌면 실업으로 인한 개인의 실패에 대해 많은 사람들의 태도가 너그럽고 친절하고 인내심 있게 바뀐 것과 관련이 있는지도 모른다.

도로 위에는 친절함이 넘쳤을지 몰라도 길거리 모퉁이에서는 사람들의 비극적인 삶을 뚜렷하게 느낄 수 있었다. 1930년대 초반에는 "구걸과 동냥질이 전염병처럼 퍼져 있었다."[12] 1932년 〈워싱턴 포스트〉는 "불황이 닥치자 걸인들이 활발하게 활동하기 시작했다. 평소 거지에게 적선을 하지 않던 사람들이 상냥한 마음씨를 갖게 되었다는 것을 이제 그들은 알게 되었다."[13]라는 내용을 실었다.

1930년 가을, 뉴욕에서 시작된 사과팔이의 유행은 전국적으로 퍼져나갔다.[14] 그들은 자신이 구걸꾼임을 암시하며 '일자리 구하지 못함'이나 '사과 하나 드시고 제가 빚쟁이들을 떼어낼 수 있게 도와주세요'[15] 같은 팻말을 들었다. 그들이 비록 돈을 구걸하더라도 적어도 뭔가를 팔고 있다는 사실은, 사람들이 그들을 어느 정도 존중하거나 그들에게 쉽게 접근할 수 있도록 했다.

그러나 날마다 신문에는 적선을 거절당한 걸인이 저지른 범죄 기사가 실렸고, 그래서 사람들은 그들의 존재를 두려워했다. 결과적으로 이는 사람들이 과시적소비를 꺼리게 되는 결과를 낳았다.[16] 보이는 곳에 존재하는 동냥꾼 외에도, 겉으로는 실업자가 아닌 이들의 내적 고난에 대한 내러티브도 있었다. 변호사 벤자민 로스Benjamine Roth는 1931년 8월 9일 개인 일기장에 이렇게 적었다.

> 지난 2년간 대부분의 동료들이 보험 증권을 담보로 돈을 빌렸고, 그것으로 생계를 유지하고 있다. 현재 유일한 일거리라고는 수금이 불가능한 성공 사례금뿐이다. 모두가 오래된 소송을 뒤져 어떻게든 현금화

하려고 애쓰고 있다. 모두가 성마르게 굴며 서로를 신뢰하지 못하고 의심만 가득하다. 조금이라도 벌기 위해 그저 열심히 일하며 최대한 허리띠를 졸라맬 수밖에 없다.[17]

하지만 근본적인 변화는 모두가 비극을 공유하고 있다는 집단적 공감과 연민으로 나타났다. 그러한 사회적 분위기는 사람들이 수임료를 벌기 위해 열심히 일하거나, 사과가 먹고 싶지 않더라도 모퉁이 좌판에서 사과를 집어 드는 이유로 설명될 수 있다. 그러나 과시적소비의 중단은 의도치 않게 대공황을 악화시키는 결과를 낳았다.

길거리에 구걸하는 사람들이 늘어난 것은 비단 미국에서만 발생한 일이 아니다. 실업률이 미국을 능가한 독일에서는 동냥꾼의 수가 현저하게 늘었고, 아돌프 히틀러가 권력을 잡기 전까지 직장을 구할 수 없었던 젊은이들은 범죄에 연루되는 일이 잦았다. 높은 범죄율과 실업률이야말로 히틀러가 선거에서 승리할 수 있었던 이유였다.[18] 1933년에 총리로 선출된 히틀러는 독일의 거지와 노숙자들을 강제수용소에 잡아 가둠으로써 이 문제를 해결했다.[19]

한편 전 세계 곳곳의 많은 국가들이 근검절약 내러티브를 받아들였다. 영화평론가 그레이스 킹즐리Grace Kingsley는 1932년에 영화산업이 고급스럽고 호화스러운 생활 묘사에 관심을 잃기 시작했다고 지적했다.

경제불황과 그로 인한 현상이 제작자들에게 영향을 미쳤다. 그로써 영화 속 화려한 장면들이 줄거나 묘사가 미약해졌다. 이전에는 여자 주인공이 지나치게 크고 넓은 공공도서관 같은 건물에서 살았다면 이제는 작은 방에서 살게 된 것이다. 부의 과시 역시 전혀 호화롭게 그려지지 않았다. 아름답고 우아한 리처드 바델메스와 이국적인 마를레네 디트리히는 이제 가정생활을 그린 소박한 이야기에 출현한다.[20]

이런 영화들은 생활 방식이 어느 정도 정해진 대본을 제공했다. 사람들이 의식적으로 소비를 줄이기로 결심했다기보다 무의식적인 자기암시 때문에 소비를 덜하게 된 것이다.

교회에서도 부의 과시를 통렬하게 비판했다. 1932년의 한 신문 기사를 보자.

어제 유니테리언 만인교회에서 있었던 설교에서, 미노트 시몬스 목사는 지금과 같은 불경기에 무절제한 생활을 공공연하게 과시하는 것은 매우 모욕적인 일이라고 설파했다.

기사는 이어 목사의 설교 내용을 인용한다.

값비싼 즐거움에 돈을 펑펑 쓰며 과시하고 싶은 유혹을 느낀다면, 누구든 자신이 참으로 나쁜 취향을 갖고 있다고 깨닫길 바랍니다. 그러한 행동은 깊은 적의를 부릅니다. 이번 겨울에는 그런 적의가 피어나는 일이 있어서는 안 됩니다.[21]

목사가 사적인 이익이 아니라 도덕성에 호소하고 있다는 사실에 주목하라.

앤 오헤어 맥코믹이 미국의 메인 스트리트에 대해 언급한 것처럼, 사람들이 서로를 대하는 태도가 달라졌다. 이제 사람들은 남들의 시선에 신경 쓰기 시작했다. 〈워싱턴 포스트〉는 대중이 검약하게 살아가는 이들의 지위와 인간적 가치를 전과는 완전히 다르게 생각하기 시작했다고 표현했다.

> 분위기가 완전히 돌변했다. 이제 빈곤은 근사한 일이었다! 사람들은 "그럴 여유가 안 돼요."라는 말을 뻔뻔스럽게, 또는 거의 자랑스러운 태도로 말했다. 왜냐하면 거기에는 주식이나 다른 사건으로 돈을 잃었다는 의미가 들어있지 않기 때문이다. 돈이 있는지 없는지도 알 수가 없다.[22]

실제로 대공황 시대에 그리고 때로는 지금까지도, 사람들은 자신의 금전적 어려움이나 주변 사람들이 재산을 잃었다는 이야기를 하면서 이상한 쾌감을 느꼈다. 그들의 잘못으로 가난해진 것이 아니기에 부끄러움을 느낄 필요가 없기 때문이다. 또 힘든 일을 겪는 사람들에게 연민을 느끼는 것은 훌륭한 일이었고, 나아가 이웃들이 실업 상태에서 어렵게 살아가고 있을 때 부를 만끽하는 죄악은 더욱 비도덕적인 일이었다.

## 새로운 검소함의 열풍

'멋있는 가난' 문화는 1930년대에 새로운 열풍을 불러일으켰다. 그중에서도 자전거 열풍은 주목할 만하다. 도시에 사는 많은 사람들이 출근이나 쇼핑을 하러 갈 때 자전거를 이용하기 시작했고, 백화점에서는 손님들을 위해 자전거 주차장을 설치했다.[23]

자전거 열풍은 자동차 구매를 어느 정도 미루고자 하는 욕구에서 시작되었다. 이미 자동차가 있는 사람은 될 수 있으면 오래 유지하기로 결심했고, 자동차가 없는 이들은 평소처럼 대중교통을 이용하거나 자전거를 탔다. 사람들은 왜 자동차 구매를 미루게 됐을까? 가장 큰 요인 중 하나는 많은 이들에게 직업이 없었다는 것이다. 그리고 또 다른 이유는 그들이 '어쩌면' 일자리를 잃을지도 모른다고 생각했다는 것이다.

1920~1921년 불황 때 상영된 연극을 원작으로 하는 1931년 작 영화 「6기통 사랑Six Cylinder Love」은 값비싼 자동차를 사기로 결심한 한 남자가 소동에 말려드는 이야기를 그린 유성 영화다. 그가 자동차를 사기로 결정하자 아내와 딸은 과소비를 하게 되었고, 가족이 값비싼 자동차를 갖고 있는 걸 보고 부자라고 착각한 욕심 많은 친구들이 들러붙었다. 이 영화의 플롯은 그 자체로 과소비 내러티브 군집의 일부가 되었다.

일자리를 잃은 이웃들을 보거나 그들의 힘겹고 절박한 삶의 이야기를 듣다 보면, 사람들은 올해 자동차를 사지 말아야겠다고 생각하게 된다. 1932년의 〈월스트리트 저널〉 기사는 자동차 구매를 미루는, 즉 과시적소비의 반대편에 있는 동기를 보여준다.

> 구매력을 갖춘 사람들이 자신의 부를 경제에 도움이 되는 현명한 방식으로 소비할 수도 있다. 그러나 아주 심각하지만 쉽게 알아차릴 수 없는 어려운 문제가 그들을 가로막고 있다. 바로 사치스러운 사람이라는 평가를 받는 데 대한 두려움이다. 이런 정서가 경기 회복을 위한 노력을 방해한다는 것은 단순한 추측이 아니다. 예를 들어 자동차 산업의 경우, 새 자동차를 필요로 하고 재력도 충분히 갖춘 상당수 사람들이 이웃의 비판이 두려워 자동차를 구매하지 못하는 확연한 증거들이 이러한 현실을 증명한다. 구매에 저항하는 이 새 집단은 어쩌면 새 차를 소유하는 것이 부유함을 과시하는 품위 없는 행동일지도 모른다는, 혹은 남들 눈에 그렇게 보일지도 모른다는 끝없는 의구심을 품고 있다.[24] 이른바 불황이 낳은 심리적 산물 중 하나인 것이다.

〈월스트리트 저널〉의 이 기사는 정곡을 찌르고 있다. 오리 헤페츠Ori Heffetz가 개발한 소비 범주의 가시성 지수는 소비지출이 다른 사람들에게 얼마나 잘 보이는지를 측정한다. 이 지수의 분류에 따르면 자동차는 31개 범주 중에서 담배 다음으로 두 번째로 눈에 띄는 소비 분야다.[25] 즉 부자로 보이고 싶지 않다면 새 자동차를 사지 않는 것이 좋을 것이다.

얼마 지나지 않아 되먹임고리가 작동하기 시작했다. 일부 사람들이 자동차나 기타 제품을 구입하는 것을 미루자 자동차 산업과 더불어 기타 분야에서 줄줄이 실업이 발생했고, 이는 또다시 소비를 위축시켰으며 그 결과 두 번째 실업 파동이 일어났다. 이 과정은 수년에 걸쳐 거듭 반복되었다. 숫자가 사실을 말해준다. 많은 노동 절약 대량생산 기계를 도입한 포드 모터사의 신차 판매량은 1929년에서 1932년 사이에 86퍼센트나 하락했다.

이 되먹임고리는 어째서 그토록 가혹했고, 어째서 이런 식으로 작용했을까? 이 질문에 대답하려면 먼저 그 기저에 놓여 있는 내러티브를 면밀히 살펴봐야 한다. 실업자들이 가정에서 보내는 시간이 급증하자 발생되는 문제들을 들여다봐야 하는 것이다. 한 익명의 여성은 1932년에 〈컨피덴셜 챗〉 칼럼에 다음과 같은 글을 기고했다.

글로브의 자매들에게

이 훌륭한 칼럼에 내 문제를 토로해도 될까요? 난 6년간 결혼생활을 했고 자녀는 둘입니다. 우리 부부는 꽤 젊은 나이에 결혼했는데 불행히도 남편은 딱히 그렇다할 직업이 없었죠. 나도 일을 했지만 첫 애가 태어났을 때 그만둬야 했어요. 나는 남편에게 더 좋은 일자리를 구할 수 있도록 수업을 들으라고 했고 그 비용도 뒷받침했지요. 그이가 일을 하지 않는 동안 아이들을 키우는 비용과 생활비도 전부 도맡았고요. 남편은 1년 전까지 열심히 일을 했지만 다른 사람들처럼 해고를 당하고 말았어요. 그때부턴 간간히 일거리가 들어올 뿐이랍니다. 작년 여름에는 둘째가 갓난쟁이라 나도 일을 할 수가 없었고 이번 겨울에는 친척들과 함께 보내면서 가끔 바느질이나 간호를 하면서 생계를 도왔어요. 하지만 사는 게 무척 힘들고, 이제는 걱정이 큽니다. 가장 걱정되는 건 남편의 태도예요. 이렇게 힘들게 사는 게 그이는 별로 걱정이 안 되나 봐요. 난 아이들이 마을에 나갈 때마다 가난을 실감해야 한다는 게 싫어요. 이젠 남들의 적선에 기대 살고 있다는 느낌인데, 평생 이렇게 살 순 없잖아요.

내 남편이 이렇게 된 게 처음부터 일을 한 내 잘못일까요? 아니면 생계를 책임지기까지 너무 오랜 시간을 버리고 있는 그 사람 잘못일까요? 남편이 좋은 사람이 아니라는 건 아니에요. 여러모로 괜찮은 사람이거든요. 그렇지만 그이는 돈을 버는 능력이 전혀 없는 것 같아요. 내가 몇 달러를 벌어오면 그 사람은 그걸로 생활비를 쓰면 된다고 생각해요. 너무 창피합니다. 남자가 여자한테 돈을 받아가는 게 나로선 도무지 익숙해지지 않거든요. 설령 그 여성이 자기 아내라고 할지라도요.

이 사람이 정신 차릴 수 있는 방법이 없을까요? 주변 사람들한테는 이런 상황에 대해서 도저히 털어놓지 못하겠어요. 얼마 전에 좋은 일자리를 제안받았는데, 만약에 그 일을 하게 되면 나는 애들 학비만 대고 남편보고 알아서 하라고 말할까 생각 중입니다. 그래도 괜찮을까요? 부디 제게 좋은 조언을 해주세요.

—루시 앰블러[26]

루시는 글로브의 자매들 중 한 명에게서 아래와 같은 답변을 받았다.

루시 앰블러에게

책임감 없는 남편에 대한 당신의 서신은 내 관심을 사로잡았답니다. 나 역시 여러 면에서 당신 남편과 비슷한 사람과 결혼을 했고, 우리는 그 점에 감사해야 한다고 생각해요.

당신은 그가 좋은 사람이라고 했지요. 남편이 다른 수많은 사람들과 마찬가지로 가족을 부양할 수단이 없다는 게 과연 그 사람이 비난받아야 할 일일까요? 1년 전까지는 그도 꾸준히 일했고 가족을 위해 최선을 다했다면, 지금 절박한 상황에 있다고 해서 감히 누가 당신을 업신여기겠습니까? 당신이 지금 만족하지 못하는 건 현재의 경제적 상황이지 남편이 아니지 않을까요?

–카테리나[27]

남편과 아내가 큰돈을 써야 할 일로 대화를 나눈다고 상상해 보라. 굳이 루시 앰블러와 그 남편뿐만이 아니라 그런 처지로 전락할지도 모른다고 우려하는 어떤 부부에게나 원망과 배신감, 무력감은 입 밖으로 내기 힘든 말일 것이다. 커다란 씀씀이는 물론 아예 소비 자체를 피해야겠다는 대화가 오고가는 것을 상상하기는 별로 어렵지 않다.

이런 이야기가 만연하고 높은 실업률이 만성화되어 있을 때, 실업자에게 일자리를 제공하는 고용주는 일종의 영웅 취급을 받았을 것이다. 그러나 한편으로 고용주들은 돈을 버는 능력도, 그렇다고 딱히 다른 기술이 있는 것도 아닌 사람을 고용해야 할지도 모른다는 상반된 걱정을 했다. 1936년, 펜실베이니아 긴급구제위원회 행정관은 이렇게 말했다.

고실업 상황과 관련해 또 다른 중요한 요인은—극빈 구제의 근거이기도 한—대공황 이전에 고용주가 계속 일하게 놔뒀던 많은 사람들이 감정적인 이유에서든 혹은 다른 이유에서든 다시는 옛 직장으로 돌아갈 수 없다는 것이다.[28]

고용주는 노동자의 사기와 생산성의 균형을 유지해야 한다. 트루먼 뷸리Truman Bewley는 1990년대 경기침체 시기에 고용주와의 인터뷰를 통해 다음과 같은 사실을 발견했다.

관리자가 직원들의 사기를 우려하는 주된 이유는 그것이 생산성에 영향을 미치기 때문이다. 그들 말에 따르면 노동자의 사기가 낮으면 불평을 늘어놓느라 주의가 산만해진다.

반면 사기가 높을 때에는 작업량이 늘고, 할 일을 마친 뒤에도 오랫동안 남아 동료들을 돕고, 개선안을 제안하고, 회사에 관한 긍정적인 말을 외부에 퍼트린다.[29]

어려운 시기에는 특히 고용주가 직원들의 사기에 민감해진다고 결론지어도 무방할 것이다. 그들은 직원들의 능력을 자주 칭찬하고, 뛰어난 직원의 동기부여에 비록 부정적인 영향을 미치더라도 생산성이 높은 직원이든 그렇지 않은 직원이든 동등한 급여를 지급함으로써 사기를 북돋았다.[30] 뿐만 아니라 감정적인 이유에서든 일터의 사기를 높이기 위해서든 일에 서투른 노동자를 계속 고용했다.

그러나 이 이야기에는 어두운 면이 있다. 대공황이 최악으로 치달았던 시기의 고용주는 비인간적이라는 비난을 듣지 않고도 그럴듯한 변명으로 취약한 직원들을 해고할 수도 있었다. 경기가 나아진 뒤에도 고용주는 직원들을 다시 고용하지 않았고, 정리해고를 당한 이들은 장기 실업 상태에서 벗어날 수 없었다.

## 청바지와 조각 퍼즐

과거에는 작업복으로 취급받던 청색 데님이 대공황 시기에는 현대적이고 감각적인 것으로 인식되기 시작했다. 물론 그 전에도 청데님을 패션으로 이용하던 유명인이 있었다. 이를테면 1877~1880년 인디애나주 주지사였던 제임스 D. 윌리엄스James D. Williams의 별명은 '블루진 빌'이었고, 심지어 그는 공식 석상에서도 청바지를 즐겨 입었다. 한 논평가에 따르면 윌리엄스에게 그 거칠고 질긴 파란색 직물은 평등과 민주주의의 상징이었다.[31]

그러나 청데님이 진정으로 인기를 얻게 된 것은 1930년대에 이르러서다. 1934년에 리바이스Levi Strauss Company가 여성을 위한 최초의 청바지를 출시하며 '레이디 리바이스'라는 이름을 붙였다.[32]

1936년에는 최초로 청바지 뒷주머니에 로고를 부착했다. 〈보그〉는 1930년대에 청바지를 입은 모델을 최초로 표지에 내세웠고, 여성들은 새 청바지가 낡고 해진 것으로 보이도록 일부러 찢어 입었다.[33]

청바지는 수십 년에 걸쳐 다양한 문화와 연계되었다. 1920년대와 1930년대의 청바지 문화는 '멋있는 가난' 문화와 카우보이 이야기, 그리고 목장 문화에 포함되었다. 1940년대에는 각기 다른 문화와 연결되었는데, 첫째는 2차 세계대전의 리벳공 로지였고 그 후에는 10대 고등학교 문화와 젊은이의 반항, 그리고 여성 해방이었다.[34] 청바지 패션이 폭발한 것은 1950년대였다.[35] 1955년 영화 「이유없는 반항」에서 미남 배우 제임스 딘이 선풍적인 반응을 일으킨 것이었다. 더구나 그는 영화가 개봉하기 한 달 전에 스포츠카를 몰다가 24세의 젊은 나이에 세상을 뜨고 말았다. 그의 죽음은 안타까운 일이었지만 영화 홍보에 있어서는 거의 완벽한 사건이었다. 일부 팬들은 거의 극단적인 반응을 보였다. 런던의 우편 트럭 운전수인 더글러스 구달은 청바지를 즐겨 입는 것은 물론 1958년까지 「이유없는 반항」을 400번 이상 봤으며 법적으로 이름을 제임스 딘으로 개명했을 정도였다.[36]

그러나 그즈음 청바지 내러티브는 가난에 대한 연민과의 연결성을 잃고 경제적 내러티브로서의 위치를 상실하고 있었다. 그럼에도 도처에 퍼진 청바지는 저렴한 가격과 실용성, 내구성, 그리고 패션에 대한 타인의 결정 등에 힘입어 오늘날까지도 계속 유행하고 있다.

'멋있는 가난'과 연결된 또 다른 유행은 그림 조각 퍼즐이었다. 퇴근 후 집에서 조용한 시간을 보내려는 일부 사람들은 신문가판대에 석간신문과 함께 놓인, 마분지로 만든 저렴한 퍼즐을 사들고 집으로 돌아왔다. 어느 순간 그림 조각 퍼즐이 어디서나 인기를 끌게 되었고, 사람들은 궁금해하기 시작했다. "인간의 뇌에 숨어 있던 어떤 심리학적 기벽이 마분지 상자에 든 이상한 조각들이 덜걱거리는 소리에 갑자기 튀어나온 것일까?"[37]

자전거와 청바지, 마분지 조각 퍼즐은 대공황의 열악한 경제 상황이 초래한 합리적인 결과일지도 모른다. 모두 가격이 저렴했기 때문이다. 또한 이런 상품에 대한 열렬한 반응은 대공황 시기에 사람들이 왜 값비싼 제품을 구입하지 않는지를 설명하는 데 도움이 될지도 모르겠다. 어쩌면 대공황이 그토록 극심한 수준으로 장기화된 이유까지도 규명해 줄 수 있을 것 같다.

1920년대 사람들이 자전거를 타지 않은 이유는 그들이 부자여서가 아니라 그저 그것이 이상한 일이었을 수도 있기 때문이다. 남들이 자전거를 타고 출근한다는 내러티브를 들었을 때에야, 혹은 남들 모두 집에서 퍼즐을 맞추며 저녁 시간을 보낸다는 이야기가 귀에 들렸을 때에야 사람들은 남들과 똑같은 일을 시도했을 것이다. 그러고는 수년 동안 이를 지속함으로써 더 값비싼 형태의 교통수단과 오락거리 시장을 침체시키고 따라서 경기 회복을 지연시킨 것이다. 마찬가지로 근사한 새 주택을 짓는 일이 나쁜 취향이고 남들의 적의를 불러온다고 생각했다면 그것은 새 집을 짓지 않는 좋은 이유가 될 수 있다. 이는 대공황 당시 주택 건설 사업이 실질적으로 중단된 이유이기도 하다.

우리는 여기서 경제적 역학, 즉 시간의 흐름에 따른 상품과 서비스에 대한 수요의 변화가 내러티브의 미묘한 변화에 달려 있다는 사실을 관찰할 수 있다. 대공황이 진행되면서 대중이 '멋있는 가난' 문화에서 벗어나게 된 것은 빈곤 내러티브가 변화했기 때문일 것이다. 1932년 〈워싱턴 포스트〉의 기사를 읽어보자.

> 그러나 이제 또 다른 전환점이 발생했다. 이제 가난하다고 암시하는 것은 더 이상 근사한 일이 아니다. 누군가 현명하지 못한 투기로 돈이나 주식을 잃었더라도, 세계적인 격변을 이용해 이를 만회할 수 있는 충분한 시간이 있었다. 만일 그가 여전히 가난하다고 주장한다면, 글쎄, 그건 그가 그동안 아무것도 하지 않았다는 의미가 아닐까?[38]

우리는 여기서 어떤 결론을 도출할 수 있는가? 1933년이 되자 사람들이 돈을 쓰기 시작하면서 부분적으로나마 경기가 조금씩 회복되기 시작했다. 왜냐하면 가난은 더 이상 근사한 게 아니었기 때문이다. 이 모든 내러티브들은 대공황의 원인과 결과가, 합리적인 투자 행동에 관한 경제학자들의 단순한 설명을 넘어서서, 그 이상으로 확장된다는 사실을 가리킨다.

대공황 이후 근검절약과 연민 내러티브의 쇠퇴는 여러 경제 동향을 설명하는 데 도움이 된다. 토마 피케티Thomas Piketty가 2014년 저서 『21세기 자본』에서 설명한 것처럼, 근검절약 내러티브의 쇠퇴는 상위 1퍼센트가 국가 소득을 독식한 것과 같은 불평등의 증가와 연관이 있을 공산이 크다.[39] 또한 이는 루이스 우치텔리Louis Uchitelle가 2006년 저서 『일회용 미국인*The Disposable American*』에서 언급한 것처럼 직원들에 대한 경영진의 충직함이 장기적으로 하락한 것과도 관련된 것으로 보인다.[40] 검소함과 연민을 경시하는 내러티브는 도널드 트럼프가 2007년에 빌 잰커Bill Zanker와 함께 쓴 『억만장자 마인드*Think Bing and Kick Ass*』에서도 나타난다.[41]

근검절약 내러티브는 1990년 이후 일본에서 기존과는 다른 이야기와 등장인물로 다시 등장했다. 1980년대에 고공비행하던 일본 경제는 1990년대에 이르러 '잃어버린 10년'에 자리를 내어주었고, 미국과 유사한 근검절약과 연민 내러티브를 받아들였다. 〈워싱턴 포스트〉는 1993년에 이러한 내러티브에 대해 설명했다.

> 한때 아낌없이 지출하던 일본 소비자들은 이제 새로운 모범 시민을 본받아야 한다. 18세기의 은둔 수도승이었던 다이구 료칸은 무욕의 삶을 위해 모든 것을 포기한 인물이다. 료칸은 최근 황금시간대에 방영되는 TV 드라마와 잡지 표제 기사의 주인공이다. 그를 비롯해 다른 금욕주의자들을 다룬 책인 『청빈의 사상』은 9월 이후 350,000부의 판매량을 기록했다.
>
> 오늘날의 소비자들은 이 고귀한 료칸의 삶을 모방하고 있는 듯 보인다. 이들은 경기 활황과 금융시장 상승 덕에 마음껏 누릴 수 있었던 5년

간의 화려한 생활을 버리고 허리띠를 졸라매고 있다.[42]

다이구 료칸은 그의 자비로운 심성과 베풂에 관한 수많은 일화로 유명하다. 그는 모기와 이가 자신의 피를 빨아도 연민으로 내버려두었고, 도둑이 그에게서 훔쳐갈 것이 아무것도 없다는 사실을 알고 낙담하자 입고 있던 옷을 내주었다.[43] 물론 대부분의 일본인은 그렇게까지 극단적이지 않았지만, 일본의 '잃어버린 10년' 동안 이 새로운 미덕은 꾸준히 칭송받았다.

## 아메리칸드림과 유사한 내러티브들

제임스 트러슬로 애덤스James Truslow Adams가 '아메리칸드림'이라는 표현을 처음으로 사용한 것은 〈뉴욕 타임스〉 베스트셀러인 1931년 작 『미국의 내러티브시*The Epic of America*』의 초판본이었다. 프로퀘스트에서 검색해 보면 이 단어는 실제로도 1931년 이전에는 등장하지 않는다. 1929년과 1930년에 편안한 잠자리를 보장하는 침대 스프링을 '미국의 꿈American dream'이라고 선전하는 광고물을 제외하면 말이다. 그림 11.1에서 볼 수 있듯 애덤스의 아메리칸드림American Dream은 바이럴이 되었고, 100년 전부터 사용되던 '미국의 특성American character', '미국의 원칙American principle', '미국의 신조American credo'와 같은 유사한 표현들을 빠르게 압도했다. '아메리칸드림'은 애덤스가

그림 11.1 '아메리칸드림'의 언급 비율

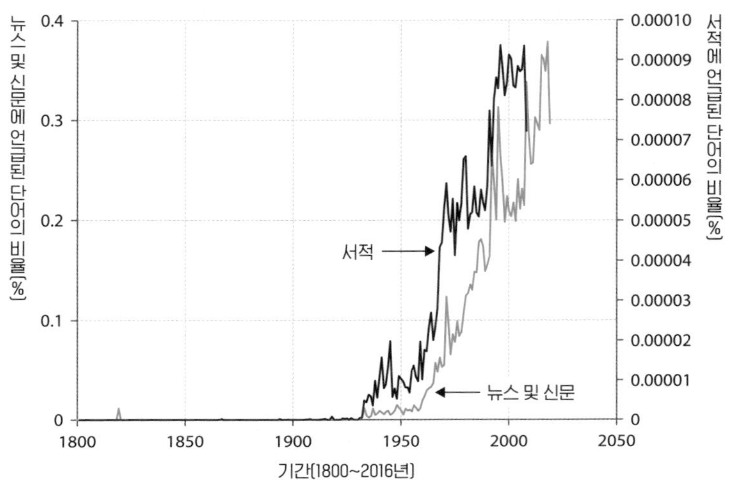


창시자인 제임스 트러슬로 애덤스가 살아 있었을 당시 아메리칸드림의 유행은 거의 시작되지도 않았다. (출처: 구글 엔그램 뷰어, 비평활화, 프로퀘스트 데이터를 사용한 저자의 계산)

처음 이 표현을 사용한 지 거의 1세기가 지난 지금까지도 꾸준히 확산 중이다. 1949년에 사망한 애덤스는 이 유행의 발단만을 목격한 셈이다.

애덤스는 아메리칸드림을 다음과 같이 정의한다.

> 아메리칸드림, 그것은 모든 이들이 보다 훌륭하고 부유하고 풍족한 삶을 살 수 있는 땅을 꿈꾸는 것이다. 본인의 능력과 성과에 따라 기회가 주어지는 꿈은 단순히 비싼 자동차를 사거나 돈을 많이 버는 것이

아니다. 모든 사람들이 타고난 능력에 합당한 위상을 성취하는 것이며, 신분의 고하高下나 지위와 상관없이 오직 본인의 능력만으로 남들에게 인정받는 것이다.[44]

어떤 이들은 애덤스의 정의가 바이럴이 될 만한 강렬한 선언이 아니라, 어떤 국가에나 통용되는 평범하고 무난한 이상이라고 할 것이다. 실제로 이는 중국 주석 시진핑의 중국몽中國夢이나 전 프랑스 대통령인 프랑수아 올랑드의 르베 프랑세rêve français, 캐나다 국민의 이상National Dream과 비슷하게 들린다(사실 이 모두는 애덤스의 이상을 모방한 것이다). 하지만 아메리칸드림에는 그 핵심 개념을 천천히 그러나 꾸준하게 전파시키는 독창적이고 매력적인 어떤 요소가 있음이 분명하다.

'아메리칸드림'이라는 표현에서는 미국의 가치를 드러내는 진실된 울림이 느껴진다. 미국은 신분제도 없고 작위나 귀족도 없으며, "모든 인간은 평등하게 태어났다."고 시작되는 독립선언문을 갖고 있고, 정부의 큰 개입 없이 자유롭게 사업 활동을 할 수 있는 자랑스러운 국가다.

그러나 동시에 미국은 1861년까지 노예제가 시행되었던 나라이기도 하다. 노예제도는 인간 평등을 선언한 국가의 사명과는 일치하지 않는 혐오스럽고 수치스러운 제도였다. 노예제가 폐지된 후에도 미국 흑인들은 오랫동안 평등한 대우를 받지 못했다. 그러나 '미국'과 '꿈'이 결합하면서 아메리칸드림은 더 나은 사회 질서를 갈망했고, 모든 남녀가 타고난 능력에 합당한 위상을 성취하는 것으로 정의했다. 이상적인 미래, 그것이 바로 그들의 꿈이었다. 현재에 부분적으로 충족되었고 언젠가 미래에 완벽하게 충족될 근본적이고 열렬한 소망. 애덤스가 아메리칸드림이 "비싼 자동차를 사거나 많은 돈을 버는 것이 아니다."라고 말한 것으로 볼 때, 그는 미국인의 꿈이 '어느 정도' 그런 물질적인 소망과 관련되어 있다는 점을 인식하고 있는 것으로 보인다. 사람들은 당연히 가족을 부양하고 높은 생활수준을 누리고 싶어 하지만 그러면서도 동시에 모두가 같은 목표를 성취할 수 있는 기회를 누릴 수 있길 소망한다.

아메리칸드림이 바이럴이 되기 전인 1930년대, 이에 대한 논의는 지적이고 이성적인 형태로 이뤄졌다. 이를테면 1933년 조지 오닐George O'Neil의 희곡 「아메리칸드림」은 미국 사회가 진정으로 이 꿈을 포용할 수 있는지 고찰한다. 1960년에는 에드워드 올비Edward Albee가 똑같이 「아메리칸드림」이라는 제목의 또 다른 지적 연극에서 소비주의에 대해 보다 신랄하게 비판했다. '아메리칸드림'이라는 단어는 미국 그 자체를 솔직하게 논할 수 있도록 했다. 미국에서 경제적 성공을 이루고자 하는 발상에 비판적인 일부 지식인들은 아메리칸드림을 반어적으로 사용했지만, 다른 지식인들은 그것이 미국의 진실된 특성을 포착했다고 여겼다.

예를 들어 인권운동가인 마틴 루터 킹 주니어Martin Luther King, Jr.는 그 유명한 연설인 "나에게는 꿈이 있습니다."에서 '아메리칸드림'이라는 표현을 활용했다. 1963년 8월 28일, 워싱턴 D.C.를 향해 행진하던 중 워싱턴 기념비부터 링컨 기념관까지 가득 메운 거대한 군중 앞에서 그는 "언젠가 이 나라가 모든 인간은 평등하게 태어났다는 자명한 진실을 받아들이고, 이 진정한 의미를 신조로 따르며 살아갈 날이 오리라 확신하고 있다."고 말했다.

1983년 의회는 킹 주니어 목사의 생일을 국가공휴일로 지정했다. 로널드 대통령은 법안에 서명하면서 "나에게는 꿈이 있습니다." 연설을 인용했다. 같은 해에 킹 목사의 부인인 코레타 스콧 킹Coretta Scott King은 이렇게 말했다. "우리가 마틴의 꿈을, 아메리칸드림을 실현할 수 있게 도와주십시오."[45] 우리는 역사 속에서 일견 소소하고 예기치 못했던 이러한 순간들이 강력한 내러티브의 근간을 점진적으로 구축했고, 그 뒤로도 수십 년에 걸쳐 전염과 확산을 통해 계속 성장해 왔다는 것을 알 수 있었다.

이미 앞에서 여러 번 언급한 유명인 요소는 이 내러티브에서도 예외 없이 작용하고 있다. 마틴 루터 킹 주니어는 많은 사람들에게 영감을 준 인물이며, 아메리칸드림을 실현하기 위해 투쟁하던 도중 암살되었고 그로써 내러티브는 더욱 힘을 얻었다. 그는 제임스 트러슬로 애덤스를 젖히고 아메리칸드림 내러티브의 전염성을 증가시키는 데 필요한 인간적 흥미를 미국인의 집단의식 속에 불어넣었다. 실제로 애덤스는 자신의 이름이 붙은 내러티브를 퍼트리기에는 그다지 잘 알려진 유명인이 아니었다. 킹의 연설 이후, 프로퀘스트에서 제임스 트로슬로 애덤스가 함께 언급된 '아메리칸드림'의 검색 결과는 전체의 1퍼센트의 10분의 1에 불과하지만, 마틴 루터 킹 주니어를 언급한 결과는 3퍼센트에 이른다.

궁극적으로 아메리칸드림의 일반적인 내러티브는 모두의 번영을 바라는 마음을 상업적이거나 이기적으로 보이지 않게 포장한다. 이는 사람들이 자신의 탁월함과 우월감을 증명하기 위해 시작된 소스타인 베블런Thorstein Veblen의 과시적소비 아이디어를 완전히 반대로 뒤집는다. 그 결과 아메리칸드림은 제품을 홍보할 때 잠재 구매자가 새로운 집이나 자가용 같은 소비에 불편함을 느끼지 않게 하는 데 무척 유용하게 활용되었다. 프로퀘스트에 따르면 '아메리칸드림'이라는 단어의 절반 이상이 신문 기사가 아니라 광고에서 사용되었다.

### 아메리칸드림의 변이

1930년대와 1940년대에 '아메리칸드림'이라는 문구를 사용했던 광고는 대부분 지적인 상품을 홍보했다. 책이나 연극, 설교처럼 말이다. 그러나 시간이 지나고 이 문구의 전염이 확산될수록 내러티브는 다른 차원으로 진화하기 시작했다. 어느새 아메리칸드림은 내 집을 마련하는 꿈으로 바뀌었고, '내 집 마련'이라는 발상에는 애국심과 지역사회에 대한 헌신이 함축되어 있었다. 광고에서 이 문구를 사용하는 횟수가 줄어드는 와중에도 아메리칸드림 내러티브는 계속해서 주택 구입에 대한 지출을 정당화했다. 프로퀘스트의 검색 결과에 따르면 1931년 이후 '아메리칸드림'이라는 단어가 사용된 자료 중 3분의 2 이상이 '집' 또는 '주택'이라는 단어를 포함하고 있다.

아메리칸드림은 정부 정책이 주택 거품을 지원하는 것을 정당화하는 데 사용되었고, 결과적으로 그 거품은 2007~2009년 금융위기에 대대적으로 붕괴됐다. 주택 거품이 최대로 부풀었던 2003년에 미 정부가 지원하는 주택 대출 기관 패니메Fannie Mae는 다음과 같이 광고했다. "아메리칸드림이 있는 한, 우리가 있습니다." 그 해에 미국 국회와 조지 W. 부시George W. Bush 대통령은 주택 매입 착수금을 지원하는 아메리칸드림 착수금 지원법American Dream Downpayment Assistance Act을 통과시켰다. 1973년 이래 미국 의회에 발의된 법안 및 결의안 중 265개가 제목에 '아메리칸드림'이라는 단어를 포함하고 있다.

조지 W. 부시 대통령은 2004년 미국 대선 운동에서 '소유 사회Ownership Society'라는 슬로건을 내세웠다. 이 운동은 실제로 아메리칸드림을 변형한 것이었다. 부시는 사람들의 소유권을 존중하고, 사람들에게 주인의식이 있는 사회여야 한다고 주창했다. 다시 말해 자기 자신에 대해 책임을 져야 한다는 의미였다. 2002년에 그는 "여기, 이곳 미국에서 내 집을 마련하는 것은 곧 아메리칸드림을 실현하는 것입니다."라고 말했다. 그는 자가 주택을 소유한다는 것이 얼마나 행복한 일인지 소리 높였다. "여러분이 할 일은 악수를 하고, 그들의 이야기에 귀를 기울여 듣고, 그들이 주방과 계단을 자랑스럽게 보여주는 모습을 보는 것뿐입니다."[46]

이는 애국심에 대한 호소가 실제로 제품 마케팅을 강화했을 수도 있다는 사실을 보여준다.[47] 그러한 내러티브는 '아메리칸드림'이라는 단어를 애국심과 도덕적 공정성을 결부시킴으로써 미국의 주택 보유율을 크게 증가시켰으며, 경기 또한 전반적으로 상승시켰을 것이다.

결과는 긍정적인 동시에 부정적이었다. 아메리칸드림 내러티브는 고급 자동차와 호화 주택, 그리고 다른 값비싼 제품과 서비스를 구입하고자 하는 욕구를 정당화했다. 또한 직접적으로는 소비자 수요를, 간접적으로는 정부 지원이나 미래의 정부 지원을 통해 주택 시장이 잘못될 리가 없다는 확신을 불어넣음으로써 부동산 경기를 자극했을 것이다. 내 집 마련에 대한 욕구를 내포한 아메리칸드림은 2007~2009년 금융위기 전까지 미국 주택 시장이 호황을 누리는 데 큰 역할을 수행했고, 그 결과 금융위기를 더욱 심각한 수준으로 악화시켰다.

오늘날 아메리칸드림 내러티브는 대공황 때의 근검절약 내러티브와는 대조적으로 과시적소비와 화려한 주택의 소유를 정당화한다. 또한 아메리칸드림 내러티브는 성취에 대한 자부심과, 그것이 도덕적으로 공정하다는 느낌을 정당화하기도 한다. 다음 장에서 살펴볼 금본위제 내러티브 역시 이와 비슷한 도덕적 주제를 내포하고 있다.

## 12
## 금본위제 vs. 복본위제

영속적 경제 내러티브 중에서 특히 두드러진 것은 1세기 전부터 오늘날까지 활발하게 작용하고 있는 금본위제 내러티브다. 가령 도널드 트럼프 대통령은 미국이 금본위제로 회귀해야 한다고 거듭 주장하고 있다. 2017년, 인터뷰에서 그는 이렇게 말한다.

> 우리는 과거에 아주 튼튼하고 안정적인 나라였다. 금본위제를 사용하고 있었기 때문이다. 금본위제를 부활시키는 것은 아주 어려운 일이겠지만, 맙소사, 그렇게만 된다면 정말 좋을 것이다. 우리는 우리의 돈을 기반으로 하는 본위 제도를 갖춰야 한다.[1]

간단히 설명하자면, 금본위제를 복원한다는 것은 가치가 고정된 금으로 국가 통화를 평가한다는 얘기다. 정부는 요구가 있을 시 화폐를 같은 액수의 금으로 태환하거나 역으로 금을 화폐로 교환해 주기로 약속함으로써, 해당 화폐는 금과 완벽하게 태환이 가능한 태환화폐로서 기능하게 된다. 금본위제는 1971년에 국제적으로 완벽히 폐지되었고 이후 우리는 불환화폐를 사용하고 있다. 다시 말해 우리가 현재 사용하는 화폐는 실물로 뒷받침되지 않는다.

세계의 중앙은행들은—유명한 캐나다 은행을 제외하고는—금이 더 이상 통화를 뒷받침하지 않음에도 여전히 금을 보유한다.[2] 세계 금협회World Gold Council에 따르면 세계 각국의 중앙은행 및 재무부는 총 33,000미터톤의 금을 보유하고 있으며, 이는 미국 달러로 약 1.4조의 가치를 지닌다.[3] 그러나 금이 더 이상 화폐를 뒷받침하지 않는데 중앙은행은 어째서 여전히 금을 보유하는가?

미국의 하원의원 론 폴Ron Paul은 연방준비제도 의장인 벤 버냉키Ben Bernanke에게 연준이 다이아몬드가 아니라 금을 보유하는 이유에 대해 물은 적이 있다. 버냉키는 매우 솔직하게 답변했다. "전통이라 그렇습니다. 아주 오랫동안 내려온 전통이지요."[4] 버냉키는 만일 중앙은행이 금 보유고를 포기한다면 대중이 불안해할지도 모른다는 내러티브를 지칭한 게 분명하다. 심지어 어떤 이들은 미국이 아직도 금본위제로 회귀할 의향이 있거나, 또는 일부러 이에 대해 확언하지 않고 있다고 생각한다.

우리는 이 장에서 금과 돈에 대한 내러티브가 오늘날 가상화폐 내러티브와 감정적 특성이 유사하다는 것을 보게 될 것이다. 금과 돈과 혁신에는 어딘가 신비로운 데가 있고, 그 주제를 다루는 어려운 이론 역시 어딘가 신비한 데가 있다. 이러한 불가사의한 느낌은 뭐라 설명하기가 힘들다.

금과 금본위제에 관한 이야기는 절대로 단순하지 않다. 실제로 금본위제의 역사는 장기 디플레이션 및 다른 경제적 문제와 오랫동안 연관되어 왔다. 뿐만 아니라 금본위제 내러티브는 역사적으로 매우 격렬한 사회 분열을 초래했으며 그런 점에서 최근의 암호화폐와 상당히 유사하다. 먼저 이 기나긴 금본위제 전통과 19세기의 금 열풍에 대해 살펴본 다음 그것이 어떻게 오늘날까지 지속되고 변이되어 암호화폐의 형태로 재등장했는지 알아보자.

## 1873년의 범죄와 감정적 분열

미국은 율리시스 S. 그랜트Ulysses S. Grant 대통령이 1873년에 금본위제법을 더욱 구체화한 화폐주조법Coinage Act에 서명하면서 달러를 오직 금으로만 교환할 수 있는 금본위제를 확립했다. 1873년 이전까지만 해도 미국은 그렇게 부르지만 않았을 뿐 금은복본위제를 사용하고 있었고, 1834년의 화폐주조법은 은과 금의 교환 비율을 16 대 1로 규정하고 있었다. 1873년 화폐주조법은 금본위제를 둘러싼 국제통화 표준화의 일환이었다.[5] 그러나 미국은 그 뒤로 20년 동안 소비자물가 하락인 디플레이션을 꾸준히 겪었고 일부 논평가들은 1873년의 화폐주조법을 일종의 범죄로 규정했다. 디플레이션은 특히 담보대출이 걸린 농장에서 판매하는 곡물의 가격을 낮추고 채무의 실질가치를 높여, 채무자인 농부들을 더욱 가난하게 만들었기 때문이다. 또 구매에 큰돈을 소비하는 사람들 역시 조금만 더 기다리면 물건을 더 싸게 살 수 있다는 것을 알고 실망했다. 따라서 대중은, 특히 농부들은 도덕적 분노에 휩싸였고 복본위제로 돌아가자는 목소리를 높였다.

19세기 후반의 국제적 논쟁거리였고, 미국에서 거대한 힘을 가졌던 복본위제는 화폐를 금과 은, 2개의 기준으로 뒷받침하는 제도다. 명목화폐를 소유한 사람들은 무엇으로 돈을 교환받을 수 있을지 선택할 수 있었다. 미국에서 명시된 금본위제에 따르면 1달러의 가치는 금 1/20.67온스와 같았다. 따라서 16 대 1 비율의 복본위제하에서는 해당 무게의 금 또는 그의 16배에 달하는 은을 지불하도록 선택할 수 있었다. 복본위제를 주창하는 세력은 마치 정치 세력처럼 '은화자유주조운동가silverites'라고 불렸는데, 실제로 민주당과 결탁을 맺고 있었다. 은화자유주조운동은 미국을 복본위제로 되돌리는 데 성공하지는 못했지만 1890년 무렵 갑자기 인기를 얻기 시작했다.

그러나 1890년대에 두 금속의 시장가치 비율은 약 30 대 1을 가리키고 있었다. 이는 복본위제를 시행할 경우 채무자가 은으로 빚을 지불한다면 거의 절반가에 탕감할 수 있다는 의미였다. 그렇게 되면 미국 달러로 표기된 모든 채무 가치의 절반이 불이행될 것이었다. 따라서 금본위제 지지자들은 자신들이야말로 진실과 정직을 수호하는 이들이라고 여겼다.

그림 12.1에서 보듯이, '금본위제gold standard'라는 용어는 20년간의 특정 시기를 제외하면 영어로 쓰인 책이나 신문, 잡지에 그리 자주 등장하지 않는다. 그 특정 시기는 바로 1890년대와 1930년대다. 2000년 이후 상승세를 보이고 있긴 하지만 이 경우 'gold standard'는 대개 '최고의 기준'을 의미한다. 1890년대와 1930년대는 실업률을 기준으로 할 때 미국 역사상 가장 심각한 불황기였다. 금본위

그림 12.1 '금본위제'의 언급 비율

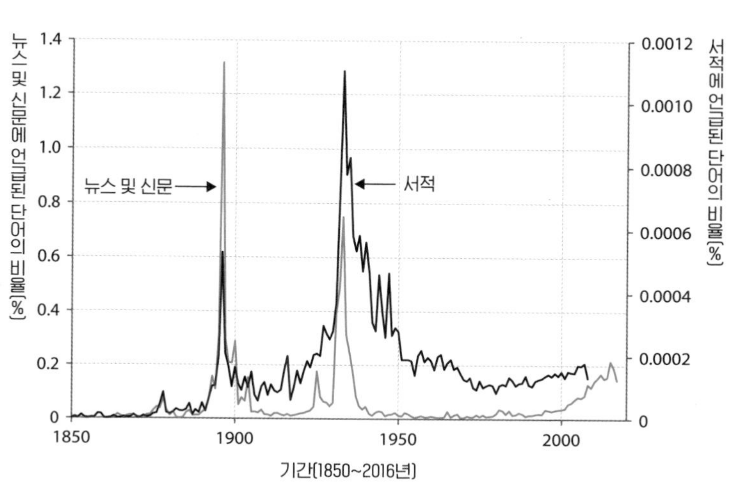


이 단어는 수십 년 간격으로 유행했는데, 두 번 모두 극심한 불황과 관련이 있다.
(출처: 구글 엔그램 뷰어, 비평활화, 프로퀘스트 데이터를 사용한 저자의 계산)

제가 불황기에 가장 많이 논의되었다는 사실은 금본위제 내러티브가 심각한 불황과 관련이 깊다는 추측을 가능케 한다. 두 시기 모두 금본위제를 평가절하하여 더 적은 돈으로 빚을 갚을 수 있게 하자는 담론이 유행했다. 또한 금본위제의 종말은 전통적이고 정직한 관습을 사라지게 하는 것이라며 불평이 쇄도했다. 사람들은 조상들의 지혜에서 비롯된 것들을 중요하거나 참된 가치라고 생각하며 자연스럽게 아끼는 것 같다.

'평가절하devaluation'라는 단어가 영어에 편입된 것은 1914년의 일이다. 처음에는 단순히 통화 가치의 감소를 의미했으며, 1930년대부터 점차 확산되기 시작했다. 처음으로 극심한 불황을 맞았던 1890년대에는 이런 단어가 존재하지 않았다. 그러나 1930년대에 은화자유주조 내러티브가 재등장했고, 1890년대 그들의 반대파는 복본위제를 채무불능이라는 수치를 피하기 위한 부정직한 시도로 인식했다.

1895년 4월, 〈애틀랜타 컨스티튜션〉이 당시 바이럴이 되고 있던 16 대 1 복본위제로 회귀하자는 담론에 대한 기사를 실었다.

헵번 하원의원은 휴회기간이 시작된 이래 아이오와주에서 한 달 가량을 보내고 드디어 우리 도시를 방문했다. 의원의 말에 따르면 그의 선거구에 속한 모든 카운티와 다른 주의 다양한 지역들을 방문한 결과, 미국의 모든 국민이 은 문제에 열광하고 있음을 알게 되었다고 한다. 실제로 그것은 사람들의 유일한 관심사다. 우체국이나 길거리에 있든, 기차역이나 식료품점에 있든, 또는 자동차를 타고 있을 때든 상관없이 두 사람 이상 만나기만 하면 다른 주제는 대두되지도 않는다. 양당의 지지자 모두 미 정부가 유럽 국가들의 정책과는 상관없이 은화의 자유로운 주조를 허용해야 한다는 동일한 정서를 공유하고 있다.[6]

복본위제에 대한 지지는 지리적, 그리고 사회계층적인 특성을 띠고 있었다. 동부 지식인층은 금본위제를 선호하는 반면 농업종사자가 대부분인 서부에서는 복본위제를 지지했다. 금본위제를 옹호하는 사람들이 교향악곡을 좋아했다면 은화자유주조운동가들은 권투시합을 즐겨 봤다. 어떤 면에서 은화자유주조운동가들은 호전적인 성향을 띠고 있었다. 1897년에 〈뉴욕 타임스〉는 "은 신봉주의에는 그들의 선천적인 야만성을 끄집어내어 원시인들의 미개한 원칙과 난폭한 방식에서 환희를 느끼게 하는 무언가가 있는 것일까?"라고 물었다.[7]

이제 복본위제에 대한 논의는 강렬한 감정적 의미를 내포하기 시작했다. 한 논평가는 동부인들에게 은화자유주조운동가들을 조롱하지 말아달라고 호소했다.

일부 동부 사람들은 서부의 은자유주조운동의 성격과 그 위력에 대해 착각하고 있거나 의도적으로 오해하고 있는 것 같다. '서부의 광증', '평원 깡패들', '게으름뱅이', '광산 강도들', '낙오자들', '먹튀', '무정부주의자' 같은 욕설을 퍼붓는 것은 서부의 분노와 적의를 자극하는 것 말

고는 아무 효과도 없다.[8]

논평가는 대부분의 서부인이 실제로 동부 출신 이주자라는 점을 따져봤을 때, 서로의 인식 차이가 그토록 멀리 벌어져 있다는 것에 더욱 놀라움을 표했다. 그는 계속해서 서부 은화자유주조운동가들이 공유하는 감정적 사고 군집에 대해 설명한다. 특히 미국의 본위제도를 변경하기 위해선 미묘하고 섬세한 국제 협상이 필요하다고 주장하는 통화 전문가들에 대한 적대심에 대해서 말이다. 결과적으로 그는 지역중심적 사고의 전염에 대해 과소평가했다.

복본위제의 유행은 미국에만 국한된 게 아니었다. 1894년 런던에서 개최된 국제 복본위제회담International Bimetallism Conference은 금본위제로 인한 점진적인 장기 디플레이션 때문에 전 세계 농업 산업의 침체가 야기됐다고 지적했다.[9] 회담 기록에 따르면 그로써 가장 큰 고초를 겪은 국가는 미국이었으며, 다른 주요 국가들은 복본위제에 대한 지지가 미국만큼 두드러지지 않았다.

미국에서 복본위제 논란이 절정에 이르렀을 즈음, 동부 지식인들의 콧대 높은 태도는 명백한 반감을 불러일으켰다. 우리는 이 반감에 또 다른 내러티브가 작용하고 있다는 사실을 알 수 있다. 1894년에 출간된 변호사 윌리엄 호프 하비Willam Hope Harvey의 저서 『코인의 금융 학교Coin's Financial School』는 1890년대 중반, 불경기가 한창일 때 출간되었다. 이 책은 복본위제를 옹호하고 있는데, 혹자는 어떻게 이런 어렵고 골치 아픈 문제에 관한 책이 미국에서 베스트셀러가 될 수 있었는지 의아해할지도 모르겠다. 심지어 미국의 인구가 오늘날의 약 20퍼센트에 불과하던 시절에 백만 부나 팔렸으니 말이다. 하지만 이 책에는 많은 삽화가 삽입되어 있었을 뿐만 아니라 가상의 대화라는 재미있는 형식을 띠고 있었다. 이 책 『코인의 금융학교』에서 '코인Coin'이라는 이름의 어린 금융가는 끊임없이 반문을 던지는 청중과 신문기자들에게 복본위제가 왜 바람직한지 강의한다. 기자들이 코인의 첫 번째 강의 내용을 신문에 보도하자 기득권층과 교수, 은행가들이 소년의 오만한 태도에 화를 내게 되고, 결국 두 번째 강의에 대거 참석한다. 책 속의 대화에 참여하는 시카고대학의 정치경제학장 로플린Laughlin 교수는 실재하는 인물로서 어린 코인에게 금본위제와 관련된 사실을 제시하며 창피를 주려 하지만, 어린 코인은 그가 로플린 교수보다 현실에 대해 더욱 잘 알고 있다는 것을 사실로 입증한다.[10] 우리는 하비의 저서에서 복본위제 내러티브의 한 가지 핵심 요인을 발견할 수 있다. 바로 콧대 높은 지식인과 전문가보다도 훨씬 명석한 젊은이가 존재한다는 점이다.

### 복본위제와 비트코인

19세기의 복본위제 열풍은 최근의 비트코인 열풍과 흡사해 보인다. 내가 가르치던 예일대 학생들 중에도 비트코인에 열심이던 이들이 있었고, 다른 학생들도 내가 비트코인이라는 주제를 꺼낼 때면 커다란 흥미를 보이곤 했다. 사람들이 비트코인에 매력을 느끼는 이유 중 일부는 그것을 이해하려면 어느 정도의 노력과 재능이 필요하기 때문인지도 모른다. 비트코인은 전통적인 화폐와 마찬가지로 어딘가 신비로운 데가 있다. 사람들은 명목화폐가 어떻게 가치를 지니고 또 유지할 수 있는지 잘 이해하지 못한다.

1장에서 봤듯, 비트코인 이야기는 굉장히 수수께끼 같은 구석이 있다. 사토시 나카모토라는 인물이 발명했고, 그가 수십 억 달러를 벌었을지도 모른다는 내러티브가 궁금증을 더해주지만 나카모토의 정체를 아는 사람은 아무도 없으며, 그가 실존인물인지 확인된 바도 없다. 사실 비트코인 내러티브는 비밀암호와 연관성을 지닌다. 유명한 2차 세계대전 내러티브가 언급될 때마다 회자되는 전쟁 암호처럼 말이다. 똑똑한 사람들만 비트코인을 이해할 수 있고 한물간 기존 세대는 결코 이해할 수 없을 것이라는 생각은 많은 사람들에게 매력적으로 다가온다.

그러니 1세기 전에 윌리엄 호프 하비가 코인을 젊은이로 설정한 것도 우연은 아니다. 1890년대에 화폐 본위제도는 오늘날의 비트코인과 유사한 미스터리를 지니고 있었다. 1890년대의 젊은이들은 돈이라는 것이 정확히 무엇이며, 어떻게 화폐에 가치가 내재될 수 있는지 궁금해했다. 그들은 이렇게 물었을 것이다. "금화라는 것을 거의 본 적도 없고 우리가 실제로 사용하는 화폐라고는 동화와 은화, 지폐뿐인데 어떻게 금본위제가 작동 중이란 말인가? 만약에 은행에 가서 내 금을 돌려달라고 한다면 어떻게 되지?" 그 당시 사람들은 그런 일을 하지 않았을 것이고, 만일 은행에 가서 금태환을 요구하더라도 거절당했을 것이다. 은행은 예금자들에게 종이 달러만 주면 된다는 의무에 만족하고 있었기 때문이다. 그렇다. 심지어 1890년대에도 금본위제는 풀리지 않는 미스터리였다.

## 은화자유주조운동가와 금본위제 지지자

1890년대의 은화자유주조운동가들은 많은 면에서 2016년 미국 대선 당시 도널드 J. 트럼프 지지자들과 닮았다. 두 집단 모두 스스로에 대한 연민으로 가득했고 지식인 집단은 그들을 경멸했다. 1896년 7월에 시애틀을 방문한 〈워싱턴 포스트〉 기자는 다음과 같은 기사를 썼다.

> 열렬한 미국중심주의가 미국 전역으로 퍼져나가고 있다. 그들은 진정한 국가는 미국뿐이며, 미국이 혼자서도 전 세계를 압도할 만큼 강력하다고 믿는다. 그들은 필요하다면 미국이 다른 국가 정부의 동의나 협력 없이도 어떤 법안이든 힘으로 강제할 수 있다고 믿는다. 그들은 제정신이고, 친절하고, 정직하다. 한동안 그들과 함께 시간을 보낸 '선셋' 콕스는 이 서부인들을 "동부 신생 산업의 핵심층"이라고 표현했다.
>
> 수천 명의 서부인들은 오랫동안 살아온 고향 집에서 동부의 신문을 정기적으로 읽었다. 그들은 이제 그 신문들이 자신들을 '바보'니 '무정

부주의자' 같은 이름으로 부른다는 사실을 알게 되었다. 〈뉴욕 선〉의 편집자였던 다나가 서부인들을 멸시하는 형용사를 지어내느라 지쳐 있을 때, 그의 조카이자 양자인 존 K. 다나는 뉴욕주 오크스데일에서 15킬로미터 떨어진 농장에서 조용히 밀밭과 목축장을 운영하고 있었고, 인민당을 지지하는 은화자유주조운동가였다.[11]

경제적 번영을 위한 유일한 길이 금은복본위제라는 생각은 은화자유주조자들 사이에 깊게 자리 잡았다. 그들은 금본위제가 허용된다면 1890년대의 불황이 영원히 지속되리라고 주장했다. 그러나 그들의 생각은 틀렸다. 금본위제는 벌써 수십 년 동안 유지되었고 불황은 결코 영원하지 않기 때문이다. 그러나 이 같은 사고는 은화자유주조 진영 내에서 꾸준히 강화되었으며 콧대 높은 동부 지식인들이 반대하는, 가장 중요한 생각으로 간주되었다. 1896년 대선에 출마한 윌리엄 매킨리는 건전한 화폐제도야말로 전반적 번영으로 가는 길이라고 주장했다.

1817년, 1825년, 1837년, 1841년, 1857년, 1873년과 1893년, 그리고 1896년의 거대한 경제불황과 공황의 역사에 대해 읽어보고 이것이 진실인지 아닌지 생각해 보십시오. 11월 선거에서 건전한 화폐와 보호주의의 승리는 신뢰를 회복하고 모든 사업 분야에 도움이 될 것이며, 그렇게 되었을 때 여러분의 사업은 전반적 번영을 이룩하고 발전과 이윤을 나누게 될 것입니다.[12]

여기서 암시하는 바는 대개 시골의 무지한 농부들로 구성된 은화자유주조운동가들이 역사를 읽지 않는다는 것이다. 그러나 불황이 영원히 지속되리라는 믿음은 그들 사이에 계속 퍼져나갔고, 그러한 생각은 소비와 투자를 위축시켜 번영에 걸림돌이 되었다.

한편 금본위제를 열렬하게 지지하는 이들은 '황금광gold bugs'이라고 불렸다. 이 단어는 1874년에는 드물게 사용되었으나 이어 언덕 모양의 감염곡선을 그리며 유행하기 시작했으며, 1890년대의 경제 불황이 절정에 이른 1896년에 정점에 달했다. 1896년 미국 대선에서 매킨리McKinely가 윌리엄 제닝스 브라이언을 누르고 당선되었을 때, 바이럴이 된 우스갯소리 하나가 있다. 은화자유주조운동가가 황금광에게 물었다. "장군님General 봤어?" 상대방이 대답한다. "무슨 장군General who?" 그 대답은 대선 기간에 매킨리가 사용했던 "전반적 번영general prosperity"이다. 이 농담은 1897년 대선이 끝나고 1년가량이 지났을 즈음 수그러들었다. 경제가 회복할 기미를 보이기 시작하면서 그 효력을 잃은 것이다.[13]

## 내러티브로 촉발된 1893년 예금인출 사태

미국의 1893~1899년 공황은 1893년에 일련의 예금인출 사태가 발생하면서 상당히 갑작스럽게 시작되었다. 예금주들이 돈을 인출하기 위해 은행으로 달려갔고, 그 결과 그들이 두려워했던 은행 도산 사태에 불을 당긴 것이다. 그렇다면 이 사태는 애초에 어떻게 촉발된 것일까?

한 가지 원인은 바로 1893년 4월 17일에 시작된 루머였다. 미국 재무부가 더 이상 재무성 채권을 금으로 태환하지 않고 은으로만 지불할 것이며 따라서 원래 가치의 절반 정도만 되돌려 받을 수 있을 거라는 소문이었다. 이 소문은 재무부의 준비기금이 하락하고 있다는 뉴스를 제외하고는 실질적으로 아무 근거도 없었다. 신문들은 재무부의 준비기금이 1억 달러 이하로 감소했다는 사실을 대서특필했지만, 이는 정확한 숫자도 아닌 어림짐작일 뿐이었다. 그러나 예금인출 사태를 직면한 것은 재무부도 아니고 상업은행들이었다. 후에 〈뉴욕 타임스〉의 금융 부문 편집자가 된 알렉산더 다나 노이스는 1898년에 이렇게 평했다.

> 공황은 본질적으로 합리적인 현상이 아니다. 1893년의 금융 공포는 법정화폐(연방정부 발행지폐)의 평가절하에서 비롯되었지만, 겁먹은 예금주들이 가장 먼저 취한 행동은 상업은행에서 법정통화를 인출하는 것이었다.[14]

노이스는 예금주들이 상업은행에서 예금을 인출한 이유로 그저 그들에게 익숙하며 유일하게 돈의 형태였던 것이 지폐였을 뿐이라고 주장한다. 그러니까 법정 화폐의 금태환과는 아무 연관이 없는 것이다. 또한 지역 은행에서 예금을 인출한 이유는 과거 금융위기에 관한 유명한 내러티브에서 다른 사람들이 그렇게 했기 때문이었다. 다시 말해, 사람들은 그저 예전부터 수없이 보고 들어온 대본대로 행동했을 뿐이었다. 그들은 지폐의 금태환을 요구할 수 있는 재무부 분국이 아니라 상업은행에 가는 데 익숙했다.[15] 따라서 1893년 봄에 발생한 최초의 공황은 은행 도산에 관한 전염성 높은 이야기가 확산된 탓으로 볼 수 있다. 그러나 이것만으로는 불황이 1892년부터 1899년까지 장기화된 이유를 설명할 수 없다.

1890년대의 금본위제에 대한 설명을 읽을 때면 미국의 큰 인구 집단, 특히 동부 인구와 지식인층 사이에 거의 종교적으로 퍼져 있는 사고방식을 볼 수 있다. 그들이 금본위제를 지지하는 이유는 계약서가 금본위제를 전제로 한 상태로 작성되었기 때문이다. 따라서 금본위제를 수정하는 것은 계약을 위반하는 일이었다.

또한 금은 경제적으로 실제 중요한 정도를 넘어서 경제학자들이 대개 간과하는 영적 의미를 지니고 있다. 가령, 결혼반지는 금으로 만들어진다. '황금'이라는 단어는 킹 제임스 성경에 419번이나 언급된다. 성인聖人들은 머리 뒤에 금빛 후광을 두르고 있다. 기독교 전통에서 이러한 성인들은 종종 사회에서 홀대받지만 후광은 그들의 진가를 드러낸다. 월트 휘트먼Walt Whitman은 1860년에 발표한 시 「그대에게, 그대가 누구든To you, Whoever You Are」에서 자신이 독자들을 얼마나 아끼는지 보여주고 싶어 했다.

그러나 나는 수많은 머리를 그리고, 그 주위를 둘러싼 금빛 후광은 내 손에서, 모든 남녀의 머리에서 흘러나와 영원히 찬연하게 흐른다.

금본위제 지지 내러티브는 굳건한 원칙에 기반을 둔 상징적인 이야기였다. 1874년 미국은, 본위화폐로서 은의 지위를 박탈하고 온전히 금본위제로 만든 화폐주조법에 관한 논의가 한창이었다. 그 시기에 네바다주 상원의원 존 P. 존스John P. Jones는 의회공식 보고서에 다음과 같이 발언했다.

> 금은 상업의 표시다. 문명을 발전시키는 가장 강력한 동인動因이다. 국가를 야만에서 벗어나게 한 것도 바로 황금이었다. 금은 사회를 구성하고, 산업을 장려하고, 그 보상을 보장하고, 진보를 이끌고, 과학과 예술을 촉진시키는 데 있어 화약과 증기, 또는 전기보다도 더 큰 역할을 했다.[16]

동일한 토론에서 금은 채광으로 유명한 네바다주의 상원의원 윌리엄 모리스 스튜어트Willam Morris Stewart는 이렇게 말했다.

> 금은의 비율을 아무리 원하는 대로 규정한다고 해도, 결국 현실에서는 얼마나 많은 논의를 거치고 얼마나 많은 발의안을 통과시키든 상관없다. 당신도 다른 사람들과 똑같은 결론에 다다르게 될 것이다. 금이야말로 보편적인 가치의 기준이라는 사실 말이다.[17]

정치적 목적을 띤 위의 발언들은 역사를 지나치게 단순화하고 있다. 사실 역사적으로 금본위제는 그리 오래된 것이 아니다. 본위제—법정지폐를 대체할 수 있는 금화 하나, 비귀금속으로 만든 보조화폐, 그리고 정부의 법정화폐 교환에 가치 기반을 둔 지폐—는 겨우 18세기에 영국에서 시작되었고, 본위제는 1879년까지도 미국에 완전히 도입되지 못했다.[18] 금본위제에 관한 담론은 1874년에 시작됐지만 점진적인 유행곡선을 그리며 성장했다.

## 황금십자가

금본위제에 반대하는 내러티브는 부당한 불평등을 강조했다. 밀퍼드 W. 하워드Milford W. Howard는 1895년에 발표한 저서 『미국의 부호계급The American Plutocracy』에서 미국이 부호계급과 나라의 임금노동자, 두 계급으로 분열되었다고 지적했다. "모든 연령층에서 이 두 계급 사이의 투쟁이 진행되고 있다."[19] 그는 금본위제의 도덕적 가치를 알리는 일이, 기업가들이 노동자를 강탈하는 것을 정당화하기 위한 허위 선전이라고 여겼다. "이는 법률이 지탱하고 사회 및 금권 교회들이 뒷받침하는 현대의 약탈이다."[20]

내러티브의 이러한 측면은 특정 지역에서 전파되어 전염성이 더욱 강화된 이야기 군집을 형성했다. 오만하고 탐욕스러운 사업가들이 선량한 노동자들을 속이고 조종한다는 이야기였다. 그러나 이것만이 유일한 이야기는 아니다. 그 반대쪽에는 당시 민주당과 손잡고 있었지만 민주당의 전통적인 가치관과는 위배되는, 위험한 포퓰리즘 운동에 휩쓸린 우매한 군중이라는 이야기가 있었다. 1896년 캘리포니아 안경 회사California Optical Company의 헨리 L. 데이비스Henry L. Davis는 이렇게 말했다.

> 유권자의 많은 비중을 차지하는 낙오자들이 주도권을 쥘 위험이 있다. 우리의 바람은 그들이 더욱 똑똑해지도록, 관점을 바꾸도록 교육시키는 데 있다. 그러기 전에 그들이 성공하면 사회 신뢰가 무너지고 불안은 지속되고 경기는 계속 고통을 겪을 것이다.[21]

은화자유주조운동가들은 멍청하며 경제 위기가 눈앞에 닥쳤다는 생각을 강화하는 내러티브 군집이 부상하기 시작했다. 주방용품과 배관용품 소매점인 홀브룩, 메릴 앤 스텟슨Holbrook, Merrill, and Stetson의 대표 찰스 메릴Charles Merrill이 1896년에 한 말을 보자.

> 나는 이 문제를 아주 자세히 연구했다. 상인이고 노동자고를 떠나 모든 시민들의 공통된 관심사였기 때문이다. 만일 브라이언이 대통령으로 선출되어 민주당이 정권을 잡았다면 이 나라에 일어날 수 있는 최악의 일이 일어났을 것이다. 경기는 지금도 충분히 나쁘지만 만약 민주당이 성공했다면 모든 게 엉망이 됐을 테고, 계급과 무관하게 모든 사람들이 그 결과를 똑같이 체감했을 것이다. 만일 민주당이 주장하는 바가

> 법제화된다면, 나는 망할지도 모른다. 남북전쟁보다도 더 나쁘다. 지난 전쟁에서는 신용을 지키는 데 성공했지만, 민주당이 주장하는 제도가 효력을 발휘한다면 그럴 수 없을 것이다.[22]

그럼에도 민주당은 금의 힘을 이해했고, 내러티브로 이용했다. 윌리엄 제닝스 브라이언이 1896년 7월 민주당 전당대회에서 했던 '황금십자가' 연설은 미국 정치 역사상 가장 고취적인 연설 중 하나로 손꼽힌다. 이 연설은 금본위제와 기독교인의 도덕성을 연결했는데, 오늘날까지도 많은 사람들이 이 연설의 마지막 부분을 기억하고 있다.

> 상업계와 노동계 그리고 모든 임금노동자가 우리를 지지하는 한, 우리는 금본위제에 대한 그들의 요구에 이렇게 답할 것입니다. 당신들은 가시면류관을 노동자의 이마에 씌울 수 없으며, 황금십자가에 인류를 못 박을 수 없을 것이라고 말입니다.[23]

브라이언은 이렇게 말하며 환호하는 관중 앞에서 십자가에 못 박힌 예수처럼 양 팔을 넓게 펼쳤고, 사람들의 반응은 즉각적이었다. 마치 혁명이 목전에 닥쳐서 마침내 노동계급이 승리를 거머쥘 것처럼 거의 발작에 가까운 호응이 전당대회에서뿐만 아니라 전국적으로 이어졌다.

브라이언의 연설은 왜 그토록 강력한 효과를 발휘했을까? 그것은 노동계급의 경제적 어려움과 로마인들의 탄압으로 무자비하게 처형된 예수의 이미지가 하나로 결합했기 때문이다. 수 세기 동안 기독교의 원동력 중 하나였던 내러티브와 말이다. 비록 브라이언이 이 연설을 하긴 했으나 사실 이 표현을 처음으로 사용한 것은 그가 아니다. 후에 많은 신문들이 보도했듯이, 연방의회 의사록Congressional Record에 기록된 바에 따르면 1896년 1월에 하원의원인 새뮤얼 W. 맥콜Samuel W. McCall이 이미 가시면류관과 황금십자가라는 거의 동일한 표현을 이용한 바 있다. 브라이언은 맥콜이 발언한 순간에 현장에 있었고, 군중이 어떻게 반응하는지 관찰할 수 있었다. 브라이언은 위대한 선동가가 하는 일을 했을 뿐이다. 청중을 관찰하고, 실험하고, 거기서 취할 수 있는 무언가를 찾는 것 말이다.[24] 〈뉴욕 타임스〉는 다음과 같이 평했다.

> 연방의회 의사록의 깊고 어두운 파일은 순수한 광채로 빛나는 무수한 보석들로 가득 차 있다. 그러나 참을성 많은 일꾼들이 오래된 일지를 뒤져 그 보석을 캐내거나 광맥을 찾아낼 때까지, 그리고 인장을 찍을 때까지는 그저 쓸모없는 무용지물일 뿐이다.[25]

유명인인 브라이언이 맥콜의 발상에 찍어준 인장이야말로 이 이야기가 바이럴이 되는 데 필요한 것이었다. 맥콜의 발언은 대통령 후보가 공개 토론장에서 말하기 전까지는 이야기가 아니었다.

이처럼 서로 상충하는 내러티브는 사람들에게 돈의 가치와 상업 활동에 대해 특히 커다란 불안감을 안겨주었다. 알래스카 상업 회사Alaska Commercial Company의 루이스 슬로스Louis Sloss는 이러한 심정을 털어놓은 사업가 중 한 명이다. 1896년, 그는 화폐의 평가절하나 계약 파기 위험이 높았던 그 시기에 자원을 소비하거나 계약서에 서명을 하고 싶지 않다고 말했다.

> 사업은 거의 정체 상태다. 자본은 소극적이고 신뢰는 흔들리고 있다. 아무리 매력적인 사업 제안이 들어오더라도, 불건전 화폐에 대한 불안감이 사라질 때까지는 아무도 투자하려 들지 않는다. 나는 이런 불안감과 동요, 금융 제도의 불확실성 때문에 사업 운영이 얼마나 어려워졌는지 보여주는 사례를 알고 있다. 내 친척 중 한 명이자 이 회사의 직원인 그는 최소 5만 달러의 비용이 들어가는 근사한 집 두 채를 신축하려고 했다. 설계도 마쳤고, 입찰도 했고 모든 준비를 마친 상황에서 이제 계약서에 서명만 하면 된다. 그런데 건설업자가 문제였다. 선거가 끝나고 우리나라의 금융 문제가 확실히 정리될 때까지는 계약서에 서명을 하거나 건축에 착수하지 않겠다고 거절한 것이다. 이와 유사한 일들이 수없이 벌어지고 있고, 경기 부진의 원인이 되고 있다.[26]

경제학자 및 지식인층에서는 복본위제로 돌아갈 경우 물가가 두 배로 뛸 것이라는 믿음이 널리 퍼져 있었다. 은과 금의 가치 비율이 30대 1에 달했기 때문이다. 전통경제학과 그레셤 법칙 "악화가 양화를 구축한다."에 따르면 은은 금을 몰아내고 미국을 실질적으로 은본위제로 만들 것이었다.[27] 위에서 슬로스가 언급한 집을 세우는 문제로 돌아가 보자. 복본위제란 다시 말해 각각 5만 달러 가치의 집이 곧 10만 달러에 팔릴 것이라는 의미다. 판매가를 기대하는 구매자는 5만 달러 계약서에 서명을 하고 싶을 테지만, 건축업자는 10만 달러를 받길 원할 것이다. 그러나 복본위제를 둘러싼 정치적 상황이 전례도 없고 불확실했기에 앞날에 대한 예측은 불투명할 수 밖에 없었다. 주택 구매자와 건축업자가 왜 합의에 이르기 어려웠는지 쉽게 이해할 수 있을 것이다.

1983년 〈시카고 데일리 트리뷴〉 기사는 복본위제가 얼마나 극적인 영향을 끼치게 될지 설명한다.

> 만일 우리가 계속 은을 구입하거나 16 대 1 또는 20 대 1 비율로 은화자유주조를 허용한다면 실질적으로 금을 평가절하하는 것과 다름없으며, 따라서 금은 퇴출되고 실질적으로 은본위제가 그 자리를 차지할 것이다. 이는 모든 임금노동자가 구매력의 약 절반을 잃게 된다는 의미다. 은행의 고객들 역시 예금 가치의 절반을 상실할 것이다. 결국 은화자유주조는 이 나라가 국민들에게 행하는 가장 거대한 사기이자 강탈이 될 것이다.[28]

그렇다면 윌리엄 제닝스 브라이언은 어떻게 하마터면 미국 대통령으로 선출되어 그런 사기이자 강탈을 실현할 뻔했던 걸까? 브라이언이 대중의 인기를 얻게 된 것은 복본위제에 대한 일련의 바이럴 내러티브 덕분이었다. 적어도 일부 유권자들에게는 복본위제가 공정해 보였기 때문이다. 더 정확히 말하자면 16 대 1 또는 20 대 1의 은금 비율이 정당해 보였다.

평범한 미국인이 화폐제도에 대해 깊이, 또는 어느 정도 이해하고 있다고 가정해서는 안 된다. 1890년대에 대부분의 미국인은 기존의 단본위제(금)와 복본위제를 제대로 구분하지 못했다. 금은의 함유량을 감안하면 실질 시장가로는 금화의 가치가 은화 달러의 두 배에 달했음에도 불구하고 일반 시장에서는 금화와 은화가 같은 가치를 가진 것처럼 간주되었다. 거기다 '1달러 은화'와 '소지자가 원할 경우 지급 가능'이라고 적힌 은 증권도 통용되고 있었다. 그렇다면 이건 이미 은본위제가 아닌가? 만일 그들이 100달러어치 은화나 100달러 가치의 은 증권을 미국 재무국에 가져가면 100달러에 해당하는 금화로 교환받을 수 있을 터였다. 그렇게 하지 않으면 달러 금화와 은화의 자유로운 태환에 지장이 있을 것이기 때문이다. 그러나 많은 사람들이 이해하지 못하고 있는 부분이 있다면 실제로는 미국 재무부가 은화를 금화로 교환해 주지 않을 것이라는 사실이었다. 만일 그랬다간 재무부는 막대한 양의 금을 교환해 주어야 할 테니 말이다. 가령 시장에서 은을 구입해 재무국에서 금으로 교환한 다음, 다시 그 돈으로 귀금속 시장에서 은을 구입하는 식으로 이 과정을 날마다 반복한다면 어마어마한 부자가 될 수 있지 않을까? 하지만 미국 정부는 달러 은화의 공급을 제한하고 있었다.

더구나 당시에는 아무도 그들이 소비하거나 지불받는 화폐의 종류에 실질적인 관심을 기울이지 않았다. 사실 대부분의 사람들은 현금을 어떻게 금으로 태환할 수 있는지도 모르고 있었다.

그렇다면 불안정한 통화 내러티브는 어째서 그토록 강력한 영향을 끼쳤을까? 19세기의 마지막 10년에 복본위제에 대한 요구가 그토록 거세진 이유는 무엇인가? 그중 한 가지 원인은 분명하다. 그런 생각을 부추긴 것은 16 대 1의 가치를 지닌 은으로 빚을 갚는다면 빚더미가 줄어들 것임을 알게 된 채무자들이었다. 그들에게 그 발상은 문자 그대로 구원책이나 다름없었을 것이다. 채무가 삭감될지도 모른다는 이야기는 강렬한 호소력을 지니고 있었다. 복본위제 내러티브가, 복본위제를 끝내게 만든 '1873년의 범죄'에 대한 복수로 받아들여졌다는 사실 또한 떠올려 보라.

이 모든 이야기를 종합해 보면, 복본위제는 대부분의 사람들은 잘 이해하지 못하는 화폐제도를 똑똑하고 미묘하게 변화시키고자 했던 것 같다. 마치 오늘날의 비트코인 내러티브 뒤에 있는 암호화폐처럼 말이다. 그래서 복본위제는 멋지고 훌륭한 발상, 또는 1890년대 사람들의 표현을 빌면 '근사한capital' 생각이었다. 무엇보다 복본위제는 대중들이 분노했던 경제적 불평등을 보상해 줄 수 있었다. 이 두 가지 요소는 복본위제의 전염성을 극도로 상승시켰다.

금은 내러티브 전염의 구체적인 예시가 존재한다. 당시 사회적으로 커다란 유행이었던 베일에 싸인 작가 L. 프랭크 바움L. Frank Baum의 동화 『오즈의 마법사』를 들 수 있을 것이다. 『오즈의 마법사』는 매킨리와 브라이언이 두 번째 선거운동을 펼치고 복본위제가 다시 논란의 대상으로 떠오른 1900년 5월에 출간되었다. 이 책에서 도로시라는 어린 소녀와 작은 강아지 토토는 토네이도에 휘말려 오즈라는 신비한 나라에 도착하게 된다. 『오디세이아』에 비유하자면 오디세우스인 도로시가 마법의 은 구두를 신고 마녀의 도움을 받으며 노란 벽돌길을 따라 마법사 오즈를 만나러 가는 여정이라고 할 수 있다. 도로시는 여행 도중에 허수아비와 양철사냥꾼, 사자를 만나 동행하게 되고, 종국에는 오즈가 실은 위대한 마법사가 아니라 작고 왜소한 사기꾼에 불과하다는 사실을 알게 된다.

어떤 이들은 이 책을 일종의 우화로 받아들였다. 노란 벽돌길은 금본위제였고 도로시의 은 구두는 은화자유주조운동이었으며 마법사 오즈는 매킨리 대통령이었다. 그리고 겁쟁이 사자는 윌리엄 제닝스 브라이언이었다. 실제로 금이나 은의 단위인 온스의 축약형은 오즈oz로 표기된다.

이 책은 평단의 찬사를 받지는 않았으나 베스트셀러가 되었고 뒤이어 바이럴이 되었다. 1902년에 『오즈의 마법사』는 환상적인 뮤지컬 쇼로 옮겨졌고, 1939년에 개봉한 주디 갈랜드Judy Galand 주연의 영화 「오즈의 마법사」는 어마어마한 성공을 거뒀다. (영화는 최신식 기술을 도입한 총천연색 영화의 장점을 최대한 활용하기 위해 은 구두를 루비 구두로 수정했다.) 1972년에는 갈랜드의 딸 리자 미넬리Liza Minnelli가 주연 성우를 맡은 애니메이션 「오즈의 마법사 2」가 개봉해 새로운 관심을 불러 모았다. 1955년 베스트셀러 목록에 오른 그레고리 머과이어Gregory Maquire의 소설 『위키드』는 브로드웨이 뮤지컬 「위키드」로 이어졌고, 이 뮤지컬은 2003년부터 브로드웨이 무대에 올라 현재까지 브로드웨이 뮤지컬 중 여섯 번째로 가장 오랫동안 상연되고 있는 작품이다.[29] 그 외에 다른 작품들도 있다. 2013년에는 영화 「오즈 그레이트 앤드 파워풀」이 개봉했고, 2019년에는 레전더리 엔터테인먼트Legendary Entertainment가 기획 중인 오즈 TV 시리즈가 있다. 오즈 내러티브 군집의 성공은 어쩌면 1세기 전에 바이럴이었던 금은 내러티브의 흔적일 수도 있다.

## 금본위제의 종말

미국 달러의 귀금속 가치를 낮추자는 브라이언의 주장은 1890년대에는 무척 감정적인 문제였다. 경제사학자 배리 아이켄그린과 피터 테민은 이 내러티브를 '금본위제의 정신'과 '도덕과 청렴의 수사법'이라고 불렀다.[30]

1930년대가 되어 실업률이 거의 대참사 수준에 이르자 존 메이너드 케인스의 도움으로 내러티브가 변화하기 시작했다. 1933년 11월은 미국 달러가 금 1/20.67온스에서 1/35온스로 평가절하 되고 금 태환이 중지되었을 무렵이다. 〈하트포드 코런트〉에 실린 마크 설리번Mark Sullivan의 기사는 1930년대에 금본위제에 대한 새로운 내러티브가 어떻게 변화했는지 보여준다. 그 일부 원인은 새로 탄생한 용어들에 있었다. 설리번은 나폴레옹의 수석외교관이었던 탈레이랑Talleyrand의 말을 인용해 "정치가의 일이란 대중이 혐오하는 옛 이름을 대신해 새로운 용어를 고안하는 것"이라고 말했다.[31] 달러의 평가절하를 옹호하던 무리는 이 사실을 잘 이해하고 있었던 듯이 보인다. 새 용어인 '평가절하devaluation'는 부정적인 어감을 지닌 '가치절하debasement'와 '인플레이션'이라는 단어를 재빨리 대체했다. '평가절하'가 현명한 정부의 건설적인 행동을 가리킨다면 '가치절하'와 '인플레이션'은 도덕성 하락을 의미했다.

미국이 1933~1934년에 일련의 단계를 거쳐 금 태환을 폐지하기 전부터 다른 국가들은 이미 금 태환을 중지한 상태였다. 영국은 케인스를 비롯한 저명한 경제학자들의 조언에 따라 1931년에 금본위제를 포기했다. 미국의 금본위제는 1971년 리처드 닉스 대통령의 선언과 함께 최후를 맞이하고 변동환율제에 자리를 내어주었다. 대중은 금본위제의 종말을 받아들였으며 경제적 혼란은 미미한 수준에 그쳤다.

오늘날 금본위제 내러티브는 그리 강력하지 않다. 도널드 트럼프 대통령이 잠깐 금본위제 이야기를 꺼내보긴 했지만 대중의 반응은 대부분 중립적이었다. 그러나 비트코인 내러티브에서 볼 수 있듯 화폐 내러티브는 아직도 활발히 작동하고 있다. 언젠가는 화폐 내러티브의 새로운 변종이 등장할 것이며, 일부 대중의 열렬한 반응에 힘입어 미래의 경제 발전에 큰 영향을 끼치게 될 것이다.

지금까지 어떻게 내러티브가 타인의 신뢰에 대한 신뢰와, 과시적소비에 관한 욕구, 그리고 화폐 제도에 관한 믿음에 영향을 줄 수 있는지 3개의 장에 걸쳐 영속적 내러티브를 살펴보았다. 다음 2개의 장에서는 인간의 능력을 쓸모없게 만드는 내러티브에 대해 다룰 것이다. 또한 삶과 노동에 대한 사람들의 사고방식을 근본적으로 변화시키는 첨단기술과 관련해 반복 재발하는 내러티브에 대해서도 숙고해 보자.

# 13
# 노동절약 기계

물, 바람, 말馬 또는 증기로 동력을 공급받거나 인간의 노동을 더욱 효율적으로 활용하는 기계의 발명이, 노동자를 대체하고 대량 실업을 초래하리라는 우려는 참으로 오랜 역사를 자랑한다. 이런 영속적 내러티브는 21세기에도 다양한 변형을 거쳐 재발하고 있다. 과거에도 그러했듯 이 내러티브는 사회적 신뢰를 훼손하는 심각한 문제를 유발할 수 있다.

이 장에서는 '노동절약 기계' 또는 '기술적 실업'이라는 용어를 사용하는 다양한 첨단기술 내러티브가 전염병처럼 유행했다가 소멸되는 양상을 살펴볼 것이다(그림 13.1). 1811년의 러다이트Ruddite 운

그림 13.1 '노동절약 기계'와 '기술적 실업'의 언급 비율

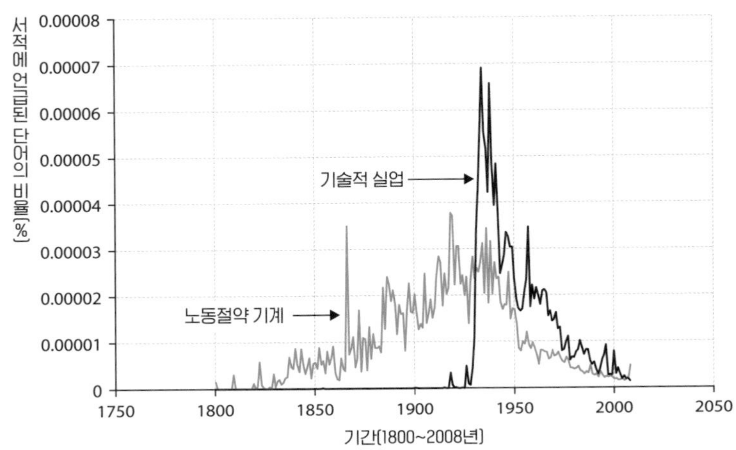


인간이 기계 때문에 일자리를 잃는 내러티브는 유서가 매우 깊으며 다양하게 변이되어 확산되었다.

(출처: 구글 엔그램 뷰어, 비평활화)

동과 1830년의 스윙 폭동, 1873~1879년의 불황과 1893~1897년의 불황, 그리고 1930~1941년의 장기 대공황의 두려움에 대해 알아보자.

## 고대부터 스윙 폭동까지

자동화 기계가 인간을 대체할 것이라는 이야기는 아주 오래 전 고대 시대까지 거슬러 올라간다. 기원전 8세기 작품인 호메로스의

『일리아스』에는 무인 이동 차량, 즉 혼자서 굴러다니는 헤파이스토스의 세발솥tripod이 등장한다. 호머는 그것을 '자동automatic'이라고 묘사했다.[1] 아리스토텔레스는 기원전 350년 무렵, 기계가 인간을 대체할 가능성에 대해 제시했다.

> 만일 모든 도구가 우리의 명령에 복종하거나 의도를 미리 알아차려 스스로 과업을 완수할 수 있다고 치자.
>
> 가령 모든 도구가 다이달로스의 조각상이나 시인의 표현처럼 '저절로 신들의 회의장에 갔다가 돌아오는' 헤파이스토스의 세발솥 같다면, 또는 사람의 손길 없이 베틀이 저절로 실을 잣거나 채가 혼자서 리라를 뜯는다면, 장인은 조수가 필요 없고 주인은 노예가 필요치 않으리라.[2]

다이달로스Daedalus가 창조한 조각상은 현대의 로봇처럼 스스로 걷고 달릴 수 있었다고 한다. 기원전 1세기에 알렉산드리아의 헤론Hero of Alexandria은 『오토마타*Automata*』라는 책에서 헤파이스토스의 세발솥을 제작하는 방법뿐만 아니라 동전으로 작동하는 자동 판매기와는 다른 신기한 자동기계들에 대해 설명한다. 기원전 1세기에는 이미 수력을 이용하는 물레방아로 밀을 빻아 밀가루를 만들고 있었다. 그러므로 기계가 인간의 일자리를 대체하게 될 것이라는 생각은 서력이 시작되기 전 기원전 시절부터 실업에 대한 공포와 함께 오랫동안 존재해 왔다.

18세기의 신문들을 검색해 보면 기술 발전이 경제에 미칠 변화에 대해서는 지대한 관심을 보이지만 일자리에 끼칠 영향에 대해서는 아직 경각심을 나타내고 있지 않다. 18세기 신문에서는 '산업혁명'이라는 단어를 전혀 찾아볼 수가 없다. 이 용어를 사용하기 시작한 것은 후대의 역사학자들이기 때문이다. 그러나 19세기 즈음에는 기술 발전이 실업을 야기할지도 모른다는 우려가 중앙 무대로 진출하기 시작했고, 이 내러티브는 특히 실업률이 상승하는 불경기에 더욱 빠르게 퍼져나갔다.

결정적인 사건은 1811년 영국에서 가공의 인물로 추정되는 러드Rudd가 주도한 집단 저항운동이었다. 오래된 실업 내러티브를 새로 가공해 사회운동으로 탄생시킨 변이 요인은 바로 방직공의 일자리를 빼앗아간 역직기力織機였다. 이듬해부터 '러다이트'라는 단어가 신문에 주기적으로 등장하기 시작했다. 이 단어는 기술적 진보에 적대적인 사람들을 일컫는다.

1830년에 발생한 영국의 스윙 폭동은 새로운 기계 탈곡기가 도입되면서 일자리를 잃은 농장 노동자들이 일으킨 반발이었다. 그들의 정신적 지도자는 정체불명의 캡틴 스윙Captain Swing이었는데 이번에도 그들의 반항은 기계를 파괴하는 것으로 구현되었다. 기계화로 인한 농업의 고용률 하락은 사람들의 지대한 주목을 받았다. 기계화가 신속하게 진행 중이던 선진국에서 이는 매우 두려운 변화였다. 이제 노동자들은 대지 위에서 일하고 살아가던 오랜 전통을 버리고 먹고 살기 위해 완전히 새로운 일을 해야 했으며, 그것은 사람들이 북적대는 도시로 이사가야 한다는 것을 의미했다. 당대의 사람들은 그러한 불안과 두려움을 표현하는 데 '기술적 실업'이나 '컴퓨터', '인공지능' 같은 단어를 사용하지는 않았지만, 그런 현상을 가리키는 고유한 단어들은 당시에도 존재했다. 가령 노동절약 가정용품, 노동절약 기기, 노동절약 발명품, 노동절약 기계, 노동절약 과정에 포함된 '노동절약'처럼 말이다.

## 1870년대 경제불황 내러티브

미국과 유럽에서 특히 심각했던 1873~1879년의 불황 시절, 노동절약 발명품이 실업률 증가에 부분적으로나마 영향을 끼쳤고 그 결과 불황이 심화되었다는 생각은 대중의 머릿속 깊이 자리했다. 미국의 경우 경제불황은 1873년의 금융공황을 초래한 전형적인 금융 투기 때문이었다.

노동절약 발명품으로 인한 장기적인 일자리 감소와 이런 두려움을 다루는 내러티브는 이 불황이 어째서 전 세계로 확산되었는지 규명하는 데 도움이 될지도 모른다. 1870년대의 불황은 농촌에 노동절약 기계의 도입이 가속화되고 더 많은 노동자들이 기계를 파괴하며 폭력을 행사하던 일과 동시에 발생했다.[3] 그런 폭력 사태의 기저에는 당시 광범위하게 퍼져 있던 단순노동자들의 미래에 대한 불안감이 있었다.

불황이 한창이던 1876년에 개최된 미국 독립 100주년 기념 필라델피아 세계박람회Centennial Exhibition는 미국의 독립혁명을 기리기보다는 노동절약 기계의 경연장에 가까웠다. 물론 조지 워싱턴의 개인 소지품을 전시하긴 했지만 역사는 그렇게 중요한 문제가 아니었다. 대신 박람회에는 20세기의 현대 산업을 대표하는 발명품들이 전시되었다. 세계박람회의 관람객 안내서는 거대한 기계 전시장 안에서 가장 눈에 띄는 전시물에 관해 이렇게 묘사하고 있다.

> 건물 중앙에는 기계 전시장 전체에 동력을 공급하는 데 필요한 샤프트를 구동하는 1,400마력의 콜리스 엔진이 있다. 이 기계장치는 120인치 왕복을 하는 40인치 실린더로 구성되어 있는데, 오직 이 특별한 목적으로만 설치된 것이다. 전시 중인 엔진은 필요할 때만 가동되며 샤프트 구동 작업의 일부를 수행할 것으로 예상된다. 샤프트 주축은 바닥 위로 오 미터 이상 솟아 있으며, 길이는 거의 건물 전체에 필적한다. 통로 곳곳 필요한 지점마다 카운터샤프트가 밖으로 빠져나와 있다.[4]

이 전시회는 또한 농업의 일자리와 관련해 경각심을 가져야 한다고 말했다.

> 규모가 가장 크고 흥미로운 전시장은 현재 사용 중인 농기계류를 전시한 곳이다. 농장이나 플랜테이션, 경작, 추수, 시장 판매 준비에 사용되는 모든 도구가 망라되어 있으며, 모든 종류의 가공음식과 온갖 생선, 그리고 수산양식에 필요한 새로운 기구들도 함께 찾아볼 수 있다.[5]

필라델피아 박람회가 내세운 이 첨단기술들은 매우 인상적이긴 했으나 사람들에게 일자리에 대한 우려와 실업의 두려움을 야기했다. 1876년 〈필라델피아 인콰이어러〉 기사를 읽어 보라.

실업은 낙담과 절망, 좌절로 이어진다. 빈민구호소와 자선기관, 감옥과 교도소를 북적거리게 만든다. 남성성을 훼손하고 가정을 무너뜨린다. 빈곤과 범죄, 자살이 뒤따른다. 교수대에서 생을 마감할 희생양들을 제공한다. 50년 전에는 100명이 해야 했던 일을 오늘날에는 단 한 사람이 할 수 있다. 석탄 7톤과 증기동력이 있으면 10시간에 33,000마일의 면화를 뽑아낼 수 있고, 이는 여성 노동자 7만 명의 노동력과 맞먹는 성과다! 이제는 기계의 생산량을 소비가 따라잡을 수 없다. 시장에 과잉공급이 넘쳐나고 있다.[6]

이런 두려움이 성행하면서 1875년에 매사추세츠 상원의원인 조지 프리스비 호어George Prisbie Hoar는 노동절약 공정이 생산 및 유통 과정에 도입됨으로써 수작업을 어느 수준까지 대체하게 되었는지 조사하고 보고하기 위한[7] 위원회를 설립했다.

그러나 1879년 즈음에는 반대 담론이 부상했다. 노동절약 공정이 일자리를 줄이는 게 아니라 오히려 늘릴 것이라는 내러티브가 등장한 것이다. 〈데일리 아메리칸〉의 한 사설은 기계의 일자리 대체에 대한 두려움을 다음과 같이 일축한다.

노동절약 공정을 향한 전반적 추세는 노동계급의 도약을 뜻하며, 설사 그러한 변화에 역경이 수반된다 한들 인류의 모든 진보는 같은 단계를 겪어왔다.[8]

이 사설은 오늘날 일자리 상실을 두려워하는 노동자들을 달래려는 논거와 매우 비슷하게 들린다. 그러나 1870년대 경제불황 시기에 노동절약 기계와 관련한 전반적인 논의는 설득력이 부족했다.

헨리 조지의 1879년 베스트셀러 작인 『진보와 빈곤』은 이 문제를 정면으로 다루고 있다. 이 책은 획기적인 기술 발전이 불평등을 초래하고 빈곤 인구를 증가시킨다고 주장했다. 저자는 이렇게 단언했다.

따라서 노동절약 발명품이 완벽하게 개선되고 부의 생산에 인간의 노동력이 전혀 필요없어진다면 대지에서 산출되는 모든 생산물을 노동 없이 얻을 수 있게 되고 경작 수익은 0이 될 것이다. 임금은 사라지고 이자도 없을 것이며 지대rent가 모든 것을 가져갈 것이다. 토지 소유자가 자연으로부터 조달할 수 있는 모든 부를 노동 없이 획득할 수 있게 됨으로써 노동이나 자본은 쓸모없어질 것이며, 생산된 부를 나눠달라고 강요할 방법도 없다. 인구가 아무리 줄더라도 토지 소유자 외의 다른 사람이 살 수 있는 것은 오로지 토지 소유자의 변덕이나 자비에 의한 것일 테다.

그들은 토지 소유자의 즐거움을 위해, 혹은 그들의 박애주의에 의존

하는 구제대상자로서 살아가게 될 것이다.[9]

이 시기에 유행하기 시작한 '버튼을 누르다.'라는 표현은 전기회로를 갖춘 기계에 시동을 거는 것을 의미했다. 예를 들어 1879년의 한 신문 기사에 따르면 프랑스에서는 기수가 말을 길들이기 위해 버튼을 눌러 전기충격을 주는 장치가 발명되었다.[10]

## 노동절약 발명품과 1890년대 불황

그런 발명품은 실업에 대한 두려움을 악화시킬 뿐이었다. 1894년 〈로스앤젤레스 타임스〉의 사설은 1890년대의 불황이 극심해진 원인으로 노동절약 발명품에 화살을 돌렸다.

> 노동절약 기계의 도입과 그로 인한 생산력 향상이 현재의 경기 불황에 상당한 역할을 했다는 것에는 의심의 여지가 없다. 지난 몇 년 사이 노동절약 기계와 발명품이 대량 도입되면서 지역사회가 따라가기 힘들어졌다는 것은 분명한 사실이다.[11]

그런 다음 기사는 최근에 발명된 노동절약 기계의 사례들을 제시한다.

> 모자 제조 기계 시설은 노동생산성을 거의 9배 가까이 끌어올렸다. 하지만 사람들이 이전보다 9배나 더 많은 모자를 쓸 수는 없을 터였다. 또한 제조 공정의 향상으로 밀가루 생산에 필요한 노동력은 80퍼센트나 절감됐지만 우리는 그만큼 더 많은 밀가루를 소비할 수가 없다.[12]

같은 해에 〈샌프란시스코 크로니클〉 역시 노동절약 기계에 관한 사설을 게재했다. 제목은 '커다란 문제'였다.

> 부자는 더 부유해지고 가난한 자는 더 가난해진다. 막대한 부의 성장과 더불어 몸부림치는 노동자들의 허름한 집은 점점 더 황폐해지고 있다. 상황이 얼마나 심각한지 강조하자면 이 문제가 빠른 시일 내에 해결되지 않을 경우 현대 문명이 붕괴하는 대재앙이 닥칠지도 모른다.[13]

1895년, 미국의 다층 건물 주방에 재료 운반용 승강기라는 새로운 시스템이 설치되었다. 이 승강기에는 건물의 각 층을 의미하는 일련의 버튼이 달려 있었고, 버튼을 누르면 승강기가 자동으로 해당 층으로 이동했다. 그런 다음 다른 층에서 버튼을 누르면 승강기는 다시 그곳으로 돌아갔다.

1897년에는 〈시카고 데일리 트리뷴〉 편집자에게 '상점은 단순히 노동절약 기계일 뿐'이라는 제목의 기고문이 도착했다. 필자는 꾸준히 증가 중인 노동절약 혁신에 한 가지를 더 추가했는데, 바로 한 지붕 아래에서 온갖 잡화를 판매하는 백화점 열풍이었다. 백화점 건설 바람은 1838년 파리의 봉 마르셰 백화점에서 시작되었다. 1890년대가 되자 백화점은 세계적 유행이 되었고, 더 넓고 화려해졌으며, 수십 년간 성공적인 홍보 캠페인을 펼쳤다. 기고문의 필자는 "기존 인원의 3분의 1만 있어도 운영 가능한 백화점이 늘어날수록 많은 사람들의 일자리가 빼앗길 수 있다."고 썼다.[14]

시카고에서는 1881년에 창립된 마셜 필드사Marshall Field & Co가 1887년 시카고 시내에 7층짜리 백화점 건물을 건설했다. 1893년에는 컬럼비아 세계박람회를 방문할 사람들을 감안해 그보다 더 화려한 9층짜리 건물이 신설되었다. 1897년에는 '루프Loop'라고 불리는 시카고 고가 전차가 완공되어 마셜 필드 백화점에 대한 접근성이 증가했다. 이로써 소매 분야를 효율적으로 탈바꿈하는 혁신을 일으켰는데, 어쩌면 기고자가 경각심을 느끼게 된 것도 이 때문인지 모른다.

1893~1899년 불황 당시 특히 충격적이었던 것은 독점적 기업 합동인 트러스트trust에 대한 일반 대중의 분노였다. 1899년에 뉴욕에서 있었던 강연에서 매사추세츠주 하버힐의 시장이자 전 노동조합원인 존 C. 체이스John C. Chase는 이렇게 말했다. "내 생각에 트러스트는 노동절약 기계다." 이는 즉 현대의 트러스트가 노동력을 배제하기 위해 비인간적인 기계를 도입했음을 의미한다.[15]

## 기계, 로봇, 그리고 기술적 실업

『전망 좋은 방』, 『인도로 가는 길』, 『하워즈 엔드』 등의 고전 소설로 유명한 영국의 작가 E. M. 포스터E. M. Foster의 작품은 노동 없는 세상에 대한 상상을 더욱 실감나게 만들었다. 포스터가 1909년에 발표한 과학소설 『멈춰버린 기계*The Machine Stops*』는 모든 것이 기계로 작동되는 미래를 그린다.

> 그런 다음 그녀는 불을 밝혔다. 밝은 조명과 전자 버튼으로 가득한 방을 보니 기분이 좋아졌다. 버튼과 스위치가 사방에 달려 있었다. 음식을 주문하고 음악을 재생하고 옷을 부탁하는 버튼들. 온수목욕 버튼을 누르면 따뜻한 물이 가장자리까지 찰랑찰랑하게 담긴 대리석 욕조가 바닥에서 솟아올랐다. 냉수목욕 버튼도 있었다. 책을 대령하는 버튼도 있었고 친구들과 대화를 나눌 수 있는 버튼도 있었다. 겉으로 보기에는 텅 비어 있었지만, 이 방은 그녀가 세상에서 중요하게 여기는 모든 것과 연결되었다.[16]

포스터의 소설은 이런 자동화 시스템이 갑자기 오류를 일으켜 기계에 의존하던 세상에 죽음과 파괴를 불러오는 것으로 끝난다. 그로부터 약 10년이 지난 1920~1921년에 불황이 닥쳐오자 노동 절약 기계 내러티브는 새로운 변이를 거쳐 로봇이라는 아이디어를 탄생시킨다.

1921년에 발표된 체코 작가 카렐 차페크Karel Čapek의 희곡 「R.U.R: 로숨의 유니버셜 로봇」은 '로봇'이라는 단어가 처음 등장한 작품이다. 체코어로 '일꾼'이라는 의미를 지닌 이 단어는 '노동절약 발명품'과 '오토마톤'이라는 기존의 단어들을 신속하게 대체했다. 희곡은 영어로 번역되어 1922년 10월 뉴욕에서 처음으로 공연되었고, 평론가들로부터 열렬한 반응을 얻었다. 차페크의 연극이 곧장 성공한 것은 아니었고 한참이 지난 1948년이 되어서야 영화화되었다. 하지만 이후 이 내러티브는 유행처럼 퍼져나가기 시작했다.

차페크의 희곡과 거기 담긴 발상들은 '로봇'이라는 단어가 전 세계 거의 모든 언어에 삽입될 정도로 바이럴이 되었다. 희곡은 로봇을 발명한 과학자 로숨과 로봇을 제조하는 사업가 도민이 자아를 얻게 된 로봇들의 반란에 직면하는 이야기다. 이처럼 스스로 걷고 말하고 전투를 하는 기계 인간은 버튼을 눌러 작동시키는 기계 장치 이야기보다 더 높은 전염성을 지닐 것 같았다. 하지만 차페크의 이야기는 소수 집단에게만 닿을 수 있었고 그래서 로봇 내러티브의 전염은 비교적 더딘 편이었다. 그 뒤로도 새로운 기술혁신을 끊임없이 상기시켰기 때문에 내러티브의 회복률 또한 낮았다. 1920년대에는 로봇을 언급한 신문이 아주 적었지만 이 단어의 사용은 그 뒤로 수십 년에 걸쳐 꾸준히 증가했다. 어쩌면 로봇이라는 아이디어는 보다 널리 전염되기 위해 창의적인 사람들의 도움이 필요했는지도 모른다.

자동화 미래에 대한 이야기는 점점 더 생생하고 선명해졌지만 그것이 현실로 실현될 날은 요원해 보였다. 1930년대까지 '로봇'이라는 단어는 신문이나 서적에 흔히 등장하지 않았다. 몇몇 인상적인 예외가 있기는 했다. 가령 1929년 7월 〈로스엔젤레스 타임스〉에는 매사추세츠주 메드퍼드 교차로에서 교통경찰 대신에 방향을 지시하는 신호등에 관한 기사가 실렸다.

> 붉은색과 노란색, 녹색으로 구성된 교통제어탑인 이 로봇은 자동차가 도로 위에 설치된 감지판을 지나갈 때마다 저절로 작동한다. 반대편 차선에 차량이 없다면 굳이 기다릴 필요가 없다. 교차로에 도달했을 때 도로에 다른 차량이 없다면 녹색등이 들어온다. 만일 반대 차선에 통행량이 많다면 기회가 있을 때마다 주행을 허용하는 녹색등이 켜지며, 해당 차량이 지나가고 나면 통행량이 많은 차선에 다시 녹색등이 배정된다.
>
> 이 로봇은 동일한 체계를 따르는 여러 대의 기계를 사용하는데, 통행량이 가장 많은 차선을 우선적으로 또는 부분적으로 비우기 때문에 복잡한 광장 구석구석의 교통 흐름이 원활해질 수 있도록 한다.[17]

근 1세기가 지난 지금 우리는 왜 가끔 다른 차량이 없는데도 빨간불에 무조건 멈춰서야 하는지 의아해할지도 모르겠다. 이 로봇에는 어떤 문제가 있었을 것이며, 아마도 큰돈이 아니라면 해결 방법이 없었던 게 틀림없다. 어쨌든 1929년에는 이런 이야기가 영향력을 떨치기 시작했다.

그보다 10년 전, 노동절약 발명품이 끼친 영향을 묘사하는 새로운 표현이 등장했다. 바로 '기술적 실업'이었다. 이 용어가 처음 등장한 것은 1917년이었지만, 널리 전파되기 시작한 것은 1928년의 일이었다. 구글 엔그램 뷰어에 따르면 '기술적 실업technological unemployment'은 1930년대에 치솟기 시작해 그림 3.1의 에볼라 유행곡선과 흡사한 곡선을 그린다. 기술적 실업 곡선이 절정에 달한 것은 대공황이 최악으로 치달은 1933년이었다. '동력 시대power age'라는 단어가 비슷한 시기에 함께 유행하긴 했지만 요즘에는 거의 잊힌 상태다. 동력 시대는 한때 인간의 신체 활동으로 수행하던 일들이 기계의 힘으로 대체되었다는 개념을 내포하고 있다. 1870년대 공황 때는 미국 노동력의 절반 가량이 농업에 종사했고 노동절약 기계는 주로 말이 끄는 농기구에 집중되어 있었다. 그러나 1880년 즈음에는 미국 노동력의 오직 5분의 1만이 농업에 종사했다. 당시 내러티브는 새로운 연료를 사용하는 전동 기계가 농민들의 일자리를 위협하고 그들을 농장에서 쫓아낸다는 이야기를 중심으로 구성되었다. (오늘날 농업에 종사하는 미국 노동인구는 단 2퍼센트에 불과하다.) 기술적 실업은 이 시대의 새롭고도 영속적인 고민거리였다.

기술적 실업이라는 내러티브가 대공황 이전, 번영의 시대였던 1928년에 유행하기 시작했다는 사실이 조금은 의아하게 느껴질지도 모르겠다. 1928년은 실업에 대한 우려가 많아지던 시기였는데,

그것은 순전히 기술적 실업을 탓했을 뿐 경기침체에 관한 이야기는 관련되어 있지 않았다. 영국의 전직 그리고 미래의 재무장관인 필립 스노든Philip Snowden은 1928년 〈뉴욕 타임스〉에 당시 노동절약 기계의 선도를 달리고 있던 미국이 기술적 실업이라는 독특한 문제를 겪고 있다는 내용의 글을 기고했다.

> 만일 다른 국가들이 미국의 전문화와 인간 노동력의 퇴출이라는 길을 함께 걸어간다면 이들 국가에서도 현재 미국에서 나타나고 있는 실업 문제가 발생하리라고 예상할 수 있을 것이다.
>
> 실제로 이는 현재 모든 산업국가가, 말하자면 과학 및 기계 발전이, 임금노동자 계층에게 주는 고통을 막으려면 꼭 직면해야만 하는 심각한 문제다. 다시 말해 지금 국가는 인간을 노예에서 해방시켜 강철 인간으로 만들고 있다는 것이 문제다.[18]

1920년대에는 노동자를 기계처럼 취급하며 그들의 시간과 행동이 얼마나 효율적인지를 연구하는 전문가에 대한 이야기가 돌았다. 이들의 목적은 모든 불필요한 행동을 제거하여 시간과 노동 비용을 절감하는 것이었다. 1920년대에 시작된 다른 내러티브와 마찬가지로 이 이야기는 1930년대 대공황 시기에 바이럴이 되었고, 효율성은 기술적 실업과 연계되었다.

기술적 실업에 대한 두려움은 어떻게 확산되기 시작했을까? 1928년 3월, 상원의원 로버트 와그너Robert Wagner는 현재 미국의 실업률이 일반적으로 인식하고 있는 것보다 훨씬 높다고 주장하며 노동부에 조사를 요구했다. 다음 달, 노동부는 역사상 최초로 미국 정부가 발행하는 공식 실업률 보고서를 발표했다. 이 보고서에 따르면 미국의 실업자는 1,874,030명이고 임금노동자는 23,348,602명으로, 실업률은 7.4퍼센트였다.[19] 번영의 시대임에도 불구하고 추정 실업률이 이렇게나 높다는 사실은 사람들로 하여금 의문을 품게 했다.

그로부터 한 달 뒤인 1928년 4월, 〈볼티모어 선〉이 섬너 H. 슬리처Sumner H. Slichter의 이론에 관한 기사를 게재했다. 섬너는 1940년대와 50년대에 노동 경제학자로 이름을 날린 학자다. 그 기사를 읽은 독자들은 슬리처가 실업의 일부 원인을 지적하는 한편, "현재 가장 심각한 문제는 기술적 실업이다."라고 주장했다는 사실 또한 알게 된다. 특히 "이처럼 실업률이 높은 이유는 노동절약 방식으로 일자리를 창조하는 것보다 더 빠른 속도로 일자리가 사라지고 있기 때문이다."[20]라는 이 말은 실업률에 관한 공식 통계와 더불어 새로운 기술적 실업의 시대가 도래했다는 전염성 강한 아이디어를 낳았다. 또다시 러다이크의 공포가 밀려오기 시작했다. 노동절약 기계에 대한 두려움과 농업 침체의 결합은 앞으로 다가올 산업 불황을 예고하는 것처럼 보였다.

1929년 5월에 스튜어트 체이스Stuart Chase—이후 1932년에 동명의 저작으로 '뉴 딜New Deal'이라는 새로운 용어를 발명하기도 한—가 『인간과 기계*Men and Machines*』라는 책을 발간했다. 주가가 급속도로 상승하던 시기였다. S&P 경기종합지수와 인플레이션을 반영한 미국의 실질 주가는, 이 책이 출간되고부터 1929년 10월에 그 악명 높은 주가대폭락이 발생하기 전까지 5개월 동안 20퍼센트나 상승했다. 그러나 실업률에 대한 우려는 이러한 호황기에도 이미 존재하고 있었다. 체이스에 따르면 우리는 실업률을 가속화하는 제로 아워, 영시에 근접하고 있었다.[21]

> 기계는 생산 공정에 소요되는 노동력을 절감한다. 한 사람이 10명을 대신할 수 있는 것이다. 새 기계를 생산하고 작동시킬 때 노동자가 일부 필요하겠지만 나머지는 영구적으로 노동 시장에서 퇴출될 것이다. 기계화의 전례 없는 발전으로 구매력이 한계에 달한다면 그 결과는 실업의 증가뿐이다. 즉 생산량이 증가할수록 우리의 삶은 더 나빠질 것이다. 가속화 요인이 아직 도달하지 않았더라도 일반적인 실업의 고통은 수그러들지 않을 것이다. 이것이 바로 광란의 경제다.[22]

"실업의 가속화. 이미 일어난 게 아니라면 머지않아 시작될 것이다."[23] 이 책은 대재앙이 목전에 와 있다고 전한다. 1929년 주가 대폭락의 낌새가 나타나기도 전부터 실업률이 급격히 증가한다는 내러티브가 이미 바이럴이 되어 있었다는 사실은 자명하다.

1929년 10월 28~29일 증시가 붕괴하기 1주일 전, 뉴욕에서는 10월 21일부터 26일까지 그랜드센트럴역과 인접한 컨벤션센터에서 전국 사업박람회National Business Show가 열렸다. 이 박람회는 사무실에서의 로봇 기술 진보에 중점을 맞추고 있었는데, 11월에 시카고에서 열렸을 때는 다음과 같이 묘사되었다.

> 어제 시작된 전국 사업박람회는 미래의 사무실 공간이, 기계가 인간적 요소를 대체하는 공장이 될 것임을 보여준다. 기계인간인 로봇이 주요한 사무 노동자가 됨으로써…….
>
> 이곳에는 주소 인쇄기, 서명 기계, 청구서 작성기, 계산기, 소인기, 제본기, 동전 교환기, 영수증 인쇄기, 복사기, 봉함기, 편지 개봉기, 봉접기, 라벨기, 우편 요금기, 급여 지급기, 도표 작성기, 필사기를 비롯해 경이로운 기계들이 수없이 존재했다.
>
> 타자기는 40개 언어로 서신을 작성할 수 있다. 자주 돌아다니는 세일즈맨이 휴대할 수 있는 휴대용 계산기도 전시 중이었다.[24]

## 1930년대, 새로운 형태의 러다이트 운동

1929년 주가 대폭락이 일어난 직후인 1930년에는 신기술 개발로 인한 잉여 생산이 시장 붕괴의 원인이라는 설이 퍼지기 시작했다.

> 1929년의 마지막 달, 경제 붕괴가 절정에 이르렀을 때 역경의 시기가 온 것은 불가피한 일이었다. 이제 우리는 잉여 물자를 구매할 돈이 충분하지 않기 때문이다.[25]

위에서 지적했듯, '로봇'이라는 단어가 처음 등장했던 1920년대까지만 해도 로봇에 대한 공포는 그리 심각하지 않았다. 거대한 공포의 물결은 1930년대에 밀려왔다. 역사학자 에이미 수 빅스Amy Sue Bix는 왜 공포가 1920년대에는 그리 심각하지 않았는지 그 이유를 제시했다. 그 당시 대중의 갈채를 받은 혁신들은 사람들의 일자리를 눈에 띄게 빼앗아가지 않았기 때문이다. 20년대 사람들에게 신기술에 대해 말해달라고 한다면 대부분은 20년대 초반 연 150만 대의 판매량을 기록한 포드Ford의 모델 T 자동차를 떠올릴 것이다. 1920년대에 처음 탄생한 라디오 방송국은 새로운 형태의 정보와 오락거리를 제공하는 한편 기존의 일자리를 그렇게 많이 대체하지 않았다. 노동조합은 기계가 일자리를 대체할 것이라는 경종을 울리려 했지만 대중은 그다지 반응을 보이지 않았다. 노조는 1920년대 내내 점점 더 소리 높여 주창하게 되었다. 그러나 그들의 경고는 전염성이 없었다. 왜냐하면 대중은 그런 이야기를 많이 듣지 못했기 때문이다.

한편 빅스에 따르면, 1930년대가 되자 언론은 흥미로운 새 제품에 관한 이야기를 멈추고 일자리 대체 혁신에 관한 이야기를 쏟아내기 시작했다. 다이얼 전화기가 전화 교환수의 자리를 대체했고, 대규모 제철소의 연압기가 노동자의 자리를 대신했으며 새로운 하역 장비는 석탄 노동자들을 대신했다. 시리얼 제조사들은 상자에 자동으로 시리얼을 담는 기계를 도입했다. 전보는 자동 시스템으로 대체되었다. 여러 도시에 설치된 자동 식자기는 원격 조작으로 혼자서도 신문을 인쇄할 수 있었다. 새로운 기계 장비는 땅에 구멍을 팠다. 비행기에는 로봇 부조종사가 탑재되었다. 시멘트 혼합기가 발명되고 새 도로가 닦였다. 트랙터와 추수 탈곡기는 농업 혁명을 일으켰다. 유성영화는 영화관에서 배경음악을 연주하던 악단을 밀어냈다. 그리고 물론, 1930년대에 미국은 엄청난 실업을 경험하게 되었다. 1933년에는 실업률이 거의 25퍼센트까지 급증할 정도였다.

어느 쪽이 먼저 일어난 일인지는 분간하기 힘들다. 닭이 먼저일까, 달걀이 먼저일까. 일자리를 위협하는 혁신의 이야기들은 급격한 기술 혁신에 힘입어 자극받은 것일까, 아니면 기술적 혁신에 대한 대중의 걱정과 우려가 증가함에 따라 언론 매체의 보도에 영향을 받은 것일까? 아마 가장 그럴듯한 대답은 "양쪽 모두"일 것이다.

## 과소소비, 과잉생산, 그리고 임금 구매력 이론

기술적 실업 내러티브와는 달리, 노동절약 기계 내러티브는 과소소비, 또는 과잉생산 이론과 밀접하게 연관되어 있다. 이는 사람들이 기계로 생산된 상품을 전부 소비할 수 없기에 불가피하게 실업을 할 수 밖에 없다는 이론이다. 이 이론의 기원은 1600년대 중상주의까지 거슬러 올라가지만, 프로퀘스트와 구글 엔그램 뷰어에 따르면 '과소소비underconsumption'와 '과잉생산overproduction'이라는 단어가 일상적으로 사용되기 시작한 것은 1870년대 불황 때다. 헨리 조지는 1879년에 출간한 『진보와 빈곤』에서 과잉생산 이론에 대해 설명하며 이를 부조리라고 평했다.[26]

과잉생산 또는 과소소비 이론은 1920년대에 힘을 받기 시작했다. 1929년 10월 28~29일 주가 대폭락 때에도 시장붕괴를 설명하는 데 사용되었다.[27]

이 내러티브가 절정에 달한 것은 1930년대였다. 프로퀘스트에서 과소소비 내러티브는 1930년대에 다른 어떤 기간보다도 거의 다섯 배나 자주 등장한다. 이 내러티브는 공적 담론에서는 거의 사라졌지만 이제 경제 사상의 역사에 관한 기사에서 다시 눈에 띄게 등장하기 시작했다. 하지만 이 내러티브가 어째서 대공황 기간에 사람들의 상상력을 사로잡았는지, 왜 전염성이 재발했는지, 그리고 어떤 변이 또는 환경적 변화가 발생해 전염성을 높였는지 고려해 볼 가치가 있다. 오늘날 '과소소비'라는 단어는 지루한 전문 용어처럼 보이지만 대공황 시대에는 짙은 감정적 뉘앙스를 담고 있었다. 극심한 불공평과 집단적 어리석음을 상징했기 때문이다. 당시만 해도 소비부족은 진지한 학계 이론이라기보다 대중 이론이었다.

디플레이션은 필연적으로 임금삭감이 동반될 수밖에 없음에도 불구하고, 1930년대에는 그와 반대되는 임금 구매력 이론이 유행했다. 이는 과당경쟁 때문에 임금이 지나치게 불평등한 수준까지 하락했고, 따라서 노동자들이 노동의 결과물을 구매할 수 없다는 것이었다. 그러므로 고용주들에게 임금 인상 압력을 가한다면 대공황을 해결할 수 있었다. 그러나 1935년에 경제학자 귀스타브 카셀Gustave Cassel은 그러한 생각을 가리키며 최근 사회경제학뿐만 아니라 정치적 분쟁에서도 상당한 자리를 차지하고 있는 엉터리 사상이라고 말했다.[28]

대중은 그런 엉터리 사상을 그냥 지나치지 않았다. 1932년, 프랭클린 루스벨트가 미국 대선에 출마했다. 그의 맞수인 현직 대통령 허버트 후버는 경제 회복을 위해 적자지출 정책을 시도했으나 성공을 거두지 못했다. 반면 루스벨트는 당시 대중들 사이에서 이미 인기가 있었던 과소소비에 대해 연설했다. 그 연설은 루이스 캐럴의 유명한 동화 『이상한 나라의 앨리스』에서 따온 이야기의 형태였다는 점이 절묘했다. 그 동화에서 영리하고 호기심 넘치는 소녀 앨리스는 이상한 생명체들을 수없이 만나며 자가당착적이고 부조리한 대화를 나눈다. 루스벨트는 경쟁 상대인 후버를 난센스의 대가인 재버워키에 비유했다.

> 당황하고, 다소 의아해진 앨리스는 공화당 지도부에게 물었습니다.
>
> "주식과 채권을 더 많이 발행하고 거래한다면, 그리고 공장을 새로 지어 효율성을 더 증가시킨다면, 우리가 살 수 있는 것보다 더 많은 상품이 생산되지 않을까요?"
>
> "아니야!" 재버워키는 외쳤습니다. "더 많이 생산할수록 더 많이 살 수 있는 걸."
>
> "만약에 잉여상품이 너무 많아지면요?"
>
> "오, 그러면 외국에 팔면 돼."

"외국인들이 그걸 어떻게 사는데요?"

"우리가 돈을 빌려주면 되지."

"그럼 그 사람들도 돈을 갚으려고 우리한테 자기네들 물건을 보내지 않을까요?"

"오, 아니란다." 험프티 덤프티가 말했습니다. "우리는 아주 높다란 할리-스무트 관세법이라는 벽 위에 앉아 있거든."

"그럼 외국인들은 어떻게 빌린 돈을 갚죠?"

"그건 쉽지. 모라토리엄에 대해 들어본 적이 없니?"[29]

루스벨트는 이 이야기를 이용해 공화당의 경기부양책이 얼마나 어리석은지 공격했지만, 본인도 해결책을 제시하지는 못했다. 대신에 그는 앨리스 연설에서 투자가 보호 정책을 펼치자고 제안했다. 또한 후버 대통령처럼 지나치게 낙관적인 발언만 일삼지 않을 것이며, 주식 투기를 부추기지도 않겠다고 장담했다. 1932년에 대통령에 당선된 루스벨트는 1933년에 전국산업부흥법에 서명하고 전국부흥청National Recovery Administration을 창설했다. 적정 임금을 실시하기 위해서였다. 이 실험의 결과에 대해서는 17장에서 이야기하도록 하자.

표면적으로 과소소비는 대공황 때 실업률이 왜 그렇게 높았는지 설명하는 듯 보인다. 그러나 경제학자들은 이 이론을 진지하게 여기지 않는데 제대로 입증된 적이 없기 때문이다. 과소소비 이론은 종종 기술적 실업과 함께 제시된다. 1930년대에 과소소비가 갑자기 문제시된 것은 필요보다 많이 생산할 수 있는 새로운 역량을 가지게 되었기 때문이다. 그러나 과소소비에 대한 다른 해석은 신기술을 언급하지 않는다. 예를 들어 1934년에 농업조정청Agricultural Adjustment Administration의 행정인 체스터 C. 데이비스Chester C. Davis는 해당 기관이 대중의 소비를 장려하고 과소소비를 해결할 수 있도록 어떻게 구매력을 재분배하고 있는지 설명했다. 그는 기술적 실업이 갑자기 중요해진 이유에 대해 다음과 같이 설명했다.

> 158년이 지난 지금, 어째서 이 나라의 시장 메커니즘에 이런 보완이 필요한가? 지난 역사를 되돌아보면 그 답을 알 수 있다. 농부에서 마케팅 협동조합으로, 노동자에서 단체교섭 조합으로, 사업체에서 대기업으로, 점진적인 집중이 발생하고 있다. 이러한 현상은 자유시장의 범위를 축소시키고, 개인의 지배력을 증가시켰다.[30]

다시 말해 데이비스는 경제력의 집중이 기술적 실업 문제를 가중한다고 보았다.

대량 실업은 심각한 사회 문제를 야기했다. 미국은 '진짜' 미국인들에게 일자리를 만들어주기 위해 수백만 멕시코 노동자들을 강제로 추방—당시에는 '송환'이라고 표현—했다.[31] 강제 추방 뒤에는 당시 인기 있던 내러티브가 존재했고, 대중의 저항은 거의 없었다. 신문에는 고국의 발전을 돕기 위해 고향으로 돌아가는 멕시코계 미국인들이 기차역에서 행복한 얼굴로 손을 흔드는 사진들이 실리기도 했다.

다이얼 전화 또한 실업 내러티브와 과소소비 내러티브에서 중요한 역할을 수행했다. 다이얼이 달려 있지 않는 구식 전화기로 전화를 걸려면 수화기를 든 다음 "번호를 말씀해 주세요."라고 말하는 교환수에게 전화를 연결해 달라고 직접 말해야 했다.

사실 교환수가 필요 없는 다이얼 전화기는 대공황 시기에 발명된 게 아니다. 다이얼 전화기의 특허권은 1892년까지 거슬러 올라간다. 그러니까 다이얼이 없는 전화기가 다이얼 전화기로 대체되는 데에는 수십 년이 걸린 셈이다. 그러나 전화기 교환수의 실업 내러티브는 대공황 시기에 부상했다. 다이얼 전화기를 도입할 때 사람들은 일자리를 파괴하는 데 일조했다는 도덕적 죄의식으로 고통을 겪어야 했다. 가령 워싱턴 DC의 의회는 대공황이 발생한 첫 해인 1930년에 모든 전화기를 다이얼 전화기로 교체했는데, 3주일 후에 카터 글래스Carter Glass 의원이 다시 구식 전화기 체제로 돌아가야 한다는 결의안을 내놓았다. 그는 다이얼 전화기 때문에 교환수가 일자리를 잃을 것이라고 주장하며 새 전화기에 대해 도덕적 분노를 내비쳤다.

> 나는 이 가증스러운 신식 전화기를 의회 밖으로 추방하자는 제74호 상원결의안에 만장일치의 동의를 요청합니다. 나는 아무 보상도 받지 않고 전화 회사의 고용인이 되는 데 반대합니다.[32]

결의안은 통과되었고, 다이얼 전화기는 의회에서 사라졌다. 미국의 실업률이 높지 않았다면 이런 결의안은 통과될 수 없었을 것이다. 대공황 시절, 이 이야기는 총수요 위축에 대한 불안한 분위기를 고조시켰던 전염성 경제 내러티브에 힘을 실어주었다.

일자리를 빼앗아 간 자동화 기계는 대공황을 설명하는 주된 내러티브였고, 따라서 대공황의 주요한 원인으로 인식되었다. 1931년 〈로스앤젤레스 타임스〉에 실린 다음 기사는 그러한 인식에 관한 수많은 기사들 중 하나다.

> 인간의 일자리가 기계로 대체될 때마다 소비자를 잃는 셈이다. 사람들이 소비에 필요한 돈을 벌기 위한 수단 자체를 박탈당하기 때문이다. 로봇이 더 많이 고용될수록 그들이 생산한 것에 대한 수요는 감소한다. 사람들은 지불할 수 없는 것을 소비할 수 없기 때문이다.
>
> 이러한 상황에서 벗어나는 것은 불가능하다. 어떤 정치적 만능 해결책도 이런 인간적인 고통을 완화시킬 수 없다.[33]

아직 일자리를 잃지 않은 사람들도 미래에 직장을 잃을 가능성 때문에 더 적게 소비하게 될 터였다. 1928년에 허버트 후버에게 패한 대통령 후보 앨 스미스Al Smith는 1931년에 〈보스턴 글로브〉에 이런 글을 기고했다.

> 우리는 이제 인력을 대체하기 위한 기계의 사용 증가와 높은 실업률

이 직접적으로 연결된다는 사실을 알고 있다. 이를 바라보는 인간의 심정은 단순하며 모두가 공감할 수 있으리라. 일자리가 불안정하면 돈을 쓸 수가 없다. 사람들은 돈을 쓰지 않고 만약을 대비해 쌓아둘 것이며, 이를 비난하기는 어려운 일이다.[34]

아마도 세계에서 가장 유명한 물리학자인 앨버트 아인슈타인도 대공황이 최악에 이른 1933년에 그런 내러티브를 신봉했다. 그는 대공황이 기술 진보의 결과로 일어난 일이라고 말했다.

> 내 신념에 따르면, 심각한 경제불황이 대부분 내적 경제 원인에 기인한다는 사실에는 의심의 여지가 없다. 신기술과 체계화를 통한 생산기계의 발전은 인간 노동력에 대한 수요를 감소시켰고 그로써 경제 회로에서 노동력의 일부를 제거했다. 그 결과 소비자의 구매력은 꾸준히 감소되었다.[35]

그 무렵이 되자 사람들은 비록 직접 눈에 보이는 기계인간은 없을지라도 노동절약 발명품을 '로봇'이라고 부르기 시작했다. 대공황이 시작되고 1년 쯤 지난 1931년 초반, 〈로스앤젤레스 타임스〉의 한 기사는 남성 노동자가 겨우 4천만 명에 불과할 당시 이미 로봇이 "미국에서만 8천만 명의 육체노동자들과 맞먹는" 일을 하고 있다고 말했다.[36]

## '기술관료제'라는 용어의 탄생

1932년 주가가 바닥을 쳤을 때, 미국 증시는 1929년의 시장가치를 3년 만에 거의 80퍼센트나 상실했다. 그렇다면 우리는 이렇게 물어야 한다. 어째서 사람들은 시장가치를 그토록 낮게 봤을까? 그 이유는 바로 특정 내러티브가 바이럴이 되었기 때문이다. 바로 현대 산업은 구매 가능한 것보다 더 많은 상품을 생산하고 있으며, 필연적으로 잉여 경제가 계속될 것이라는 내러티브였다.

이 새로운 내러티브는 경제라는 큰 그림에서 평범한 사람들을 배제하는 2개의 신조어를 담고 있다. 바로 기술전문가가 지배하는 사회를 일컫는 '기술관료제technocracy'와 새로운 권력을 얻은 기술전문가를 가리키는 '기술관료technocrat'다. 이 두 단어는 1930년대에 탄생한 게 아니었다. 이미 1920년대부터 때때로 사용되었는데, 당시에는 세계 평화를 주도할 수 있는 과학자들이 정부를 이끌어야 한다는 이론과 연결되어 있었다. 소스타인 베블런은 1920~1921년 불황기에 『기술자와 가격 체제*The Engineers and the Price System*』라는 저서에서 '기술자 소비에트'가 운영하는 세상이 오리라고 예측했다. 하지만 이 단어는 1930년대에 실업률이 폭발하면서 새로운 의미를 띠게 된다. 혁명주의를 자처하던 컬럼비아대학 집단이 스스로를 '기술관료'라고 부르기 시작한 것이다. 엔지니어인 하워드 스콧Howard Scott이 이끄는 이들은 미국 전역의 과학자들로 구성되어 있었는데, 1933년 당시 하워드 스콧은 영화배우만큼이나 유명한 인물이었다.

기술관료제 운동은 자신들만의 전문용어를 창조하고 새로운 종류의 화폐, 즉 전기달러electric dollar를 사용할 것을 제안했다. 1933년에 하워드 스콧의 감독하에 프랭크 아크라이트Frank Arkright라는 필명으로 발표된 『기술관료제의 기초A B C of Technocracy』에 따르면, 전기달러란 에너지 단위를 의미했다. 아크라이트라는 이름은 수력방적기를 발명한 리처드 아크라이트Richard Arkwright의 이름을 딴 것으로, 그가 만든 방적기는 노동자들의 일자리를 대체해 1779년 기계파괴 폭동의 계기가 되었다. 아크라이트의 책과 그 안에 담긴 사상들, 특히 현대 과학이 경제를 변화시킬 것이며 심지어 우리에게 익숙한 화폐가 사라질 것이라는 주장은 바이럴이 되었다. 이 이야기는 비트코인 내러티브와 상당 부분 유사하다. 사토시 나카모토처럼 프랭크 아크라이트라는 필명을 사용했다는 점까지 말이다.

『기술관료제의 기초』에 따르면 미국 경제는 10억 마력에 달하는 노동력을 보유하고 있었다. 1마력이 10명의 인간 노동력과 같고, 기계는 1주일에 두 번씩 8시간만 작동해도 10명 몫을 할 수 있다고 말이다. 그러므로 이 책은 대공황 시기의 고실업률이 앞으로 영구적으로 지속될 거라는 경고의 시작일 뿐이라고 은연중에 말하고 있다. 한 보고서의 결론은 상당히 충격적이기까지 하다.

> 현재 우리는 역사상 초유의 사태를 마주하고 있다. 100년 전까지만 해도 인간의 몸은 에너지 변환에 있어 지구에서 가장 효과적인 기계였다. 기술의 출현은 인간 노동에 바탕을 둔 모든 결과를 무용하게 만들었

다. 발명된 현대 기기들의 에너지 전환률은 인간의 수천 배에 달하기 때문이다. 1890년까지 우리 사회의 발전 속도는 에너지 생산이라는 측면에서 가축이 끄는 수레의 속도로 비유할 수 있다. 그러나 1890년 이후로는 거의 항공기 같은 속도로 발전하고 있으며, 지금도 끊임없이 가속 중이다.[37]

기계를 설계하고 운용하는 기술전문가들의 손으로 세상이 넘어갔다는 생각은, 자신이 과학자가 될 능력이 안 된다고 생각하는 대부분의 사람들을 두렵게 했다. 그리고 이는 지출과 투자, 고용을 주저하게 하는 결과를 낳았고 그 결과 대공황은 더욱 심각해지고 장기화되었다.

1933년 〈뉴욕 타임스〉 기사는 기술관료들의 위력에 대해 설명한다.

기술관료들의 선풍적인 주장은 거의 히스테리에 가까운 집단 운동을 일으켰다. 스콧은 자신이 제시하는 대책을 실천하지 않는다면 2년 내에 1천만 명의 실업자가 생길 것이라고 예언했다. 이를 읽은 많은 사람들은 비록 막연하긴 하나 우리의 산업과 경제 체제 전반이 즉각 붕괴할 것이라고 생각하기 시작했다. 기술관료들이 자극한 공포심에 휩싸여 사업 계약이 연기되기 시작했다.[38]

1930년대에는 기술적 실업 내러티브가 미국 전체에 깊게 스며든 것처럼 보인다. 나중에는 더 이상 '기술적 실업'이라는 표현 자체를 사용할 필요조차 없어졌다. 전 국민이 그 개념을 이해하고 있었기 때문이다. 예를 들어 1936년 〈뉴욕 타임스〉에 게재된 기사를 살펴보자. 이 기사는 장기 실업이 사람들의 사기와 가족관계에 미치는 비극적 영향에 대해 아주 길게 탐구했다. 여기서 실업자들은 "새로 발명된 기계 때문에 젊은 나이에 폐물이 되었다."고 말한 것 외에 실업률에 관한 어떤 이론도 언급하지 않았다.[39]

## 2차 세계대전으로 이동한 내러티브

구글 엔그램 뷰어에 따르면 기술적 실업 내러티브는 1935년 이후에 다소 누그러들었지만, 완전히 사라지지는 않았다. 이 내러티브는 그 뒤로도 꾸준히 이어져 2차 세계대전이 발발하자 전쟁에 대한 새로운 내러티브 군집으로 변이되고 확산되었다.

많은 역사학자들은 불황이 최고조에 치달은 1933년에 나치당과 아돌프 히틀러가 선거에서 승리한 원동력으로 독일의 높은 실업률을 꼽는다. 오늘날 자주 간과되는 사실은 그 해에 나치당이 인간의 일자리를 기계로 대체하는 것은 불법이라고 공식 선포했다는 사실이다.[40]

찰리 채플린의 1936년 영화 「모던 타임스」는 오늘날까지 우리의 집단의식에 남아 있는 내러티브를 아주 강력한 이미지로 보여준다. 이 영화에는 아주 우스꽝스러운 장면이 있다.[41] 로봇 팔로 일꾼들에게 점심 식사를 먹여주는 기술을 회사에서 새로 도입한 것이다. 기계 팔은 찰리 채플린에게 점심을 먹여주다가 고장을 일으키고, 결국 주변을 난장판으로 만든다. 우연이 아니겠지만 이 이야기는 노동절약 기계에 대한 불안감이 고조되었던 시대에 널리 전파되었다.

우리는 2차 세계대전 기간에 뉴스에서 '로봇'을 언급한 사례들을 찾아보았다. 전쟁 초기에 예일대에서 근무하던 과학자 클라크 헐Clark Hull은 로봇 군대를 개발하고 있었다.[42] 그러나 그의 연구에 대한 설명은 허황되고 비현실적으로 들린다. 나치가 전쟁 후반에 사용했던 로봇 폭탄과 로봇 항공기는 비효율적인 것으로 판명되었고,[43] 신문과 뉴스는 인간 병사들의 영웅적인 행동에 대한 내러티브로 채워졌다.

노동절약 기계 내러티브가 다시 바이럴이 되기 위해서는 2차 세계대전 이후 새로운 전환점이 필요했다. 새로 발견된 인간 지성의 위대함을 강화하고 궁극적으로 인간의 뇌를 찬양하는 이야기 말이다. 이 내러티브는 바로 새로운 전자두뇌, 즉 컴퓨터였다. '전자두뇌electronic brain'라는 단어는 아름다운 유행곡선을 그리며 1960년대에 절정에 달했고, 이는 기계 내러티브 군집이 유행했음을 의미한다. 그에 대해서는 다음 장에서 이야기해 보자.

# 14
# 자동화 및 인공지능

기술적 실업이 미래에 문제를 유발할 것이라는 내러티브는 2차 세계대전이 종전되었을 때에도 사라지지 않았다. 이 내러티브는 다양한 유독성 인자를 추가하며 거듭 변형됐고, 그림 14.1에서 보듯 종종 '자동화automation'나 '인공지능artificial intelligence'이라는 용어와 결합했다. 2차 세계대전 이후 인공지능과 관련해 최소한 4개의 내러티브가 각각 1960년대와 80년대, 90년대, 그리고 2010년대에 절정에 달했다. 심지어 2010년대의 인공지능 내러티브는 이 글을 쓰는 지금도 더욱 활발히 번져나가는 듯 보인다.

언제나 이 기술적 실업 내러티브는 기계가 세상을 지배할 날이

그림 14.1 '자동화'와 '인공지능'의 언급 비율

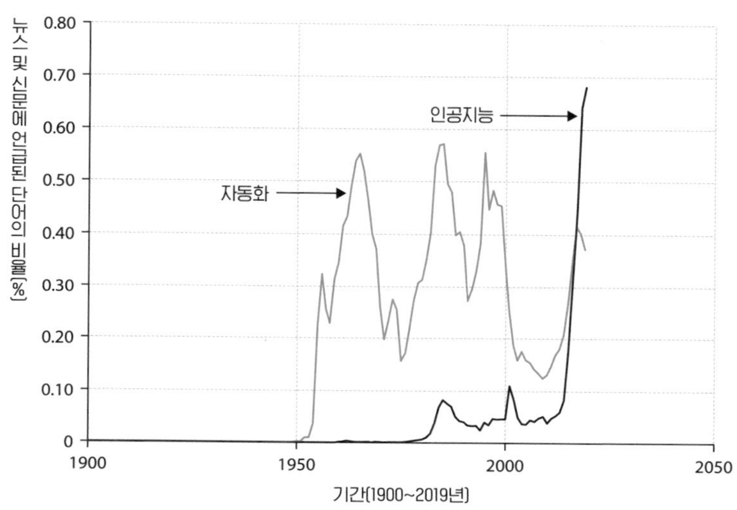


자동화와 인공지능 내러티브는 다양한 형태로 여러 차례 재발했다.
(출처: 프로퀘스트 데이터를 사용한 저자의 계산)

머지않았다는 무시무시한 미래에 대해 이야기한다. 앞에서 언급한 로숨의 만능 로봇도 말을 할 수 있다는 점에서 일종의 인공지능으로 볼 수 있겠지만, 그것이 얼마나 높은 지능을 지니는지에 관한 이야기는 없었다. 이제까지의 로봇은 어린이 동화에 나오는 말하는 동물과 비슷했다. 그러나 자동화와 인공지능은 기본 아이디어에 새로운 실현 가능성이 추가될 때마다 새로운 전염 요인을 얻으며 성장했다.

자동화에 대한 두려움은 대개 불황이 임박했다는 공포와 연관되어 있다. 1945년 말, 〈포춘〉지는 엘모 로퍼Elmo Roper가 일반 미국 국민을 대상으로 한 설문조사를 실었다.

> 종전 후 10년 안에 대대적인 경제불황이 발생할 것이라고 예상하십니까? 아니면 그것을 피할 수 있을 거라고 생각하십니까?
>
> 불황이 온다 ………………… 48.9%
>
> 피할 수 있다 ………………… 40.9%
>
> 모르겠다 ………………… 10.2%[1]

즉 미국 인구의 절반가량이 2차 세계대전이 끝난 후 불황이 닥칠 것이라고 예상한 것이다. 이는 아마 우리가 앞서 논했던 대공황과 1차 세계대전 후의 내러티브가 아직도 머릿속 깊이 각인되어 있었기 때문일 것이다.

다행히도 그 예상은 틀렸다. 불황은 발생하지 않았다. 불황이 재발할지도 모른다는 운명론적 두려움이 있긴 했지만 지난번에 겪은 불황에 대한 분노 가득한 내러티브는 희미해져 있었다. 1차 세계대전 이후에 폭발했던 폭리취득자들에 대한 분노 내러티브까지도 말이다. 어쨌든 그런 내러티브들은 재발하지 않았다. 뿐만 아니라 물가가 1913년 수준으로 하락할 것이라는 기대도 더 이상 하지 않았다. 게다가 2차 세계대전의 종전은 기술적 실업에 대한 사람들의 관심을 일시적으로나마 딴 곳으로 돌려주었다. 2차 세계대전 이후의 경제 내러티브 군집은 이제 전쟁이 끝났으니 돈을 써도 된다고 이야기하기 시작했다. 폭리취득자와 낮은 물가에 대해서는 17장에서 자세히 알아보자.

대공황 시절의 근검절약 내러티브와는 반대로 종전 직후 미국인들이 즐긴 사치스러운 휴가에 대한 이야기도 그중 하나였다. 미국 역사상 가장 거대한 여행 물결이 급증했고, 전쟁이 끝나고 1년 후인 1946년은 '승리를 기념하는 휴가의 해'[2]라고 불렸다. 심지어 서구의 여행사와 휴양지들은 전쟁이 끝나기 약 2년 전부터, 소비자들이 정부의 전쟁 채권으로 모은 돈을 쓰게 하기 위해 호화스러운 승리 기념 여행을 홍보해 왔다.

여행의 바람은 1946년에 시작됐고 휴가객들은 그 즐거운 경험을 새로 나온 35mm 컬러 필름 슬라이드에 기록해 보관했다. 그렇게 할 수 있었던 것은 작년에 크리스마스 선물로 슬라이드 프로젝터를 받은 덕분이었다.[3] 심지어 그들은 가정용 비디오카메라를 사용해 동영상을 만들었다. 1차 세계대전 때는 대부분의 가정에 그러한 카메라가 없었는데 말이다. 놀러간 곳을 찍은 슬라이드와 동영상은 새로 태어난 아기처럼—1946년생인 나도 그중의 한 명이다—집으로 돌아와 가족 친지들에게 소개되었다. 그들은 행복한 시간을 보내고 있다는 느낌과 사치스러운 소비라는 공통된 애국심을 널리 퍼트렸다.

사람들은 또한 다른 이들의 낙관적 분위기를 감지하고 새로운 낙관주의를 강화하기 시작했다. 1946년 처음 알려진 베이비붐은 치명적인 인플루엔자 유행이 뒤따랐던 1차 대전의 종전 때와 결정적으로 다른 점이었다. 1948년 이후 유행한 낙관적인 이야기는 자기 충족적 예언이 되었다. 1950년의 한 신문 기사는 이렇게 단언한다.

> 올해 말에 퍼지기 시작한 낙관적인 여론과 더불어, 미래에 대한 예상 그 자체가 활발한 움직임을 촉진하는 데 영향을 끼쳤을 수 있다.[4]

그러나 우리가 진정으로 던져야 할 질문은 이것이다. 1945년 2차 세계대전이 끝났을 때, 사람들은 왜 불경기가 올 것이라고 예상했을까? 그리고 왜 이런 낙관적인 분위기에도 불구하고 1950년대와 1960년대에 간헐적인 경기침체가 발생했는가? 그 대답은 전쟁이 끝난 뒤에도 여전히 간헐적으로 위력을 발휘한 대공황 내러티브 속에 있는 게 틀림없다. 바로 돌연변이를 거친 기술적 실업 내러티브였다.

## 자동화로 인한 경기침체 내러티브

1929년에 유행했던 노동절약 기계 내러티브의 제로 아워(영시)가 20세기 후반에 또다시 등장하기 시작했다. 다만 이번에는 다소 변형된 형태를 띠고 있었다.

'특이점singularity'은 1915년, 아인슈타인이 일반 상대성 이론을 발표하면서 사용하기 시작한 단어다. 이 단어는 방정식의 항이 무한한 상태를 가리키는데, 후에 블랙홀이라고 불릴 천문 현상을 '우주의 특이점'이라고 부르기도 했다. 이후 특이점은 마침내 기계가 모든 면에서 인간보다 똑똑해지는 특정 기점을 지칭하게 된다.

경제 내러티브는 변이했다. 전자기계가 인간의 근육을 대체하는 것에서 벗어나, 인공지능이 인간의 두뇌를 대체하는 상황으로 관심을 돌리게 된 것이다. 기술적 실업이라는 기본 내러티브는 동일하지만 더 넓은 범위로 확장되었다. 처음에 거대한 기관차와 전자 제품은 인간의 근력을 절약했다. 그리고 이제 내러티브는 변이를 거쳐 컴퓨터가 인간의 사고를 대체하는 데 초점을 맞추게 된 것이다. 변이는 기존의 내러티브를 참신하게 만든다.

자동화automation는 노동절약과 다르다. 자동화는 통제실에서 버튼을 누르는 기술전문가 외에는 아무도 생산 공정에 간섭하지 않는다는 것을 암시한다. 1950년대부터 자동화는 단순한 기계가 아니라 기계를 가동하는 기계를 가리키기 시작했다.[5] 인간이 딱히 주의를 기울이지 않아도 스스로 기능하는 시스템 말이다.

1955년 무렵 '자동화'라는 단어가 갑자기 전염병처럼 확산되기 시작했다. 일자리를 잃을지도 모른다는 심각한 우려가 대중들 사이로 퍼져나갔다. 새로운 자동화 내러티브는 인간이 개입해야 가능했던 생산 과정조차 완전히 기계로 대체될지도 모른다는 이야기를 담고 있었다. 1956년에는 사상 최초로 버튼을 누르는 시대에 대한 공포에서 촉발된 자동화 파업이 발생했다.[6] 이처럼 자동화의 비약적 발전에 대한 이야기들이 난무했다. 다음은 1956년에 쓰인 글이다.

이스턴 제조공장을 방문한 이들은 새로운 형태의 공장을 보고 깜짝 놀랐다. 눈앞에서 거대한 강철판이 컨베이어 안으로 말려들어 갔다. 그런 다음 이 강철판은 27마일에 달하는 컨베이어를 따라 2,613개의 기계 장치를 거쳐, 반짝반짝한 새 냉장고가 되어 나타났다. 포장되고 상자에 넣어진 다음 선적할 준비까지 갖춘 완전한 제품으로 말이다.

공장을 방문한 이들이 가장 경악한 것은 이 하얗고 반짝이는 냉장고가 1분에 두 대씩 생산되는 동안 인간의 손을 전혀 거치지 않는다는 사실이었다.

그들은 자동 생산 공정을 목격하고 있었다.[7]

자동화는 또한 노동자의 권익을 위해 싸우던 노동조합의 종말을 예견하는 것이었다. 기계 노동조합을 만드는 것은 불가능했기 때문이다.[8]

노동자를 대상으로 한 설문조사는 1957~1958년과 1960~1961년의 두 경기침체 사이에 갑작스러운 변화를 보였다. 선거 결과를 예측하는 것으로 유명한 여론분석가 새뮤얼 루벨Samuel Lubell은 두 경기침체의 사이인 1959년에 다음과 같은 글을 썼다.

1958년 봄, 경기침체에 대한 대중의 인식을 조사했을 때 실업의 원인으로 자동화를 꼽은 사람은 비교적 소수에 불과했다. 지금은 전체의 3분의 1 또는 4분의 1의 응답자가 개인적 경험을 근거로 노동자가 기계로 대체되고 있다는 과거 사례들을 언급한다. 그러한 이야기는 종종 다음과 같은 침울한 문장으로 끝난다. "누군가는 일자리를 다시 얻지 못할 겁니다." 이렇게 말하는 사람도 있었다. "이건 시작일 뿐이에요."

스태튼 아일랜드 출신의 엘리베이터 조작자와 클리블랜드의 회계사, 영타운의 전철원, 디트로이트의 철도 근무원은 "2년 안에 기계가 내 일을 하고 있을 겁니다."라는 우울한 예측을 내놓았다.[9]

대공황 이래 가장 심각했던 두 번의 경기침체는 자동화에 대한 두려움이 미래에 대한 불안감을 만들어냈기 때문이다. 그래서 지출이 감소한 걸지도 모른다. 1957~1958년의 경기침체는 '자동화 침체'라고 불렸다.[10]

전설적인 배우 캐서린 헵번Katherine Hepburn과 스펜서 트레이시Spencer Tracy가 출연한 1957년 영화 「사랑의 전주곡」[11]의 배경은 에머락Emerac이라는 IBM 메인프레임 컴퓨터를 새로 도입하려는 회사다. 헵번이 연기하는 버니 왓슨은 참고자료 부서에서 일하는 유능한 직원이고, 트레이시가 연기하는 리처드 섬너는 새 컴퓨터 시스템을 기획한 컴퓨터 엔지니어다. 리처드는 자신이 버니의 삶을 망가뜨리고 있다는 긴장감 속에서도 버니와 사랑에 빠지고, 청혼까지 하게 된다. 영화는 당시 사용되던 초기 컴퓨터가 이미 임금대장을 자동화 처리함으로써 경리과의 많은 일자리를 빼앗아가고 있다는 것을 보여준다. 영화에서는 에머락이 작동 이상을 일으키는 바람에 버니뿐만 아니라 회사의 전 직원에게 해고통지서를 보내면서 갈등이 고조된다. 물론 그 실수는 나중에 해결된다.

영화 속에서 컴퓨터는 콘솔에 질문을 입력하면 대답을 제시함으로써 참고자료 부서의 기능을 대체한다. 가령 "지구의 총 중량은 얼마지?"라는 질문을 입력하면 에머락은 "인구를 포함해서인가요, 아니면 포함하지 않고서인가요?"라고 묻는다. (나도 음성인식 시스템인 오케이 구글에 같은 질문을 던져 봤는데, 오케이 구글은 깔끔하게 정답만 대답했다. 답은 $5.972 \times 10^{24}$kg이다.) 버니는 에머락에게 묻는다. "버니 왓슨이 리처드 섬너와 결혼해야 할까?" 에머락은 대답한다. "아니오." 마치 컴퓨터가 창조자를 사랑하는 것처럼 말이다. (나도 오케이 구글에게 같은 질문을 던졌는데, 오케이 구글은 2011년 〈뉴욕 타임스〉 기사인 '아이패드는 새로운 에머락인가?'라는 기사를 연결했다.)

자동화의 위험에 대한 대중의 불안감은 1960년대까지 지속되었다. 1962년에 민주주의 연구센터Center for the Study of Democratic Institutions는 자동화와 같은 의미로 사용됐으나 1960년대 이후 사라진 단어인 '사이버네이션cybernation'에 관한 보고서를 발간했는데, 해당 보고서의 결론은 다음과 같다.

> 사이버네이션은 우리가 전통적으로 싸워왔던 것과는 너무나도 방대하고 상이한 사회 시스템의 변화를 예고하고 있다. 우리의 생존능력에 대한 현재의 인식에 근본적으로 도전하게 될 것이다. 우리의 민주적 체제가 조금이라도 생존하기 위해서는 사이버네이션이 어떠한 결과를 가져올지 매우 잘 이해해야 할 것이다.[12]

1963년, 노동운동계 지도자인 조지 미니George Meany는 자동화에 대한 우려로 주 35시간 노동을 보장해 달라고 요구했다. 1964년, 대선 기간 중에 린든 존슨 대통령은 기술, 자동화, 경제 발전에 관한 국가위원회National Commission on Technology, Automation, and Economic Progress를 창설하는 법안에 서명했다. 이 위원회의 보고서는[13] 자동화에 대한 공포가 거의 사라진 1966년에야 발간되었다.

1957~1966년의 자동화 공포는 예상보다 훨씬 빨리 소멸되는 것처럼 보였다. 1965년 〈월스트리트 저널〉에는 알프레드 L. 말라브레 주니어Alfred L. Malabre Jr.가 쓴 '자동화 경고는 틀렸다'라는 기사가 실렸다. 기사는 1965년에 접어들자 사람들이 자동화에 대해 잊어버린 것 같다고 지적한다. 말라브레는 1965년에 개최된 전미 자동차노조United Auto Workers 노동자 대회에서조차 자동화가 언급되지 않았다는 사실을 흥미롭게 여겼다. 기사는 "그런 비관론은 노동조합과 캠퍼스, 정부, 심지어 회사의 경영진에 이르기까지 광범위하게 퍼져 있었다."고 평했다.[14]

## 스타워즈 이야기

1980년대가 되자 자동화에 대한 불안이 다시금 솟구치기 시작했다. 많은 내러티브들은 시간이 지나면 변이된 형태로 재발한다. 때로는 새로운 내러티브가 탄생해 새로운 용어를 만들어내기도 하지만 때로는 예전에 사용되던 용어가 부활하기도 한다. 그림 14.1을 보면 1980년대 초반에 '자동화'라는 단어가 급상승했음을 알 수 있다. 1920년대에 발명된 '로봇'이라는 단어도 1980년대 초반에 급부상했다. 그 이유는 가정용 컴퓨터 아타리Atari와 애플Apple의 경이로운 성공 덕분에 로봇 이야기의 전염성이 급증했으며, 이로써 사람들이 기술적 진보의 가속화를 믿게 되었기 때문이다. 1983년에는 로봇 스토어The Robot Store라는 회사가 인간형 로봇을 제조 및 판매하기 시작했다. 이 회사의 로봇은 사람과 비슷한 외양을 지녔는데, 로봇 스토어의 사장은 앞으로 2년 안에 미국 가정의 10~20퍼센트가 그런 로봇을 보유하게 될 것이라고 예견했다.[15] 그러나 이 로봇 기계들은 아무 쓸모가 없었고, 생산 라인은 중단되었다.

1980년대에 '로봇'이라는 단어의 급상승과 함께, 당대에 큰 성공을 거둔 일련의 로봇 영화들을 보면 이야기의 유행이 시간의 흐름에 따라 어떻게 변화하는지, 그리고 어떻게 새로운 바이럴이 되는지 파악할 수 있다. 1977년부터 1983년에 개봉한 조지 루카스George Lucas의 「스타워즈」 3부작은 세계에서 가장 유명한 로봇인 알투디투R2D2와 씨쓰리피오C3PO가 등장한다. 미국 TV에서 1984년부터 1987년까지 방영된 만화영화 「트랜스포머」는 자동차와 무기로 모습을 바꿀 수 있는 거대 로봇의 모험 이야기다. 이 두 시리즈는 아동용 장난감 시장에서 어마어마한 매출을 올렸다. 「블레이드 러너」와 「터미네이터」뿐만 아니라 대성공을 거둔 다른 로봇 영화들도 빠트릴 수 없다.

물론 로봇은 1970년대보다 훨씬 전부터 영화에 등장했고, 지금도 그렇다. 영화 속 로봇들은 1922년에 차페크가 '로봇'이라는 단어를 만들고 그것이 바이럴이 되기 전부터 존재했다. 영화 속 로봇—혹은 오토마톤—들은 영화 「더미The Dummy」(1917)에서 '더미'로, 「머캐니컬 맨」에서 '기계인간'으로 불렸다. 1922년 이후에는 더 다양한 로봇들이 등장했다. 이를테면 프리츠 랑Fritz Lang의 1927년 영화 「메트로폴리스」에 나오는 유명한 '마히넨-멘시Machinen-Mensch', 즉 '머신맨'처럼 말이다. 그러나 로봇이 등장하는 대부분의 영화는 허황되고 유치한 B급 호러 영화였다. 말하자면 우주 괴물이 세상을 멸망시키는, 그러니까 대중에게 비교적 영향을 주지 않는 영화들이었다.[16] 이런 영화들은 자동화 미래에 대한 두려움에 감정적 색채를 빌려주는 것 외에 경제 활동에는 그리 큰 영향을 끼치지 않았을 것이다.

자동화 공포보다 앞선 1957~1964년에도 성공적인 로봇 영화들이 출현했다. 그 시기의 영화 속 로봇으로는 「로봇 몬스터」의 '로맨Ro-Man', 「토보 더 그레이트」의 로봇을 거꾸로 적은 이름 '토버Tob-or', 「화성에서 온 악녀」의 '차니', 「타겟 어스Target Earth」의 '금성 로봇', 「금지된 세계」의 '로비', 「크로노스」의 '크로노스', 「콜로서스 오브 더 뉴욕The Colossus in New York」의 '콜로서스', 그리고 「지구방위군」의 '모게라'가 있다.

자동화 내러티브의 두드러진 변이 버전은 1980년과 1981~1982년의 두 경기침체와 함께 등장했다. 실업률은 두 자리로 상승했고, 이는 자동화가 실업의 원인일지도 모른다는 생각을 부추겼다. 그리고 이런 인식은 총수요를 감소시켰을 뿐만 아니라 실업률을 더욱 자극했다. 1982년, 〈뉴욕 타임스〉의 앤드루 폴락Andrew Pollack은 신자동화에 대해 이야기하며 뚜렷하게 나타나고 있는 사무자동화의 시작을 예로 들었다.

> 지금까지 사무자동화에 가장 큰 영향을 받은 것은 비서—아직도 공급이 부족한—와 기타 사무직원들이었다. 타자기가 전자 워드프로세서로 대체되고 파일 캐비닛이 컴퓨터 저장 시스템으로 바뀌면서 그들은 더 빠른 속도로 업무를 처리할 수 있게 되었다. 그러나 새로운 사무자동화 시스템은 이제 관리자들에게도 영향을 미치고 있다. 한때 부하직원이나 중간관리자의 역할이었던 업무를, 즉 컴퓨터에서 정보를 불러내고 분석하는 역량을 이제 그들도 갖출 수 있게 되었기 때문이다.[17]

노동절약 기계에 대한 과거의 모든 경험이 무관해지는 특이점에 도달했고, 엄청난 실업자 군단이 양성될지도 모른다는 내러티브가 또다시 바이럴이 되었다. "이제 어디로 도망쳐야 할지 모르겠다."[18]고 폴락은 말한다. 1980년대의 두 경기침체가 우리에게 그토록 큰 피해를 준 것은 어쩌면 바로 이 바이럴 내러티브 때문일 수도 있다.

그림 14.1을 보면 1995년에 '자동화'의 세 번째 상승이 포착된다. 이번에도 과거 노동절약 기계에 대한 모든 경험이 쓸모없다는

특이점을 목전에 둔 내러티브가 확산되었다. 1995년에 인터넷 붐이 막 시작되었을 무렵에는 컴퓨터 네트워크의 출현에 대한 내러티브가 유행했다.

대부분의 경제학자는 자동화의 부작용을 일시적인 현상으로 여기지만, 일부 경제학자와 많은 첨단기술 전문가들은 두 가지 이유를 들며 현재 급증하고 있는 기술 변화가 완전히 새로운 현상이라 생각한다.

첫째, 트랙터는 농부들의 일자리를 빼앗았을 뿐이고 공작기계의 자동화는 공장 노동자들을 쫓아냈을 뿐이지만, 스마트기기와 컴퓨터 네트워크는 컴퓨터와 커뮤니케이션, 또는 단순 추론과 관련된 거의 모든 일자리에 침투할 수 있다. 이 시스템은 주택 대출 서류를 작성 및 검토하고, 전화통화를 연결하고, 사람의 도움 없이도 미세제어를 이용한 착유기로 암소의 우유를 짤 수 있다. 지금까지 어떤 첨단기술도 이처럼 변화무쌍하고, 물리적 제한을 받지 않으며, 은행과 전동기구, 보험과 전자통신에 이르기까지 전혀 관련 없는 산업 분야에서 대량의 일자리를 한꺼번에 제거할 수 있는 능력을 지니지는 못했다.

둘째로 이 기계와 네트워크는 마이크로프로세서와 소프트웨어를 통해 거의 18개월마다 그 역량을 두 배로 키우며 사상 초유의 속도로 발전하고 있다. 무엇보다 이러한 추세는 마이크로칩 기반 기술의 비용을 놀랍도록 절감하기 때문에 훨씬 빠르고 광범위하게 사용될 수 있다.[19]

1995년 즈음 등장한 자동화에 대한 새로운 공포 내러티브는 즉각적으로 경기침체를 일으키지는 않았다. 대부분의 사람들은 소비를 줄이지 않았고 세계 경제는 곧 활황에 돌입했다. 1990년대의 지배적인 내러티브는 새 천년에 도래할 풍부한 사업 기회에 초점이 맞춰져 있었다. 2000년대가 되자 자동화 내러티브는 닷컴 붐과 부동산 붐, 2007~2009년의 세계금융위기를 거치며 차츰 잦아들기 시작했다. 그러나 자동화 내러티브는 새로운 광고 문구와 함께 여전히 우리 곁에 있다.

## 주식 시장에서의 닷컴 또는 밀레니엄 붐

1994년 즈음부터 대중화된 인터넷은 컴퓨터의 놀라운 힘에 대한 내러티브를 탄생시켰다. 20세기 말에는 다가오는 새 천년과 더불어 인터넷 시대라는 단어가 만들어졌고, 미래에 관한 많은 이야기가 돌았다. 닷컴 주식은 2000년으로 가는 길목에서 가장 큰 이득을 본 수혜자였다. 1974년부터 2000년에 이르는 경제 성장 기간 동안 주가는 거의 20배 이상 상승했다.[20] 미국 역사상 주식 시장이 가장 크게 팽창한 시기였다. 그러나 이 이야기는 이제 잊혀졌다. 2007~2009년 세계금융위기 때 시장이 세 배 팽창했다는 하나의 내러티브로 대체되었기 때문이다. 그 내러티브는 이 책을 쓰는 지금 더욱 크게 유행하고 있다.

20세기의 마지막 사분기 때 발생한 주식 시장의 팽창에 관한 논의는 사람이 기계로 대체될지도 모른다는 두려움에 집중하지 않았다. 어째서일까? 당시 사람들은 기술적 진보를 직면한 개인의 무력감보다는 정보화 시대의 발명품에 투자함으로써 얻을 수 있는 새로운 기회에 대해 더 많은 이야기를 나눴다. 하지만 첨단기술 회사의 주식을 사들여 닷컴 현상의 일부가 되고 싶다는 동기를 자극한 것은, 오히려 무력감이었다.

### 2007~2009년 세계금융위기 이후 특이점에 대한 공포가 힘을 얻다

구글 트렌드에 따르면 자동화/첨단기술에 대한 두려움의 마지막 물결은 2016년 무렵에 시작되어 이 글을 쓰는 지금까지도 수그러들지 않고 있다. 최근 발생한 자동화에 대한 공포를 어떻게 설명해야 할까? 이 질문에 답하려면 아이폰 앱인 시리의 탄생에 대해 먼저 생각해 봐야 한다. 2011년에 출시된 시리는 자동음성인식ASR과 자연언어이해NLU 기능을 이용해 사람들의 질문에 대답한다.[21] 말하고, 이해하고, 정보를 제공하는 시리의 기능은 많은 사람들이 오랫동안 기다려왔던, 그러니까 기계가 사람만큼 혹은 사람보다 더 똑똑하다는 특이점이 도래한 것처럼 느껴졌다. 같은 해에 IBM은 말하는 컴퓨터 '왓슨Watson'을 출시했다. 텔레비전 퀴즈쇼인 〈제퍼디Jeopardy〉의 참가자로 출연한 왓슨은 인간 우승자에 대항해 승리를 거뒀다. 그 뒤로 아마존 에코Amazon Echo의 '알렉사Alexa', 구글의

'오케이 구글OK Google'을 필두로 알리바바Alibaba의 '티몰지니Tmall Genie', 링롱LingLong의 '딩동DingDong', 얀덱스Yandex의 '앨리스Alice'에 이르기까지 수많은 변종과 후속 제품들이 쏟아져 나오기 시작했다. 신기하고도 경이로운 발명품들이었다. 마침내 「스타워즈」와 「트랜스포머」, 그리고 「젯슨 가족」이 예언한 시대가 도래한 것이다.

애플은 원 제조사인 SRI 인터내셔널Stanford Research Institute International에서 시리를 인수했다. SRI는 원래 2003~2008년에 미국 방위고등연구기획국US Defense Advanced Research Projects Agency, DARPA의 후원하에 시리를 개발했지만 이 프로젝트가 초기에는 바이럴이 되지 않았다. 그러곤 2011년이 되자 사람들은 어느 날 갑자기 함께 대화를 나눌 수도 있고 주머니에서 꺼내 남들에게 자랑할 수 있는 기기를 갖게 되었다. 시리와 후발 경쟁자들은 더는 타인과 대화를 해야 할 필요를 없애는 과정에 착수한 것처럼 보인다. 어쩌면 우리는 앞으로 대화상대로 사람보다 시리를 더 선호하게 될지도 모른다. 시리가 제공하는 정보는 믿음직하고 이해하기도 쉽다. 그러나 이는 인간의 자리가 기계로 완전히 대체될지도 모른다는 두려운 생각이 들도록 하며, 그 결과 사람들은 인류가 집단적 자존감을 잃을지도 모른다고 더욱 쉽게 상상할 수 있었다.

비슷한 시기에 대중의 관심을 사로잡은 또 다른 발명품도 있다. 무인 자동차는 아직 안전 문제에 대한 우려가 있긴 하지만 앞으로 많은 일자리를 대체하게 될 것이라 예측된다. 무인 자동차를 보거나 겪은 사람의 수가 적을지 몰라도 우리는 그 프로토타입이 이미

고속도로 위를 달리고 있다는 사실을 안다. 무인 자동차는 과거에 불가능하다고 여겼던 일들을 이미 실현하고 있다. 가령 어린아이가 도로를 건너는 것을 감지하고 속도를 줄이는 것처럼 말이다. 인간의 상식이 무인 자동차의 행동 지침이 될 수 있다는 사실은 언젠가는 인간의 상식마저 대체될 수 있다는 의미도 된다.

최근의 이야기들은 머신러닝, 즉 기계 학습을 강조한다. 컴퓨터는 더 이상 인간의 지성으로 프로그래밍 되는 게 아니라 스스로 학습한다. 구글 트렌드에서 '머신러닝machine learning' 검색어는 2012년 이후 매우 현저한 상승세를 기록하고 있으며, 구글 검색 지수는 2004~2019년에 4배 이상 상승했다. 최근 출현한 이야기들은 머신러닝 내러티브를 더더욱 강화한다. 큰 성공을 거둔 체스 프로그램 알파제로AlphaZero는 오직 머신러닝으로만 학습하는데, 다시 말해 인간의 도움을 전혀 받지 않고 체스 전략을 배운다는 의미다. 이 내러티브에는 기본적인 체스 규칙 외에는 아무 정보도 없이 무수한 시합을 거치며 실수를 통해 배우는 백지상태tabula rasa의 프로그램이 등장한다.[22] 어떤 면에서 머신러닝 내러티브는 컴퓨터가 인간이 만든 프로그램을 구동하는 것보다 우리를 더 불편하게 만든다. 역사학자 유발 노아 하라리Yuval Noah Harari는 이 내러티브를 '새로운 무용無用계급'으로 전락할지도 모른다는 우리의 두려움과 우리 자신에 대한 '불관용의 두려움'이라고 묘사한다.[23] 만일 그러한 두려움이 상당한 규모로 확산된다면, 실존적 공포는 경제 신뢰 그리고 나아가 경제 자체에 영향을 미치게 될 것이다.

## 일자리와 스티브 잡스

스티브 잡스의 이야기는 일자리를 잃을지도 모른다는 두려움을 기계화와 결부시킨 아주 훌륭한 내러티브다. 2007~2009년 세계금융위기 당시 많은 서적들이 잡스에 관한 이야기를 다뤘는데, 그중에서 특히 두드러진 것은 2011년에 출간된 월터 아이작슨Walter Isaacson의 『스티브 잡스』일 것이다. 이 책은 출간 첫 주에만 379,000권이 판매되어[24] 〈뉴욕 타임스〉 베스트셀러 목록에 올랐고 아마존에서는 약 6,500개 리뷰를 통틀어 5점 만점에 평균 4.5 별점을 기록했다. 아이작슨은 앨버트 아인슈타인, 벤자민 프랭클린, 엘론 머스크 등 천재들을 다루는 평전 전문작가로 유명하지만 가장 큰 성공을 거둔 저서는 역시 잡스의 평전이었다. 그의 책은 어째서 바이럴이 되었을까? 부분적으로는 시의적절한 타이밍 덕분일 것이다. 이 책은 잡스가 사망하고 겨우 몇 주일 뒤에 시장에 출시됐고, 덕분에 잡스의 죽음에 관한 언론의 내러티브와 책에 대한 입소문이 서로 상호작용할 수 있었다.

흥미롭게도 스티브 잡스 내러티브는 잡스—감히 로봇으로 프로그래밍을 할 엄두도 내지 못할 만큼 별난 기벽을 지녔던 진짜 인간—가 애플 컴퓨터에 없어서는 안 될 존재처럼 보이게 한다. 따라서 잡스의 이야기는 조직에서 퇴출될까 두려워하는 사람들에게 호소력을 발휘했다. 잡스는 회사를 세운 장본인이지만 그의 기행을 참을 수 없었던 진부하고 꽉 막힌 경영진에 의해 억지로 쫓겨났다.

하지만 애플이 무너지기 시작하자 다시 불려온 잡스는 회사에 참신한 바람을 불어넣었고, 그 결과 애플을 세계 최고의 혁신적 회사로 도약시켰다. 스티브 잡스 내러티브는 평범하게 살고 있지만 자존심 강한 사람들이 감정을 이입할 수 있는, 즉 보수적인 사회에 적응하기 힘든 이들을 위한 판타지였다.

### 노동절약 기계와 지능 기계 내러티브의 경제적 결과

이제껏 우리는 지난 2세기 동안 크게 유행한 기계 내러티브를 살펴보았다. 이 내러티브는 사람들의 소비 및 투자 의지와 기업가 활동 및 투기의 열정에 영향을 끼쳤고, 지금도 계속해서 영향을 미치고 있다. 일시적인 침체나 불황으로 경제적 어려움이 닥칠 때마다 사람들은 기계가 일자리를 빼앗아 갔기 때문이라고 오해했으며 경제에 대한 비관적 반응은 자기충족적 예언이 되었다.

노동절약 기계 문제에 대해 헨리 조지가 제시한 해법—1870년대 불황기에 출간된 그의 책 『진보와 빈곤』에서 내놓은 제안—은 토지에 단일세를 부과하여 노동절약 발명품으로 이득을 얻은 토지 소유자에게 세금을 걷자는 것이었다. 조지가 제시한 해결책은 신형 기계가 오직 토지에만 이용된다고 가정했으므로 만일 세상이 농업 기반 경제였다면 가능했을지도 모른다. 그의 해결법은 대공황 시절에 공론화되었고 몇 년 전부터 다시 등장한 로봇세와 유사하다. 로봇을 사용하는 기업에 세금을 부과한다면 정부가 세수를 확보해 실업 문제를 해결할 수 있다는 주장이었다.[25]

조지는 세금 수익을 공익을 위해 사용하자고 제안했고,[26] 이는 오늘날에 자주 논의되는 보편적 기본소득과 본질적으로 동일하다.

> 이 모든 것을 균등하게 배분하는 것이다. 약한 자와 강한 자, 어린아이와 노쇠한 노인들, 불구와 사지마비 환자, 맹인, 그리고 신체 건강한 이들에게 이르기까지.[27]

레이디 줄리엣 리스-윌리엄스Juliet Rhys-Williams의 1943년 저서 『기대하는 것: 새로운 사회 계약을 위한 제안*Something to Look Forward To; A Suggestion for a New Social Contract*』과 로버트 테오발드Robert Theobald의 1963년 저서 『자유인과 자유시장*Free Men and Free Market*』은 또 다른 형태의 보편적 기본소득제를 제안하고 있다. 1986년에는 기본소득제 지지 단체인 기본소득유럽네트워크Basic Income European Network, BIEN가 창설되어 후에 기본소득지구네트워크Basic Income Earth Network로 이름을 바꾸기도 했다. 보편적 기본소득제를 실현하는 문제는 어느 국가에서도 성공하지 못했다. 하지만 미래에 대부분의 사람들에게 직업이 없을 것이라는 내러티브는 사람들이 누진소득세와 근로소득세를 계속 지지하도록 도움을 주었다.

첨단기술/실업에 대한 새로운 변종 내러티브는 기술적 실업으로 인한 문제들 때문에 사회가 위기에 봉착했다는 인상을 줄 때 대중의 관심을 집중시킨다. 찰스 휘팅 베이커Charles Whiting Baker의 유명한 1932년 저서 『번영으로 돌아가는 길*Pathway Back to Prosperity*』에는 노동 절약 기계가 일자리를 대체하게 될 것이라는 대중의 우려가 어째서 1930년대 초반까지 잘못 형성되어 있었는지 설명한다. 베이커는 새로움을 강조한다. "폭넓게 사용되고 있는 자동화 기계 및 저렴한 운송수단은 어제의 물건에 불과하다." 그는 실업이 새로운 장기적 문제이고 절대로 해결되지 않을 것이라고 강조하며 따라서 모두를 위한 보편적 기본소득제도가 필요하다고 주장했다.

> 막대하게 남아도는 잉여 상품을 위한 시장을 만들기 위해서는 오직 한 가지 방법밖에 없다는 사실을 인정해야 한다. 미국의 95퍼센트를 구성하고 있는 저소득 가정의 구매력을 증가시킨다면, 그들은 즉시 더 많은 상품을 구입할 것이다.[28]

최근 소득재분배에 대한 새로운 해결안이 제시되고 논의되면서 또 다른 우려의 물결이 밀려오기 시작했다. 구글 트렌드는 2012년에 등장한 '보편적 기본소득universal basic income'이라는 단어의 검색이 매우 크게 상승했음을 보여준다. 프로퀘스트 검색 또한 본질적으로 비슷한 상승세를 보여주고 있다. 경제 불평등에 대한 대중의 관심이 불거지고 상위 1퍼센트 혹은 상위 1퍼센트의 10분의 1 계층의 소득 증가에 관심이 쏠리기 시작했다. 그러한 추세를 묘사한 토머스 피케티의 베스트셀러 『21세기 자본』은 격렬한 논쟁을 불러일으켰다. 디지털 컴퓨터에 대한 불공평한 접근 기회를 지칭하는 단어인 '디지털 격차'는 바이럴이 되었다. 노동절약 기계와 지능 기계가 앞으로 우리의 삶과 일에 어떤 영향을 끼치게 될지는 아무도 예측할 수 없지만, 그 내러티브는 비약적인 경제 활황과 침체뿐만 아니라 공공 정책을 촉발할 잠재력을 지니고 있다. 내가 이 글을 쓰고 있는 지금도 인간의 지적 능력을 대체하고 숙련된 노동자를 밀어내는 인공지능과 머신러닝에 대한 내러티브가 소비지출 및 기업가정신을 불안정하게 흔드는 중이다. 투기 시장, 특히 부동산 시장과 주식 시장에도 이를 비롯한 다른 경제 내러티브들이 등장할 수 있다. 다음 장에서는 이에 대해 이야기해 보자.

# 15

# 부동산 시장의 호황과 불황

부동산과 관련된 내러티브—토지와 주택, 점유지와 주거지 가치가 상승하는 이야기들—는 가장 잘 알려진 경제 내러티브다. 부동산 내러티브가 경제적으로 얼마나 강력할 수 있을까? 전 세계 경제를 어둠에 빠트린 2007~2009년의 대침체 이야기들을 예로 들 수 있다. 그때의 대침체에 기름을 부은 것은 주택 가격에 대한 과장된 이야기들이었기 때문이다.

부동산 내러티브의 역사는 장대하다. 고대부터 산업혁명 시대에 이르기까지 부동산에 관한 대화들은 주로 농지의 가격에 집중되었다. 그러다 현대에는 주택을 건축할 수 있는 시내 부지로, 그런 다음에는 대도시 지역의 주택들로 옮겨갔다. 이러한 변화는 토지의 부족과 그 가치에 대한 영속성 내러티브가 변이하는 과정이라 할 수 있다.

어쩌면 부동산의 호황과 불황 내러티브가 10장에서 봤던 공황 또는 신뢰 내러티브와 같은 군집에 속해 있다고 생각할 수도 있다. 그러나 부동산 신뢰는 경제 상황에 대한 신뢰와는 다르다. 사람들이 이 두 가지를 별개의 것으로 보는 경향이 있기 때문이다![1] 부동산은 사적 자산으로 여겨지는 반면 경제는 여러 다양한 요인들이 복잡하게 작용한 결과로 이해된다. 그러나 이 장을 읽는다면 부동산 역시 사회적 정보에 근거한 자산이며, 사람들이 이웃을 비롯한 타인과 자신을 어떻게 비교하는지에 따라 그 가치가 정해진다는 사실을 알게 될 것이다.

## 투기와 토지 거품

20세기 이전에 오랫동안 인기를 누리던 내러티브는 주택이나 주식 투기보다, 미래가 유망한 도시의 비어 있는 부지나 농경지의 토지 투기를 찬양했다. 토지투기꾼에 대한 인간적 흥미가 넘치는 다음 내러티브는 1837년에 시작된 미국의 토지 거품이 터진 뒤인 1840년에 쓰인 것이다.

부친은 D에게 아무 빚도 없는 깨끗한 농장을 남겼다. 그러나 이내 투기가 유행하고 손쉽게 횡재를 하는 사람이 늘자 D도 남들과 같은 꿈을 꾸었다. 그래서 그는 농장을 팔고, 초원 지대의 땅과 석조 건물로 가득한 도시의 모퉁이 땅을 구입한 다음 금싸라기가 되길 기다렸다. 그는 일을 하지 않았다. 이제 노동은 가치 있는 일이 아니었다. 저 드넓은 서부에서 수천 에이커의 땅이 새로운 주인이나 점유자를 기다리고 있는데 누가 겨우 100에이커의 밭을 갈면서 만족하겠는가. D는 그럴 사람이 아니었고 갖고 있는 수단을 최대한 활용했다. 마침내 토지 거품이 터졌을 때, 그가 산 도시 지역 땅이 쓸모없는 습지에 불과하다는 사실이 밝혀졌다. 게다가 무한한 부의 기반인 초원지대 농지는 노동력을 이용해 생산을 하지 않는 한 아무 쓸모도 없었다.[2]

우리는 직접 확인해 보지도 않고 습지를 구매한 어리석은 투기꾼에 대한 영속적 내러티브가 1920년대에 플로리다 토지 거품 때 부활하는 것을 볼 수 있었다. 그저 습지가 늪지대로 바뀌었을 뿐이었다.

## 1920년대 플로리다의 토지 거품

20세기 중후반까지는 주거용 단독 주택을 투기 투자로 보는 이야기가 거의 등장하지 않았다. 프로퀘스트 검색에서도 그때까지 주택 가격home price이 투기적인 맥락에서 사용된 자료는 찾을 수가 없었다. 사실 영어로 'home price'라는 단어는 지난 세기에는 완전히 다른 의미를 지니고 있었다. 해외가 아닌 국내 시장에서의 가격을 의미하는 '국내가'를 뜻했던 것이다. 또 현대적인 의미에서 '주택 가격'이 언급될 때는 부유한 사람이 재산을 뽐내려고 집의 진정한 가치에 대해서는 관심 없이 그저 외관에만 돈을 쏟아붓는 이야기들이 대다수였다. 예를 들어 1889년 〈세인트 루이스 포스트-디스패치St. Louis Post-Dispatch〉에 실린 기사를 보라.

> 소여 상원의원은 듀퐁 서클과 가까운 곳에 웅장한 브라운스톤 저택을 지었다. 그는 지난 몇 년간 제퍼슨 데이비스가 이곳 워싱턴에 머무를 때 사용하던 집을 임대하고 있었다. 새 저택은 최소한 $80,000 가치에 달하며, 소여 의원의 부가 그 훌륭한 스타일을 고수할 것이다. 그 주변 역시 고급 주택들로 가득하다.[3]

집값을 적어놨지만, 상원의원이 투기 투자를 하고 있었을 것 같지는 않다.

프로퀘스트에서 '에이커 당 가격price per acre'은 매우 다른 패턴을 보인다. 이 단어의 사용 빈도는 농지가 투기 대상으로 취급되던 20세기 초입에 상승하기 시작했다. 1920년대 중반에 출현한 '플로리다 토지 붐' 또한 자주 언급됐지만 '주택 가격'은 기사에 거의 등장하지 않았다. 사람들이 토지 붐에 대해 열렬히 떠드는 동안, 그와 관련한 내러티브는 자동차의 확산으로 인해 추운 겨울을 날 만한 집을 찾는 북쪽 주민들에게 플로리다 토지에 대한 접근이 더 쉬워졌다는 것을 강조했다. 자동차의 인기가 상승하면서 부동산 거래가 활발해진 아름다운 장소들이 실은 새 집을 짓기 위한 빈 부지였다는 사실은 그리 놀라운 일이 아니다. 그러나 1926년, 플로리다 토지 붐은 엄청난 스캔들에 휘말리게 되었다. 신문들은 부동산중개업자들이 미개발지를 주택 크기 구획으로 쪼개 북쪽 소비자들에게 팔고 있으며, 구입자들은 아마 평생 집 근처에 마을이 들어서는 것을 보지 못할 만큼 휑한 황무지에 살게 될 것이라고 보도했다.

토지는 주택 가치의 일부분일 뿐이었다. 모리스 A. 데이비스Morris A. Davis와 조너선 히스코트Jonathan Heathcote의 추정에 따르면 1976년부터 2006년까지 토지의 가치는 총 주택 가치의 36퍼센트에 불과하다.[4] 그 이전에는 비록 부동산 보유세를 부과할 목적 외에 주택 가치 대비 토지 가치의 데이터가 없는 듯하지만, 미국 인구가 교외로 빠지면서 비율은 더 낮아졌다.[5]

토지에 중점을 둔 플로리다 내러티브와는 반대로 주택 투자는, 대개 지속적인 유지보수가 필요하고 결국에는 낡아 철거해야만 하는 것이었다. 즉 시간이 지날수록 기후와 사용을 통해 가치가 절감되는 구조물에 대한 투자로 인식되었다. 그러니 어째서 건물이 없는 토지 자체가 더 바람직한 투자로 보였는지 이해할 수 있을 것이다.

전통적으로 신축 주택의 가격은 건축비에 달려 있는 것이 정론이었다.[6] 실제로 사람들은 집값이 건축 비용과 밀접한 연관이 있다고 믿었다. 1956년에 미국 경제연구소는 일부 미국 주택 가격의 단기 변동이 1890~1934년 사이의 건축 비용으로는 설명할 수 없음을 지적했으나, 다음과 같이 결론지었다.

> 그러나 장기적 움직임을 고려할 때, 건설 공사비지수는 감가상각을 반영할 때 물가지수와 근접하게 부합한다. 장기 분석의 경우, 공사비지수를 물가지수의 근사치로 사용하는 데 수반되는 오차 범위는 클 수 없다.[7]

건설 공사비지수에는 노무 및 재료 비용만 포함될 뿐 토지 비용은 포함되어 있지 않다. 때문에 경제연구소 분석가들은 시간이 지날수록 가치가 떨어지고 유행이 지나는 감가상각 대상인 건축물을 보유하는 것으로만 주택에 대한 투자로 인식했다. 그리고 그러한 내러티브 때문에 주택 거품이 발생할 가능성은 거의 없었다.

## 뉴스, 숫자, 내러티브

신문은 마침내 혼잡한 도심 지역의 주택 가격 이야기에 독자들의 관심이 지대하다는 사실을 알게 되었다. 도심 지역은 땅값이 더 비쌌기 때문에 주택 가격과 토지 가격이 더욱 면밀히 연결되어 있었다. 어쩌면 이런 이야기들이 전파되면서 사람들이 도심지에서 멀리 떨어진 자신들의 부동산도 가격 상승 등의 투기적 동향을 공유한다고 생각했을 수도 있다.

이런 내러티브의 전염을 부추긴 또 다른 요인은 기존 주택들의 주택 가격지수 상승이었다. 프로퀘스트에서 기존 주택 가격의 중앙값이 최초로 언급된 기사는 1957년의 AP통신 기사다. 기사는 저소득 가정이 주택 시장에서 밀려나고 있는 현상이 부분적으로 지가地價의 상승 때문이라면서 미국 상원 주택 정책 소위원회의 보고서를 인용하고 있다.[8]

1974년에는 신문에 미국 부동산중개인협회가 게재하는 기존 주택 가격 중앙값이 실리기 시작했다. 칼 케이스Karl Case와 내가 고안한 케이스(S&P/코어로직/케이스-쉴러 주택 가격지수)는 1991년부터 공표되기 시작했다. 이 지수는 언론 매체가 정기적으로 대규모 변동을 보도할 수 있게 함으로써 주택 가격 추세에 관한 이야기에 구체성을 부여했다.

주택 가격을 통계적으로 측정할 수단이 생기기 전까지는 언론 매체가 시장의 투기 움직임을 정기적으로 보도하는 것은 어려운 일이었다. 반면, 1930년대 주가지수가 유행하기 전에 언론 매체는 주식 시장의 큰 움직임을 나타내는 수치들을 제시할 수 있었다. 가령 주가 변동이 큰 날이면 대개 같은 방향으로 움직이는 몇몇 대형 주식의 일일 변동을 인용하는 것처럼 말이다. 매체들은 그런 이야기를 쓸 수 있는 기회가 생긴다면 결코 놓치는 법이 없었다.

이와 달리 주택 가격에 대한 정보를 정기적으로 전달하는 것은 쉽지 않다. 주택은 하루 만에 팔리는 물건이 아니다. 대부분 오랜 시간에 걸쳐 판매와 구입이 결정되며, 수년이나 수십 년이 걸릴 수도 있다. 심지어 주택 가격의 월별 동향은 뉴스거리도 안 되는데, 해당 월에 어떤 종류의 주택이 거래되느냐에 따라 변덕스러워질 수 있기 때문이다. 칼 케이스와 내가 1991년에 발표하기 시작한 반복매매지수는 아주 드물게 거래되는 상이한 주택을 통해 종합 주택 가격의 월별 변동을 유추할 수 있는 새로운 시대의 시작을 알렸다. 이 지수는 주택 시세의 일일변동을 보여주는 시카고상업거래소Chicago Mercantile Exchange의 단독 주택 선물시장으로 이어졌다. 비록 그 시장은 2007~2009년 세계금융위기 이후에 대부분 말라버렸지만 말이다.

주식 및 주택 시장의 투기 거품에 대한 일반적인 가정은 투자가들이 최근의 성공적인 투자 실적을 근거로 가격이 계속 상승할 것으로 예상한다는 것이다. 따라서 그들은 가격을 그보다도 더 높이고자 했다. 이 과정은 악순환, 또는 이른바 피드백 고리를 통해 거듭 반복된다. 여기 작동하는 내러티브 또한 중요하다. 그 시대의 내러티브를 알게 된다면 투자가들이 덜 계산적으로 느껴질 것이다. 그리고 미래에 대한 기대보다 자산의 가격 상승에 중점을 둔 이야기가 확산되기 때문에 자연스럽게 가격 상승이 자극된다. 그 결과 거품을 더욱 부채질하는 것처럼 보인다.

## 주택에 대한 욕망과 사회적 비교

무엇이 사람들을 부추겼는지 이해하려면 집값이 급격히 팽창하던 시기에 어떤 대화가 오고갔는지 귀를 기울이는 것이 중요하다. 대니얼 맥긴Daniel McGinn은 2007년에 출간한 저서 『주택 욕망: 집에 대한 미국인의 집착*House Lust: America's Obsession with Our Homes*』에서 집값 상승에 심리적 요인이 작용했다고 보았다. 이 책은 2007~2009년 세계금융위기가 시작되기 직전, 1997~2006년 전례 없는 수치를 기록한 미국의 부동산 붐 시기 중에서도 집값이 가장 급등한 마지막 시기에 출간되었다.

맥긴이 책의 제목으로 『주택 욕망』을 선택한 이유는 2007~2009년 세계금융위기와 경기침체가 발발하기 직전 호황기 시절의 대화에 사람들의 진정한 욕망이 드러나 있다고 믿었기 때문이다. 그것은 지위에 대한 욕망, 어쩌면 사람들을 파멸로 몰고 가는 권력에 대한 욕망을 가리킨다. 욕망이 가득 넘치던 그때, 사람들은 끊임없이 상승하는 집값에 관한 그리고 덕분에 두둑한 이득을 챙긴 사람들에 관한 이야기를 지나치다 싶을 정도로 즐겼다.

맥긴은 대다수 경제학자들의 사전에는 없는 충동과 동기를 정의하고 설명한다. 그는 하이파이브 효과에 대해 '승자를 위해 환호하며 느끼는 대리만족'이라고 정의하고 있다. 대부분의 사람들은 자기가 부동산 투자로 성공하는 것뿐만 아니라, 남들의 시기 질투만 받지 않는다면 자신이 투자를 받을 수 있다는 것부터, 친구와 이웃들이 성공하는 것까지 모두 좋아한다. 그들은 이웃의 성공을 축하하며, 운동선수들처럼 하이파이브를 나눈다.

맥진은 '우리 집이 곧 은퇴 계획'이라는 효과에 대해서도 설명한다. 집이 성공적인 삶에 필수인 이유는 누구든 알아볼 수 있는 가치의 저장 수단이기 때문이다. 최근 부동산 호황 내러티브는 어떻게든 돈을 마련하거나 무리를 해서라도 집을 사야 한다고 암시하며 부동산 가격에 불을 지폈다. 능력이 되는 한 가장 큰 집을 사라고 말한다. 왜냐하면 언젠가 집값이 오르면 행복할 거라면서 말이다. 또 맥긴은 인터넷과 소셜미디어 덕분에 심화된 '창문을 엿보기가 너무 쉽다'라는 효과에 대해서도 말한다. 이는 이웃이나 유명 인사가 살고 있는 집의 가격이나 사양에 대해 그 어느 때보다도 많은 정보를 손쉽게 얻을 수 있게 된 것을 뜻한다. 맥긴은 이렇게 썼다.

> 많은 동네의 뒷뜰에서 일어나는 바비큐 모임 대화—전쟁이나 죽음, 정치 이야기를 꺼내는 건 위험한—로 요즘 사람들의 관심사를 판단한다면 많은 사람들이 지정학적 갈등보다 집이 더욱 흥미진진한 화제라는 사실을 알게 될 것이다.[9]

인터넷도 오늘날의 주택 시장 내러티브에 힘을 보탰다. 사람들은 본능적으로 남들이 돈을 얼마나 버는지 궁금해 하지만 그런 정보는 인터넷에서도 찾을 수가 없고, 직접 물어보는 건 굉장히 무례한 일이다. 그러나 맥긴은 2006년에 창립한 두 플랫폼, 질로우Zillow

나 트룰리아Trulia 같은 웹사이트를 뒤져보면 누군가의 집이 얼마짜리인지 즉시—게다가 공짜로—알 수 있다고 말한다.

사회심리학자 레온 페스팅거Leon Festinger는 사회 비교 과정[10]이 인류의 보편적 특징이라고 말한다. 지구상 모든 사람들은 사회적으로 비슷한 위치에 있는 사람들과 자신을 비교하고, 위나 아래에 있는 집단에게는 별로 신경 쓰지 않는다는 것이다. 그들이 큰 집을 갖고 싶은 것은 그들에게 익숙한 성공 집단의 일원처럼 보이고 싶기 때문이다. 무리를 해서라도 큰 집을 사려고 하는 이유는 다른 사람들이 무리를 해서라도 그렇게 하려는 내러티브를 알고 있기 때문이다.

맥긴의 '당신이 사는 곳이 곧 당신이다' 효과는 부동산 비교 내러티브의 위력을 확인해 준다. 2000년대 초반 주택 시장 붐이 절정에 달했을 때는, 요즘처럼 인터넷에서 간단히 찾아볼 수 있는 다른 비교가능한 성공의 척도가 없었다.

## 주택 소유 장려의 역사

부동산 내러티브의 또 다른 요소는 역사적으로 단순한 부동산 매매를 넘어 주택 소유 그 자체를 찬양하는 일련의 홍보 과정이 존재했음을 보여준다. 미국의 경우 이런 홍보는 1914년, 오늘날 미국부동산중개인협회의 전신 격인 미국 부동산협회National Association of Real Estate Boards의 찬조하에 부동산중개인인 힐 퍼거슨Hill Ferguson의 '내

집 마련하기Own Your Own Home' 캠페인으로 시작되었다. 이 캠페인은 미국의 저축 및 대부조합 캠페인과 그보다 먼저 있었던 영국과 유럽의 주택 금융조합 캠페인처럼 사람들에게 저축을 독려하기 위한 것이었다.

'내 집 마련하기' 캠페인은 대출에 대한 인식을 바꾸기 위한 것이었다. 위험하고, 평판에 악영향을 미치며 절대로 남에게 빚을 져서는 안 된다는 인식과 더불어 집을 사려면 전액 현금으로 돈을 모아야 한다는 당시의 일반적인 인식까지 바꾸기 위함이었다. 1919년에는 수많은 신문에 다음과 같은 광고가 실렸다.

> 주택 자금대출을 무서워하지 마세요. 어떤 사람들은 그게 부끄러운 일이라고 생각할지도 모릅니다. 하지만 대기업과 미국 정부가 그것을 믿고 신뢰할 수 있다면 여러분도 겁낼 필요가 없답니다.[11]

주택 구입이 요즘처럼 은퇴를 대비한 저축의 개념이 아니었다는 사실을 명심하라. 프로퀘스트에 따르면 1920년대까지는 주택 광고에 은퇴라는 단어가 사용된 적이 없고, 그런 발상은 1940년대가 되어야 등장했다. 20세기 초반에는 말년을 위해 돈을 모은다는 개념이 존재하지 않았다. 은퇴 이후에 시간을 보낼 수 있을 만큼 오래 살 것이라는 기대 자체를 하지 않았기 때문이다. 저축은 질환이나 다른 불행한 일이 닥칠 때를 대비한 일종의 안전 대책이었다.

저축 캠페인과 '내 집 마련' 캠페인은 상당한 성공을 거뒀다. 주택 소유 비율은 상승했고 심지어 오늘날에도 미국과 다른 선진국의 저소득층은 주택 자산의 형태로 약간의 저축을 보유하고 있다.

그 다음으로 부상한 것이 1922년에 여성 잡지 〈델리네이터〉의 편집자였던 마리 멜로니Marie Meloney가 시작한 '미국에 더 나은 집을Better Homes in America' 캠페인이었다. 부동산 업계는 20세기 내내 '내 집 마련' 광고를 해댔다. 2007~2009년 세계금융위기를 앞두고 있었을 때에도 미국 부동산중개인협회는 '지금이 바로 집을 사거나 팔 적기입니다.'라는 문구를 포함해 무수한 광고를 게재했다. 금융위기가 닥쳤을 때는 '내 집을 갖는 것은 중요합니다Home Ownership Matters'라는 새로운 캠페인을 펼쳤다. 이런 광고들은 주택 보유자가 성공적인 삶을 사는 애국자임을 강조하는 경향이 있었다. 광고는 애국적 이상을 뒷받침하고 집을 구매할 명확한 근거를 제시하며 내러티브를 강화했다.

이웃에게 깊은 인상을 주고 싶다는 욕망은 우리 사회를 구성하는 일부분이지만, 그러기 위해서는 정신적 대가를 치러야 한다. 그러나 마케팅 전문가들은 땅을 사거나 호화로운 집을 구입하는 이들이 부를 과시하는 데 따르는 죄책감에서 벗어날 수 있도록 도왔다. 대공황 이전에는 많은 광고들이 투자의 일환으로 미개발 토지를 구매하라고 설득했다. 예를 들어 1900년에 실린 대형 신문광고는 '그 장엄한 장소는 오렌지우드다.'라는 헤드라인으로 애리조나주 피닉스 근방에 위치한 5에이커 넓이의 부지를 홍보하며 여기에 집을 짓거나 오렌지 과수원을 조성할 수 있다고 선전했다. 또 해당 지역의

오렌지 경매 가격뿐만 아니라 그 지역이 얼마나 각광받고 있는지에 대해서도 늘어놓았다.[12]

이런 마케팅에 대한 불만이 치솟자 미국의 각 주는 1911~1933년에 청공법blue sky laws을 제정하여 넓은 하늘보다 더 많이 존재하는 아무 근거도 없는 투기 계획들을 판매하지 못하도록 금지했다.[13]

## 폰지 씨의 사기 계획

1920년대에 폰지 사기를 발명한 찰스 폰지Charles Ponzi가 1926년, 감옥에서 출감했다. '순환 사기'라고도 불리는 폰지 사기는 신규 투자가들의 돈으로 기존 투자가에게 배당금을 지급해 수익이 창출되고 있다는 착각을 불러일으켜 더 많은 희생자를 끌어들이는 사기 형태였다. 출소한 지 얼마 지나지 않아 그는 플로리다주 청공법을 위반한 죄목으로 다시 감옥에 수감되었다. 플로리다 토지 붐 때 투자자들에게 작은 부지들을 판매했는데, 그 땅이 물속에 있거나 늪지대에 있다는 사실을 밝히지 않은 것이다.[14] 폰지의 이름과, 쓸모없는 땅을 덥석 사들인 똑똑하지 못한 투자가들에 관한 이야기는 순환 사기와 함께 바이럴이 되어 오늘날까지도 유명하지만, 늪지 내러티브는 그의 이름과는 별 상관이 없었다.

이에 대한 반동으로, 미국은 소규모 투자가에게 판매하는 토지 세분화에 대해 더욱 강력한 법적 제재를 부여했다. 주법은 토지 판매가 설사 명의 이전에 불과할지라도 일종의 채권 판매처럼 증권 매매 규제를 적용했다. 더불어 폐해를 예방하기 위해 토지 판매 규정도 강화했다.[15] 수많은 스캔들과 뒤이어 생긴 입법 조치 덕분에 사람들은 미개발 토지에 투자하는 것이 무책임하고 불명예스러운 일이라고 인식하게 되었다. 또한 믿을 수 있는 중개인을 통해 실질 소득을 창출하는 토지를 구입하자고 생각하게 되었다. 결과적으로 광고는 이미 사용 중이거나 주인이 있는 주택을 홍보하는 방향으로 선회했으며 부동산 내러티브를 계속해서 뒷받침하게 되었다.

사람들이 주택 구입을 시간이 지날수록 가치가 감가되고 복제가 가능한 건축물이 아니라 토지에 대한 투자로 여길수록 집값 거품의 위험은 계속되었다. 동시에 부동산 투자는 여전히 가장 단순한 형태의 투기였다. 전문적이고 위험성이 높은 투자를 할 여유가 있는 사람 수는 적었지만 누구든 삶의 어떤 시점에서는 집을 구입해야 했다. 더구나 부동산은 투기 투자로서 열심히 공부할 필요가 없었다.

## 도심 부지와 그에 관한 이야기들

내러티브의 변화로는 어떤 도시의 주택 가격이 상승하고 어떤 도시가 하락하는지 그 현상을 구체적으로 설명할 수 없다. 단순히 공급 제약의 측면에서는 가능하다. 예를 들어 어떤 도시는 새로 건축물을 지을 미개발지가 풍부한 반면 다른 곳은 한때 부지가 충분했지만 지금은 빈 땅이 고갈되었을지도 모르기 때문이다.

인구가 팽창할 때에는 도시가 특별히 매력적이거나 마음에 드는 내러티브가 존재하지 않는다 해도 어떤 이들은 그곳으로 이주하고 싶어 할 것이다. 가령 가난하거나 불안정한 국가에서 건너와 선진국에 기반을 닦고 싶은 이민자는, 고향과의 물리적 거리나 같은 언어를 말하는 인구의 규모 등, 자의적 요인을 고려해 거주할 곳을 선택할 것이다. 선택한 도시에 매매 가능한 토지가 충분하다면 이민자 집단의 수요는 집값에 최소한의 영향만을 미칠 것이다. 하지만 만일 빈 토지가 이미 동이 났고 기존 주택을 구하기 위해 다른 이들과 경쟁을 해야 한다면 집값은 오르게 된다. 그리고 그런 경우에는 경제적으로 더 부유한 사람들만이 그 도시에 살 수 있을 것이다. 이미 해당 도시에 살고 있지만 딱히 장소에 연연하지 않는 이들은 살던 집을 팔고 얻은 차액으로 다른 도시에 있는 더 비싼 집을 찾아 나설 수 있다. 따라서 공급 제약은 해당 도시의 주택 가격을 상승시키고 더 부유한 인구 집단을 끌어모은다.[16]

공급 제약은 또한 동일한 도시 내에서, 그리고 시기에 따라 주택 가격이 다른 이유를 설명할 수 있다. 경제학자 앨버트 사이즈Albert Saiz는 위성 데이터를 활용해 주요 미국 도시의 가용 토지 면적을 조사했다. 그는 물에 둘러싸여 있거나 건물을 세우기에 부적합할 정도로 토지 경사가 심한 도시의 집값이 더 높은 경향이 있음을 발견했다.[17] 또 이미 주택을 보유한 사람은 새로운 주택 건설을 막으려고 하는데 특히 새집의 가격이 저렴하거나 적절할 때 더욱 그렇다.

주택 공급이 제한되면 집값이 상승하기 때문에, 그들은 그럴만한 경제적 유인誘因을 지닌다. 이런 유인의 영향은 한 도시 내에서도 지역에 따라 다를 것이다. 그러나 이런 일반적인 경제적 요인 외에도 내러티브의 변화가 주택 붐에 큰 역할을 한다는 증거가 있다.

2007~2009년 세계금융위기가 발생하기 전에 일부 국가, 특히 미국에서 집값의 현저한 상승세가 포착되었다. S&P/코어로직/케이스-쉴러 주택 가격지수에 따르면 1997~2005년 사이 소비자 물가지수를 반영한 미국의 집값은 실질적으로 75퍼센트나 상승한 반면, 주거지 임대료에 대한 소비자물가지수는 고작 8퍼센트밖에 오르지 않았다. 이런 집값 상승 붐은 주택 수요가 상승했기 때문에 발생할 수 있는 수준을 훨씬 상회한다. 미국 및 다른 국가에서 일어난 주택 붐은 2007~2009년 세계금융위기의 주요 원인이었다. 주택 가격이 급락하자 주택 담보대출의 연체가 급증하면서 대출자들이 심각한 경제적 곤란을 겪게 되었고, 이어 금융 부문 전체와 전 세계로 위기가 확산되었다. 금융위기의 여파로 2012년에 미국의 실질 주택 가격은 1997년보다 겨우 12퍼센트 높은 수준으로 떨어졌으며, 새로운 부동산 붐이 시작될 즈음에야 다시 상승하기 시작해 2019년 현재까지 상승세가 계속되고 있다. 그러나 주택 붐 자체는 수그러들고 있고 일부 도시에서는 실거래 가격이 하락하고 있다. 미국의 실질 주택 가격은 2012년부터 2018년 사이 35퍼센트나 상승했으나 거주지 임대료는 겨우 13퍼센트 상승했다.

## 플리핑의 부상

2007~2009년 대침체로 이어진 주택 붐을 이해하기 위해 금리와 세율, 개인 소득 같은 관련 요인들을 살펴봐도 별 도움이 되지 않는다. 그보다 우리는 사람들이 집을 투기 대상으로 보기 시작한 투기 내러티브를 들여다봐야 한다. 이는 대출기관들이 반겼던 내러티브다.

세계금융위기의 씨앗은 이미 수십 년 전부터 뿌려져 있었다. 1970~1980년대에 미국에서는 새로운 의미를 갖게 된 '플리퍼flipper'라는 단어가 바이럴이 되기 시작했다. 플리퍼란 투기 자산을 구입한 다음 1년 안에 되파는 플리핑flip을 함으로써 단기간 내에 수익을 올리는 영리한 투자가들을 가리켰다. 그러다 이 단어는 다른 종류의 주택 붐이 일어나면서 유명해졌는데 바로 아파트 개조 붐이었다. 당시 주택 보유자들은 높은 인플레이션 덕분에 주택 임대인보다 더 높은 과세 혜택을 받을 수 있었다. 총 소득에서 인플레이션 덕분에 높아진 주택대출 이자를 감면받을 수 있었기 때문이다. 반면에 임대료는 그런 혜택을 받을 수 없었다. 높은 명목금리 때문에 집을 구입할 수 없었던 사람들도 있지만, 많은 사람들이 인플레이션 때문에 집값이 상승하면 그로써 금리를 상쇄할 수 있으리라 예측했다.[18]

수요를 감지한 부동산 개발자들이 아파트 건물을 구입해 거주 중이던 임차인들을 내쫓고 세대별로 아파트를 판매하기 시작했다.

기존의 세입자들—일부는 해당 아파트에서 오래 거주한—은 불만을 터트렸다. 이들을 달래는 한 가지 방법은 아파트를 할인된 가격으로 구입할 수 있게 해주는 것이었다. 더불어 계약에 따르면 기존 세입자는 그 계약을 다른 이들에게 판매할 수도 있었다. 많은 세입자들이 계약서를 투기자들에게 플리핑했고, 그들은 또다시 계약을 플리핑했다. 플리퍼에게 대중의 관심이 쏟아지기 시작했다. 플리퍼에 대한 대다수의 인식은 재빨리 현금을 마련할 기회를 붙잡은 똑똑한 사업가라는 것이었다.

1990년대에는 기업공개IPO 때 주식을 사들여 재빨리 되파는 사람들을 '플리퍼'라고 부르기 시작했다. 사람들은 종종 이 플리퍼들에게 감탄하곤 했는데, 사람들의 이해에 따르면 IPO는 상장 시 보통 가격이 낮게 책정되기 때문이다. IPO 직후 주가가 오르면 플리퍼들은 신속하게 이득을 챙기곤 했다. 1991년의 유명한 기사에서 제이 리터Jay Ritter는 몇 년 동안 회사 실적이 미흡하면 주가가 떨어지기 때문에 가장 이상적인 전략은 상장 시 주식을 구입했다가 이를 플립하는 것이라고 설명했다.

그러다 2000년대 초반에 거대한 주택 붐이 발생하면서 '플리퍼'라는 단어는 집을 구입하여 개조한 다음 재빨리 되파는 사람들을 지칭하게 되었고, 이어 그들의 성공을 동경하는 이야기가 퍼지기 시작했다. 대부분의 사람들이 직접 집을 개조할 만큼 열정적이지는 않았지만, 주 거주지를 장기 투자의 개념으로 구입함으로써 장기간 플리핑에 참여할 수 있었다. 그래서 그들은 투기 내러티브에 공감했다.

## 대저택과 검소함

2007~2009년 세계금융위기가 닥쳤을 때에도 럭셔리 부동산 내러티브는 멈추지 않았다. 2012년 10월, 〈월스트리트 저널〉에 '맨션Mansion'[19]이라는 섹션이 새로 창설되었는데, 〈파이낸셜 타임스〉의 '하우 투 스펜드 잇How to Spend It'에 상응하는 섹션이었다. 다만 맨션은 집에 초점을 맞추고 있었을 뿐이었다. 2012년은, 미국의 집값이 2007~2009년 세계금융위기 이후 다시 급격히 상승하기 시작한 해였다. 동시에 1년 전 뉴욕시의 주코티 공원에서 시작된 월 스트리트 점거 시위가 마침내 해산된 해이기도 했다. 이 운동은 '우리가 99퍼센트다.'라는 슬로건으로 주목을 끌었는데, 호화로운 생활을 할 수 없는 대다수 인구야말로 중요하다는 사실을 대중에게 알리기 위한 것이었다.

맨션 섹션은 최상위 1퍼센트가 나머지 99퍼센트보다도 더 중요하다고 외치는 것 같았다. 기사들은 비싸고 화려한 주택과 오만한 거주자들에 대한 이야기를 경탄한다는 듯이 흥분하며 쏟아냈다. 그러나 또한 이 섹션은 대중의 반감에 대한 두려움과 과시적 삶으로 인한 불안감을 이야기하기도 했는데, 예를 들어 2017년 기사인 '첨단기업 CEO: 눈에 띄지 않게 살 것인가, 화려하게 살 것인가?Tech CEOs: Lie Low or Live Large?'는 첨단기술 회사 경영자들이 얼마나 큰 집을 사야 할지 고민하는 진퇴양난의 상황에 대해 자세하게 다뤘다. 기사는 살 집을 선택한다는 것이 미묘한 균형을 조절해 경력을 최적화하는 전략이라고 지적한다. 즉 베이 에이리어의 부동산중개인들은 고객들이 호화 주택을 구입하기를 꺼려한다는 것이다. 다른 데 관심이 팔려 있거나 상류층 생활을 만끽하는 창업자들을 경계하는 투자가들에게 겁을 주고 싶지 않기 때문이다.[20]

### 도널드 트럼프 내러티브와 도심지 투자

도널드 트럼프 내러티브는 검소한 내러티브를 상쇄한다. 2016년 트럼프를 미국 대통령으로 만들어준 것도 바로 이 내러티브다. 트럼프 내러티브는 많은 이들이 화려하게 사는 사람들에게 겁을 먹지 않는다는 사실을 입증한다. 반대로 트럼프가 다양한 그의 공저서에서 밝혔듯이, 부자임을 과시하는 것은 충분한 가치가 있다. 여기서 주택 붐 내러티브는 11장에서 언급한 과시적소비 내러티브와 공동으로 유행한다. 많은 사람들이 트럼프 내러티브에 관심을 갖게 되었고, 부를 과시하는 것은 근사하고 긍정적인 전략이라는 생각이 퍼지기 시작했다. '월 스트리트를 점령하라.'는 이상주의와는 반대쪽 극단에 있는 셈이다. 트럼프 내러티브의 유행은 2012년부터 시작된 미국 주택 가격의 반등에 영향을 끼쳤다.

'주택 거품housing bubble' 검색어는 2007~2009년 금융위기가 발발하기 전, 주택 붐이 일었던 2005년에 급상승했다. 그림 15.1의 곡선은 에볼라 유행곡선과 비슷해 보인다(그림 3.1 참조). 당시 전염

그림 15.1 '주택 거품'의 언급 비율

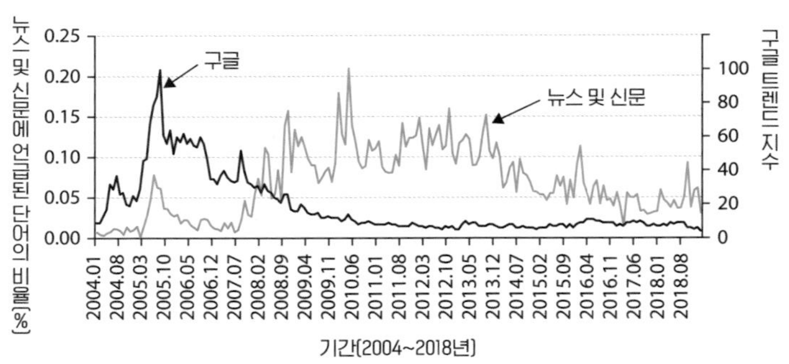


2007~2009년 세계금융위기 직전 인터넷 검색 지수가 크게 상승했다. 한편 뉴스 매체는 다소 뒤늦게 반응했다. (출처: 구글 트렌드)

성이 높은 뭔가 커다란 일이 일어나고 있었던 게 분명하다. 어떤 이들은 단순히 집을 수리해 판매하는 데 그치지 않고 이 갑작스러운 부동산 유행을 더욱 촉진해 주택 붐을 고유명사로 만들려 했다. 부동산 투자 열풍은 상당한 인구를 감염시켰다. 2005년에는 트럼프가 일종의 교육 기관인 트럼프대학을 설립하고 "나는 당신을 비롯해 누구라도 성공적인 부동산 투자가로 만들 수 있다."고 주장했지만, 타이밍이 그리 좋지 못했다. 2005년 6월 18일, 〈이코노미스트〉지가 주택 거품의 붕괴를 예견하는 기사를 표제 기사로 실었다.[21] 트럼프대학은 금융위기가 발발한 뒤 2010년에 사기와 기만이라는 비난을 들으며 문을 닫았다.

## 오늘날의 주택 시장

나는 2003년부터 지금은 고인이 된 동료 칼 케이스와 함께, 그리고 현재는 앤 킨셀라 톰프슨Anne Kinsella Thompson과 함께 매년 미국의 4개 도시에서 최근 주택을 구매한 사람들을 대상으로 설문조사를 실시하고 있다. 이 연구조사는 예일대 경영대학원의 후원하에 이뤄진다. 질문지 중에는 '부동산을 구입할 때, 이를 투자로 생각하는가?'라는 항목이 있는데, 응답 사항은 '1. 전혀 그렇지 않다, 2. 다소 그렇다, 3. 주로 그렇다'가 있다. 2004년에는 '주로 그렇다'라는 대답이 최고치인 49퍼센트에 달했다. 금융위기 직후인 2010년에는 이 대답이 32퍼센트로 하락했고, 2016년에는 다시 42퍼센트로 상승했다.

해당 조사는 주택 시장을 둘러싼 평범한 일상 대화에 대해서도 묻는다. 특히 우리는 '지난 몇 달간 친구와 동료들과 주택 시장 상황에 대해 이야기한 적이 있습니까?(가장 가까운 대답을 고르십시오.) 1. 자주 있다, 2. 때때로 있다, 3. 거의 없다, 4. 전혀 없다'라는 질문을 제시했다. '자주 있다'라는 응답은 1997~2005년 주택 붐이 끝물에 이른 2005년에 43퍼센트로 최고치를 기록했다. 한편 2012년에는 그보다 한참 하락한 28퍼센트로 최저치를 기록했는데, 가장 적절한 해석은 주택 시장 내러티브의 전염률이 감소했고 집값 하락은 그 유행이 끝난 것으로 볼 수 있다는 것이다.

2005년 봄에는 어떤 내러티브가 유행했을까? 프로퀘스트에 따르면 〈이코노미스트〉의 표제 기사와 다른 기사들이 보도되기 전인 2005년 3월부터 5월 사이에, '주택 거품'이라는 단어는 246번 언급됐다. 그중에는 주택 시장에서 '작은 포말'과 '지속될 수 없는 본질적 패턴'을 봤다고 말한 앨런 그린스펀Alan Greenspan의 논평도 있다. 그의 이 표현들은 1996년 12월 그가 주식 시장을 '비이성적 과열'이라고 말했을 때와 비교되었다. 2005~2007년에는 169개 기사가 '그린스펀'과 '포말'이라는 단어를 함께 언급했다. 그것은 경제계의 유명인이 등장하는 이야기였다. 이 이야기는 흥미롭고 인용하기 쉬운 내러티브 군집에 영향을 끼쳤고, 그중에는 사람들의 경제 행동을 변화시켜 금융위기를 불러올 힘을 가진 내러티브도 포함되어 있었다.

다음 장에서는 주식 시장을 경제의 중심에 놓는 또 다른 강력한 내러티브를 분석해 보자. 엄청난 투자 기회라는 내용을 담고 있는 전염성 내러티브와 투자가들의 탐욕과 어리석음에 관한 내러티브, 이 두 내러티브의 유사성에 대해서도 살펴볼 것이다.

# 16
# 주식 시장 거품

주식 시장 거품 내러티브는 흥분과 리스크, 그리고 주식 거래를 하는 비교적 부유한 사람들의 이야기다. 15장의 부동산 내러티브처럼 주식 시장 거품 내러티브는 사회적 비교에 의해 촉발되었다. 또한 인간의 심리가 비교를 부채질하는 경향이 있고 주가는 신뢰와 연관되어 있기에, 이 내러티브는 10장의 신뢰와 공황 내러티브와도 관련된다.[1] 그러나 주식 시장은 전체 경제와는 다르다. 따라서 주식 시장 거품을 생성하고 유지하는 내러티브는 별개의 뚜렷한 내러티브 군집을 구성하며 각기 다른 출처와 경로로 확산된다.

'추락crash'이라는 단어는 주식 시장이 대규모로 폭락한 1929년 10월 28일과 그보다는 약간 하락폭이 적었던 10월 29일과 결합했고, 이후 발생한 대공황과 불가분의 관계가 되었다. 이 단어는 술에 취한 운전자, 경주용 자동차가 한계에 치닫는 이미지, 혹은 무모한 느낌들을 떠올리게 한다. 대폭락 내러티브는 비정상적인 활황이나 광적인 낙관주의, 그리고 어쩌면 무모하고 비도덕적인 행동으로 가득한 시기가 존재했었음을 암시한다. 증시 호황 뒤로 이어지는 끔찍한 주가 폭락은 인간의 어리석음을 드러내고 이런 내러티브는 오늘날에도 우리에게 큰 영향을 끼치고 있다.

1920년대에 만연했던 투기 분위기는 기술 발전과 연관이 있었다. 바로 '티커 프로젝터'라고도 불렸던 트랜스-럭스Trans-Lux의 무비 티커Movie Ticker였다. 1925년, 처음 뉴스에 언급되어 중개소와 클럽, 술집 등에서 빠르게 확산된 티커 프로젝터는 주식에 대한 열기가 가득했던 시기에 발명되었다. 이 프로젝터는 많은 군중이 볼 수 있는 커다란 화면에 주식 거래 현황을 보여주었다. 프로젝터에 떠오른 정보를 구경하는 것은 마치 영화를 보는 듯한, 또는 오늘날로 말하자면 대형 평면 TV를 보는 것과 비슷한 경험이었다. 사람들은 무비 티커 앞에 우르르 몰려 앉았고, 그래서 증시에 관한 이야기를 더욱 전파시킬 수 있었다. 1928년 AP통신 기사에 따르면 무비 티커는 격렬한 거래를 탄생시켰다.

이는 수많은 사람들에게 투기 욕구를 부추겼고 수많은 신생 투기꾼을 끌어모았다. 주가가 적힌 무거운 회전판이 돌아가는 것을 보는 재미는, 돈을 건 말이 선두로 질주하는 모습을 지켜보는 경마 애호가의 기분과 비슷했다.[2]

그 뒤로 수십 년, 아니 심지어 오늘날까지도 사람들이 뉴스 매체에서 끊임없이 틀어주는 국내 주가지수에 관심을 갖는 이유는 바로 이러한 내러티브가 아직 살아있기 때문이다. 사람들은 증시가 경제의 활력을 알려주는 가장 기본적인 지표라고 생각한다.

1929년 전까지만 해도 '추락'은 주식 시장과 흔히 연계되는 단어가 아니었지만 이후 이 단어는 경제에 대한 다른 관점을 지칭하는 이름이 되었다. 바로 경제 성장이 주식 시장 전체의 실적에 크게 좌우되기 때문에 주가지수야말로 신탁이라는 것이었다. 19세기에 '붐boom'과 '크래쉬crash'는 인기 있는 단어였지만 주로 대포를 발사할 때나 해변에 몰아치는 폭풍우, 또는 바그너의 음악을 묘사할 때 사용되었다. 그러나 1929년 이후에 두 단어는 바이럴이 되었고 주로 주식 시장의 상태를 묘사할 때 이용되었다.

### 과잉 투기에서 절망적인 상태로

경제학자들은 아직도 1929년 10월 28일의 주가 대폭락에 다소 당혹감을 느낀다. 월 스트리트 주가가 붕괴한 것 외에 다른 어떤 중요한 사건도 발생하지 않았기 때문이다. 그보다 덜 알려져 있긴 하지만 그만큼 당혹스러운 일은 1920년대에 거의 10년에 가까운 시간 동안 주가가 거의 기하급수적으로 상승했다는 점이다. 특히 1929년은 주가가 가장 급등한 해였는데, 1920년부터 1929년 9월 사이에 비해 주가가 거의 다섯 배나 뛰었다. 그러나 1932년 6월 즈음에는 1920년 12월 수준보다 더 하락해 있었다.

1920년대에는 주당 순이익도 엄청나게 상승했으나, 의아한 점은 어째서 주가가 이런 이익 증가에 과도하게 반응했느냐는 것이다. 원래 증시는 수익 증가에도 더디게 반응하는 것이 일반적이다. 변동성이 심하고 1년도 안 되어 0으로 떨어질 수도 있기 때문이다. 물론 아무리 부정적인 해라도 증시가 0으로 떨어지지는 않을 것이다. 그리고 보통은, 아주 환상적인 한 해였더라도 그만큼 극적으로 이익이 증가하지도 않을 것이다.

1929년의 주가 대폭락을 단순히 하루 이틀만에 발생한 사건으로 생각하지 않는 것이 좋다. 물론 우리가 흔히 알고 있는 내러티브들은 그렇게 말하고 있지만 말이다. 1929년 10월 28~29일에 발생한 주가 대폭락은 S&P 종합지수를 21퍼센트 하락시켰는데, 이는 이후 수년 동안 이어진 주가 하락에 비하면 그리 큰 낙폭도 아니다. 심지어 다음 날인 1929년 10월 30일에는 절반이 반등했다. 전반적으로 볼 때, 1929년 9월 7일 최고치를 기록했던 S&P 종합지수는 86퍼센트나 하락한 시세로 1932년 6월, 최저치로 마감했다.

1929년 10월의 거대한 일일 낙폭은 자주 회자되지만 그보다 더 주목해야 할 부분은 경제가 튼튼하다고 장담한 기업인과 정치인들의 주장에도 불구하고 날마다, 나아가 매달 증시가 불규칙적이지만 가차 없이 하락했다는 점이다.

이 내러티브는 특히 사건이 갑작스럽게 발생하여 심각한 수준에 이르렀다는 점에서 매우 강력했다. 전례 없던 미국의 주가폭락에 대중의 관심이 집중했다. 1929년 10월은 분명 주가의 일일 낙폭에 있어 미증유의 기록을 세웠고, 기록은 늘 좋은 기삿거리였다. 뿐만 아니라 이 이야기가 즉시, 그리고 그 뒤로도 계속 대중의 반응을 일으킬 수 있었던 것은 기가 막힌 타이밍 덕분이었다. 1955년에 출간된 『우리 시대의 일부: 30년대의 유적과 기념비 *Part of our Time: Some Ruins and Monuments of the Thirties*』에서 머리 켐튼 Murray Kempton은 1930년대에 관해 이렇게 썼다.

> 1930년대를 만들었고 미국을 휩쓸었던 1929년의 폭풍을 재창조하기는 어렵다. 아메리칸드림의 이미지가 깨졌다. 아메리칸드림에 대한 비판이 이처럼 설득력 있게 들린 적은 없었다.[3]

폭풍이 다가오리라는 사실을 아무도 예측하지 못한 것은 아니다. 주가 대폭락이 발생하기 전, 1928년 10월 대통령 선거 기간 당시 〈뉴욕 타임스〉의 금융 부문 편집자인 알렉산더 다나 노이스는 다음과 같은 글을 기고했다.

얼마 전 미국을 여행하고 돌아온 어떤 사람은, 기차와 호텔 대기실에서 오가는 대화들이 처음에는 형식적으로 정치에 관한 이야기를 띠다가도 결국에는 항상 주식 시장에 대한 활발한 대화로 이어진다고 말했다. 누군가는 우연히 여성들의 대화를 듣게 되었는데, 거기서도 가장 오를 법한 주식에 대한 이야기가 주를 이뤘다고 한다. 이와 비슷한 현상이 1925년에도, 20년에도, 그리고 특히 1901년에도 벌어졌었다. 하지만 어떤 면에서 작금의 상황은 이전과 상당히 다르다. 예전에는 새로운 경제 요인이 전례를 뒤엎었다고 믿던 냉정한 경제학자들이 이제는 투기 거품이 붕괴할 것이라고 예언하는 것을 꺼려 하며 입을 다물었다. 지금은 그와 대조적으로 보수적인 이들이 불길한 미래를 솔직하게 예측하고 있다. 개인 금융가들의 잇따른 발언도, 은행가 회담에서도, 투기 열풍의 종말이 머지않았으며 부풀려진 시장이 추락을 향해 달려가고 있다고 공개적으로 내다보고 있다.[4]

투기 바람이 불고 있다는 사실은 대중이 신문 기사를 읽고 열차에서 열띤 대화를 나눌 정도로 확연하게 느껴지고 있었다. 예를 들어 1929년에 주가가 최고치를 기록하기 전, 미국 증시는 비교적 불안정성이 낮은 편이었다. 그러나 금리와 차익대출 시 중개인이 요구하는 개시증거금을 반영한 내재변동성은 눈에 띄게 높았으며, 이는 차익대출을 해주는 중개인들이 증시가 크게 하락할지도 모른다고 걱정하고 있었다는 의미다.[5]

따라서 위험의 징조는 1929년에 주가가 최고점에 이르기 전부터 나타나고 있었다. 다만 확신할 수 없었을 뿐이다. 주가수익비율이 높다는 것은 주가 하락 위험이 크다는 뜻으로 해석될 수 있지만, 이는 몇 시간 뒤에 폭풍우가 몰아칠 것이라는 기상예보와는 다르다. 대부분의 사람들은 그런 예보라면 귀를 기울일 것이다. 그러나 1929년에는 대다수가 주가수익비율의 경고에 귀를 기울이지 않았다. 주가 대폭락 이후에는 아마 많은 이들이 그 경고를 떠올리며 어째서 그 말을 듣지 않았는지 의아해했으리라.

그림 16.1을 보면 알 수 있듯, 주가 폭락 내러티브는 1929년에

그림 16.1 '주가 대폭락'의 언급 비율

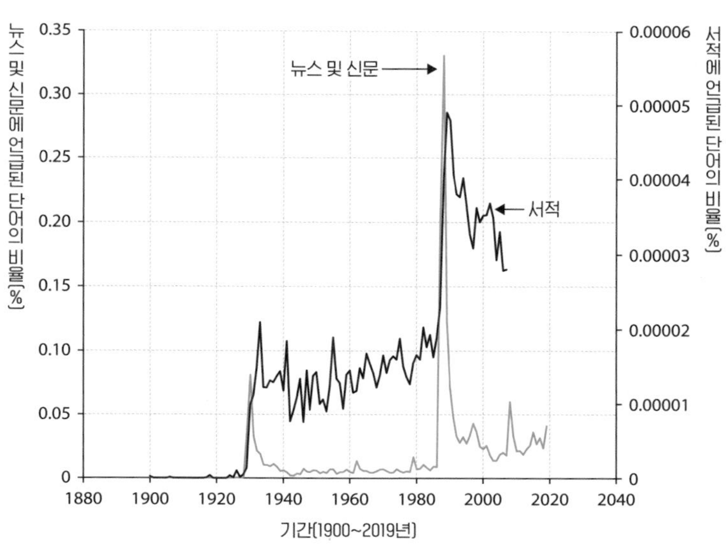


이 그래프는 1929년과 1987년에 극도로 짧은 유행이 발생했고, 서적에서는 반응이 다소 늦게 나타났음을 보여준다. (출처: 구글 엔그램 뷰어, 비활성화. 프로퀘스트 데이터를 사용한 저자의 계산)

급증해 지금까지도 유지되고 있다. 신문보다는 서적에서 더 자주 다루고 있긴 하지만 말이다. 일반적으로 1929년의 사건을 지칭하는 '주가 대폭락'의 전염은 실질적으로 주가가 폭락한 1929년보다 앞선 1926년부터 이미 시작된 것으로 보이지만 그때는 심각하게 여겨지지 않은 것 같다. 신문에서는 두 번의 유행이 발생했는데, 단기간에 매우 강력히 확산되어 각각 1년 내에 최고점을 기록했다. 첫 번째는 다우존스 산업평균지수가 12.8퍼센트 하락한 그 다음 날, 더욱 큰 일일 낙폭을 기록했던 1929년의 주가 대폭락을 가리킨다. 그리고 두 번째는 다우지수가 22.6퍼센트 하락한—1929년 1월 28일의 낙폭에 비하면 두 배에 달하지만 1929년 이틀간 낙폭에는 한참 미치지 못하는—1987년 10월 19일에 시작되었다. 1987년 외에는 1929년 이후 어떤 주가 대변동도 '대폭락'이라는 이름을 얻지 못했다. 그 이유가 뭘까? 앞에서 봤듯 신문은 독자들의 흥미를 끌기 위해 최고 기록을 굉장히 중요하게 여기며, 1987년은 1929년 이래 최초로 일일 낙폭에 있어 새로운 기록을 세웠기 때문일 것이다. 항간에 따르면 주식 투자는 1929년에 극도로 높은 전염성을 발휘했다. 우리가 아는 한 1987년 10월 19일이 닥치기 전에도 그랬다. 뉴스 매체와 투자가에 관한 이야기들은 1929년 주가 대폭락 사건을 사람들의 마음속에서 더욱 증폭시켰다.[6]

1987년의 주가 대폭락은 폭격이나 교통사고, 또는 선전포고 같은 섬광기억(7장 참조)을 사람들에게 새긴 사건처럼 보이며, 따라서 쉽게 잊어버리기가 힘들다. 그러나 수십 년이 지나면 그 이야기는 더 이상 동시대의 어떤 내러티브 군집에도 속하지 않기에 치명률이 떨어지게 된다.

### 1929년의 자살 내러티브

1929년 10월 28~29일에 발생한 주가 대폭락은 1987년보다도 더욱 거대하고 강력한 섬광기억 사건이었다. 주가 폭락으로 인해 수많은 사업가들이 스스로 목숨을 끊었기 때문에 1929년의 섬광기억은 더욱 확대되었다.

실제로 자살의 원인이 주가 대폭락인지, 아니면 작가들이 그저 독자들의 반응을 이끌어내기 위해 사업 실패를 원인으로 꼽은 것인지는 의문의 여지가 있다. 존 케네스 갤브레이스John Kenneth Galbraith는 1955년에 출간한 저서 『대폭락 1929』에서 주가 대폭락이 발발한 후 실제로 자살이 현저하게 증가한 증거는 없다고 주장했다.[7] 그러나 실제로 자살에 대해 많은 내러티브가 존재하며, 프로퀘스트에서도 1929년 11월 단 한 달 동안 28개나 되는 관련 기사를 찾아볼 수 있다. 6장에서 논했던 감정 휴리스틱에 따르면 이런 내러티브는 사람들이 일시적으로 세상 모든 것에 대해 겁을 내게 만든다.[8]

그때 죽음에 관한 내러티브는 주가가 폭락하는 바람에 더는 살 이유가 없는 절망한 사람들에 관한 수많은 이야기로 강화되었다. 대폭락이 발생하고 2개월 후, 〈루이스빌 쿠리어 저널〉에는 다음과 같은 기사가 실렸다.

방아쇠를 당기지 마세요!

나는 50세의 나이에 스스로 목숨을 끊은 사람들에 관한 이야기를 읽으며 깜짝 놀랐다. 그들은 주가가 폭락한 까닭에 절망했지만, 그건 그저 경제적 상황일 뿐이다.

그들은 아직도 그 돈을 벌었을 때와 똑같은 머리를 지니고 있지 않은가? [9]

1970년에 스터즈 터클Studs Terkel이 펴낸 『어려운 시절: 대공황의 구술 역사*Hard Times: An Oral History of the Great Depression*』는 터클이 책을 쓰기 위해 조사를 하고 있었던 당시 이미 정년에 이르렀던 사람들과의 인터뷰에 바탕을 두고 있다. 그의 인터뷰는 1929년의 내러티브가 40년이 지난 뒤까지도 사람들의 기억 속에 얼마나 생생하게 남아 있는지 보여준다. 비록 과장과 윤색을 거치긴 했지만 자살 사건과 그때의 경제 사건이 자주 언급되었다. 꽤 큰 회사의 대표이사였던 아서 A. 로버트슨Arthur A. Robertson은 1929년에 31세였는데, 그는 이렇게 말했다.

1929년 10월, 맞아! 미쳐 돌아갔지. 친구들이 약 20명이나 발을 동동 구르며 나한테 전화를 했어. 내가 돈을 빌려줘 봤자 아무 의미도 없었지. 어차피 중개업자한테 갖다 바칠 테니까. 다음 날에는 사태가 더 심각해졌고. 주변에 자살하는 사람들이 넘쳤어. 엄청나게 충격적인 사건이었지. 내가 아는 사람도 많았거든. 정말 안타까운 일이었어. 100달러 하던 주가가 다음 날에는 20달러, 15달러로 뚝뚝 떨어졌어. 월 스트리트에는 사람들이 좀비처럼 걸어 다녔어.[10]

화자이자 조각가인 크누드 안데르센Knud Andersen은 이렇게 회상한다.

여지껏 열심히 일해 모은 것을 단번에 날려 충격에 휩싸였을 때, 나는 예술에서 도피처를 찾았습니다. 그 비참한 상황 속에서 누군가는 충격을 받고 누군가는 자살을 하고……. 나는 예술 속에 파묻혔지요. 경제적 손실로 인한 고통은 언젠가 지날 거라고 믿었습니다. 이런 건, 마치 일식 같아요. 처음 그걸 본 사람들은 자살을 했지요. 그게 곧 지나갈 거라는 것을 모르고…….[11]

1929년에 사업가의 아내였던 줄리아 발터Julia Walther는 말했다.

증시가 폭락하자 은행은 지원을 취소했고, 신용거래 주식은 회수됐어요. 주가가 폭락하다보니 프레드는 가진 것을 전부 잃었고요. 완전히 파산했지요. 프레드는 항상 웃으면서 말했습니다. "인생에서 유일하게 본 적이 있는 백만 달러가 내가 잃은 거라니."

나한테 주식 열풍은 왠지 비현실적으로 느껴졌어요. 하지만 공황은 너무나도 현실적이라 오히려 비현실적으로 느껴졌죠. 사람들이 창문 밖으로 뛰어내렸어요. 공포가 만연했죠.[12]

그림 16.1에서 볼 수 있는 1987년의 유행은 1929년보다 훨씬 강력해 보인다. 1987년에 유행한 내러티브는 상당 부분 1929년의 기억으로 뒷받침되고 있었다. 1987년 주가 대폭락 때도 자살 사건이 일어났지만 그 이야기가 장기 기억을 형성한 것 같지는 않다. 강력한 내러티브로 발전하지도 않았고, 1987년 이후 이를 강화하는 이야기가 형성되지도 않았다. 또한 1987년에는 1929년 때와 달리 증거금률이 50퍼센트였고, 이는 1987년에는 1929년 주가 대폭락 때에 비해 파산하거나 절망한 사람이 적었다는 뜻이다.

## 1929년에 대한 도덕적 내러티브

1929년의 주가 대폭락 내러티브는 어떻게 그렇게 강력할 수 있었을까? 어쩌면 도덕성이 어떤 역할을 했는지도 모른다. 1920년대는 경제적 과잉뿐만 아니라 교활한 속임수와 이기주의, 성性 해방의 시대였다. 일부 논평가들은 당대의 그런 문화적 측면을 부정적으로 봤지만 증시가 무너지기 전까지는 그런 부도덕성을 논박할 수가 없었다.

1929년 11월 3일, 대폭락 바로 다음 일요일이 되자 시장 붕괴가 도덕적 또는 영적 타락 때문이라는 종교 설교들이 쏟아져 나왔다. 이러한 교회의 설교는 '광란의 20년대에 대한 심판의 날' 내러티브가 형성되는 데 일조했다. 구글 엔그램 뷰어에 따르면 실제로 1920년대에는 '광란의 20년대Roaring Twenties'라는 용어가 거의 쓰이지 않았다. 다소 비판적으로 들리는 이 표현은 1930년대까지 흔하지 않았다. 대공황 시기의 평범한 도덕적 이야기가 과잉 소비와 병적인 자신감에 대한 전국적인 혐오로 변질될 때까지 말이다. 도덕주의자들은 1929년 10월 28일의 사건을 심판의 벼락에 비유했다.

머리 켐튼은 1929년 주가 대폭락이 일어난 날에 시작된 내러티브를 20년대의 신화와 30년대의 신화라고 표현한다.

> 20년대의 신화는 미모든 웃음소리든 아니면 관습에 대한 저항이든, 개인적 표출에 대한 갈망과 관련이 있었다. 그러나 30년대의 신화는 이 모든 것을 이기적이고 하찮으며 자기중심적이라고 재단했다. 당시에는 20년대가 그리 단순한 시대가 아니며 어떻 것은 좋고, 어떤 것은 나빴다고 말하는 것은 적절하지 않아 보였다.[13]

따라서 주가 대폭락은 자기중심적이고 자기기만적인 1920년대와, 지적이고 도덕적으로 우월하지만 암울한 1930년대를 구분하는 전환점이었다. 주가 대폭락이 일종의 천벌이라는 생각은 심지어 지금까지도 사람들 사이에 어느 정도 남아 있는 편이다.

## 유명인과 구두닦이 내러티브

유명인이 결합되어 있는 1929년 주가 대폭락 내러티브의 예시로는 1920년대 후반에 출현한 구두닦이 내러티브를 들 수 있을 것이다. 이 내러티브에는 존 D. 록펠러John D. Rockefeller나 버나드 바루크Bernard Baruch, 또는 조지프 케네디Joseph Kennedy—이들 모두 현재에도 유명 인사로 통하며, 케네디는 후에 미 대통령이 된 존 F. 케네디의 부친이다—가 등장한다. 이들은 1929년 주식 시장이 최고 활황을 누리고 있을 때 구두닦이 소년에게서 주식에 투자하라는 조언을 듣고는 갖고 있는 주식을 모두 팔기로 결심한다. 2017년에는 조디 처들리Jody Chudley가 〈비즈니스 인사이더〉에서 이 이야기의 한 버전을 들려준다.

> 1929년에 조지프 케네디 시니어는 그런 미묘한 신호를 포착했다. 그는 주가가 천정부지로 치솟고 있을 때 탈출 전략을 실행했고 뿐만 아니라 내리막길에서 엄청난 횡재를 거두기까지 했다. 거의 전 국민이 주식 투자를 하던 1920년대는 조지프 케네디에게도 수지가 짭짤한 시기였다. 어떻게 그러지 않을 수 있겠는가. 그저 주식을 사들이기만 하면 주가가 저절로 뛰어올랐으니 말이다. 1920년대에 계속해서 치솟던 주식 시장 덕분에 상당한 돈을 번 케네디는 어느 날 구두를 닦으러 갔다. 구두닦이 소년은 의자에 앉아 있던 케네디에게 이런 주식들에 투자하라고 충고를 늘어놓았다. 그는 충격을 받았다. 그렇다. 구두닦이 소년도

주식 투자를 하고 있었던 것이다.

케네디 시니어의 인생이 바뀌는 순간이었다. 그는 즉시 사무실로 돌아가 갖고 있던 주식을 처분하기 시작했다. 그는 단순히 주식 투자를 그만둔 게 아니었다. 그는 공격적으로 단타 거래를 활용했고, 뒤이어 몰아친 주가 폭락 덕분에 엄청난 부자가 되었다.

주가가 최고점에 도달했다고 누군가 종을 울려주지는 않는다. 그러나 구두닦이 소년이 주식 투자에 대해 충고를 하기 시작한다면 탈출 버튼을 눌러야 할 시점이다.[14]

하지만 나는 프로퀘스트에서 1920년대와 30년대의 데이터를 아무리 뒤져도 이 이야기를 발견하지 못했다. 그나마 내가 찾은 최초의 자료는 1957년에 나온 조지 바루크의 회고록이었다.[15] 그렇지만 이 이야기에서도 부자가 구두닦이 소년의 말을 듣고 깨달음을 얻지는 않는다.

이 이야기는 구두닦이에서 이발사, 경찰관으로 다양한 변종이 존재한다. 이를테면 1915년 〈미니애폴리스 모닝 트리뷴〉 기사는 주가 상승세가 좀처럼 꺾이지 않을 것이라고 주장했다.

운 좋게 큰돈을 번 하녀나 구두닦이에 대한 이야기가 아직 떠돌지 않는다. 이런 솔깃한 이야기는 대개 상승세가 정점에 도달했음을 의미한다.[16]

이 1915년 내러티브는 구두닦이 소년 내러티브만큼 도덕적 위력을 지니고 있지는 않다. 경제적 대재앙과 연결되어 있지도 않고, 도덕적인 설교를 하지도 않으며, 유명인과 효과적으로 연결되어 있지도 않기 때문이다.

## 오늘날의 주가 폭락 내러티브와의 관련성

1929년 주가 대폭락 이후 많은 세월이 흘렀고 1930년대의 시대정신은 이제 잊혀졌지만, 미국에 또다시 주가 대폭락이 발생할지도 모른다는 느낌은 여전히 남아 있다. 이 영속적 경제 내러티브는 1929년의 유산이며, 주식 시장의 활황 뒤에 찾아올 수도 있는 폭락과 신뢰의 하락을 증폭시킬 것이다. 나아가 이런 내러티브적 관점을 지닌 이들은 남들도 그런 증폭된 반응을 보일 것이라 기대하기 쉽다. 현재, 주가 대폭락 이야기는 아직 전염성이 강하지는 않으나 대중의 머릿속에 여전히 남아 있으며, 경제적 상황에 따라 변형되어 다시 돌아올지도 모른다.

정책입안자들은 부동산 거품 내러티브와 주가 대폭락 내러티브에서 교훈을 얻었다. 경제가 변곡점에 도달해 있을 때는 뉴스의 헤드라인과 통계 너머, 우리가 진짜 분석해야 할 실질적인 가치가 있다는 것을 말이다. 또 우리는 수없이 변화하며 등장하는 특정 이야기들이 우리의 삶에 의미심장한 역할을 한다는 사실을 고려해야 한다. 과거의 이야기나 전설은 다음번에 닥쳐올 경제 활황이나 붕괴의 대본이 될 수도 있다.

앞으로 살펴볼 2개의 장은 도덕적 분노와 저항심을 촉발한다는 점에서 이제까지와는 다소 다른 경제 내러티브를 다루고 있다. 우리는 17장에서는 사업가들, 그리고 18장에서는 노동자들을 대상으로 분노의 감정에 대해 알아볼 것이다. 이러한 분노는 사람들의 경제적 행동을 변화시킬 수 있는 형태로 발산되었다.

# 17
# 보이콧, 폭리취득자, 악덕기업

기업이나 사업가들을 향한 분노는 시대에 따라 다양한 형태로 나타난다. 사람들은 상품의 가격이 크게 인상될 때 기업이 악독하다고 여긴다. 내러티브는 기업의 공격적인 가격 인상을 비난한다. 인플레이션이 그친 후에도 여전히 가격이 너무 높다고 생각된다면 대중의 분노는 지속될 수 있다. 기업이 임금을 삭감할 때도 사람들은 분개하며, 이는 조직화된 불매운동을 낳거나 가격이 떨어질 때까지 소비를 미루는 비조직적 결정으로 이어질 수 있다. 그런 경우 사람들은 그러한 소비 결정이 자신의 욕구를 충족시키기 위한 것이 아니라 도덕적 판단에 의한 것이라고 생각할 것이다. 또 분노 내러티브는 가격이 인하될 때까지 소비를 미루는 이익추구적인 사고방식과 상호작용할 수도 있다. 이러한 분노 내러티브의 영향은 1890년대와 1901~1921년의 불황, 대공황, 그리고 1974~1975년의 경기 침체 등 여러 주요 경제 사건에서 목격되며, 오늘날뿐만 아니라 미래에도 뚜렷하게 나타날 것이다.

## 보이콧 내러티브

'보이콧boycott'이라는 단어는 1880년대부터 세계 대부분의 언어에—각 언어의 특이성을 반영해—침투했다. 찰스 C. 보이콧Charles C. Boycott이 이런 불멸의 명성을 얻게 된 것은 불매운동을 발명했기 때문이 아니라 가장 유명한 희생자이기 때문이다. 찰스 보이콧은 아일랜드에서 영국인 지주를 대신해 토지를 관리하고 있었다. 1880년에 흉년이 들자 그는 소작인들에게 소작료를 10퍼센트 깎아주겠다고 제안했지만, 소작인들은 25퍼센트를 요구했다. 그는 거절했다. 그러자 아일랜드의 소작인 연맹은 보이콧에게 대항하고자 지역사회에 호소했고, 1880년 10월 보이콧은 〈런던 타임스〉에 자신이 얼마나 큰 고충을 겪고 있는지 다음과 같은 서신을 보냈다.

9월 22일, 집행관이 경찰 17명의 호위를 받으며 우리 집으로 피신했고, 뒤이어 쫓아온 군중이 내 가족들에게 소리치며 야유를 보냈습니다. 다음 날인 9월 23일에는 사람들이 무리지어 내 농장에 모여들었습니다. 백여 명이 넘는 그들이 우리 집에 쳐들어와 농장 일꾼들과 장인, 마구간지기에게 다시는 나를 위해 일하지 말라고 협박했습니다. 상인들은 우리 집에 상품을 팔지 말라는 경고를 받았습니다. 나는 일할 사람을 구할 수가 없었습니다. 토지 연맹Land League은 나에게 가진 것을 모두 포기하고 이 나라를 떠나지 않는다면 파멸시키겠다고 공공연히 선포했습니다.[1]

이 이야기는 어째서 전 세계적인 바이럴이 되었을까? 첫째, 이 사건은 커다란 논란을 촉발했다. 한쪽 진영에서는 보이콧에 대한 처사가 비이성적이라고 여긴 반면, 다른 한쪽에서는 불평등의 증가나 부와 권력의 집중이라는 심각한 문제를 지적했다. 이런 거부운동이 처음 일어난 것은 아니었다. 그러나 보이콧 사건을 계기로 사람들은 불매운동의 형태가 공동체에게 도덕적 지지를 요청할 수 있는 강력한 도구가 될 수 있다는 것을 인식하기 시작했다. 실제로 보이콧은 노동자들에게 참신하고 유리한 전술처럼 보였다. 직접적인 혜택을 얻지 않는 이들까지 운동에 끌어들일 수 있기 때문이었다. 거부운동에 참가하는 것은 도덕적이고 이기적이 아니라는 증거처럼 보였다. 이러한 생각은 높은 전염성을 지녔고, 곧 널리 전파되기 시작했다.

결과적으로 보이콧은 그 자체로 경제적 내러티브의 중심이 되었다. 보이콧 내러티브는 다른 내러티브들과 마찬가지로 감정적인 반웅에 중점을 두었다. 이 경우에는 바로 사업가들에 대한 분노였다. 또한 보이콧 내러티브는 분노에서 탄생한 음모론을 동반했다. 앞으로 보게 되겠지만, 보이콧과 이 내러티브 군집 내의 다른 내러티브들은 사회적 비난이라는 광범위한 기류가 흐를 때 재발하는 경향이 있었다. 즉 대중의 소비 및 타협 의지에 영향을 주기 때문에 이 내러티브는 경제적으로도 중요하다.

## 보이콧 내러티브의 확산

노동 경제학자 레오 올만Leo Wolman은 『미국 노동조합의 보이콧*The Boycott in American Trade Unions*』에서 이렇게 쓰고 있다.

> 보이콧은 아무 경고도 없이 1880년대에 갑자기 부상하여 이후 10~15년 동안 조합주의의 가장 효과적인 무기가 되었다. 이런 강력한 위력에서 벗어날 수 있을 만큼의 비열한 목표도, 모두의 칭송을 받는 사람도 없었다.[2]

1890년대에 불황이 심각해지자 내러티브가 변하기 시작했다. 대중은 끊임없는 보이콧에 진저리를 치게 되었다. 대다수 사람들이 의문과 불편함을 표출하기 시작하면서 보이콧의 도덕적 권위가 사라졌다. 울먼은 이렇게 묘사한다.

미국노동총연맹American Federation of Labor은 구성원들에게 보이콧을 실천함에 있어 보다 보수적인 태도를 취하도록 영향력을 발휘했다. 실제로 1893년부터 1908년 사이에 제정된 규칙 대부분은 너무 빈번한 보이콧을 통제하기 위한 것이었다. 1894년에 열린 연맹대회에서 집행이사회는 "그러한 종류의 요구를 너무 자주 지지하는 데 따른 비실용성"을 지적한다. "활동이 너무 분산되어 최선의 결과를 얻지 못한다."고도 했다. 따라서 공개적인 보이콧 지지를 몇 년 간격으로 제한하는 새로운 규칙이 제정되었다.[3]

그러나 보이콧은 사라지지 않았고, 그 뒤로도 계속 재발했다. 그리고 보이콧 운동을 뒷받침하는 내러티브가 강력할 동안에만 유지되었다. 보이콧을 지탱하는 내러티브가 약해지면 보이콧도 소멸했다.

### 1차 세계대전 보이콧 내러티브를 부활시킨 폭리취득자 이야기

보이콧과 관련된 폭리취득자 내러티브가 부상하기 시작했다. 그림 17.1은 사업가에 대한 불만과 분노를 암시하는 새 용어인 '폭리취득자profiteer'의 전염적 확산을 보여준다. 사전에 따르면 이 단어는 1912년에 생겨났다. 1차 세계대전과 종전 직후에 극히 자주 언급되었으며, 1920~1921년 불황기에 절정에 달했다. 폭리취득자는 유서 깊은 단어인 '사략선privateer'의 연장선이나 다름없는데 이는 정부의 지원을 받아 외국 배를 나포하고 노략질을 하는 해적들을 의미한다. 이런 생생하고 뚜렷한 이미지는 폭리취득자 내러티브의 전염을 강화했다. 당시 이와 관련된 다른 용어로는 '초과이윤excess profits'과 앞에서 봤던 '보이콧'이 있다.

1차 세계대전이 끝난 1918년에 〈뉴욕 트리뷴〉에서 제시한 한 폭리취득 내러티브를 읽어보라.

> 지역 신문에 이런 이야기가 실렸다. 전차에서 두 남자가 전쟁에 대해 대화를 나누고 있었다. 그중 한 명이 말했다. "이번 전쟁은 내 공장에 축복이나 다름없었어." 다른 사람이 키득거리면서 대답했다. "2년만 더 계속됐다면 엄청난 부자가 됐을 텐데." 그러자 옆에서 그 대화를 들은 한 여자가 벌떡 일어나더니 손에 든 우산을 휘두르며 남자들을 두들겨 팼다. "당신들한테 전쟁이 그런 거였다면, 이게 바로 당신들 말을 들은 내 심정이야!"[4]

성난 여인이 우산을 무기처럼 휘두르는 이런 강렬한 이미지를 수반한 내러티브는 매우 높은 전염성을 발휘했다. 종전 뒤에도 이와 비슷한 내러티브들은 계속 퍼졌고, 기업이나 사업가에 대한 대중의 인식에 수년간 영향을 끼쳤다.

1920~1921년 불황은 현대 통계 기법을 사용할 수 있게 된 이래 미국 역사상 하강과 회복이 가장 빨랐던 급격한 불황이었다. 사

람들은 이를 '전후post-war, 戰後 불황'이라고 불렀다. 나중에는 아예 하이픈을 빼고 1차 세계대전 이후를 뜻하는 '전후postwar'라는 단어가 부상하기 시작했고, 이 시기는 역사상 매우 독특한 전환점으로 취급되었다. 1차 세계대전을 지칭하는 '모든 전쟁을 끝내기 위한 전쟁'도 급속도로 바이럴이 되었다. 그러나 수십 년 후 2차 세계대전이 발발하자 '전후'라는 단어는 마지막으로 겪은 전쟁인 2차 세계대전 이후를 가리키게 되었다. 그 결과 1920~1921년의 불황은 이를 지칭할 독특한 이름을 잃어버렸다. 2014년에 제임스 그랜트James Grant는 저서에서 그 시절을 '잊혀진 불황The Forgotten Depression'이라 부

그림 17.1 '폭리취득자'의 언급 비율

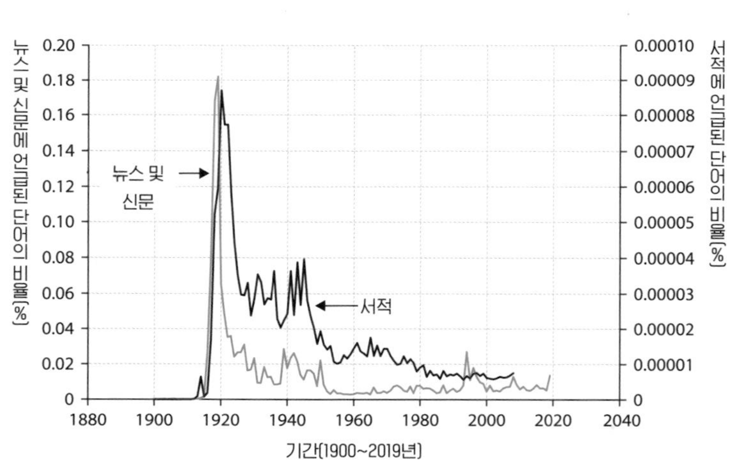


'폭리취득자'는 1차 세계대전 즈음에 시작되어 1920~1921년 불황기에 절정에 달한 짧고 강렬한 유행이었다. (출처: 구글 엔그램 뷰어, 비평활화. 프로퀘스트 데이터를 사용한 저자의 계산)

르자고 제안하는데, 그것은 그의 책 제목이기도 하다.

그럼에도 1920~1921년의 불황은 1930년대 대공황 때 강력한 내러티브로 작용했다. 그것은 대공황을 구성하는 대본 중 일부였다. 1920년대 초반의 불황에서부터 30년대 대공황에 이르기까지 모든 중요한 사건은 전쟁 전 혹은 전후라는 감정적인 맥락에 놓여 있었다. 이를테면 스무 살 때 1차 세계대전에서 생존한 병사는 1933년에 30대가 되어서도 여전히 전쟁 중에 쌓은 우정을 유지하고 있었고, 상당수가 지난 전쟁의 부상을 치료하고 있었다. 두 번의 불황은 또한 사업가들에 대한 반감을 야기했는데, 이는 우산으로 두 사업가를 두들겨 팬 분노한 여성의 사건에서도 알 수 있다.

## 정상 상태로의 복귀

1차 세계대전 종전 후 거의 100퍼센트에 달하는 인플레이션이 발생하자, 1920년 즈음에는 디플레이션 내러티브가 발전하기 시작했다. 소비자물가가 극적으로 하락할 것이라는 이야기는 폭리취득자 내러티브와 결합해 강한 전염성을 발휘했다. 실제로 1920~1921년 불황 당시 수천 개의 신문 기사가 특정 물품의 가격이 전쟁 전인 1913년~1914년 수준으로 떨어졌다고 보도했다. 기자와 편집자들은 독자들이 그런 이야기를 열렬히 반기리라는 것을 알았다. 대부분의 사람들은 전쟁이 끝나면 물가가 예전 수준으로 돌아가는 게 당연하다고 생각했기 때문이다. 소비자에게 새 집이나 차를 사도록 독려하는 정상 상태로의 복귀 개념은 매우 중요했지만, 이는 오직 물가가 완전히 떨어진 후에나 가능했다.

1920년대 미국 대선을 둘러싼 대화들은 물가가 곧 전쟁 전 수준으로 하락할 것이라는 인식을 더욱 조장했다. 대통령 후보인 워런 하딩Warren Harding은 1차 세계대전 이전을 '정상 상태normalcy'라고 부르며 미국을 예전처럼 되돌리겠다고 공약했고, 이 단어는 곧 큰 유행이 되었다. '정상 상태'라는 단어는 1920년대보다 한참 전에 사용되었던 기록이 있다. 이 단어는 사실 하딩의 발명품이 아니었지만 1920년대에는 흔한 단어가 아니었고, 많은 사람들은 하딩이 처음 생각해 냈다고 믿었다. 하딩은 도널드 트럼프가 2016년 선거운동 때 미국을 다시 위대하게 만들겠다며 '크고bigly' '거대하게yuge'라는 단어를 쏟아냈던 것만큼이나 '정상 상태'라는 표현을 남발했다. 두 사람이 선거운동에서 사용한 이 단어들은 내러티브에 구체성을 부여하고, 자주 농담거리가 되었으며, 내러티브에 이름을 붙여주었다. 하딩이 사용한 '정상 상태'라는 단어는 1920년대의 불황과, 아직도 생생하게 느껴지는 전쟁의 트라우마를 융합하려는 경향이 있었다. 따라서 당대에 강렬한 내러티브를 만들 수 있었다.

1921년 3월, 새 대통령이 된 하딩은 취임사에서 선거운동 기간 내내 강조했던 내용을 간단히 요약했다.

> 재계는 전쟁으로 인한 폐해를 반영합니다. 바로 거기에 물질 존재의

생명선이 흐르고 있습니다. 경제 메커니즘은 복잡하고, 그 구성 요소들은 상호의존적이며, 비정상적인 수요와 신용 팽창 및 가격변동으로 인한 충격과 불화에 시달리고 있습니다. 정상적인 균형이 깨지고, 분배 통로가 막히고, 노사관계는 경색되었습니다.

우리는 용감하고 신중하게 재정비를 도모해야 합니다. 국민들은 반드시 서로 주고받아야 합니다. 전쟁의 열기가 식어감에 따라 물가는 반드시 이를 반영해야 합니다. 어쩌면 우리는 과거의 임금 수준으로 돌아갈 수 없을지도 모릅니다. 전쟁은 필연적으로 봉급 수준을 조정하고, 그와 불가분에 있는 생활필수품의 가격도 변화를 겪게 될 것이기 때문입니다. 그러나 우리는 정상 상태를 추구하여 안정에 도달해야 합니다.[5]

## 살 것인가 말 것인가

정서적으로 깊은 상흔이 남아 있는 1920년대에, 가격이 떨어질 때까지 필수가 아닌 제품들을 사지 않고 버티는 것은 대부분의 소비자에게 도덕적으로나 실용적으로 당연한 전략처럼 보였다. 그러나 소비 지연은 불황을 가중시킨다. 한 논평가는 이렇게 썼다.

소비자들은 전쟁이 끝났음을 알고 있으며, 전쟁 때의 가격으로 지불하는 것을 거부하는 시점에 이르렀다. 재화가 순환되지 않고 있다. 왜냐하면 사람들이 사지 않기 때문이다.[6]

대중의 분노가 들끓었고, 폭리를 취득하는 제조자와 소매업자를 향한 반대 운동도 더불어 확장되었다. 시위대는 기본적인 경제 원칙을 활용하려 했다.

> 만약 사람들이 자신들이 만들지 못하는 음식이나 다른 생필품만이라도 구입한다면, 공급과 수요의 법칙이 자동으로 작동하여 보다 정상적인 상태로 돌아갈 것이다.[7]

그럼에도 불구하고 1913년의 정상적인 물가가 돌아오길 기다리는 동안, 근검절약은 새로운 미덕이 되었다.

왜 하필 1913년일까? 현대 소비자물가지수CPI의 전신인 소매물가지수는 1920~1921년 불황 직전인 1919년에 미국 노동통계청Bureau of Labor Statistics에 의해 처음 공표되었다. 이 지수는 1차 세계대전이 발발하기 전, 완벽하게 평화롭던 시절인 1913년의 데이터부터 시작된다.[8] 소매물가지수는 1913년 이후 물가가 급상승했음을 보여주었고 따라서 1913년은 물가의 비교 기준이 되었다. 소비자들은 물가가 1913년 수준으로 돌아올 때까지 소비를 미루게 되었다. 1920년 1월, 노동통계청 청장인 로열 미커Royal Meeker는 "우리가 집계를 시작한 1913년의 물가는 이상적인 물가처럼 여겨진다."[9]고 말하며 그것이 잘못된 이상임을 지적했다. 소비자물가지수는 1913년에 9.8퍼센트로 시작되었다. 1920년에는 그 두 배인 20.9퍼센트까지 올랐으며, 1921년 중반에는 17.3퍼센트로 하락했다. 9.8퍼센트까지 되돌아가려면 아직도 갈 길이 멀었다.

디플레이션이 극단적인 수준에 이르게 되면 윤색된 디플레이션 내러티브는 바이럴이 되기에 충분하다. 그러면 감정적 전염을 일으킬 수 있고, 자연스럽게 구매 행동이 현저히 감소한다. 소비자들은 물가가 적정 수준으로 하락할 때까지 구매를 연기하는 일종의 보복 행위를 통해 보상을 얻었다. 그들의 분노는 내러티브에 기인하고 있었다. 따라서 디플레이션과 불황 사이에는 국가 전체적으로나 장기적으로 일관성 있는 상관관계가 존재하지 않는다.[10] 1920년대의 경제 내러티브는 물가 하락에 대한 감정적 분위기를 조성했다. 당대의 내러티브는 구매를 미루는 것이 현명할 뿐만 아니라 도덕적이고 책임감 있는 행동이라는 것이었다.

### 폭리취득자와 적정 임금 내러티브

종전 후 발생한 물가 인상의 주된 원인으로 널리 지목된 것은 '폭리취득자'라는 새로운 낙인이 찍힌 사업가들이었다. 지난 전쟁 때는 전쟁으로 이익을 취한 사람들을 비판하기 위해 사용되던 단어들—하피, 협잡꾼, 착취자, 블랙 마케터, 흡혈귀, 뱀파이어, 좀도둑—도 폭리취득자 같은 함축적 의미를 갖고 있지는 않았다. 폭리취득자는 전쟁 영웅을 희생시켜 자신의 사리사욕을 채웠다는 의미를 내포한다. 이 단어는 단기적이고 개인적인 기회주의자보다 회사, 어쩌면 정부 기관과 손잡고 있는 기업들을 암시했고, 따라서 보이콧 같은 집단행동을 필요로 했다. 당시 미국의 관점에서 보자면 보이콧에는 한 가지 이점이 있었는데 바로 공산주의와 아무 관련도 없다는 것이었다.

1차 세계대전 당시 그리고 종전 이후 '폭리취득자'라는 단어는 많은 내러티브에 등장한다. 신문의 비즈니스 섹션 기사에만 국한되지 않았다. 성직자들은 설교를 통해 전쟁 때 식량으로 폭리를 취한 이들을 통렬하게 비난했다. 또한 사람들은 인품이 떨어지거나 남들의 고통을 존중하지 않는 사업가들의 이기적인 행동도 이 단어를 이용해 비판했다.[11] 또 다른 내러티브는 전쟁 때 가족을 잃은 유족의 이름과 주소를 알게 된 변호사들에 대한 이야기였다. 변호사들은 유족 수당을 받으려면 변호사가 필요하다고 사람들에게 거짓말을 했다. 그러고는 사람들이 복잡한 절차를 헤쳐나가도록 돕는 대신, 정부 지원금의 20퍼센트를 떼어가기 위해 서류에 서명을 하게 만들었다.[12] 이런 내러티브들을 보면 사람들이 왜 폭리취득에 극단적으로 감정적이었는지 이해할 수 있다.

폭리취득자 내러티브는 전쟁이 끝난 1918년에도 사라지지 않았다. 전후 인플레이션이 극심했던 1920년과 1921년에는 식료품 가격이 너무 높아 화가 난 고객들이 우유판매업자를 비난하고 정육점 주인에게 고기를 사먹지 않겠다고 쏘아붙이는 내러티브가 퍼져나갔다. 경제학자들은 전쟁으로 비롯된 인플레이션이 왜 1920년까지 지속되었는지 이해했다. 부채 수준이 높은 정부는 전쟁 때문에 더욱 황폐해졌으니 말이다. 그래서 세금이나 금리를 인상했다가는 적자 상태가 가중될 것임을 경제학자들은 알았다. 하지만 대중은 달랐다. 대중은 전쟁 때의 경험과 종전 직후의 경험을 선과 악의 대결로 보기 시작했다. 유명 작가인 헨리 해즐릿Henry Hazlitt은 1920년에 다음과 같은 글을 남겼다.

> 그리하여 길거리 모퉁이마다 분노를 터트리며 세상이 저지르는 추악한 강도짓을 맹렬히 비난하는 독선적인 사람들이 넘쳐났다. 정육점 주인은 신발장수가 폭리를 취득하는 것을 보고 깜짝 놀랐다. 신발장수는 암표꾼의 뻔뻔스러움에 경악했다. 암표꾼은 집주인의 횡포에 곤란해했다. 집주인은 석탄배달부가 석탄 값을 너무 올리는 바람에 집세를 올렸고, 석탄배달부는 고기 값 때문에 가계가 휘청거리고 있었다.[13]

그렇다면 우리는 이런 질문을 던질 수 있을 것이다. 이 사람들을 과연 폭리취득자라고 불러도 될까? 이들이 저지른 유일한 범죄라고는 인플레이션이 왔을 때 물건을 높은 가격으로 판매한 것뿐이다. 1922년에 어빙 피셔는 독일을 방문했는데, 당시 독일은 1차 세계대전 이후 장기 인플레이션을 거쳐 초인플레이션에 돌입해 있었다. 그는 옷가게에서 아주 지적인 여성과 나눈 대화를 회상한다. 그녀는 눈 깜짝할 새에 물가가 오르고 있음에도 비정상일 정도로 낮은 가격에 셔츠를 팔겠다고 피셔에게 말했다.

그녀는 폭리취득자로 몰릴까 두렵다고 말했다. "방금 판 셔츠를 메우기 위해 새 물건을 사오려면 당신한테 받은 돈만큼 들 거예요." 그렇다면 어째서 그렇게 싸게 팔았느냐고 내가 묻기도 전에, 그녀가 덧붙였다. "하지만 애초에 더 싸게 샀으니까 그만큼 이득을 봤죠."[14]

그런 다음 피셔는 전쟁 전 물가, 또는 1913년의 물가는 전혀 도덕적이거나 특별했던 게 아니라고 주장한다. 폭리에 대한 독일 국민의 불만은 1920년대 미국에서 표출된 것과 비슷했다. 1918년 휴전 협정부터 1920년 6월까지 약 19개월 사이, 소비자물가가 298퍼센트나 뛰었으니 말이다.

시라큐스(뉴욕주), 6월 2일

금일 연방판사 할랜드 B. 하우는 유티카에 소재한 의류회사인 존 A. 로버츠사에게 11개 카운티에서 폭리를 취한 죄목으로 벌금 55,000달러를 선고했다. 정부의 설명에 따르면 이 회사는 16.75달러에 구입한 드레스를 35달러에, 6.5달러에 구입한 스카프를 25달러에 판매하였다.[15]

극도의 인플레이션은 이런 의류판매상들이 돈을 어마어마하게 벌고 있다는 환상을 만들어냈다. 경제학자들은 대중에게 실제 원리를 설명하려 애썼다.

그러나 높은 물가로 인한 또 다른 불평등은 모든 종류의 사업가—제조업자, 중개상, 도매상과 소매상—가 폭리를 취할 수 있다는 점이며, 실제로 물가가 빠르게 상승하는 시기에 이는 거의 강요나 다름없었다. 지난 5년간 시장가격은 쉴 새 없이 치솟았고, 사업가는 선반에 상품을 쟁여두기만 해도 부자가 될 수 있었다. 이것이 바로 진짜 폭리취득이다. 업계에 갑자기 등장한 사악한 습관도 아니요, 사람들을 감옥에 집어넣어 중단시킬 수 있는 일도 아니다. 이것은 병의 증상일 뿐 질병 그 자체가 아니다.[16]

이런 말로 설득이 가능했던 사람들은 인플레이션이 기업 이윤에 진정 어떤 영향을 끼치는지 전혀 모르는 소수의 사람들뿐이었다. 대부분의 사람들은 사업가들이 바가지를 씌우는 사악한 습관을 갖게 됐다는 폭리취득 내러티브에 감염되었다. 폭리취득에 대한 우려는 소비자물가가 하락하기 시작하면서 줄긴 했으나 그러한 흐름이 물가 하락과 정확히 일치한 것은 아니었다. 분노의 전염은 자체적인 동력을 지니고 있기 때문이다.

미국의 인플레이션은 1920년 6월에 끝났고, 소비자물가가 1913년 수준으로 떨어지지는 않았으나 물가는 빠르게 하락했다. 그리고 그런 시점이 오기 전까지 물가에 대한 사람들의 감정은 격렬했다. 1920년에 한 신문에 실린 독자 기고문은 다음과 같이 시작된다.

초과이윤이란 그 이름 그대로를 의미한다. 폭리와 고리대금의 결실.

이 세상에 과세 대상이 되어야 할 것이 있다면 바로 그것이다. 징역형이 나 그 이상으로 엄중히 처벌해야 한다.[17]

정부는 이런 정서를 받아들였다. 1차 세계대전 중이던 1917년에 미국은 1911~1913년에 비해 초과이윤세를 60퍼센트 인상했다. 초과이윤세는 1921년 10월이 되어서야 폐지됐는데, 종전 후에도 오래도록 기업과 사업가에 대한 분노가 사라지지 않았기 때문이다. 이 과세제도는 기업들이 수익을 얻는 것을 미루게 함으로써 1920~1921년 불황에 기여했다. 뿐만 아니라 소비자들도 구매를 미뤘는데, 이기적인 폭리취득자들에 대한 반감뿐만 아니라 물가가 하락할 때까지 기다리는 것이 이득이라고 느꼈기 때문이다.

어쩌면 1920~1921년의 불황은 소비자 보이콧이 야기한 것인지도 모른다. 1920년 1월, 미국 상원의원 아서 캐퍼Arthur Capper는 "폭리취득자는 공산주의자보다 더 위험하다."라고 말하며 소비자들에게 "터무니없는 가격으로 상품을 사는 것을 거부하여 돼지들에게 본때를 보여주라."고 부추겼다.[18] 당시 사용되던 다른 용어를 빌자면, 어쩌면 그때의 불황은 '보이콧'이라는 단어에서 알 수 있듯 정말로 1920~1921년의 소비자 파업이었을지도 모른다.

더불어 적정 임금에 대한 우려 또한 널리 확산되었다. 소위 폭리취득자들에 대한 반감은 때때로 일부 회사들이 직원들의 임금 삭감을 시도하면서 더욱 거세졌다. 기업들은 최종 상품의 시장가가 하락할 때는 급여를 많이 줄 수 없다고 말하며 이를 정당화했다. 합리적인 사람이라면 때로 임금 삭감이 필수적일 수도 있음을 이해하겠지만, 임금 삭감에 대한 정당화는 그리 전염성이 높은 내러티브가 아니다. 노동조합 대표들은 조합원에게 고용주가 어떤 곤경을 겪고 있는지 설명해 줄 이유가 없었다. 그보다 고용주를 사악한 사측이라고 계속 표현하는 것이 훨씬 도움이 된다는 것을 깨달았다.

'적정 임금'이라는 단어를 사용하는 이야기는 폭리취득자 플롯과 매우 유사한 패턴을 지닌다. 그러나 '적정 임금'은 19세기 후반부터 훨씬 가파르고 단계적인 성장세를 보이는데, 서적의 경우에는 이 단어의 사용이 1920~1921년에 최고점에 달했고, 프로퀘스트의 경우에는 1930년 대공황 때 절정을 기록했다.

조지 A. 애커로프와 재닛 L. 옐런Janet L. Yellen이 제시한 효율임금이론은 만일 노동자들이 적정 임금을 받고 있지 않다고 느끼면 그 보복으로 작업 효율을 떨어뜨릴 수 있다고 주장한다. 애커로프와 옐런은 이 이론이 모든 시대에 똑같이 적용될 수 있다는 식으로 제시했지만, 적정 임금에 대한 관심은 내러티브에 의해 증폭될 수 있다.

## 1920~1921년의 급격한 경기침체를 끝낸 내러티브

1920~1921년 불황이 갑작스럽게 종결된 이유와 폭리취득자에 대한 반감이 희석된 이유에 대해서는 명백하게 설명할 이론이 없다. 짐작컨대 오늘날 포착하기 힘든 새로운 대중 내러티브가 물가 하락

에 대한 기대와 높은 물가에 대한 분노를 사그라뜨렸기 때문일 것이다.

1920년 여름과 가을은 풍년이었다. 신빙성 있는 지표는 아닐지 모르나, 어쨌든 많은 사람들이 이를 받아들였다.

> 우리는 올해 매우 풍성한 수확을 올렸다. 풍년과 호황은 분명한 상관관계가 있다. 전쟁은 자연의 법칙을 거스르지 못했다.[19]

1920년 후반, 캐나다 출신의 유명 은행가인 에드먼드 워커 경Sir Edmond Walker은 물가가 1913년 수준으로 하락하지 않는 이유에 대해 나름의 이론을 제시했다.

> 소비자물가가 전쟁 전 수준을 훨씬 상회하는 이러한 상태는 다음 세대까지 지속될 수 있으며, 전쟁 채무의 부담으로 무거운 세금과 높은 임대료가 유지되는 한 틀림없이 그럴 것이다.[20]

1921년 4월에는 "폭리취득이 줄고 있으며 물가가 서서히 평화시기 수준으로 안정되고 있다."[21]라는 주장이 제기되었다. 1921년에 수확된 많은 농산물이 1913년의 가격으로 판매되었다.[22]

그렇다면 이제 물가가 떨어질 때까지 구매를 미룰 이유가 없었다. 뿐만 아니라 사업이나 부유함은 더 이상 사악한 것이 아니었으며 보이콧에 대한 열정도 수그러들었다. 사람들은 점차 편안하게 돈을 쓰기 시작했다. 1921년이 되자 여성들이 화려한 장신구를 걸치기 시작했다.[23] 아이들은 학교에 도시락을 싸가기보다 현금을 가져와 비싼 점심을 사 먹었다. 1921년 말에는 물려주기 풍조가 퍼지고 있었다.

> 모두들 그 어느 때보다도 편안하게 즐길 거리를 찾으며 살았다. 자동차로 가득 찬 도로를 보면 알 수 있다. 이 모든 것이 돈의 지출을 의미한다.[24]

1921년의 경제 회복은 정부의 어떤 경제부양책보다도 이런 새로운 내러티브의 영향 덕분인지도 모른다.

## 1920~1921년 불황과 1930년대 대공황의 차이

노동 경제학자들은 노동자 계급이 물가 인하로 인한 임금 삭감과 관련해 1930년대 대공황 때보다 1920~1921년 불황 시기에 더욱 순종적이었다는 사실을 알아냈다.[25] 1920년대에는 노동조합의 세력이 아직 약했고 따라서 노조의 주장과 선전은 바이럴이 되기 어려웠다. 덕분에 고용주들은 1920~1921년, 디플레이션 때문에 임금을 삭감해야 한다는 주장을 보다 성공적으로 관철할 수 있었다. 그들은 상품 가격이 하락했기 때문에 임금을 줄 수 있는 이윤도 감소했다고 주장했다. 제임스 그랜트는 『잊혀진 불황』에서 그런 임금 유연성 때문에 1920~1921년의 불황이 비교적 빨리 종결될 수 있었다고 말한다.

반대로 1930년대의 내러티브는 고용주의 임금 삭감에 대한 정당화가 순수한 탐욕과 거짓말의 결실이라고 여겼다. 성직자들은 사업가들에 대항해 정치화되고 있다는 비난을 받기까지 했다.

> 종교가 아니라 경제에 대한 특별한 설교권을 부여받았다고 생각하는 일부 성직자들은 임금과 관련해 완전히 감정적으로 반응한다. 그들은 매우 훌륭하고 광범위한 인도주의적 근거를 내세우며 최저임금과 최저노동시간을 열정적으로 촉구한다. 한편 똑같이 광범위하고 인도주의적인 근거에 기반해 규제에 반대하는 이들은 자신들이 노동력을 착취하는 고용주와 함께 인류 진보의 적으로 간주되고 있음을 알게 된다.[26]

이러한 담론은 고용주가 대중으로부터 받는 선의를 유지하기 위해 정리해고를 하고 임금을 삭감하는 것을 어렵게 만들었다. 뿐만 아니라 13장에서 언급한 것처럼 1933년 6월에 제정된 전국산업부흥법은 임금 삭감을 규제했고, 1935년에 대법원이 그 법률을 위헌이라고 선고했음에도 루스벨트 대통령의 정책은 회사가 임금을 삭감하기 더욱 어렵게 만들었다.[27] 그러한 법률과 규제는 임금 삭감이 악독한 행위라는 대공황 때의 내러티브를 반영했다. 해당 규제가 철폐된 뒤에도 기업들은 낮은 물가에 맞춰 임금을 삭감하기가 대단히 어려웠다.

정상 상태로 돌아가자는 내러티브는 1930년대 대공황 때 전망이 그리 밝아 보이지 않았고 시간에 힘입어 쉽게 해결되지도 않았다. 1920~1921년 불황에 대한 인식은 전쟁이 끝난 뒤 정상으로 돌아가기 위한 중간 과도기에 불과하다는 것이었다. 대공황 때 발생한 실업률 상승과 물가 하락은 1930년대에 유행했던 신뢰 내러티브(10장), 근검절약 내러티브(11장), 기술적 실업 내러티브(13장), 그리고 1929년의 주가 대폭락 내러티브(16장)의 렌즈를 통해 인식되었다.

## 1930년대 대공황 시기의 보이콧과 폭리취득자

1929년 10월 28~29일 주가 대폭락이 발생하자 1920~1921년 불황에 대한 이야기가 다시 떠오르기 시작했다.[28] 과거에 겪었던 심각한 위기는 늘 사람들의 마음속에 특별한 공간을 차지하고 있기 마련이다. 특히 역사상 유례없는 극심한 사태였다면 더더욱 그렇다. 그런 이야기는 사람들의 기억에 의존해 전파되기 때문이다. 대공황 초기의 어떤 내러티브가 최근 상황, 즉 1920~1921년 사건의 반복이라는 내용을 담고 있다 할지라도, 보다 거대한 대공황 내러티브로 발전하려면 전의 것과는 근본적으로 달라야 했다. 1920년대의 내러티브는 얼마 전 있었던 1차 세계대전의 고난을 강조했지만 그보다 10년이 지난 1930년대에는 그 내러티브의 강렬함이 희미했다. 그러나 사람들이 체감할 수 있는 디플레이션은 전과 매우 유사한 양상을 띠었다. 그래서 1920~1921년에는 소비자물가가 엄청난 속도로 하락했으므로 1929년 대폭락 이후에도 많은 사람들이 1920~1921년처럼 물가가 바닥을 치기를 예상하며 소비를 뒤로 미뤘다.

주가가 폭락한 10월 28~29일로부터 한 달이 지났을 무렵, 언론매체들은 미국의 중요한 연례행사인 크리스마스 쇼핑 시즌에 매출이 약해졌다는 신호에 주목했다. 신문들은 크리스마스 매출은 전과 비슷하지만 사치품 구입은 하락했다고 보도했다. 그러나 매출이 정상적으로 보인 것은 그저 할인판매와 주가 대폭락으로 인한 심리적 영향에 기인했기 때문이다.[29]

경제학자들은 이번 경제 위축도 1920~1921년처럼 짧게 지나갈 것이라고 예측했다. 이를 통해 왜 1930년에 후버 대통령과 다른 정치가들이 1929년에 시작된 불황이 금세 끝날 것이라고 장담했는지 이해할 수 있었다. 그러나 대중은 후버 대통령의 말을 믿지 않았다. 1932년, 대공황이 가장 극심했던 시절에는 소비자물가가 결국 1913~1914년 수준으로 떨어질 것이라는 내러티브가 돌았다. 그것은 우리가 알고 있는 1933년의 최저 물가보다도 20퍼센트는 더 하락해야 한다는 의미다.[30] 그런 내러티브는 사람들이 물건을 사거나 돈을 쓰지 않고 미루게 만들었다. 1932년에 캐서린 해켓은 이런 글을 남겼다.

수많은 경제학자들의 예측을 찾아본 결과, 나는 앞으로의 물가 추세에 대한 내 추측이 다른 어떤 이들의 의견에도 뒤지지 않을 것이라고 확신한다. 상품시장이 하락할 때 주부들의 대응은 주식 시장이 하락할 때의 투자가들과 똑같다. 반드시 필요한 생필품을 제외하고는 꼼짝 않고 물가가 떨어지기만을 기다리는 것이다. 만일 2백만 명이나 되는 주부들이 모두 그렇게 행동한다면 굳이 경제학자가 아니더라도 경기 회복이 지연되리라는 것쯤은 알 수 있을 것이다.[31]

이 글은 소비자 행동의 중요한 측면에 대해 이야기하고 있다. 해켓은 소비자의 행동을 주식 투자가의 행동에 비유한다. 전문가를 신뢰하지 않고, 감정적 판단으로 개별 주가를 예측하는 사람들 말이다. 또한 해켓은 투기를 둘러싸고 있는 전염성 높은 내러티브에 대해서도 묘사한다. 물가가 널을 뛸 때, 여성들은 마치 투기꾼처럼 현명한 결정을 내린 쇼핑이나 실패한 쇼핑에 대해 이야기를 나누었을 것이다. 설사 약간의 인플레이션이 일어날 것이라 예상해도 물가가 하락할지 모른다는 감정적 이야기가 유행한다면 소비자 지출이 상당히 감소할 수 있다.

나는 1920년대와 1930년대 불황의 구매 패턴을 이해하려 노력했던 경제학자들이 왜 여성들의 진술을 더 자세히 연구하지 않았는지 의아할 뿐이다. 남성이 주식 투자를 하고 여성이 가정의 소비지출을 관리하던 그 당시의 성 역할을 감안하면, 여성들은 직감에 의존한 전략적 지출에 관해 서로 많은 대화를 나누었을 것이기 때문이다. 역사를 집필한 남성들은 남성 대통령과 은행가, 그리고 사업가들이 내린 중요한 결정들에 불황의 원인이 있다고 주장할지 몰라도, 실질적으로 소비를 미루는 결정은 아마 대부분 여성의 몫이었다. 실제로 대공황이 절정에 달한 1932년에 찰스 E. 포스터 부인은 여성단체 모임에서 이렇게 말했다.

> 오늘날 미국 여성의 손에 들려 있는 가장 효과적인 무기는 바로 엄청난 구매력입니다. 그들은 미국 소득의 85퍼센트를 소비합니다. 그렇다면 먼저 스스로 모범을 보이지 않는 한 어떻게 지출에 긍정적인 여론을 만들 수 있겠습니까?[32]

1920~1921년 불황처럼 1930년대 대공황 시절에도 보이콧이 성행했다. 독일제와 일본제뿐만 아니라 유대인과 관련된 상품에 대해서도 보이콧이 이뤄졌다. 독일도 서구에서 생산된 상품들을 거부하기 시작했다. 이런 보이콧도 틀림없이 경제에 영향을 끼쳤을 것이다.

## '지금 구매하기' 캠페인

대공황 초기, 소비자들이 구매를 미룬 이유였던 할인 열풍과 관련해 소비자들에게 도덕적 명령을 내리고자 하는 시도가 이뤄졌다.[33] 1930년에 워싱턴 DC 상공회의소Chamber of Commerce는 '번영을 위해 지금 즉시 구매합시다!'라는 슬로건을 내세운 캠페인을 시작했다. 번영 위원회는 모든 교파의 성직자들에게 번영과 관련한 설교를 하도록 했고, 이를 통해 생산을 촉진하고 실업을 해소하자고 독려했다.[34]

프랭클린 루스벨트는 1933년 대통령에 당선된 뒤 자신만의 '지금 구매하기' 캠페인을 시작했다. 경제를 보다 탄탄하게 만들고 싶은 애국시민이라면 가격이 떨어지길 기다리려는 마음을 극복해야 한다는 캠페인이었다.[35] 1933년에 열린 '8월의 구매' 캠페인 또한 소매상들에게 가장 힘든 시기인 8월에 상품을 더욱 열심히 사자고 사람들에게 주창했다. 그 캠페인은 소비자들에게 8월이 과일과 야채를 통조림으로 만들기에 적절한 철이며 그러므로 지금 과일과 야채를 사야 한다고 말했다. 또 제철이 지나면 소비자가격이 오르기 때문에 현명한 소비자라면 지금 사는 것이 탁월한 판단이라고도 했다.[36] '지금 구매하기' 캠페인은 언젠가는 가격이 떨어질 것이라는 내러티브에 대한 반격이었다.

## 이후의 보이콧 내러티브

2차 세계대전이 끝난 미국은 마치 1920~1921년의 불황과 보이콧이 반복되는 것 같았다. 그러나 이번에는 정부 당국도 1920~

1921년의 내러티브를 기억했고 이를 길잡이 삼아 대응할 수 있었다. 1945년에 2차 세계대전이 종전되자, 미국 정부는 1차 세계대전의 전후 인플레이션과 같은 일이 일어나는 것을 막기 위해 한동안 전시 물가를 통제했다. 동원 해제와 관련해 1945년 4월부터 10월 사이 일시적으로 급격한 경기침체가 있었지만 물가는 안정적으로 유지되었다. 그러나 미국 정부가 통제를 중단하자 물가는 다시 급격히 상승하기 시작했다. 1949년에는 4년 전에 비해 30퍼센트나 올라 있었다. 다시금 소비자 보이콧과 구매자 파업에 대한 대화가 오갔고, 1949년에는 1920년과 유사한 경기침체가 발생했다. 신문들은 또다시 물가가 떨어질 때까지 소비자들이 구매를 미루고 있다고 보도했다.

1973~1975년의 심각한 경기침체는 판매하는 쪽의 보이콧이라고 할 수 있는 금수조치 때문에 발생한 일이었다. 1973년 10월 아랍-이스라엘(욤 키푸르) 전쟁이 발발하자 아랍 국가들이 석유 수출을 금지했다. 미국이 이스라엘을 지원하자, 이스라엘을 공격하던 아랍 국가들에게 동정적이었던 석유수출기구OPEC가 미국에 원유 공급을 제한한 것이었다. 석유 금수조치는 신념과 관련된 감정적인 사건이었고 원인을 제공한 전쟁이 한 달도 안 되어 끝난 뒤에도 꽤 오랫동안 지속되었다. 그것은 아랍 국가들을 도덕적으로 지지한다는 일종의 선언이었다. 비록 OPEC을 구성하는 11개 국가 중에서 전쟁에 참여한 국가는 단 한 나라, 이라크뿐이었지만 말이다.

1973~1975년의 경기침체를 둘러싼 많은 내러티브들이 분노에

바탕을 두고 있었다. 경기침체의 원인으로 가장 자주 회자되는 이 사건은 그저 이야기의 일부일 뿐이었다. 앞서 말한 것처럼 미국에 대한 반감으로 OPEC 국가들이 일으킨 석유파동은, 원유 가격을 갑자기 네 배로 치솟게 했고 소비자들의 분노를 불러일으켰다. 자동차 번호판의 끝자리가 짝수일 때는 달력의 짝수 날에만 휘발유를 살 수 있고 홀수일 때는 홀수 날에만 휘발유를 살 수 있는 짝홀수 휘발유 배급제와 관련한 이야기도 돌았다. 미국에서 배급제를 시행하는 게 얼마나 힘든지를 토로하는 내용이었다. 원유가의 상승은 전기세 인상을 낳았고, 이를 부당하다고 생각한 많은 사람들이 항의의 표시로 밤에 집에 불을 켜지 않고 지냈다.[37] 인플레이션이 심각했던 1970년대에는 많은 사람들이 인플레이션을 국가가 직면한 가장 시급한 문제로 생각했다. 한 논평가는 1974년 7월에 이런 글을 기고했다. "인플레이션과 싸우는 것은 산불에 맞서 싸우는 것과 같다. 용기와 팀워크, 조직적인 희생이 필요하다."[38] 당시 미국의 연간 인플레이션은 12퍼센트였는데, 세계대전 앞뒤 기간을 빼면 사상 최고치였다.

이런 산불 비유에 내포되어 있는 도덕적 뉘앙스는 사람들이 지출을 줄인 이유가 될 수도 있다. 실제로 경기침체의 초기 단계였던 1973년 4월에는 고기 값이 너무 비싸다는 이유로 소비자들의 육류 보이콧이 시작되었다. 보도에 따르면 이 보이콧으로 인해 미국에서 2만 명에 달하는 육류산업 노동자들이 일자리를 잃었다.[39] 8월에는 일일 보이콧인 소비 거부의 날이 생겼다.[40] 다음 해인 1974년 1월,

경기침체가 심각할 때는 성난 소비자들이 다시 육류 보이콧을 시작하고 이를 곡물 보이콧까지 확장시켰다.[41] 보이콧 정서는 한동안 유지되었고, 다양한 상품과 서비스에 대한 소비가 줄었으며, 이는 경기침체로 이어졌거나 혹은 적어도 어느 정도 영향을 끼쳤다.

2007~2009년 세계금융위기 때에도 주택담보대출 기관이나 휘발유 등을 대상으로 수천 종류의 보이콧이 이뤄졌다. 하지만, 보이콧과 폭리취득은 더 이상 지난 사건들만큼 경제적으로 엄청난 영향을 끼치지는 못했다. 그럼에도 성난 군중의 보이콧을 자극하는 내러티브들은 과거에 그러했듯 미래에도 계속 등장할 것이다. 신흥기업과 노동조합에 대한 소비자들의 인식이 선하든 악하든 미래의 경제 상황에 매우 중대한 영향을 끼칠 것이다.

# 18

# 임금-물가 상승의 악순환과 사악한 노조

임금-물가 상승의 악순환wage-price spiral 내러티브는 미국에서 시작되어 20세기 중반에는 세계 여러 나라로 확산되었다. 이 내러티브는 강력한 노동조합이 노동운동을 통해 임금 인상을 요구하면, 사측은 이윤을 유지하기 위해 최종 상품의 가격을 인상한다는 것이다. 그러면 노동계는 물가가 높다는 핑계로 또다시 임금 인상을 요구하고, 이런 과정이 거듭 반복되면 통제 불능의 인플레이션이 촉발된다. 그 결과 인플레이션의 원인으로 노동계와 경영진 양쪽 모두가 비난받게 되고, 어떤 이들은 인플레이션을 허용한 통화 당국을 비난할 수도 있다. 이 내러티브는 비용상승 인플레이션cost-push inflation

과도 연관되는데, 여기서 '비용'이란 노동비용과 생산비용을 가리킨다. 그와 반대로 또 다른 인기 있는 내러티브인 수요견인 인플레이션demand-pull inflation은, 생산 능력보다 더 많은 상품을 요구하는 소비자들을 인플레이션의 원인으로 본다.

그림 18.1은 임금-물가 상승의 악순환과 비용상승 인플레이션이 대체적으로 나란히 유행한다는 사실을 보여준다. 이 두 가지 내러티브는 특히 1950년과 1990년 사이에 이따금씩 강력한 영향력을 떨쳤다. 이러한 내러티브의 유행은 도덕적 가치관의 변화를 반

그림 18.1 '임금-물가 상승의 악순환'과 '비용상승 인플레이션'의 언급 비율

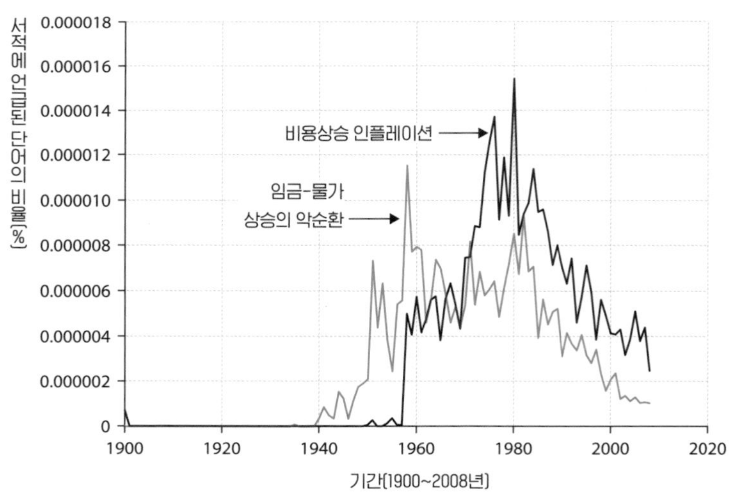


이 2개의 관련 유행은 정부의 기업 규제와 노사 관계에 큰 변화를 가져오는 데 기여했다.
(출처: 구글 엔그램 뷰어, 비평활화)

영한다.

사람들은 자신이 속고 있을지도 모른다고 걱정했고 사회가 근본적으로 타락했다는 느낌을 받았다. 이 내러티브에 따르면 노조는 모든 노동자를 대변한다고 주장하지만 실제로는 특정 내부자들만의 이익을 위해 일하고 있을 뿐이었다.[1] 한편 정치가와 중앙은행은 이기적인 이유로 인플레이션 상승의 악순환을 영구적으로 부추겼고, 이는 강력한 노조가 대변하지 않는 '진짜' 노동자들을 빈곤하게 만들었다는 것이다. 갤럽조사에 따르면 미국의 경우 노조에 대한 대중의 지지는 오랫동안 하향세를 유지했으며, 1936년에는 72퍼센트였던 수치가 2009년에는 48퍼센트까지 하락했다.[2]

또한 이 내러티브들은 구체적인 이야기로 강화되어 분노 어린 반응을 유발했다. 예를 들어 1950년 즈음, 노조가 노동시간보다 이동거리를 기반으로 임금을 인상하려 한다는 터무니없는 이야기가 돌았다. 1950년에 〈뉴욕 타임스〉에 실린 기사를 보라.

> 두 노조가 요구한 수정 규칙들 중 하나는 여객 열차의 기관사 및 승무원의 급여 기준을 기존의 150마일 또는 7시간 30분에서, 100마일 또는 5시간으로 낮추자는 것이다. 반면에 철도 당국은 기본 근무 단위를 200마일로 늘리자고 요구하는 것으로 대응했다. 디젤 기관이 급증한 데다가 최근의 기술 개선으로 인해 여객 열차의 속도가 향상되었고, 많은 여객 열차 서비스 직원이 2시간 30분이나 3시간 근무만으로도 일당 급여를 받고 있다는 것이었다. 일일 근무 거리를 100마일로 줄인다

면 열차 승무원의 마일당 급여는 50퍼센트나 증가할 것이다.[3]

이 이야기에 따르면 열차 승무원들은 하루에 겨우 2.5시간만 일하고 기차가 목적지에 도달하기 전까지는 승객처럼 좌석에 앉아 편안하게 쉴 수 있었다. 이런 황당한 요구는 내러티브의 전염성을 크게 높였고, 오늘날까지 기억에 남도록 했다.

이제 대중의 눈에 비친 노동조합은 조직범죄로까지 연계되었다. 이를테면 지미 호파Jimmy Hoffa는 부정부패 혐의를 받고 있었음에도 1957년에 전미 화물운송노조International Brotherhood of Teamsters를 장악했고, 독재자로 군림했다. 결국 폭력배나 다름없는 활동은 로버트 F. 케네디Robert F. Kennedy의 주도로 수년간 조사를 받았으며, 호파는 뇌물 및 사기죄로 유죄판결을 받고 1967~1971년 동안 수감되었다. 그러고는 1975년, 호파는 블룸필드 타운십에 있는 레드폭스 식당의 주차장에서 마지막으로 목격된 뒤 실종되었다. 소문에 따르면 경쟁관계인 폭력단에게 살해되었다고 한다. 그의 시체가 "뉴저지 자이언트 구장의 콘크리트 바닥에 매장되었거나, 산산조각으로 분해돼 플로리다 늪지에 뿌려졌거나, 갱단이 소유한 지방 분해 공장에서 처분되었다."는 소문이 돌았다.[4] 호파의 불명예스러운 최후에 대해 이런 선명하고 시각적인 이미지를 제공하는 다채로운 이론들은 호파 내러티브의 전염성을 높이고 노조에 대한 혐오감을 강화했다. 쓰레기장이나 허허벌판에서 호파의 시신을 찾으려는 수많은 노력들은 2013년까지도 새로운 이야기들을 창조해 냈다. 이 바이럴은 노동조합을 부정적으로 묘사하는 내러티브 군집의 일부며, 실제로 많은 사람들에게 노조가 사악한 존재로 비춰졌다.

임금-물가 상승의 악순환 내러티브는 실제로 전 세계의 인플레이션 상승률에 영향을 끼친다. 내러티브의 영향력이 강력해질 때면 인플레이션 역시 유난히 높은 상승률을 보이는 경향이 있다. 세계은행의 인플레이션율은 그림 18.1에서 볼 수 있듯 비용상승 인플레이션의 고점과 거의 일치하는 시기인 1980년에 최고점에 달했고, 그 후로는 줄곧 하강세를 그리고 있다. 이러한 유행에는 높은 장기금리도 수반되는데, 이는 내러티브가 인플레이션에 대한 기대를 유도했기 때문이다. 오늘날 인플레이션은 전 세계의 많은 지역에서 하락세에 있으며, 장기금리는 임금-물가 상승의 악순환 내러티브가 절정에 달한 이후 다시 떨어지고 있다. 이런 범세계적인 내러티브 유행 역학이야말로 2개의 주요 경제 변수, 즉 인플레이션과 금리 추이에 대한 가장 명확한 설명을 제공하는지도 모른다.

임금-물가 상승의 악순환 내러티브의 종말을 부추긴 것은 바로 통화정책의 변화와 새롭게 인기를 얻은 아이디어, 즉 독립적인 중앙은행[5]과 중앙은행의 물가안정목표제[6]였다. 중앙은행은 노동조직이 노렸던 정치적 압력으로부터 자유롭기 위해 설립되었고, 물가안정목표제는 정치 세력을 달래려 하기보다 인플레이션 통제에 더 높은 도덕적 권위를 부여하기 위해 고안된 것이었다.

도덕적 명령은 강력했다. 겉으로 보기에 임금-물가 상승의 악순환은 단순하고 기계적인 메커니즘으로 보일지도 모른다. 그러나 많은 사람들은 그것이 사측과 노동자의 탐욕적이고 비도덕적인 행동 때문에 일어나는 일이라고 믿었고, 1957년 드와이트 아이젠하워Dwight Eisenhower 대통령은 국정연설에서 이렇게 말했다.

모든 국민을 희생시켜 특정 집단이 일시적 이득을 얻기보다는 국익이 우선되어야 합니다. 사업체들은 여러 분야에서 수요가 공급 부족을 강하게 압박하는 특히 지금과 같은 상황에서는 불필요한 가격 인상을 피해야 합니다. 경제 성장에서 더 많은 일자리를 제공하는 새로운 투자에는 합리적인 이윤이 필수적입니다. 그러나 기업의 지도자들은 반드시 국익을 위해, 그러한 가격 인상을 최대한 막아야 합니다. 가격 인상은 오로지 국가 전체에 필수적이거나 특별한 요구가 있을 때만 가능하기 때문입니다. 임금 협상은 또한 기술 개선의 혜택을 함께 누리는 일반 대중의 권리도 함께 고려하여 진행해야 합니다.[7]

1956년의 인플레이션율은 0퍼센트 미만인 데다가 1957년은 3.7퍼센트로 나쁘지 않았다. 이는 1920년의 23.6퍼센트에 비하면 훨씬 못 미치는 수준이었지만, 그럼에도 거기 수반된 교화적인 내러티브 때문에 사람들은 격렬한 감정적 반응을 보였다. 1957년 〈로스앤젤레스 타임스〉에 실린 사설이 좋은 예가 될 것이다.

우리나라는 대체 뭐가 잘못된 걸까? 슬금슬금 올라가는 인플레이션은 마치 댐이나 둑에 난 작은 균열에 물이 조금씩 스며들어 위험이 고조되는 것과 비슷하다. 우리의 국가 경제에 생긴 이 균열은 탐욕 때문에 점점 커지고 있다. 일부 대기업과 노동계 지도자들은 탐욕 때문에 물가와 임금을 계속해서 인상시키고, 서로를 비난한다. 양 진영 모두 지금이라도 물가와 임금 인상을 안정시키지 않는다면 국가 경제가 한계점에 이르러 붕괴할 수밖에 없다는 사실을 깨닫지 못하는 듯하다. 어쩌면 이미 늦었는지도 모른다.[8]

대통령과 총리의 공언과 언론사의 보도 및 논평을 통한 이런 도덕적 내러티브는, 미국의 연방준비은행과 다른 중앙은행이 경기침체를 각오하고라도 브레이크를 밟을 수 있도록 도덕적인 권위를 부여했다. 그리하여 그들은 실행에 옮겼고, 1957년 10월 대출금리가 최고점을 찍을 때까지 긴축적 통화정책을 취했다. 뉴욕 연방준비은행 총재직을 지냈던 앨런 스프라울Allan Sproul은 1957년에 연준이 공동체 전체를 감시하는 경제 경찰이라는 어려운 역할을 수행하고 있다고 한탄한 바 있다. 그는 연준이 긴축정책을 펼치기 전에 확장적 통화정책으로 비난을 받았다고 지적한다.

현 상황처럼, 연방준비제도가 비용 인상과 물가를 지원함으로써 마지못해 공공의 어리석음과 사사로운 욕심을 증명해야 하는 처지에 놓일 때가 있다.[9]

## 부당함과 부도덕 내러티브 군집 속의 인플레이션

고인플레이션이 지속되자 많은 논평가들은 이를 국가가 가장 먼저 해결해야 할 시급한 문제로 간주했다. 갤럽조사연구소는 1935년부터 매년 미국인들을 대상으로 설문조사를 실시한다. '현재 미국이, 혹은 이 지역이 직면하고 있는 가장 중요한 문제가 무엇이라고 생각하십니까?' 인플레이션이 가장 높던 시기인 1973~1981년에는 대체로 50퍼센트 이상의 응답자가 '인플레이션' 또는 '높은 생활비'라고 대답했다. 이러한 인식은 전 세계 많은 지역에서 공통적으로 나타났다.

경제학자인 어빙 S. 프리드먼Irving S. Friedman은 이 같은 분위기를 반영하여 1973년 출간한 『인플레이션: 세계적 대재앙*Inflation: A World-Wide Disaster*』에서 인플레이션 증가는 전 세계에 공황의 신호를 보내는 것이며, 인플레이션 위기가 1930년 대공황만큼이나 심각한 문제라고 피력했다.[10] 인플레이션은 현대 사회의 뼈대를 좀먹고, 국제통화체제가 서로 적대적인 세력으로 쪼개지는 것을 막으려는 모든 노력을 위협하기 때문이다.[11]

사회 담론은 인플레이션에 대해 노동계가 됐든 재계가 됐든 사회의 일부분에 책임을 묻고 싶어 하는 것 같았다. 저명한 전국 칼럼니스트 시드니 J. 해리스Sydney J. Harris는 1975년에 다음과 같은 글을 썼다.

이런 종류의 일에서 가장 답답한 점은 범인을 지목하는 것이 어렵다는 것이다. 범인이 정말로 존재한다면 말이다. 누군가 거짓말을 하고 있는게 아니라면 이러한 과정 자체가 도무지 납득되지 않는다. 만약 상점 주인들이 폭리취득자라면 그들은 어째서 물가가 오를수록 침울해지는가? 도대체 누가 돈을 벌고 있는 것인가? 아무도 모른다. 그래서 이런 악순환을 두고 모두가 서로를 비난하고, 사업비용이 증가하고 있다고 주장하며 가격 인상을 정당화한다.

시장은 더 이상 가격을 통제하는 것 같지 않다. 소비는 감소하고 있으나 물가는 계속 상승 중이다. 몇몇 이상하고 왜곡된 법률이 '자유시장'이라는 고전적인 공식 대신 작용하고 있는 것 같다. 나는 지금 무슨 일이 벌어지고 있는지 이해하지 못할 만큼 경제학에 대해 잘 모른다. 대다수 사람들도 마찬가지다.[12]

1920년대와 달리 인플레이션 뒤에 다양한 악의 근원들이 존재하기 시작했다. 이제는 악덕 기업뿐만 아니라 사악한 노동계에도 초점이 맞춰진 것이다.

최악의 상황은 진정되었으나 인플레이션에 대한 우려가 아직 남아 있던 1997년에 나는 미국과 독일, 브라질의 인플레이션에 대한 대중의 인식을 조사했다. 일반 대중과 비교할 목적으로 학계 경제학자들에게도 같은 질문을 던졌다. 연구 결과, 각 국가와 연령 집단, 그리고 특히 경제학자와 일반 대중 사이에서 내러티브의 차이점을 발견할 수 있었다.

대중서를 쓰는 어빙 프리드먼과는 달리 대부분의 경제학자들은 인플레이션을 그리 심각한 문제로 보지 않았다. 반면 미국의 소비자들은 인플레이션의 원인에 대해서는 동의하지 않았지만 분명 화가 나 있었다. 인플레이션의 원인이 무엇이냐고 생각하느냐는 질문에 가장 많은 응답은 '탐욕'이었고, 그다음은 '너무 많이 빌리고 빌려준다.'였다. 분노의 대상을 특정할 때 응답자들의 답변을 가장 많은 순서대로 나열하자면 '정부', '제조업체', '상점주인', '일반 기업', '도매상', '경영자', '미국 국회', '탐욕스러운 사람들', '정부 기관', '경제학자', '소매업자', '유통업자', '중개업자', '대기업', '미국 대통령', '민주당', '부자들', '임금 인상을 요구하여 물가 인상을 요구한 가게 종업원', '임금을 인상해 주지 않은 고용주', 그리고 '문제에 무관심한 그들 자신'이었다.[13]

더불어 경제학자들과 달리 일반 대중은 임금시차 가설wage-lag hypothesis을 믿었다. 임금 인상이 물가 상승을 항상 뒤따르기 때문에, 인플레이션이 생활수준에 직접적이고도 부정적인 영향을 장기적으로 끼칠 것이라는 것이다. 간단히 말해 임금-물가 상승의 악순환은 노동계가 임금 인상을 공격적으로 요구하는 한 개인의 경제적 수준은 계속 추락할 것이라는 기하학적 이미지를 제시했다.

어떤 면에서 1957~1958년은 기존의 경기침체와는 꽤 다르다. 대공황 때와는 달리 소비자 파업이라는 특성이 나타나지 않았기 때문이다. 사실 사치품 매출도 꽤 높은 편이었다. 폭리취득자에 대한 분노도 강하지 않았고, 호화로운 생활을 즐기는 데 별로 죄의식을 느끼지도 않았다. 임금-물가 상승의 악순환에 대해 떠드는 선동가들은 부자들에게 분노의 초점을 맞추지 않았다. 그보다는 생필품 외의 일상 매출 쪽이 어려움을 겪었다.[14]

동시에 대중은 정부 정책으로도 이런 임금-물가 상승의 악순환을 막을 수는 없다는 사실을 실감했다. 1949년, 1953년, 그리고 1957년의 경기침체는 인플레이션율을 낮췄지만 이는 일시적인 현상일 뿐이었다. 아직도 남아 있는 대공황 내러티브는 경기 둔화가 인플레이션을 통제하는 데 너무 위험한 방식이라는 인상을 일반 대중에게 심어주었다. 그 생각은 임금-물가 상승의 악순환과 관련해 널리 퍼진 아이디어 중 일부로, 정부가 모든 경제적 의사결정을 인플레이션이 점점 심해질 것이라는 가정하에서 내려야 한다는 것이었다.

## 인플레이션에 대한 분노

소비자물가가 통제 불능으로 치솟는 현상은 역사적으로도 이미 여러 번 발생한 일이며 그럴 때마다 대중의 분노를 촉발했다. 구매력 상실은 참으로 골치 아픈 일이다. 하지만 문제는 이거다. 대중은 도대체 누구한테 화를 내야 하는가? 인플레이션에 대한 분노 내러티브는 각 시대적 배경의 특성을 반영한다. 따라서 그러한 내러티브들을 연구한다면 인플레이션의 영향과 시대적 변이를 이해할 수 있을 것이다.

가장 극단적인 인플레이션은 대개 전쟁 중에 발생한다. 어려운 상황에 처한 정부는 전쟁 비용을 충당하는 데 필요한 세금을 신속하게 거둬들이지 못하게 되고, 그러니까 돈을 더 많이 찍어내는 데에만 의존하게 된다. 그러나 그런 이야기는 널리 퍼지지 못하기 때문에 대중은 정확한 정황을 알아채지 못하거나 이해하지 못할 수 있다.

다시 말해 전쟁 중에는 인플레이션의 원인으로 정부를 비난하는 내러티브가 유행하지 않을 가능성이 크다는 것이다. 사람들은 다른 누군가를 비난할 공산이 크고 그런 경우에는 전쟁터에서 고생하는 사람들 대신 집에서 편하게 돈을 버는 사업가들이 목표가 될 가능성이 크다.

17장에서 우리는 1차 세계대전 당시, 그리고 종전 직후에 '폭리취득자'라는 단어가 깜짝 놀랄 정도로 빠른 속도로 확산되는 것을 보았다. 사람들은 전쟁으로 돈을 번 사업가들에게 분노했고, 그 결과 부당이득세가 부과됐다(1차 세계대전뿐만 아니라 2차 세계대전 때도 그랬다).

전쟁을 이용해 부자가 된 사람들에 대한 반감은 영속적 내러티브 중 하나로 단순히 20세기에만 국한된 것이 아니다. 1861년~1865년 미국의 남북전쟁 때에도 전쟁으로 큰돈을 번 사람들에 대한 분노가 들끓었는데 다만 그때는 분노의 화살이 거대한 이윤을 벌어들여 인플레이션을 초래한 거물사업가들에게 향하지 않았을 따름이다. 당시에는 유행한 내러티브가 달랐다. 가령 1863년 2월 22일 코네티컷주 리치필드에 있는 제1중회파 교회의 조지 리처드George Richards 목사의 설교를 들어보자.

굶주린 늑대처럼 대학살이 일어난 전장을 돌아다니며, 손에 닿는 것이라면 무엇이든 강탈하고, 국고를 털고, 막사를 뒤지고, 병원에 누워 있는 부상자들의 돈을 훔치고, 죽은 자들을 아예 벗겨먹거나 전사자들을 위한 작은 위안까지도 착복하는 이들은 사무실 안팎에 존재하는 탐욕스러운 투기꾼들과 얼마나 다르겠는가?[15]

1917~1923년에 독일을 강타한 초인플레이션은 가히 천문학적 수치를 기록했다. 하지만 이는 전쟁 때문이 아니었다. 물가가 수조 배로 올랐으나 사람들은 이 인플레이션을 야기한 악당을 찾아내지 못했다. 당시 독일을 방문했던 미국의 경제학자 어빙 피셔는, 독일 국민들이 미친 듯이 화폐를 마구 찍어내고 있는 자국 정부를 비난하지 않는다는 사실을 알게 되었다.

독일인들은 물가가 오르는 이유가 미국의 금 달러가 오르기 때문이라고 생각했다. 그들은 우리—미국—가 전 세계의 금을 독점하고 터무니없는 가격을 요구하고 있다고 생각했다.[16]

이 글을 쓰는 지금 노동조합의 위력이 부활할 만한 조짐이 나타나고 있고, 미국에서 대중의 지지도 증가하고 있다. 임금-물가 상승의 악순환 내러티브가 재등장할 것 같지도 않다. 미국 및 다른 국가에서 인플레이션도 흔치 않게 안정된 듯 보인다. 그러나 만약 인플레이션이 다시 시작된다면 변이된 형태의 내러티브가 재발할 수 있다. 대중은 지속적인 구매를 통해 소비자물가를 면밀히 지켜보고 있다. 임금-물가 상승의 악순환 내러티브 또는 그 변종 내러티브들은 언제든 사람들에게 인플레이션 게임에서 앞서 나가고자 하는 강한 충동을 불러일으킬 수 있다. 또한 인플레이션의 진정한 악당이 누군지를 판단하기 위해 도덕적 요소를 결합하고, 유명인이나 특정 계급을 활용해 의인화함으로써 그러한 노력에 새로운 열정을 가미할 것이다.

## 영속적 내러티브

이 책의 3부에 제시된 9가지 내러티브 군집은 경제를 활성화하거나 붕괴시킨 강력한 내러티브의 위력을 보여준다. 여기서 우리가 배워야 할 교훈은 바로 내러티브가 지닌 엄청난 복잡성이다.

소비자신뢰지수 같은 간단한 여론지수로는 경제적 힘을 요약할 수는 없다. 어떤 시점에서든 한 무대를 공유하는 다양한 내러티브들은, 수많은 바이러스 수용체와 신호전달 분자를 지니고 있는 것과 같다는 점에서 생물학에 비유할 수도 있다. 커뮤니케이션이 발달한 현대 사회에서는 다양하고 새로운 내러티브가 언제든 유행할 수 있으며, 이는 경제를 예측하려면 서로 다른 내러티브에 관심을 기울여야 한다는 말과 동일하다. 4부에서 논할 테지만 미래를 예측하려면 새롭게 이용할 수 있게 된 데이터에 주목해야 한다.

This book offers the beginnings of a new theory of
ntroduces an important new element to the usual
riving the economy: contagious popular stori
rd of mouth, the news media, and social media
s decisions that ultimately affect decisions
st, how much to spend or save, and wheth
job. Narrative economics, the study of t
s that affect economic behavior, ca
and prepare for economic events. It
stitutions and policy.
l for where we are going, let's be
e, recently in full swing. Bitc
yptocurrencies—including
enerated enormous lev
ivity. These narratives s
urrency in history a
l its market price
uitive basis for dis
hich we explor
a contagious
omic decis

4부

# 내러티브 경제학의 발전

# 19
# 미래의 내러티브와 미래의 연구

전염병학은 오래된 병원소가 변이하거나 환경 변화에 반응해 새로운 감염을 일으킬 경우, 과거의 전염병이 미래에도 다양한 형태로 재발할 수 있다는 사실을 보여준다.

앞으로 우리는 새로운 형태의 인플루엔자와 전염성 질환이 유행하는 것을 수없이 목격하게 될 것이다. 그러므로 이 책에서 설명한 많은 내러티브들도 언젠가는 다시 유행할 것이다. 하지만 언제 다시 유행할지 그 시기를 예측하는 것은 불가능하다. 경기순환론과는 달리 내러티브의 발생은 주기적이지 않기 때문이다.

이 책에서 언급한 대부분의 경제 내러티브들은 과거에는 강력했으나 오늘날에는 더 이상 유효하지 않거나 대체로 잊힌 내러티브들이다. 하지만 그렇다고 기억 속에서 완전히 사라진 것은 아니며 강렬한 이야기를 찾는 누군가에 의해 언젠가는 또다시 발견될지도 모른다. 군집의 구성 방식이 변화하고, 새로운 맥락이 형성되어 옛 내러티브의 전염률이 증가한다면, 어쩌면 아주 오랜 시간이 흐른 뒤에 새로운 대유행이 될 수도 있다.

평소와 달리 나는 이 책에 한 단락이 넘는 긴 인용문이나 발췌문을 꽤 많이 삽입했다. 만약 이 내러티브들이 동일한 표현으로 반복된다면 언젠가 다시 중요한 영향을 끼칠지도 모른다. 그래서 나는 독자들에게 과거 내러티브에 대해 역사적 인식을 갖게 하고 싶었다. 물론 이 책에 모든 표현 방식을 담지는 못했으나 내러티브가 효과적이기 위해서는, 적절한 표현은 물론 노래나 우스갯소리처럼 적절한 방식으로 전달되어야 한다.

경제 사건을 예측하다 보면 내러티브가 경제에 미치는 영향을 이해하는 정확한 학문이 없다는 사실을 절감하게 된다. 다만 정확한 연구방법론은 존재할 수 있다. 소설이나 교향곡을 평가하는 엄정한 학문은 없으나 관련된 사람들을 고취시킬 수 있도록 정보를 제공할 만한 정밀한 방법론은 존재하는 것처럼 말이다. 우리는 실체 없는 이론에 정밀함을 부여하고 싶다는 이유로 경제를 피상적으로 논하려는 그럴듯한 유혹을 피해야 한다.[1] 인문학적 접근법을 사용할 때도 과학적 방법론을 사용해야 하는 것이다.

미래의 경제 내러티브에 대한 이 책의 분석과 연구가 설사 완벽하지 않더라도 향후 이해를 더욱 향상시킬 수 있는 연구의 몇 가지 방법에 대해 알아보자.

### 상황 및 유형에 있어서의 변화

경제적 힘에 대한 인식은 때때로 내러티브에 의해 주도되며, 특히 남들의 신뢰에 대한 내러티브(10장에서 논한)는 덜 낙관적인 내러티브를 압도한다. 모든 내러티브는 고유한 내적 원동력을 갖고 있는데, 이 힘은 수명이 짧은 경우가 많다. 2007~2009년 대침체 때 우리는 사회적 신뢰가 급락하자 1929년의 주가 대폭락 내러티브(16장)가 재발하는 것을 목격했다. 내러티브에 사소한 변이가 일어나거나 주변 환경이 변화하면 이와 똑같은 일이 다시 일어날 수 있다.

지금 미국에는 '옆집 존스 씨네와 똑같이'라는 내러티브(11장)가 강하게 퍼져 있는 듯 보인다. 도널드 트럼프 대통령은 화려하거나 과시적인 삶을 대표하며, 배고프고 가난한 가정에 관대하지 않다. 더구나 트럼프 정권 이전부터 미국은 기초생활자들을 위한 기부 활동이 뚜렷한 하락세를 보이던 터였다. 인디애나대학의 릴리 패밀리 자선학과Lily Family School of Philanthropy의 조사에 따르면 2001년부터 2014년 사이 인플레이션을 감안한 기부 활동이 29퍼센트나 하락했다.[2] 검소함과 연민 내러티브의 쇠퇴는 신흥국가에 대한 지원 의

지까지 감소시켰다.

인공지능 내러티브(13장과 14장)는 경제적으로 그리 분명한 영향을 끼치고 있지 않는 듯 보이지만 지금까지도 꾸준히 사람들의 입에 오르내리고 있다. 오늘날 기계는 더 이상 두려움의 대상이 아니지만, 소득불평등이나 실업에 관한 뉴스가 등장할 때면 이 내러티브의 공포 버전이 다시 유행할 수 있다. 전에도 로봇에 대한 우려가 갑자기 확산된 적이 있으니 말이다. 프로퀘스트에 따르면 2007년 하반기와 2009년 상반기 사이 '로봇'과 '일자리'를 함께 포함한 기사의 수가 거의 세 배나 증가했다. 놀랍게도 미국 경제연구소에 따르면 2007년 12월에 대침체가 발생해 2009년 6월에 끝났다.

## 신기술은 전염률과 회복률을 변화시킨다

정보기술의 현저한 발전은 전염률과 회복률을 변화시킨다. 이는 역사 속에서 늘상 일어나던 일이다. 중국의 인쇄술과 15세기에 구텐베르크의 금속활판 인쇄술, 17세기 유럽의 신문과 19세기의 전신과 전화, 20세기의 라디오와 텔레비전, 그리고 인터넷과 소셜미디어는 내러티브가 전염되는 형태를 획기적으로 변화시켰다. 그러나 이런 새로운 발명들이 내러티브의 전염에 미치는 영향에 대해 오늘날까지도 체계적인 양적 연구가 이뤄지지 않고 있다.

소셜미디어와 검색 엔진은 내러티브가 전염되는 기본 원리를 완전히 뒤바꿀 수 있는 잠재력을 지니고 있다. 과거에는 아이디어가 무작위로, 비체계적인 방식으로 전파되었다. 한편 소셜미디어 플랫폼은 극단주의 사상을 가진 사람들이 서로의 존재를 발견하고, 나아가 동질적인 믿음을 서로 강화할 수 있게 해준다. 결국 그와 반대되는 사실을 아무리 입증하고 지적해도 전염되는 것을 막을 수가 없다. 또한 인터넷과 소셜미디어는 특정한 아이디어를 아무도 눈치채지 못하게 중앙의 통제하에 확산시킬 수 있다. 소셜미디어와 검색 엔진을 설계한 이들은 남몰래 유행을 바꿀 능력이 있고, 이제 사회는 인터넷의 오용과 가짜뉴스의 확산을 막기 위해 점점 더 이를 요구하고 있다.

그러나 커뮤니케이션 기술의 변화가 전염률에 영향을 끼칠 수 있는 유일한 요인은 아니다. 심지어 가장 큰 요인도 아니다. 문화적 요인을 잊어서는 안 된다. 대면 언어의 사용 방식 또한 전염의 성격에 영향을 끼친다. 역사는 이런 방식에 변화가 있었음을 보여준다. 예를 들어 1800년대에 문학이란 살롱이나 가족들 앞에서 큰 소리로 읽는 것이었고 이는 특히 19세기 중반에 널리 유행했다. 그러나 이런 낭독 방식은 1899년 〈워싱턴 포스트〉 기사가 지적한 것처럼 새로운 세기에 접어들면서 점차 힘을 잃었다.

> 가족들 앞에서 책을 낭독하는 문화가 얼마나 빨리 사라지고 있는가. 예전에는 많은 어린이가 이런 방식으로 오락을 즐기거나 필요한 교육을 받았건만 오늘날에는 이런 방법을 통해 가르침을 얻는 아이들은 드

물다. 요즘 아이들은 읽기를 배우고 나면 인쇄된 문자를 눈으로 조용히 빠르게 읽는 거대한 무리에 합류한다. 부모들은 자녀에게 책을 읽어주며 가르칠 시간이 없고, 아이들 역시 나이가 들면서 귀를 기울여 들을 시간이 없다. 만일 아이들에게 묻는다면 "그게 무슨 쓸모가 있느냐?"고 답할 것이다. "취향도 다른 데다, 가만히 앉아 남이 읽어주는 것을 들으며 시간을 낭비하느니 차라리 그럴 시간에 내가 좋아하는 것을 읽겠다."[3]

그러나 20세기에는, 살롱과 가족들이 사라진 그 자리에 잡지 클럽과 독서 클럽이 들어섰다.

내러티브의 전염 방식을 바꾼 또 다른 문화적 요인은 전 세계에서 유행한 멘토 문화다. 젊은이와 스승을 짝지어 주는 이 문화는 1904년에 시작된 빅 브라더—지금은 빅 브라더와 빅 시스터—운동까지 거슬러 올라가는데, 1980년 즈음부터 다양한 방식으로 퍼져나갔다. 젊은이들은 사회적으로 큰 성공을 거두거나 열성적으로 사회 활동을 하는 어른들과 정기적으로 만나 대화를 했고, 멘토가 들려주는 인생 이야기나 그와 같은 집단에 있는 다른 사람에 관한 이야기를 들으며 자신의 정체성을 확립했다.[4] 특히 멘토 집단은 평소에 소속감을 느낄 수 있는 이야기를 쉽게 접할 수 없는 여성과 소수자들에게 효과가 컸다.[5]

나중에는 2개의 새로운 단어, 즉 '인플루언서 마케팅(2015년 이후)'과 '소셜미디어 마케팅(2009년 이후)'이 인기를 얻기 시작했다. 요즈음 셰어러블리닷컴Shareablee.com과 호크미디어닷컴hawkmedia.com

같은 마케팅 회사들이 인플루언서 마케팅을 제공하는데, 소셜미디어를 이용해 함께 마케팅을 할 수 있는 인플루언서를 조직적으로 발굴한다. 이런 사이트들은 홍보를 위해 스토리와 아이디어의 전염성을 일부러 증폭시킨다.

정보기술은 인간의 사고에 영향을 끼치는 경제 내러티브의 전달 방식을 바꿀 뿐만 아니라, 개인이 사용하는 의사결정 과정의 일부를 대체할 수도 있다. 이를테면 소비와 저축, 특히 어떤 주식에 얼마나 투자해야 할지를 조언해 주는 로보어드바이저는 이미 상용화되어 있다. 윌리엄 샤프William Sharpe의 회사, 파이낸셜엔진스Financial Engines가 1996년에 최초로 로보어드바이저를 도입했고, 이후 슈와브 인텔리전트 포트폴리오Schwab Intelligent Portfolios와 베터먼트Betterment, 웰스프론트Wealthfront 같은 자동화 어드바이저가 우후죽순으로 탄생했다. 경제적 의사결정을 자동화하려는 또 다른 노력도 있다. 2007년에 처음 주목을 끌기 시작한 타깃데이트펀드TDF는 장기 투자가의 포트폴리오를 생애 주기에 따라 자동적으로 배분한다. 이외에도 알고리즘 거래를 사용하는 수많은 응용 프로그램들이 존재하며 오늘날 사람들은 이런 프로그램으로 중요한 결정을 내린다. 언젠가 우리는 삶에 필요한 결정을 내릴 때마다 기계에 의존하게 될지도 모른다. 그렇게 된다면 경제적 과정은 근본적인 변화를 거치게 될 것이다. 하지만 그런 날이 오기까지는 아직 요원해 보인다.

경제 내러티브의 유행을 분석할 수 있는 더 나은 이론이 있다면, 커뮤니케이션에 관한 기술의 영향력을 모형화하여 더욱 쉽게 추적할 수 있을 것이다. 우리의 모형은 내러티브와 그 영향을 예측하는 것이 쉽지 않다는 것을 이미 보여준다. 예를 들어 전염 매개변수가 회복 매개변수와 똑같이 증가한다면 유행의 최종 규모는 변화하지 않을 것이며, 더욱 빠르게 전파될 것이다. 기술이 미치는 영향력을 이해하려면 경제 모형에 전염병 모형을 통합해야 한다.

## 미래의 내러티브 경제학 연구

과거의 충격적인 경제 사건들을 이해하고 싶다면 과학적 방법론을 개발하는 것이 중요하다. 설사 그 과학 이론이 완전하지 않으며 인간적 판단을 수반하더라도 말이다. 과학적 방법론이 없다면 그 역할은 결국 예언자나 점쟁이들의 손으로 넘어가 학문 전체에 악평을 부여할 것이다.

현재의 경제학 연구는 사람들의 대화나 삶에 주목하지 않는다. 다시 말해 내러티브의 형태로 발현되는 의미들을 놓치고 있다. 포착 가능한 데도 말이다. 대중 내러티브를 간과한다는 것은 주요 경제 변화에 대한 타당한 설명마저 놓치고 있다는 뜻이다.

경제 침체에 대한 동시대적 해석이 궁금해서 20세기 신문을 조사한다면 대부분의 담론이 실제 궁극적인 원인이 아니라 주요 선행지수와 연관되어 있다는 사실을 알 수 있다. 가령 경제학자들은 중앙은행의 정책이나 신뢰지수, 또는 상품의 재고율에 대해 이야기하지만 무엇이 그런 선행지수의 변화를 야기했는지 묻는다면 대개 입을 다물어 버린다. 그러한 변화를 설명하는 것은 내러티브를 바꿔 보는 것이지만, 시대를 통틀어 가장 영향력 있는 내러티브에 대한 전문가들의 의견은 일치하지 않는다. 경제학자들은 중요하거나 유의미해 보이는 대중 내러티브에 관해 이야기하기를 꺼린다. 그들이 아는 내러티브의 출처라고 해봐야 항간의 소문이나 친구들, 혹은 이웃들의 이야기뿐이기 때문이다. 과거 경제 사건이 발발했을 때 그와 비슷한 내러티브가 존재했는지 실제로 규명할 방법도 없다. 그래서 그들은 연구 보고서에도 내러티브라는 것은 마치 존재하지도 않는 것처럼 아예 언급하지 않는다.

오늘날 우리는 디지털화된 과거 데이터를 활용해 대중적인 경제 내러티브를 연구할 수 있다. 시간이 지나며 결합 혹은 재결합하는 내러티브에는 경제 사건을 촉발하는 상호경쟁적인 힘이 있다. 그러나 이것을 측정하는 조직적 연구는 충분히 이뤄지지 않고 있다. 여기에 인공지능이 큰 도움이 될 수 있을 것이다. 특히 비조직화된 데이터를 이용할 때 그렇다. 이 책의 3부에서 이야기한 영속적 내러티브는 지금도 계속 진행 중이며, 중요한 내러티브들은 아직 최종적으로 철저하게 정량화되지 않았다.

내러티브 경제학에 대한 연구는 이미 시작되었고 앞으로도 계속될 것이다. 그러나 과연 앞으로 충분한 규모로 발전할 수 있을까? 기하급수적으로 증가하고 있는 방대한 디지털 데이터를 내러티브 경제학 연구에서 얼마나 효율적으로 활용할 수 있을까? 경제 위기가 오거나 경제가 통제 불능으로 치닫기 전에, 내러티브 경제학은 이를 예측할 수 있는 더욱 정확하고 개선된 모형을 만들 수 있을까? 우리는 더 나은 데이터를 수집하고 이를 통해 배운 것들을 기존의 경제 모형에 통합하는 일이 얼마나 중요한지 알아야 한다. 경제학 주변부에 존재하는 문제들을 함께 조사하고 경제학자와는 다른 관점과 견해를 가진 다양한 분야의 학자들과 협력해야 한다. 수학역학 같은 다른 분야의 수학적 통찰력을 도입하고 수리경제학과 인문학의 연결고리를 창조해야 한다. 이용 가능한 데이터의 양을 늘리고 서로가 협력해야 한다. 그리하여 시간에 따라 변이하는 내러티브와 그 전염 양상을 경제 예측 모형에 반드시 포함시켜야 한다.

## 경제 이론에서 내러티브 경제학의 입지

3장에서 이야기했듯, 이제껏 내러티브 경제학은 학계에서 오랫동안 간과되어 왔다. 내러티브와 경제적 결과와의 관계가 복잡하고 시기와 환경에 따라 다양하게 나타나기 때문이다. 내러티브가 경제에 미치는 영향을 언론 매체에서 주기적으로 언급하긴 하지만 대개는 학계에서 요구하는 수준의 엄중한 검토를 거치지 않은 것이다. 또 언론 매체가 잘못된 정보로 공격적인 경제 예측을 하는 바람에 내러티브를 둘러싼 여론이 소멸할 수도 있다.

나아가 경제학자들은 사람들이 매우 이성적이며, 주어진 정보를 모두 활용해 효용함수를 최적화하려는 합리적인 경향을 갖고 있다고 오랫동안 가정해 왔다. 앞에서도 지적했듯, 이 이론은 아주 중요한 현상을 간과한다. 그러나 다행히도 지난 20년간의 행동경제학 혁명은 경제학과 그 외 사회과학 학문의 거리를 좁혔다. 더는 경제학자들도 사람들이 항상 이성적으로 행동할 것이라고 가정하지 않는다.

행동경제학에 기반해 정책입안을 추구하는 경제학 싱크탱크의 출현은 가장 잘 알려진 중요 혁신 중 하나일 것이다. 일명 '넛지팀nudge units'이라고도 불리는데, 2010년에는 영국 정부가 행동통찰팀Behavioral insights Team을 창설하기도 했다. 이들은 리처드 탈러Richard Thaler와 캐스 선스타인Cass Sunstein이 쓴 2008년 베스트셀러 『넛지』에서 나온 유명한 아이디어를 활용한다. 사람들을 강제하지 않고도 비합리적인 행동으로부터 멀어지도록 '넛지'할 목적으로 정부 기관을 재구성한다. OECD에 따르면 이와 유사한 팀들이 전 세계에 약 200곳이나 있다고 한다.[6]

나는 국가 지도자들이 계속 변화하는 경제 내러티브를 활용할 때 이미 사용 중인 직관적 판단을 일부 공식화하길 바란다. 지도자라면 사실을 호도하는 잘못된 내러티브를 밀어내고 그에 반하는 도덕적 권위를 확립해야 한다. 그것의 첫 번째 단계는 내러티브의 역학을 이해하는 것이다. 두 번째 단계는 내러티브의 전염과 유행을 고려해 정책 행동을 계획하는 것이다. 입안자들은 더욱 합리적이고 대중적인 경제 행동을 유도하는 반대 내러티브를 만들거나 퍼트려야 한다. 설령 그 반대 내러티브가 전염성이 약하고 파괴적인 내러티브보다 효과가 더디다 해도 종국에는 상황을 바로잡을 것이다.

이를테면 10장에서 언급한 것처럼, 루스벨트 대통령은 대공황이 극에 달했던 1933년 3월 4일 취임사[7]에서 국민들에게 두려움을 내려놓고 돈을 쓰라고 말했다. 1933년 3월 12일의 첫 번째 노변정담[8]에서는 도덕심에 호소하며 은행이 다시 문을 열더라도 필요 이상으로 돈을 인출하지 말라고 요청했다. 그는 사회의식이 부족한 비이성적인 사람들이 경제를 무너뜨린다면 어떤 일이 벌어질지에 대한 내러티브를 지어내고 있었던 것이다. 루스벨트 대통령의 호소는 도덕적 규범에 기반을 두고 있었기 때문에 효과를 발휘할 수 있었다. 미국 경제는 루스벨트 대통령의 노변정담 발표와 거의 일치한 시점부터 호전되기 시작했다. 그러나 우리는 그 시기의 내러티브가 어떻게 부상하고 발전했는지 정확히 수량화하는 방법을 알지 못한다. 만일 경제학자들이 1933년의 사람들이 어떤 이야기를 주고받았는지 더 많은 데이터를 수집하고 분석했더라면 더 많은 사실을 알 수 있었을 테고, 그 결과 우리는 도덕성에 호소하는 내러티브를 어떻게 창조할 수 있을지 더 잘 이해할 수 있었을 것이다.

경제적 변수를 예측할 때 내러티브를 이용할 경우, 내러티브에 대한 인간의 대화와 판단이 정치적이고 감정적이라는 것이 문제점으로 지목될 수 있다. 이제껏 학자들이 대중 내러티브를 연구하며 전염의 핵심 요인에 집중할 때 정치적으로나 종교적으로 편파적이라는 비난을 받지 않기란 어려운 일이었다. 많은 경제학자들이 중

립을 유지하려고 노력하지만 아무래도 질적 관찰보다는 양적 관찰에 의존하기 때문이다. 그러나 정보 기술이 발전하면서 이제 경제학자들은 경제 내러티브를 구성하는 단순한 단어들이 아닌, 본질적 요소에 대한 데이터를 수집할 수 있게 되었으며 내러티브의 전파 양태를 모형화할 수 있게 되었다. 만일 양적 방법론을 엄밀히 유지한다면 내러티브 전염을 경제학의 일부로 만들 수도 있는 것이다.

혹자는 경제 내러티브를 두고 정치적 당파주의를 초월한 논의가 가능한지 의심스러울 것이다. 그러나 우리가 최대한 신중하고 정중하게 행동한다면 경제 내러티브의 전염에 대해 비당파적인 방식으로 말하는 것이 가능하다. 대부분의 사람들은 비당파적인 방식으로 말하는 법을 본능적으로 알고 있고 실제로도 필요하다면 마땅히 그렇게 한다. 그런 태도를 위해 경제 변화를 초래하는 아이디어와 감정에 대한 연구를 배제할 필요까지는 없는 것이다.

경제학 연구는 이미 내러티브의 영향력을 이해하고자 더 나은 계량적 방법을 찾는 길에 들어섰다. 문헌 검색은 규모가 작긴 해도 계속 확장되고 있는 분야다. 아직 NBER 논문 데이터베이스에서 '텍스트 분석textual analysis'이라는 검색어로 찾을 수 있는 논문은 100개도 안 되지만, 앞으로는 이 분석이 훨씬 많아질 것이다. 예를 들어 미래에는 경제학자들도 사적인 일기와 성직자들의 설교, 개인 서신, 정신과의사들의 환자 기록, 그리고 소셜미디어 등의 데이터베이스를 활용한 역사적 분석이 가능해지는 것이다.

## 지금 즉시 내러티브에 대한 정보 수집을 시작하자

이제 경제학자들은 타인의 말을 수동적으로 수집하는 것을 넘어 목적과 의미를 파악하고자 보다 진지한 노력을 기울여야 한다. 내러티브에 대한 시계열 데이터를 수집해야 하는 것이다. 오늘날에는 상상 이상으로 방대한 양의 디지털 데이터를 손에 넣는 것이 가능하다. 하지만 이는 날마다 현재진행형인 커뮤니케이션 세상에 비하면 아직도 미미한 수준이다. 우리가 나누는 대화의 대부분이 적절한 방식으로 샘플화되거나 묘사되거나 또는 이해되지 못하고 있다.

이러한 데이터 수집은 수십 년 동안 일관적으로 유지되어야 하고, 미래에 영향력 있는 대중 내러티브를 시차적으로 비교할 수 있어야 한다. 이런 프로젝트는 즉각적으로 따르는 보상이 적기 때문에 착수하기가 대체로 쉽지 않다. 현재 진행되는 대부분의 수집은 특정 제품의 마케팅이나 선거 결과 예측처럼 즉각적인 관심사에 초점을 맞춘다. 일관되고 장기적인 데이터를 수집할 때는 창의적인 에너지를 발휘하는 것이 중요하다. 사람들의 행동과 사고를 이해하려면 심리학자와 철학자의 도움이 필요할지도 모른다. 이 두 가지 필수 요인, 즉 오랜 시간에 걸쳐 일관성과 창의성을 결합하는 것은 어려운 일이지만 내러티브 경제학을 진정으로 발전시키고 싶다면 반드시 필요한 일이기도 하다.

첫 번째 단계는 기존의 검색 엔진을 개선해 다양한 시간대에 등장한 내러티브들을 더욱 잘 구분하는 것이다. 검색 엔진이 어떤 기준으로 총 검색 수에 도달하는지 우리는 정확하게 알 수 없다. 다만 검색 엔진은 일차적으로 사용자가 원하는 정보나 기사를 찾을 수 있도록 설계되어 있기에 조사자가 자료의 총 개수를 집계하려고 할 때마다 예외적인 것들이 튀어나오곤 한다. 예를 들어 구글 검색 엔진으로 두 단어가 같이 포함된 문구를 찾고 싶다면 단어들을 주어진 순서대로 따옴표에 묶어 검색해야 한다. 때로는 따옴표 안에 두 단어를 묶었을 때가 따옴표 없이 검색했을 때보다 더 많은 결과가 검색된다. 구글 대변인의 말에 의하면, 따옴표가 구글에게 데이터베이스를 더 깊숙이 뒤지라고 지시하기 때문이라고 한다.[9] 우리는 그런 깊은 검색이 결과의 정확성을 해치지 않는지 확인해 볼 필요가 있다. 구글 엔그램 뷰어는 검색 구문의 수를 계산하고 시간의 흐름에 따라 그 숫자를 비교하도록 설계되었지만, 다른 검색 엔진들은 사용자가 수치를 더 정확하게 비교할 수 있도록 훨씬 많은 일을 한다.

또한 우리는 앞으로 수십 년 동안 최소한 1년에 한 번, 혹은 이상적으로는 그보다도 더 자주, 여러 나라에서 다양한 언어로 경제 내러티브에 대한 시계열 데이터를 수집해야 한다. 그렇게 수집하는 데이터에는 다음과 같은 내용이 포함될 수 있다.

1. 경제적 의사결정과 관련된 자극적인 질문을 응답자들에게 던지고 그에 대해 다양하고 폭넓은 이야기를 듣는 정기적인 집중 인터뷰

응답자들에게 현재와 같은 상황을 야기한 원인을 말해달라거나 그

원인에 관한 재미있는 이야기를 들려달라고 요청한다. 이 같은 방법으로는 샬린 캘러핸Charlene Callahan과 캐서린 S. 엘리엇Catherine S. Elliott이 주창하는 경청 방법론[10]과 마이클 피오레Michael Piore의 질적 연구[11]를 들 수 있다. 앨런 블라인더Alan Blinder와 공저자들은[12] 이러한 방법으로 최고경영자들에게 가격을 결정하는 방법을 물었고, 트루먼 뷸리[13]는 관리자들에게 임금 결정에 대해 물었다. 그 외에 많은 연구진이 재정 및 통화정책 결정을 내리는 이들의 동기를 유추하기 위해 내러티브를 연구했다.[14]

집중 인터뷰는 개인에게 현재 행동과 관련된 이야기와 이해에 초점을 맞춰줄 것을 요청하는 인터뷰다. 1920년대부터 조사 도구로 사용되기 시작했으며, 1946년에 로버트 K. 머튼과 퍼트리샤 L. 켄들Patricia L. Kendall에 의해 확립되었다.[15] 불행히도 연구자들은 이러한 인터뷰를 대개 일회성으로만 수행했을 뿐, 응답자들의 대답과 이야기가 어떻게 변했는지 알아내는 데 사용할 수 있는 장기적 시계열 정보를 수집하지 않았다. 만일 그런 정보를 수집했다면 이야기 전체를 장기 시계열 데이터로 디지털화하여 텍스트 분석을 위해 보전할 수 있었을 것이다. 그랬다면 미시건대학 사회연구원University of Michigan Institute for Social Research의 소득역학패널Panel Study of Income Dynamics, 연방준비이사회의 소비자지출조사Consumer Expenditure Survey, 그리고 예테보리대학Gothenburg University의 스웨덴 가정 시장 및 비시장 데이터베이스Swedish Household Market and Nonmarket Activities database, HUS 등의 주요 경제 데이터 컬렉션에 추가되었을지도 모른다.

시간이 경과함에 따라 자극 요인이 증가하고 새로운 관련 단어나 개념이 탄생하더라도 오랫동안 일관된 연구 환경을 유지하면 시기별 비교가 가능하다. 국제사회조사 프로그램International Social Survey Program, ISSP의 국제 연구를 비롯한 다른 연구들과 중복될 가능성도 있다.[16] 과거 여러 목적으로 유용했던 시카고대학의 일반사회조사University of Chicago General Social Survey[17]나 미시건대학 사회연구원[18]의 연구 외에 더 많은 새로운 연구가 이뤄질 수 있을 것이다.

2. 경제 내러티브에 관한 대화를 이끌어내고자, 서로 다른 사회경제 집단 구성원으로 이뤄진 정기적인 포커스 그룹 인터뷰

포커스 그룹은 한 무리의 사람들을 집중 인터뷰하는 것이다. 그룹 인터뷰는 내러티브 경제학 연구에 특히 중요한데, 내러티브 역학에 기초해 대인접촉 전염을 자극하는 환경을 조성하기 때문이다. 포커스 그룹은 자주 사용되는 연구 방식이며, 다양한 인구통계 집단에 속한 사람들이 특정 제품이나 정치가에 대해 어떤 이야기를 나누는지 알아내기 위해 마케터들이 흔히 활용하는 방법이다.

포커스 그룹은 실제 사회에서 해당 집단을 대표하는 사람들로 구성된다. 참가자들은 대개 연령대가 비슷하거나, 같은 지역에 거주하거나, 사회 집단 응집성에 영향을 미칠 수 있는 다른 특성을 공유한다. 이렇게 하는 이유는 비자율적으로 모인 집단이 평범한 대화를 나누는 데 방해가 될 수 있는 정치적 올바름에 대한 장벽을 제거하기 위해서다. 리더는 연구 주제와 관련된 자극어에 대한 화두를 제시하고 대화를 녹음한다.

포커스 그룹을 운영하려면 인터뷰어의 입장에서 인간적인 판단을 내려야 할 필요가 있는데, 이는 학문적인 능력을 넘어 전문적인 솜씨가 필요한 일이다. 사람들이 왜 특정한 행동을 하거나 특정한 믿음을 지니는지 생각하고 말하게 만드는 기술이 필요하다.

일반적인 포커스 그룹은 아이디어가 전염되는 과정을 관찰할 수 있는 실험 환경을 조성한다. 흔히 사용되는 연구방법론이지만 경제 변화의 원인을 규명하기 위해 수십 년에 걸친 방대한 데이터를 제공하려는 목적은 아니다. 경제 내러티브를 연구하는 경우, 참가자들은 '주식 시장'이나 '은행', '실업', '저축을 하는 진짜 이유', 또는 '미래의 경제 후생'이나 '자식들의 경제력에 영향을 끼칠 수 있는 정부의 조치'와 같은 단어나 문구에 대해 생각나는 것을 이야기해 줄 것을 요청받는다. 연구자들은 응답자의 대답을 녹화하여 디지털화하는데, 어쩌면 이후 안면인식 프로그램이나 감정분류 알고리즘을 사용해 스캔, 분석될 수 있을 것이다.

포커스 그룹은 대중에 대한 이해 및 동기 연구에 있어 유효한 조사도구로 인정받고 있다. 내부에서 자체적인 비판이 가능하며,[19] 종종 관리가 미흡하긴 하지만 잘만 관리된다면 매우 유용할 수 있다. 하지만 경제학자들은 이 방법을 극도로 꺼려왔다. 경제학과 금융학에서는 포커스 그룹의 활용도가 가장 낮은 분야다. 주로 마케팅 부문 실무자들이 개발한 포커스 그룹 방법론이 표본 추출과 연출, 실험 방면에서 크게 개선되었음에도 불구하고 2010~2019년 동안 경제학 부문에서는 0.04퍼센트, 금융학 부문에서는 고작 0.02퍼센트의 논문만이 '포커스 그룹'이

라는 용어를 언급했다.[20]

8장에서 제시된 명제 중 하나는 내러티브에 내포된 세부 사항과 당대의 시대정신에 따라 경제적으로 다양한 결과가 발생할 수 있다는 것이다. 이미 앞에서 분명한 사례를 보지 않았던가. 1차 세계대전은 미국 증시를 폭락시켰지만 2차 세계대전은 주가를 치솟게 만들었다. 1920년에 미국을 휩쓴 거대한 적색공포Red scare 테러는 경제 활동을 위축시켰지만 2001년 9.11 테러는 소비 증가와 불황의 종식으로 이어졌다. 추측과 감정, 충성심에 초점을 맞춘 시의적절하고 주도적인 포커스 집단은 사람들이 왜 그렇게 행동하는지 더 잘 이해할 수 있게 도울 수 있다.

### 3. 과거 다른 목적으로 운영됐던 포커스 집단에 관한 데이터베이스

현재는 코넬대학 산하에 있는 로퍼 공공정책 연구소Roper Center for Public Policy Research가 제공하는 여론조사 아카이브Public Opinion Research Archive[21]는 1947년부터 갤럽 데이터를 비롯해 여론조사 응답 데이터베이스를 축적해 왔다. 이 아카이브는 개인 견해를 묻는 질문, 시간이 지나면서 언어 표현이 변하는 질문, 동일한 설문조사임에도 불구하고 질문마다 맥락이 변하는 것에 대한 답변들을 표로 정리한다. 응답자의 고유한 표현과 혁신적 사고에 귀를 기울이지 않는 것이다. 이 아카이브는 유용하지만, 한편으로는 어떤 요소가 전염성이 있는지를 판단하거나 그로 인한 생각의 변화를 구별하기가 어렵다. 전 세계의 포커스 그룹 운영자들에게 내러티브 변이와 관련 있는 조사 결과를 공유해 달라고 요청할 수 있을 만큼의 방대한 데이터베이스가 필요하다. 이런 데이터베이스를 이용하면 경제 내러티브와 관련 있는 과거 포커스 그룹의 결과를 공유해 달라고 요청할 수 있다. 데이터베이스 관리자는 개인정보보호 의무를 준수하는 한편 원시 데이터 공개 허가를 요청한다. 그런 다음 과거 포커스 그룹을 컴퓨터 검색이 가능한 시계열로 정리할 수 있는 방법을 찾는다(이는 도전이 될 것이다!). 그 데이터를 이용한다면 내가 이 책에서 말한 것처럼 특성 내러티브의 유행곡선을 그릴 수 있을 것이다.

4. 성직자들의 설교 데이터베이스

기독교, 유대교, 이슬람교 등 무수한 종교 단체 등은 오랜 기간에 걸친 설교(유대교의 드라샤, 이슬람교의 쿠트바 등) 기록을 갖추고 있지만, 이런 데이터베이스는 역사적 연구보다는 주로 설교 준비에 사용되고 있는 듯 보인다. 종교적 설교는 매우 중요하다. 삶의 깊은 의미를 찾기 위한 도덕적 가치를 다루기 때문이다. 옳고 그름에 대한 도덕관과 가치판단의 변화는 경제적 의사결정과도 밀접한 연관이 있다.

5. 개인 서신 및 일기, 디지털화 및 검색용 기록 데이터베이스

데이터베이스 자체는 이미 존재하지만 유족들이 가족의 일기를 증여하도록 장려함에 있어 더욱 확고한 노력을 기울여야 한다. 기존의 데이터베이스는 무작위적인 표본으로 구성되어 있지 않다. 전쟁이나 한 국가의 사회문제에 관한 연구 등 특정 목적으로 선택된 연구 대상인 경우가 많기 때문이다. 표본의 양과 질을 늘릴 수 있다면 보다 폭넓은 연

구 대상에 대해 일반화된 결과를 도출할 수 있다.

위에 언급한 어떤 데이터 모음도 빠른 시일 내에 학술 연구에서 원하는 수준에 도달할 것 같지는 않다. 연구에 대한 보상을 빠른 시일 내에 얻을 수 있는 것도 아니며, 자료에 대한 판단을 공식화하는 것도 힘들다. '출판하지 않으면 도태된다.'는 압박을 받고 있는 학계의 학자들은 심각한 불황과 금융위기를 이해하기 위한 데이터를 수집하는 데 노력을 기울일 가능성이 적다. 평생 두 번 이상 만나기 힘들 정도로 드물게 발생하는 문제기도 하니까 말이다.

많은 연구 집단이 위에 언급한 데이터를 부분적으로나마 보유하고 있다. 그러나 이러한 데이터를 꾸준히 그리고 체계적으로 수집하기 위해서는 연구 자금이 필요하다. 나는 1989년부터 주식 시장에 관한 개인 및 기관투자가들의 설문조사를 통해 관련 데이터를 소규모로나마 수집해 왔으며, 일본과 중국에서도 비슷한 설문조사를 실시하고 있다. 또한 1993년부터는 칼 케이스와, 현재는 앤 킨셀라 톰프슨과 함께 미국의 주택구매자와 단독주택 시장에 대한 인식을 조사해 오고 있다. 초반에는 미국 국립과학재단의 후원을 받았으며, 이후에는 화이트박스재단Whitebox Foundation과 예일 경영대학원의 지원을 받고 있다. 해당 설문조사에는 응답자들이 직접 한 두 문장으로 대답할 수 있는 개방형 질문 문항이 포함되어 있다. 이는 응답자들이 자신의 동기를 고민하도록 자극하여 답변을 지속적으로 분석하기 위해서다. 나는 이 설문 프로젝트를 시작한 이후 때때로 다른 설문 기관들이 비슷한 목표를 추구하다가 조사를 중단하는 것을 목격한 적이 있다. 서베이몽키SurveyMonkey나 퀄트릭스Qualtrics 같은 새로운 조사 도구들은 설문조사를 더욱 용이하게 만들어주었지만 장기간에 걸친 일관된 전략을 뒷받침하지는 않는다.

이 책을 쓰는 지금도 앞으로 수십 년 후, 경제 내러티브 역학에 대한 포괄적 연구를 가능케 해줄 사료 수집에 대한 지원은 별로 없을 듯 하다.

### 내러티브의 추적과 정량화

오늘날의 내러티브 연구는 추적과 정량화라는 측면에서 개선될 필요가 있다. 계속 변하고 중첩되면서 종종 서로 상충하기까지 하는 일련의 내러티브를 다루는 데 연구자들은 어려움을 겪는다. 더구나 내러티브의 유행은 대개 무작위적이고 단어의 의미는 맥락과 시대에 따라 변화한다. 전염 요인인 이야기의 진정한 의미도 시간의 흐름에 따라 변화하며, 따라서 장기적인 추적을 하기가 매우 어렵다.

여기에 항상 인과관계와 상관관계를 구분해야 하는 어려움이 뒤따른다. '행동'에 관한 이야기란 이유로 경제적 행동과 관련된 내러티브인지, 진정으로 경제 변화를 유발하는 내러티브인지, 어떻게 구분할 수 있을 것인가?[22]

경제학자들은 문학이론가들처럼 모든 문학을 기본 포맷으로 두고, 이야기를 정의하거나 무엇이 이야기의 전염을 초래하는지와 같은 문제로 씨름해야 한다(2장). 전염성 강한 이야기는 역사상 어느 때든 존재하며 이들을 분류하기란 굉장히 어렵다. 문학이론가들은 일상생활을 담고 있는 사건이 익숙하다는 이유만으로 이야기의 세부 사항에 과하게 집중되는 위험을 안고 있으며, 또 시간의 흐름에 따른 변화를 설명하는 데 어려움을 겪는다.

다행히도 의미 정보와 기호학 연구는 계속해서 발전하고 있다. 예를 들어 기계번역은 근접 단어와 맥락을 통해 단어의 의미를 선택한다. 사용자가 "남아프리카에서 가장 긴 강이 뭐지?"라고 묻는다고 해도 시리는 즉시 음성언어로 대답할 수 있다. "남아프리카에서 가장 긴 강은 오렌지강이에요." 지금은 세계 어디서나 이런 검색이 보편화되어 있는 실정이다.

그러나 의미론적 검색이 내러티브를 이해하는 데 있어 인간과 맞먹는 수준에 이르려면 아직도 긴 시간이 필요하다. 한편 감성을 자극하는 기본 특성에 따라, 내러티브를 분류하고 정량화하는 다수의 연구 도구들이 있다. 연구자들은 이런 도구들을 사용해 내러티브 연구를 정량화할 수 있을 것이다. 심리학과 신경과학, 인공지능 분야의 발전 또한 내러티브 경제학에 대한 우리의 구조적 감각을 강화할 것이다. 알렉사빌리티닷컴alexability.com, 알파센스닷컴alpha-sense.com, 프레틀닷코prattle.co와 퀴드닷컴quid.com 같은 회사들은 이미 내러티브의 정보를 체계화하는 데 도움이 될 공공문서와 미디어의 지능형 검색을 제공하기 시작했다.

검색 방법이 개선되고 더 많은 소셜미디어 데이터가 축적될수록 텍스트 분석은 경제학에서 강한 영향력을 지니게 될 것이다. 이는 오늘날까지 영향력을 떨치고 있는 1930년대식 소득소비 이론과 케인스식 승수효과이론에서 벗어나, 경제 사건을 촉발하는 모든 종류의 피드백에 더 가까이 접근할 수 있게 한다. 또한 우리가 경험한 바 있는 의도적인 내러티브 조작과 기만을 더욱 잘 이해하도록 돕고, 경제 정책을 수립할 때 내러티브를 고려하도록 보조할 것이다.

우리는 경기 활황이나 정체를 일으키며 창조적 시기와 퇴보적인 시기를 거친다. 연민의 시대와 과시적소비의 시대 그리고 자기홍보의 시기도 지난다. 우리는 이렇게 발전과 회귀의 시대까지 경험하는 인간의 사고 패턴을 더 잘 이해할 날이 오길 고대해야 한다. 부디 이 책이 건전한 학문과 체계적 분석에 대한 우리의 노력을 헛되게 만들지 않길, 그리고 주요 경제 사건 뒤에 존재하는 현실에 더욱 가까이 다가갈 수 있도록 진정한 발전 가능성을 보여주었길 바란다.

부록

# 경제 내러티브에 전염병 모형 적용하기

전염병학은 20세기에 접어들어 급격히 발전했다. 우리는 그 덕에 경제 사건에 영향을 끼친 내러티브의 전염을 이해했고, 이 이론을 경제 내러티브의 유행을 모형화하는데 적용할 수도 있었다.

## 전염병 확산 이론

전염병 역학에 대한 수학적 이론은 스코틀랜드 출신의 생물화학자인 윌리엄 오길비 커맥William Ogilvy Kermack과 스코틀랜드인 의사인

앤더슨 그레이 맥켄드릭Anderson Gray McKendrick의 발명품이다. 이것은 의학 사상에 있어 혁명적인 사건이며 전염병 역학을 이해하는 데 필요한 실용적인 체계를 제공했다.

두 사람이 제기한 이 간단한 수학적 모형은 전체 인구를 감염가능군susceptible과 감염군infective, 회복군recovered의 세 집단으로 분류하고 각각의 앞 글자를 따서 *SIR* 모형, 또는 구획 모형이라 불린다. *S*는 아직 질병에 걸리지는 않았으나 그럴 '가능성'이 있는 인구의 비율이고, *I*는 이미 병에 걸려 '감염력'을 갖고 있고 남을 감염시킬 수 있는 인구 비율을 가리킨다. *R*은 질병에서 '회복'해 면역력을 갖춤으로써 더는 병에 걸리지 않거나 다른 사람을 감염시키지 않는 인구의 비율이다. 이 기본 모형에서는 아무도 사망하지 않는다. *S*와 *I*와 *R*의 총합은 100퍼센트이며, 전체 인구수는 항상 일정한 것으로 가정한다.

커맥-맥켄드릭의 전염병 확산에 대한 수학적 이론에 따르면 철저하게 혼합된 모집단에서 전염병의 감염 증가율은 전염 매개변수 *c* 곱하기 전체 인구 중 감염가능군 비율 *S*와 감염군 비율 *I*의 곱에서 회복률 *r* 곱하기 감염군 비율 *I*를 뺀 것과 같다. 이때 전염 매개변수 *c*와 회복률 *r*은 시간에 대해 일정한 상수이다. 질병 가능성이 있는 개인이 감염자를 만날 때마다 감염 확률이 늘고, 거대 인구 집단에서는 이 확률이 1에 가까워진다. 단위시간당 접촉 수는 모집단의 감염가능군-감염군 쌍의 수에 따라 달라지며 따라서 *S*와 *I*의 곱으로 표시할 수 있다! 커맥-맥켄드릭 *SIR* 모형은 다음의 3가지 식으로 나타낼 수 있다.

$$\frac{dS}{dt} = -cSI$$
$$\frac{dI}{dt} = cSI - rI$$
$$\frac{dR}{dt} = rI$$

이 모형에는 딱 맞아떨어지는 대수적 해가 없고, 오직 근사치만 존재할 뿐이다.[2] 화학에도 이와 유사한 공식이 있는데 '반응속도식' 또는 '연속적 화학 반응consecutive chemical reactions'이라고 불린다.[3]

이 책에서 사용된 모형에서 전염률은 $cS$인데, 이는 상수 전염 매개변수 $c$와 시간에 따라 가변하는 감염가능군 $S$의 곱이다. 회복률은 상수인 $r$이다. 두 번째 방정식의 양변을 전체 인구 중 감염군 비율 $I$로 나누면 감염자 집단의 시간에 따른 변화율이 전염율 $cS$에서 회복률(또는 망각률) $r$을 뺀 것과 같다는 사실을 알 수 있다. 다시 말해 전염병이 확산되려면 사람들이 회복하는 것보다 더 빠른 속도로 전파되어야 하며, 전염률은 감염에 취약한 감염가능군의 비율에 달려 있는 것이다.

첫 번째와 세 번째 공식은 간단하다. 첫 번째 방정식에 따르면 감염가능군에 속한 사람이 전염병에 감염될 때마다 감염가능군은 줄고 감염군은 늘어난다. 한편 세 번째 공식은 감염자가 질병에서 회복할 때마다(또는 이 책의 맥락에서 말하자면 내러티브를 잊어버릴 때마

그림 A.1 이론적 유행 추이

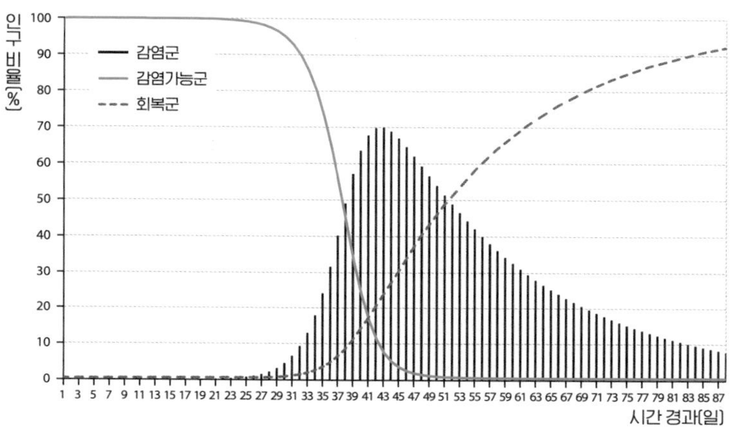


커맥-맥켄드릭 SIR 모형 $I_0$=.0001%, $c$=.5, $r$=.05일 때의 결과. 두꺼운 막대그래프는 질병을 앓고 있고, 타인을 감염시킬 수 있는 인구 비율을 나타낸다. 본 모형은 의학적 개입이 존재하지 않음을 가정한다. 전체 인구 중 감염가능군이 아직 남아 있어도 전염병은 저절로 소멸하며 모든 사람이 병에 감염되는 것은 아니다. (출처: 저자의 계산)

다) 감염군에 속한 사람이 회복군으로 이동하여 회복군의 수가 증가한다는 것을 뜻한다.

전염병 확산 추이에 대한 필수적 통찰력을 담고 있는 이 기본 모형은, 인구 증가나 특정 전염병에만 해당하는 다양한 요인들이 적용된다면 당연히도 변형될 수 있다.

그림 A.1은 위에서 설명한 세 가지 공식을 기반으로 백만 명 중 한 명이 최초의 노출자이고 $I_0$=.0001%, 매개변수 $c$=.5, $r$=.05라고 가정했을 때 도출되는 그래프다. 이 경우에는 결과적으로 인구의 거의 100퍼센트가 질병에 감염된다. 전염병이 확산되는 동안 대중은 위 그래프에서 언덕 형태로 솟은 감염군에 집중하는 경향이 있다. 또 감염이 새로 보고된 숫자와 감염가능군에서 감염군으로 이동하는 속도에도 주목하는데, 만일 $r$이 $c$보다 크게 낮지 않다면 위와 유사한 종 모양 곡선을 그리게 된다. 내러티브의 경우에는 특정 단어와 출간물의 수를 위 그림의 감염곡선에 비유할 수 있을 것이다.

SIR 모형은 거의 모든 전염병이 소수의 최초 감염군에서 시작해 처음에는 상승했다가 종국에는 하락하는 언덕 모양의 패턴을 따른다. 시간이 오래 지나 질병의 위력이 감소한 시점에서 변이가 발생한다면 새로운 개인이 새 변종에 감염될 수 있다. 만일 $c$가 작다면 질병의 존재가 대중에게 알려질 만큼 충분한 감염군이 생기기까지 꽤 오랜 시간이 걸릴 수도 있다. 그 후 전염병은 최고조에 달할 것이며, 전염 매개변수 c나 회복률 매개변수 r의 변화 없이도 모든 인구가 감염되기 전에 결국 쇠퇴하여 소멸할 것이다.

모든 사람이 병에 감염되는 것은 아니다. 어떤 사람들은 감염자와 가까이 접촉하지 않아 병에 걸리지 않는다. 그들의 주변 환경은 점점 안전해질 것이다. 질병에 걸린 사람이 회복해 면역력을 갖게 됨에 따라 감염군의 수가 줄기 때문이다. 즉 접촉이 적기 때문에 감염률을 유지하는 데 필요한 새 감염자가 발생하지 않는 것이다. 결과적으로 감염군은 거의 사라지고 전체 인구는 감염가능군과 회복군으로만 구성된다.

이 모형을 내러티브에 적용해 보자. 모든 사람이 내러티브에 감염되는 것은 아니며 어떤 이들은 특정한 경제 내러티브가 유행한 뒤에도 그런 것을 들어본 적도 없다고 말할 것이다. 실제로 그 내러티브가 경제 활동에 중요하다고 해도 그들은 내러티브가 경제에 미친 영향에 대해 회의적일 것이다.

많은 사람들에게 전염병을 퍼트리려면 즉, 감염 또는 회복된 적이 있는 인구의 비율을 늘리려면 어떤 요소들이 필요할까? 질병의 도달 범위는 $c$와 $r$의 비율에 따라 결정된다. 시간이 무한에 가까워질수록 전염병에 걸린 적이 있는 사람의 수는 $R$의 한계값 $R_\infty$(전염병의 규모)에 가까워지고 이 값은 언제나 1보다 작다. 이는 첫 번째와 세 번째 공식 $\frac{dS}{dR}=-\frac{c}{r}S$로부터 알 수 있다. 처음 감염된 인구 비율이 $I_0$일 때, $S=(1-I_0)e^{-\left(\frac{c}{r}\right)R}$로 주어지고, $I_\infty=0$, $1=S_\infty+R_\infty$이므로 다음과 같은 식을 얻을 수 있다.

$$\frac{c}{r}=R_\infty^{-1}\,log\,\frac{1-I_0}{1-R_\infty}$$

이는 궁극적인 감염자의 수와 $\frac{c}{r}$와의 관계를 알려준다. 만일 우리가 c와 r을 선택할 수 있다면 전염병의 규모 $R_\infty$를 $I_0$에서 100퍼센트 사이에서 원하는 대로 조정할 수 있을 것이다. 이른바 '바이럴이 됨'을 $R_\infty>\frac{1}{2}$로 정의한다면, $\frac{c}{r}>1.386$일 때 $I_0$가 0에 가깝더라도 바이럴이 발생한다. 두 매개변수 $c$와 $r$에 양의 상수 $a$를 곱한다면, $S(at)$, $I(at)$, $R(at)$ 역시 똑같은 3개의 방정식을 만족할 것이다.

$c$나 $r$의 크기와는 상관없이 $\frac{c}{r}$가 클수록 전염병의 규모 $R_\infty$는 증가하며, $\frac{c}{r}$가 일정할 경우에는 $c$가 클수록 전염병이 더 빨리 확산된다. 전염병이 소규모 감염군에서 시작해 널리 확산되려면, S가 1에 가까울 때 $\frac{c}{r}$는 1보다 커야 한다. 두 매개변수 c와 r에 따라, 그래프의 크기를 조절하면 형태가 정확하게 일치하는 빠른 전염병과 더딘 전염병이 둘 다 존재할 수 있다. 또 $\frac{c}{r}$의 비율을 어떻게 조절하는가에 따라 수십 년에 걸쳐 인구의 95퍼센트가 감염될 수도 있고, 겨우 며칠 동안 인구의 5퍼센트가 전염병에 걸릴 수도 있다. 그러나 어느 경우든, 크기를 적당히 조절함으로써 그림 A.1의 굵은 막대그래프와 같은 언덕 모양 유행곡선을 얻을 수 있을 것이다.

## SIR의 변형 모형

커맥-맥켄드릭의 SIR 모형이 발표된 이후 거의 한 세기 동안 전염병의 수학적 모형에 관한 논문들이 방대하게 쏟아졌다. 이 기본 구획 모형의 다양한 변형 중 하나가 회복군이 면역력을 점진적으로 상실해 다시 감염가능군으로 돌아가는 SIRS 모형이다.[4] 감염가능군과 감염군이 접촉한 후 잠복기를 거쳐 증상이 발현되는 네 번째 구획인 노출군 E가 추가된 SEIR 모형도 있다. 이러한 모형들은 치료 후 부분 면역, 새로운 감염가능성군의 출생, 전염력이 매우 높은 슈퍼전파자의 존재, 지역 확산 등의 요인들을 포함하기도 한다.

수정을 거친 변형 모형들은 전염병의 확산 과정을 예측하는 데 유용하다. 예를 들어 SEIR 모형은 무증상 감염자가 장거리 여행을 할 수 있다는 가정하에 인플루엔자의 확산을 지리적으로 규명할 수 있게 변형한 것이다. R. F. 그라이스R. F. Grais와 공저자들은 인플루엔자 데이터와 도시 간 항공교통량 데이터를 적용하여 이 모형이 도시 및 도시 간 인플루엔자 발생의 시간 패턴을 알아내는 데 도움이 된다는 사실을 밝혀냈다.[5]

또 다른 구획 모형의 예로는 확률론적 확장 모형인 SEIHFR 모형을 들 수 있는데, 여기서 S는 감염가능군, E는 노출군, I는 감염군, H는 입원군, F는 사망하였으나 매장되지 않은 집단, R은 회복되거나 매장된 집단을 가리킨다.[6] 이 모형은 아프리카 에볼라 전염병 데이터를 분석하는 데 적합하며 입원 및 적절한 시신 처리를 통해 질병의 전염을 막기 위한 노력을 고려한 것이다.

SEIHFR 구획 모형은 6개의 구획으로 분류되지만, 미래의 경제 내러티브 모형은 이보다 훨씬 많은 구획으로 구성될 수 있다. 예를 들어 기술적 실업 내러티브 확산 모형(13장)에는 실업 및 감염자, 실업 및 비감염자, 비실업 및 감염자, 비실업 및 비감염자의 각 구획과 기존의 경제 모형에서 도출한 추가 방정식을 포함할 수 있을 것이다.

또한 전염적인 경제 내러티브를 경제 모형에 통합할 때 공동유행에 관한 의학 논문을 참고할 수도 있을 것이다. 의학 분야에서 공동유행이란 한 질병이 다른 질병과 상호작용하며 진행되는 것을 의미한다. 이를테면 HIV와 결핵은 동시에 감염되는 것으로 확인됐는데, 독립적인 전염병 모형이 각각 예측한 것보다 훨씬 많은 사람이 두 가지 질병을 모두 앓는다는 의미다. 엘리사 F. 롱Elisa F. Long도 커맥-맥켄드릭 곡선을 지닌 기본 구획 모형의 변형을 제시했는데, 이 모형에 따르면 한 가지 질병에 감염된 사람은 다른 질병에 더 취약하고 이를 전파시킬 가능성이 더 높다.[7] 이 모형을 사용하면 여러 개의 내러티브가 전염을 통해 서로를 뒷받침하는 내러티브 군집을 나타낼 수 있다. 또 기술적 실업 내러티브 같은 경제 내러티브와 실업 같은 경제적 지위가 어떻게 서로 상호작용하는지를 보여줄 수도 있다.

구조적 거시경제 모형은 대개 경제 이론에는 부재한 오류 조건이나 주도적 변수를 적용하기 위해 단순한 단변량 자기회귀누적이동평균autoregressive integrated moving average, ARIMA 모형을 포함한다. ARIMA 모형은 1970년에 조지 E. P. 박스George E. P. Box와 그윌림 젠킨스Gwilym Jenkins가 처음 대중화시킨 것으로, 두 사람은 이 모형이 모든 과학 분야에서 유용하게 사용될 것이라 말했지만 실제로 이를 가장 적극적으로 활용한 것은 바로 경제학자들이었다.[8]

ARIMA 용어로 설명가능한 잘 구축된 시계열 예측 이론 덕분에 경제학에서는 ARIMA 모형이 널리 쓰이게 되었고, 덕분에 합리적 기대 모형의 유행은 다소 늦춰졌다. 구글 엔그램 뷰어에 따르면 합리적 기대 모형은 1990년경에 절정에 달해 아직까지도 우세한 영향력을 유지하고 있다. ARIMA 모형은 앞에서 설명한 구획 모형의 대안이다. 그러나 ARIMA 모형은 전염병 구획 모형과는 달리 이론적인 토대가 부족하며, 어딘가 약간 자의적인 부분이 있다.[9]

ARIMA 방식은 모의실험과 분류, 통계 및 최적화 기술의 조합을 사용해 시간에 따라 변하는 전염률과 회복률을 지닌 유행곡선을 예측함으로써 이론적인 전염병 모형으로 개선될 수 있다.[10] 우리는 전염병 구조에 대한 지식을 바탕으로 전염병 자체에 대한 데이터 외의 다른 데이터를 선별적으로 채택할 수 있고, 이는 선행지수에 관한 무분별한 검색보다 더 유용할 것이다.

전염병에 관한 모든 데이터가 구획 모형의 틀에 들어맞는 것은 아니다. 19세기 후반에 발발해 1952년에 최고조에 이른 길고 느린 미국의 소아마비 바이러스 유행을 생각해 보라. 이 질병은 무작위로 발생하는 것처럼 보이는 여름철 질병과 중첩되어 있었다. 청결과 위생상태를 개선하기 위한 꾸준한 노력은 질병의 발생률을 증가시키는 것이 아니라 감소시키는 효과를 가져와야 한다. 그러나 역설적으로 질병의 발병률이 낮고 대부분의 경우 경증이었기 때문에 마비나 다른 심각한 결과를 수반하는 사례가 더 많이 보고되는 결과를 가져왔다. 모유수유 영아가 나중에 재감염되었을 때 심각한 결과를 피할 수 있는 항체를 모친으로부터 받을 가능성이 줄었기 때문이다.[11]

구획 모형을 사회적 전염과 아이디어 전염에 적용하려면 변형은 당연히 필요하다. 그러나 먼저 한 가지 전제는 시간이 흐르면 전염률이 감소한다는 것이다. 시간이 지나면 아이디어에 대한 관심이 줄어드는 것처럼 말이다. 이러한 개념을 모형화하는 방법 중 하나는 대릴 J. 데일리Daryl J. Daley와 데이비드 G. 켄달David G. Kendall이 제시한 것으로, 그들은 아직 감염되지 않은 사람이 다른 감염자나 회복자를 만나고 나면 면역력이 생기도록 커맥-맥켄드릭 모형을 수정할 수 있다고 주장했다. 왜냐하면 이미 많은 사람들이 그 이야기를 알게 되었기 때문이다. 들은 이야기가 더 이상 새롭거나 흥미롭지 않기 때문에 새 비감염자는 이야기를 주변에 퍼트리지 않기로 선택한다.

D. J. 바솔로뮤D. J. Bartholomew는 커맥-맥켄드릭의 변형 모형을 아이디어 확산에 적용할 경우, 남을 감염시키는 것과 아이디어를 망각하는 것을 동일하게 간주해서는 안 된다고 주장했다. 더 이상 입에 자주 오르내리지 않으나 여전히 사람들의 기억에 남아 있는 오래된 아이디어나 '행동양식의 잔여물'은 인간의 행동에 영향을 줄 수 있기 때문이다.

요즘에는 최근에 출간된 『옥스퍼드 핸드북: 네트워크 경제학*The Oxford Handbook of the Economics of Networks*』을 포함해 네트워크 모형에 관한 경제학 논문을 상당히 많이 찾아볼 수 있다. 한편 행동 유행 모형에 관한 논문은 매우 드문데, 심지어 '내러티브'라는 단어는 『핸드북』에 단 한 번도 등장하지 않는다. 이런 SIR 변형 모형 중 일부는 결과에 대한 복잡한 패턴과 때로는 복잡한 순환주기를 포함하고 있다. 확산의 지리학적 모형은 전 세계적으로 연결된 소셜미디어 때문에

점점 더 복잡해지고 있다.[12]

몇몇 SIR 모형은 무작위 혼합이라는 개념 대신 사회연결망 구조를 선택하고 있다.[13] 이러한 구조는 자신의 감염 여부에 대해 스스로 전략적인 결정을 내릴 수 있고 감염군이 그 결정에 참여할 수 있다. 다른 모형은 개인이 무작위 감염되는 것이 아니라 타인과의 만남을 통해 전달되는 정보를 합리적으로 계산하여 감염을 선택하는 것으로 기술한다.[14]

커맥-맥켄드릭 모형의 핵심 원리는 현대 매체, 특히 인터넷이 사회적 전염에 대한 SIR 모형의 정확성을 희석시키고 있다는 우려에도 불구하고 사람들이 어떻게 연결되어 있든 상관없이 적용될 수 있다. 따라서 SIR 모형을 아이디어나 내러티브의 전파를 설명하는 데 이용하려면 개인 대 개인의 만남뿐만 아니라 방송에 의한 확산도 고려하고 그에 맞게 수정해야 한다.[15] 이제 소셜미디어는 지리적 위치에 상관없이 내러티브에 관심이 있다면 누구에게나 자동적으로 내러티브를 전달하기 때문에, 그로 인한 전염률의 상승이라는 변화를 수용할 수 있어야 한다.

1955년에 사회학자 엘리후 카츠Elihu Katz와 폴 F. 라자스펠드Paul F. Lazarsfeld는 문화적 변화의 시작은 뉴스 매체지만 그 완성은 뉴스에 관심을 보인, 비교적 작은 1차 집단의 입소문을 통해 이뤄진다는 2단계 흐름 가설에 대해 인상적인 증거를 보여주었다.[16] 마케팅 전문가들은 배우들이 누구나 아는 유명인을 연기하고 직접적인 입말을 흉내 내는 텔레비전 광고와 입소문 전략을 사용해 대응했다. 또한 마케팅 관련 논문에 따르면 대화를 통한 직접 소통은 사용되는 용어와 설득력이라는 측면에 있어 다른 형태의 커뮤니케이션보다 훨씬 탁월한 효과를 지닌다.[17] 인터넷과 소셜미디어가 SIR 모형에 영향을 끼치는지를 고려함에 있어, 라이준 자오Laijun Zhao는 뉴스 미디어가 매개변수 c와 r에 해당하는 변수를 증가시키는 SIR 변형 모형을 사용해야 한다고 주장한다.

크리스티안 바우카게Christian Bauckhage는 커맥-맥켄드릭 구획 모형의 SIRS 변형 모형이 지금은 구글 트렌드로 바뀐 구글 인사이트Google Insights에서 인터넷 밈의 시계열 데이터를 분석하는 데 적합하다는 증거를 제시한다.[18] 그는 귀여운 올빼미가 어리둥절한 표정으로 쳐다보는 '오, 진짜O RLY?' 같은 밈처럼 최근에 유행한 인터넷 바이러스를 연구했는데, 밈은 대부분 무의미하기 때문에 우리는 그것들이 다른 아이디어들과는 독립적인 경로로 발전하며 따라서 SIRS 모형과 일치할 것이라고 예상할 수 있다. 바우카게는 인터넷 밈에서 언덕 형태의 전염 패턴을 발견했다.

## 경제 내러티브의 전염성

현대 커뮤니케이션 매체의 발달이 대면 소통의 중요성을 낮췄을지는 몰라도 커맥-맥켄드릭의 세 가지 공식은 여전히 아이디어의 유행에 적용이 가능하다. 이 핵심 모형은 사람들이 서로 어떻게 연결되어 있든 적용될 수 있다.

1985년에 존 파운드John Pound와 나는 기관 및 개인 투자가가 얼마나 체계적으로 투자 결정을 내리는지 설문조사를 실시했다. 응답자들이 할 일은 가장 최근에 한 주식 투자에 관해 생각해 보고, 다음 설명에 동의하는지 대답하는 것이었다.

> 나는 주식에 관한 나 자신 또는 다른 이들의 체계적 조사(컴퓨터나 그와 비슷한 조사 과정)를 들여다본 후에, 관심을 갖게 되었다.[19]

기관 투자가는 이 진술에 67퍼센트가 동의했지만 개인 투자가의 경우에는 23퍼센트에 그쳤다. 우리는 주가가 급등한 주식에 투자한 투자가를 대상으로 한 다른 설문에서도 같은 질문을 던졌다. 이 경우에는 기관 투자가의 25퍼센트가 그렇다고 대답한 반면 개인 투자가는 겨우 16퍼센트가 그렇다고 대답했다.

그렇다면 사람들은 어떻게 개별 종목에 관심을 갖게 되는 것일까? 그것은 바로 입소문을 통해서다. 우리는 첫 번째 조사의 응답자들에게 주식에 관해 얼마나 많은 사람들과 대화를 나누었는지 물었다. 무작위로 선택한 기관 투자가의 경우, 평균 답변은 7명이었다. 적극적인 개인 투자가들의 평균 답변은 그보다도 더 높은 20명이었다.

결론을 말하자면, 사람들은 대부분 별로 체계적이지 않다. 그러니까 사람들은 소문으로부터 생겨나는 별로 체계적이지 않은 반응에 동요한다. 투자 세계에서 배울 수 있는 이런 교훈은 다른 경제적 의사결정에도 적용할 수 있다. 인간의 기본적인 의사결정 패턴을 반영하고 있기 때문이다. 개인의 자산투자 이해에 적용할 수 있는 SIR 변형 모형은 사람들이 지리적으로 가까운 회사에 투자하는 경향이 있으며, 개별 종목에 대한 관심은 때때로 매우 빠른 속도로 전염되지만 많은 인구를 감염시키지는 않는다는 증거를 보여준다. 이는 c와 r이 둘 다 비슷하게 높거나 지리적으로 좁은 범위에 국한된 SIR 모형에 해당한다.

이런 모형은 여러 국가에서 확산되었으나 지리적 분포를 지닌 비트코인 내러티브 같은 경제 내러티브의 지리적 확산 패턴을 규명하는 데 도움이 된다. 펜실베이니아대학 와튼 경영대 학장인 제프리 가렛Geoffrey Garret은 실리콘 밸리를 방문하고 돌아와 비트코인에 대해 이렇게 말했다.

> 월 스트리트에서는 대부분 비트코인에 대해 회의적이고 관망적인 태도를 유지하는 가운데, 실리콘 밸리에서는 본격적으로 비트코인에 열중하고 있다. 말 그대로 대기업부터 작은 스타트업에 이르기까지 내가 참석한 모든 회의가 암호화폐에 관한 열렬하고 창의적인 대화로 가득했다.[20]

## 아이디어 전염과 정보의 폭포

수많은 SIR 변형 모형은 어찌 보면 혼돈스러울 수도 있다. 수학의 카오스 이론은 많은 비선형 미분방정식이 적확한 수학적 의미에서는 혼돈스러울 수 있음을 보여준다. 시스템은 무작위처럼 보이는, 즉 시스템 자체는 결정적이나 절대로 똑같이 반복되지 않고 겉으로는 무작위적인 숫자를 산출하는 변형들을 만들어낼 수 있다. 사실 컴퓨터의 난수발생기는 단순한 운이 아니라 그런 카오스적인 결정론적 모형의 산물이다. SEIR 변형 모형은 수학적으로도, 그리고 실제 질병 데이터에 관한 연구들에서 확인할 수 있듯 매우 복잡하고 혼돈스럽다.[21]

카오스 이론은 나비효과와 관련이 있다. '나비효과'란 아주 오래전 지구 반대편에서 작은 나비 한 마리가 한 날갯짓이 날씨 변화를 일으키듯 전혀 관련이 없어 보이는 사건이 예상치 못한 거대한 사건을 야기할 수 있다는 것을 의미한다. 또 다른 SIR 변형 모형은 기본 구획 모형에 인포메이션캐스케이드information cascades를 추가해 그런 나비효과를 설명하기도 한다.[22] 만약 사람들이 특정한 선택을 하는 사람들의 수를 관찰함으로써 믿음직한 정보를 수집할 수 있다고 생각한다면, 4장에서 논했던 살가닉과 동료들의 인공 음악 시장 실험에서처럼 평형상태는 무작위적인 방향으로 움직일 수 있다. 인포메이션캐스케이드 이론의 저자 중 한 명인 UCLA의 이보 웰치Ivo Welch 교수와 있었던 일이 생각난다. 우리는 같은 차를 타고 호텔로 향하는 중이었다. 이보 교수는 호텔에 거의 다 온 것 같긴 하지만 정확한 위치를 모르겠다며 손님이 없는 빈 택시를 보고는 저 차가 호텔로 가고 있을 확률이 크니 저 택시를 따라가자고 하는 게 아닌가. 택시 기사가 우리에게 필요한 정보를 알고 있을 것이라는 그의 짐작은 다행히 옳았지만, 동시에 택시 기사가 우리를 다른 호텔로 안내하거나 완전히 다른 장소로 데리고 갈 확률도 분명히 존재했다. 만약 많은 이들이 이보 교수처럼 행동한다면, 이론상으로는 임의의 택시 한 대 때문에 수많은 택시 부대가 알지도 못하는 장소로 앞다투어 쇄도하는 전염병 같은 유행이 발생할 수도 있다.

인포메이션캐스케이드는 투기 거품이 얼마나 완벽하게 합리적인지 경제 이론에 맞춰 설명할 수 있다. 그것은 사람들이 꽤 분별력을 지니고 있을 때조차도 순전히 무작위적 원인에 의해 불황이나 버블이 시작될 수 있음을 보여준다는 점에서 대단히 흥미롭다. 조지 A. 애커로프와 재닛 L. 옐렌은 1985년에 'near-rational(합리적인 것에 가까운)'이라는 용어를 고안해 냈는데, 나는 이 단어가 더욱 유명해져 바이럴이 되었으면 좋겠다.[23] 하지만 인포메이션캐스케이드는 그렇게 중요한 문제가 아닐지도 모른다. 현실에서 택시 기사는 앞 사람을 따라가지 않는다. 적어도 목적지가 있을 때에는 말이다. 하지만 다른 모든 이들과 마찬가지로, 그들 역시 이 도시 최고의 식당에 가달라는 애매한 요청을 받았을 때는 남들의 뒤를 따라갈 수 있다.[24] 한번 택시 기사에게 이 지역에서 제일 훌륭한 식당으로 가자고 말해보라. 그는 웃음을 터트릴 것이며, 당신이 도착한 곳이

과연 정말로 이 지역에서 가장 훌륭한 식당일지는 판단하기 어려울 것이다.[25]

소비자와 투자가, 기업가의 행동 변화나 다른 경제 현상과 마찬가지로, 택시 기사들의 행동을 내러티브 경제학에 대한 지식 없이는 이해할 수 없다. 내러티브 경제학의 발전은 미래의 진지한 연구를 실현하기 위한 큰 프로젝트다.

# 감사의 말

2017년에 내가 미국 경제학회에서 발표한 '내러티브 경제학' 연설은 경제학회 저널인 〈미국 경제 저널〉 2017년 4월 호에 게재되었다. 그중 많은 내용이 수정되어 이 책에 수록되었다.

『내러티브 경제학』은 나와 조지 애커로프의 공저서인 『야성적 충동』과 『피싱의 경제학』에서 많은 영향을 받았다. 이 책에 깊은 영향을 끼친 또 다른 저서로는 조지 애커로프와 레이철 크랜톤Rachel Kranton의 공저 『아이덴티티 경제학』이 있다. 이 세 권의 책에서 내러티브는 매우 중요한 역할을 하며, 조지와 함께 일한 경험 덕분에 내 사고의 폭은 더욱 넓어질 수 있었다.

이 책은 수십 년에 걸친 방대한 연구조사에 기반한다. 이러한 연구를 위해 여러 해 동안 미국 국립과학재단US National Science Foundation과 예일대 콜스경제연구재단Cowles Foundation for Research in Economics, 스미스 리처드슨재단Smith Richardson Foundation, 예일대 경영대학원을 통한 화이트박스재단Whitebox Foundation과 예일대 제임스 토빈James Tobin 연구장학재단의 후원을 받았음을 밝힌다.

내 미국 경제학회 연설이 완성되기 전에 초기 버전을 발표했던 세미나들, 특히 케임브리지대학의 마셜 강연과 툴루즈 경제대학원Toulouse School of Economics, 툴루즈 고등연구소Toulouse Institute for Advanced Study, 예일대 경제학부에서 열린 잉글랜드 은행 세미나에 참가한 분들께 감사드린다. 브루스 애커먼, 산토시 아나골, 밥 베텐도프, 브루노 비아이스, 로렌스 블랙, 장-프랑소와 보네퐁, 마이클 보르도, 스탠리 코헨, 도널드 콕스, 로버트 다이아몬드, 윌리엄 괴츠만, 에밀리 고든, 데이비드 허슐레이퍼, 파루크 지브라즈, 김다솔, 레이첼 크렌튼, 아루나스 크로트커스, 나오미 라모로, 테리 롭스, 램지 맥멀렌, 피터 루소, 폴 시브라이트, 존 실러, 토머스 시퍼트, 셰리던 티트먼에게 각별한 감사를 표한다.

2017년에 프린스턴대학 출판국장을 사임하고 현재 편집자로 일하고 있는 피터 도허티는 지난 20년간 지금의 내가 만들어지는 데 지대한 영향을 끼쳤다. 그는 내가 올바른 길에 머무르며 글을 쓸 수 있게 독려했고, 이는 내게 어마어마한 도움이 되었다.

연구 보조로 일해준 로건 벤더와 앤드루 브로드, 로리 캐머론 크레이그헤드, 제이든 그레이엄, 진샨 한, 로이스 호, 야쿱 마데즈, 아멜리 루펠, 니콜라스 월리, 리후아 샤오, 마이클 잰저-티슬러에게도 감사의 말을 전한다. 풍부한 의견과 아이디어를 제시해 준 예일대 학생들인 브랜단 코스텔로, 프란체스코 필리푸치, 켈리 굿맨, 패트릭 그린필드, 크리슈나 라메쉬, 프리티 스리니바산, 가렌스 스타라치 등에게도 큰 빚을 졌다.

포기를 모르는 예일대 행정보좌인 보니 플레이크는 내 원고를 읽고 편집해 주었다. 꼼꼼하고 섬세한 교열담당자인 스티븐 리골로시에게도 감사를 전한다.

이 책에 포함된 몇몇 아이디어는 200편 이상의 신문 칼럼(책 2권 분량에 해당하는)을 쓴 내 경험에서 우러나온 것이다. 2003년에 나는 〈프로젝트 신디케이트〉에 종종 글을 기고했는데 해당 칼럼들은 전 세계 신문에 게재되었다. 대개는 미국이 아닌 해외 신문들이었다. 덕분에 나는 미국 중심적인 사고에서 벗어나 범세계적인 관점을 가질 수 있었다. 2007년부터는 〈뉴욕 타임스〉의 일요 비즈니스 섹션에 칼럼을 기고했다. 내가 글을 쓸 수 있도록 각별한 관심을 기울여 준 편집자 안제이 라파친스키(〈프로젝트 신디케이트〉)와 제프 소머(〈뉴욕 타임스〉)에게 감사를 표한다.

마지막으로 43년 동안이나 내 곁에 있어 준 아내 버지니아 쉴러에게, 내게 무한한 지지와 격려를 보내준 것에 감사를 보낸다.

# 주

## 서문: '내러티브 경제학'이란 무엇인가?

1 Allen, 1964 [1931], p.261.

2 Allen, 1964 [1931], p.viii.

3 "서술적 경제학은 형식적, 또는 내러티브적 부문으로 나뉘는데, 전자는 학문을 광범위한 응용분야에서 이해하는 데 필요한 개념을 분석 및 분류하고 후자는 다른 공동체나 시대에 나타난 다양한 형태의 경제생활을 역사적 그리고 상대적으로 연구한다." (Method of Economics 섹션에서), Palgrave, 1984, p.741

4 사회 운동을 촉발하는 내러티브의 역할에 대한 관심은 사회학자들의 신사회운동New Social Movement 관련 논문에서 볼 수 있다. Davis, 2002 참조.

5 1989년 페어와 쉴러Fair&Shiller는 예측 모형이 단기적으로는 어느 정도 예측이 가능하다는 사실을 입증했으나, 2013년 라히리와 왕Lahiri&Wang은 필라델피아 연방준비은행의 예측 전문가 설문조사를 통해 향후 1년간 분기별 미국 GDP의 마이너스 성장 가능성을 예측하는 유의미한 기술이 없음을 보여준다. 이러한 예측 구간에 대해 전문가들이 집단으로 제시한 GDP 감소 가능성은 쓸모가 없다.

6 Andrew Brigden, 'The Economist Who Cried Wolf', Fathom Consulting, February 1, 2019, https://www.fathom-consulting.com/the-economist-who-cried-wolf/#_ftn2. 보다 긴 기간 동안의 경기침체에 대한 전문가들의 예측이 거의 빗나간 다른 연구로는 Zarnowitz and Braun, 1992; Abreu, 2011; An et al, 2018이 있다.

7 Koopmans, 1947, p.166.

8 Boulding, 1969, P.2. 2018년 1월, 필라델피아에서 개최된 AEA 연례 총회에서 그를 기리는 '케네스 볼딩과 사회과학의 미래 방향'이라는 특별 세션이 열렸다.

9 Boulding, 1969, p.3.

10 Irving Kristol, 'The Myth of Business Confidence', 〈*Wall Street Journal*〉, November 14, 1977, p.22.

11 애덤스는 1919년 취리히에서 열린 국제여성회의에서 베르사유 조약이 언젠가 전쟁을 유발할 만큼의 적개심을 조성할 수 있다는 성명을 발표했다. 애덤스는 1931년에 노벨 평화상을 수상했다.

12 Keynes, 1920 [1919], p.268.

13 내 출판 경력은 1972년 매사추세츠 공과대학에서 발표한 '합리적 기대와 이자율 구조Rational Expectations and the Structure of Interest Rates'라는 박사학위 논문으로 시작되었다. 지도교수였던 프랑코 모딜리아니Franco Modigliani는 내게 경제 이론과 관련해 현실적인 근거를 찾도록 지대한 영향을 주었다. 이 논문은 사람들이 모두 합리적이고 효용극대화를 추구한다는, 경제학자들이 선호하는 개념에 만족하지 못했다. 얼마 후 1978년 나는 「합리적 기대와 거시경제 모형의 역동적 구조: 비판적 고찰Rational Expectation and the Dynamic Structure of Macroeconomic Model: a Critical Review」'을 발표했다. 이후 1984년 『주가와 사회적 역학*Stock Prices and Social Dynamics*』과 2000년 초판 『비이성적 과열』을 출간했으며, 조지 애커로프와 함께 2009년 『야성적 충동』과 2015년 『피싱의 경제학』을 공저했다.

## 1부. 내러티브 경제학의 시작

### 1장. 비트코인 내러티브

1 윤 리Yun Li 인용, "워런 버핏은 비트코인이 '많은 사기와 연결된 도박 장치'라고 말한다", CNBC May 4, 2019, https://www.cnbc.com/2019/05/04/warren-buffet-says-bitcoin-is-a-gambling-device-with-a-lot-of-frauds-connceted-with-ti.html

2 Paul Vigna and Steven Russolillo, 'Bitcoin's Wildest Rise Yet: 40% in 40 Hours', 〈*Wall Street Journal*〉, December 7, 2017, p.1.

3 머클 트리와 전자서명 알고리즘은 2008년에 사토시 나카모토가 배포한 비트코인 논문에서 제시한 비트코인 프로토콜의 필수 요소들이다. 혼잡-큐잉 방식은 Huberman

et al, 2017 논문에 설명돼 있다.

4 Proudhon 1923 [1840], p.293.

5 Sterlin Lujan, 'Bitcoin Was Built to Incite Peaceful Anarchy', January 9, 2016. https://news.bitcoin.com/bitcoin-built-incite-peaceful-anarchy/

6 Ross, 1991, p.116.

7 Himanen, 2001.

8 조 버나드Zoe Bernard, "사토시 나카모토는 유별나고 편집증적이며 거만했다고, 비밀에 싸인 암호화폐의 창조자와 수천 통의 이메일을 주고받은 초기 비트코인 개발자는 말한다", 'Business Insider', May 30, 2018, http://www.businessinsider.com/Satoshi-Nakamoto-was-weird-paranoid-and-bossy-says-bitcoin-developer-2018-5

## 2장. 통섭이라는 모험

1 보다 광범위한 접근에 대한 요구의 예를 들자면, 사회적 역학과 대중 모형(Shiller, 1984), 컬쳐로믹스(Michel et al., 2011) 또는 휴머노믹스(McCloskey, 2016), 또는 더 많은 내러티브성(Morson and Schapiro, 2017), 허구적 예상(Beckert and Bronk, 2018), 진단적 예상(Gennailoli and Shleifer, 2018), 정책 전설과 민간목록(Fine and O'Neill, 2010) 그리고 예상의 변화를 경제 변동의 독립 요인으로 만드는 뉴스에 반응하는 정보처리의 어려움(Beaudry and Portier, 2014)에 대한 연구를 촉구한 것을 들 수 있다.

2 Sarbin, 1986.

3 Berger and Quinney, 2004.

4 Rashkin, 1997.

5 Ganzevoort et al., 2013.

6 Presser and Sandberg, 2015.

7 Bettelheim, 1975.

8 Kozinets et al., 2010.

9 O'Connor, 2000.

10 O'Barr and Conley, 1992.

11 Jung, 1919.

12 Klein, 1921.

13 Klages, 2006, p.33.

14 Klages, 2006, p.33.

15 Brooks, 1992, location 74.

16 Brooks, 1992, location 749.

17 신경언어학 연구에 대해서는 2014년 크레머러Kremmerer를 참고하라.

## 3장. 전염, 군집, 융합

1 World Health Organization, 2015.

2 Wheelis, 2002.

3 Marineli et al., 2013.

4 See also Nagel and Xu, 2018.

5 Vinck et al. 2019, especially table

6 Gerbert et al., 1988.

7 경제사상을 연구하는 역사가들은 승수-가속도원리의 역사가 그보다 더 오래 되었음을 보여준다. 케인스(1936) 이전에는 케인스의 제자인 칸Kahn(1931)이 있었고, 그 전에도 승수론을 주창하던 여러 학자들이 있었다. 심지어 1929년 주가 대폭락 전에 케인스 본인이 강연을 위해 손수 쓴 메모도 있다(Kent, 2007). 1970년과 2000년경에는 승수보다 덜 거창하고 은유적이며 시각적 용어인 '파급효과ripple effect(전에는 옷의 주름 배열이나 패턴을 지칭했던)'라는 단어가 유행했다.

8 새뮤얼슨의 중첩세대 모형은 그 전에 1947년 알레Allais가 먼저 제시한 바 있으나, 알레의 모형은 그리 큰 주목을 받지 못했다. 새뮤얼슨은 알레의 이론을 인용하지 않았다.

9 2001년 마이클 숙영 채Micale Suk-Young Chew가 정의한 합리적 의식의 사례. 다른 사람들이 그 내러티브를 알고 있다는 것을 알리기 위해 의식을 수행하고, 이를 통해 모두가 아는 상식이 된다.

10 Young, 1987.

11 때로 작가들은 자신이 하는 일이 핵심 아이디어의 당나귀 역할을 해줄 이야기나 소품을 찾는 것이라고 말하곤 한다. Lawrence Wright, https://www.cjr.org/first_

person/longform_podcast_lessons_on_journalsim.php 참고.

## 4장. 내러티브가 확산되는 이유

1 Sartre, 1938, location 952.

2 Pace-Schott, 2013.

3 Polletta, 2002, p.31.

4 Brown, 1991, location 2852 of 2017 Kindle Edition.

5 Plato, *The Republic*, bk. 3, trans. Benjamin Jowett, https://www.gutenberg.org/files/1497/1497-h/1497-h.htm

6 Cicero, 1860 [55 BCE], p.145.

7 Reeves and Nass, 2003.

8 Reeves and Nass, 2003.

9 Brown, 1991; Kirnarskaya, 2009.

10 Jackendoff, 2009.

11 Patel, 2007, p.324.

12 Newcomb, 1984, p.234.

13 Hofstadter, 1964.

14 See Fehr and Gachter, 2000.

15 https://www.merriam-webster.com/dictionary/narrative

16 Kasparov, 2017, p.138.

17 White, 1981, p.20.

18 Schank and Abelson, 1977.

19 Shiller, 2002.

20 라이언 라슨Ryan Larson에게 감사의 말을 전한다. 해당 상품의 특허번호는 #362,868, 1887, G.I.AP Roberts, https://patents.google.com/patent/US362868A/en.

21 "Come What May: A Wheel of an Idea," *Christian Science Monitor*, October 24, 1951, p.13.

22 Display ad, *Los Angeles Times*, July 29, 1991, p. A4.

23 Salganik et al., 2016.

## 5장. 래퍼곡선과 루빅스 큐브

1 Shiller, 1995.

2 Litman, 1983.

3 Jack Valenti, in a speech 'Motion Pictures and Their Impact on Society in the Year 2001'(April 25, 1978), quoted in Litman, 1983, p.159.

4 Goldman, 2012, location 695.

5 유명한 원히트 원더 목록은 위키피디아, https://en.wikipedia.org/wiki/One-hit_wonder에서 볼 수 있다.

6 세금은 산업 진흥에 방해가 되고, 많은 이들에게 생계와 일자리를 제공할 수 있는 특정 분야에 대한 의욕을 꺾을 수 있다.

7 딕 체니는 1978년 당시 백악관 비서실장이었고, 이후 국방장관을 거쳐 부통령을 역임했다.

8 럼스펠드는 1978년에 미국 국방장관이었다.

9 http://americanhistory.si.edu/blog/great-napkins-laffer

10 Peter Liebhold, 'O Say Can You See', http://americanhistory.si.edu/blog/great-napkins-laffer

11 Arthur B. Laffer, 'The Laffer Curve: Past, Present and Future', January 6, 2004, https://www.wiwi.uni-wuerzburg.de/fileadmin/12010500/userupload/skripte/ss09/FiwiI/LafferCurve.pdf

12 Paul Blustein, 'New Economics: Supply-Side Theories Became Federal Policy with Unusual Speed', 〈*Wall Street Journal*〉, October 8, 1981, p.1.

13 See Mirowski, 1982.

14 Brill and Hassett, 2007.

15 Cicero, 1860 [55 BCE], pp.187-8.

16 McDaniel and Einstein, 1986.

17 Lorayne, 2007, p.18.

18 See Paller and Wagner, 2002.

19 'Second Look in Sweden', 〈*Boston Globe*〉, September 21, 1976, p.26.

20 1989년, 미국의 고령은퇴자가 사회보장 혜택과 메디케어 부가세에 대한 합산효과 때문에 소득증가율의 100퍼센트보다 더 많은 세금을 낼 수 있다는 지적이 제기되었다. James Kilpatrick, 'Elderly Run Faster, Fall Further Behind', st.Louis Post Dispatch, March 19, 1989, p.B3.

21 US Tax Policy Center, https://www.taxpolicycenter.org/statistics/historical-individual-income-tax-parameters

22 Patrick Owens, "What's behind the Tax Revolt?" *Newsday*, June 2, 1978, p. 75.

23 https://www.gop.gov/9-ronald-reagan-quotes-about-taxes/

24 Walter Trohan, "Report from Washington," *Chicago Tribune*, February 20, 1967, p. 4.

25 Steven V. Roberts, "Washington Talk; Reagan and the Russians:The Joke's on Them," *New York Times*, August 21, 1987, p. A1.

## 6장. 경제 내러티브의 전염성에 대한 다양한 증거

1 Penfield, 1958, p.57.

2 Penfield, 1958, p.57.

3 Scholz et al., 2017, p.2882.

4 Zak, 2015.

5 Maren and Quirk, 2004.

6 Milad et al., 2005.

7 Milad et al., 2014.

8 Mi ł osz, 1990 [1951], p.239.

9 Hume, 1788 [1742], p.103.

10 펜실베이니아 식민지의 관점에서 본 경기침체의 원인은 1946년 버그Berg에서 찾아볼 수 있다.

11 Alexander Windmill, Letter to the Printer, *New-London Gazette*, reprinted in the *Connecticut Courant*, May 20, 1765, p. 1. See also Colin McEnroe, 'A Page from History: We Were There', *Hartford Courant*, October 29, 1997,

p.F8.

12 Le Bon, 1895.

13 Quoted from the 〈*Boston Transcript*〉 in 'Art and Business in Book-Jackets', *Literary Digest* 70 (September 10, 1921): 26–7.

14 Akerlof and Shiller, 2015.

15 Holt, 2002; Klein, 2009.

16 Keynes, 1936.

17 당시 신문에서는 미인대회를 많이 열곤 했다. 1920년 뉴욕의 〈이브닝 월드〉는 몇 주일에 걸쳐 아름다운 여성들의 사진을 실었고(그중 몇 명은 유명인이었다) 독자들은 사진을 오려내어 가장 선호하는 다섯 명의 명단을 보낼 수 있었다. 또 독자들이 직접 나중에 참가자 명단에 추가할 수 있는 사진을 동봉할 수도 있었다. 독자들이 선택한 미인 명단은 신문에 게재되고 갱신되었는데, 정답을 맞힌 독자에게 주는 상품은 없었으며 그저 참여하는 재미만 느낄 수 있을 뿐이었다. 보통 신문에서는 다섯 명의 후보를 선택할 것을 요청했으며, 케인즈가 신문에서 봤다는 미인 대회가 정확히 어디서 주최된 것인지는 찾아내지 못했다. https://www.newspapers.com/image/77732551/?terms=이브닝%2BWorld %2BBueaty%2BContest

18 Allen et al., 2006.

19 R. A. Fisher, 1930.

20 See Leonard, 2006.

21 Bruner, 1998, p. 18.

22 Gaser et al., 2004.

23 Saavedra et al., 2009.

24 Losh and Gordon, 2014; Pierce et al., 2001.

25 Kahneman and Tversky, 2000; Thaler, 2015, 2016.

26 Johnson and Tversky, 1983; Slovic et al., 2007.

27 Loewenstein et al., 2001.

28 Dohmen et al., 2006.

29 Achen and Bartels, 2017.

30 Boltz et al., 1991.

31 Areni and Kim, 1993.

32 Cheng et al., 2017.

# 2부 내러티브 경제학의 토대

## 7장. 인과성과 군집

**1** Hume, 1788 [1742], essay XIV, p. 101.

**2** Farnam, 1912, p.5.

**3** Jevons, 1878, p.36.

**4** Merton, 1948; Azariadis, 1981; Cass and Shell, 1983; Farmer, 1999.

**5** 제리 멀러는 『성과지표의 배신』에서 대학과 학교, 의료, 경찰, 군대, 비즈니스, 금융, 자선단체, 및 대외원조 등에서 성과의 수량화에 대한 지나친 의존이 어떻게 합리적 의사결정에 방해가 되는지 상세히 기술한다.

**6** ‘Stock Prices Move Up to Permanently High Plateau’, 〈*Toronto Star*〉, October 16, 1929, p.14.

**7** Kai Sedgwick, ‘46% of Last Year’s ICOs Have Failed Already‘, February 23, 2018, Bitcoin.com, https://news.bitcoin.com/46-last-years-icos-failed-already/

**8** Escalas, 2007.

**9** Machill et al., 2007.

**10** McQuiggan et al., 2008, p.538.

**11** Slater et al., 2003.

**12** Cronon, 2013, p.12.

**13** 섬광기억은 심리학자 로저 브라운과 제임스 쿨릭Roger Brown and James Kulik이 만든 용어다. 그들은 1963년에 발생한 존 F. 케네디 대통령의 암살 사건 뉴스를 사례로 들었다. 가설에 따르면 섬광기억은 극도의 놀라움과 감정적 자극에 의해 발생한다.

**14** Cronon, 2013, p.12.

**15** ‘The First Gun: Its Ominous Report Was Heard Around the World’, 〈*Los Angeles Times*〉, February 1, 1896, p.11.

**16** ‘University High’s Class of ’42 Still Remembers Pearl Harbor‘, 〈*Los Angeles Times*〉, December 7, 1981, p.F1.

17 NBER은 실제 경기침체가 발생하고 몇 달 후에야 그 사실을 공표한다. 2001년 3월 경기 불황의 시작은 2001년 11월에야 공표되었다. 그러나 경제학자들은 일반적으로 2001년 9월에 이미 경기침체를 예측하고 있었다.

18 'The Perfect Storm Tears Heart Out of the US Economy', 〈*Guardian*〉, November 14, 2001, p.26.

19 'At O'Hare, President Says "Get on board!"' September 27, 2001, https://georgewbush-whitehouse.archives.gov/news/releases/2001/09/20010927-1.html

20 그레그 입Greg Ip은 애국심의 폭발이 자신감의 상승 요인이 될 수 있다는 가능성을 언급했다. 'After Sep.11 Attacks, a Rebound, of Sorts', 〈*Wall Street Journal*〉, October 15, 2001, p.A1

21 "출처감시 접근의 핵심은 사람들이 일반적으로 기억의 출처를 지정하는 추상적 표시나 꼬리표를 직접 검색하지 않는다는 것이다. 활성화된 기억 기록들은 기억 과정에서 수행된 의사결정 과정을 통해 평가되고 특정한 출처에 귀속된다." (Johnson et al., 1993)

22 Johnson et al., 1993.

23 Barthes, 2013 [1984], http://xroads.virginia.edu/~drbr/wrestlin.html

24 "Kilrain's Rheumatism," *Cincinnati Inquirer*, February 22, 1890, p.2.

25 "그러나 그러한 과장된 표현은 싸움 전에 창을 휘두르는 검투사와는 달라야 하며, 그들은 그 만남에서 쓸모가 없다." Cicero, 1860 [55 BCE], pp. 178–9.

## 8장. 내러티브 경제학의 7가지 기본 명제

1 Shiller, 1989.

2 Arthur Krock, 'What America Is Talking About', 〈*New York Times*〉, October 30, 1932, p.SM1.

3 밀튼 프리드먼이 지적했듯, 현재소득이 현재지출을 결정한다는 케인스식 사고는 그다지 정확하지 않다. 프리드먼은 현재소득이 미래소득의 예측 기반이 될 수 있는 직종, 즉 연간소득의 변동이 적은 직종에서 사람들의 소비지출을 더욱 잘 추적할 수 있음을 보여주었다. 그는 지출이 현재소득이 아니라 항상소득, 즉 미래의 장기적인 평

균 예상소득에 따라 결정된다는 가설을 세웠다. 그러나 대공황 시기에는 프리드먼의 항상소득 가설도 정확하지는 않았다. 이 모형은 통계적 특성에 따라 조정소득에만 반응하는 사람들을 대상으로 한다. 크리스티나 로머Christina Romer는 1929년 주가 대폭락이 발생하고 소득감소의 증거가 나타나기도 전에 소비수요가 감소했다고 지적했다. 그는 소비수요의 감소가 주가 폭락으로 인한 새로운 불확실성에 대한 반응이라고 결론지었다. 수요는 기대와 불확실성 양쪽 모두의 영향을 받으며, 또한 이를 통해 미래를 예측하는 다양한 내러티브(한때 전문가들은 신뢰할 수 없다고 치부하던)의 영향을 받는다. 토빈과 스완Tobin and Swan은 항상소득 가설에 관한 또 다른 문제점을 보여준다.

4 https://www.thesun.co.uk/tech/5067093/lily-allen-bitcoin-billionaire-richer-than-madonna/

5 See Shiller, 1989.

6 Siegel, 2014 [1994], pp.250~253. 〈뉴욕 헤럴드 트리뷴〉은 1939년 9월 3일 이후 미국 증시가 하락하지 않은 데 대해 당혹감을 표시하며 "유가증권을 보유하거나 매입한 많은 사람들이 증시가 대체로 지난 세계 대전과 같은 패턴을 따를 것이라 믿거나 혹은 그러길 바라는 마음에 행동한 것으로 보인다. 1차 세계대전 당시 증시는 공식 거래가 없었던 8개월 동안 침체를 겪었으나 1915년 유럽의 상황이 변하면서 상승세로 도약했다."는 해석을 내놓았다. 'War and the Markets', 〈*New York Herald Tribune*〉, September 4, 1939, p.18

7 World Health Organization, 2003, p.xiii.

8 Vosoughi et al., 2018.

9 원곡은 1893년에 출간된 패티 힐과 밀드레드 J. 힐Patty Hill&Mildred J. Hill의 『유치원생을 위한 노래 이야기*Song stories for the Kindergarten*』에 수록돼 있다. https://commons.wikimedia.org/wiki/File:GoodMorningToAll_1893_song.jpg

10 Weems, 1837, p. 11.

11 Weems, 1837, pp. 13 – 4.

12 Wang et al., 2012.

13 Blanc, 1851, p. 91: "각자 자신의 능력에 따라, 각자 자신의 필요에 따라." Matthew 25:15 quotes Jesus: "각자 자신의 능력에 따라."

# 3부 영속적 경제 내러티브

## 9. 재발과 변이

1 See Kuran and Sunstein, 1999.

2 그러나 남북전쟁 사망자의 대부분은 전투가 아니라 질병 때문에 사망했다. 전염병에 비유하자면 남북전쟁은 미국 역사에서 그리 큰 규모는 아니었다. Nicholas Marshall, "The Civil War Death Troll, Reconsided," 〈*New York Times*〉 Obscribator, 2014년 3월 https://opinionator.blogs.nytimes.com/2014/04/15/the-civil-war-dath-toll-reconsidered/을 참조하라.

3 '대침체'라는 용어는 1990~1991년 중동에서 발발한 다른 전쟁과 관련된 경미한 경기침체에서도 사용되었으며, 1992년 미 대선에 출마한 후보 H. 로스 페로Ross Perot가 선거 기간 동안 대공황과 비교한 바 있다. James Flanagan, 'What an Economy in Low Gear Means', 〈*Los Angeles Times*〉, July 26, 1992를 참조하라.

## 10장. 공황 vs. 신뢰

1 Raymond Moley, quoted in Terkel, 1970, location 5151.

2 'The Financial Crisis,' 〈*New York Herald Tribune*〉, September 26, 1857, p.1.

3 Hannah, 1986.

4 'How the New Banking System Is Expected to Operate as a Cure for Business Panics', 〈*Washington Post*〉, December 29, 1913, p.5.

5 George Gallup, 'The Gallup Poll: An Increasing Number of Voters Believe Business Will Improve within Six Months', 〈*Washington Post*〉, February 4, 1938, p.X2.

6 Sidis, 1898, p.6.

7 Marden, 1920, p.175.

8 'First Scientific Weather Forecasting', 〈*Chicago Daily Tribune*〉, December 18, 1898, p.29.

9 Diogenes, 'Correspondence of the Mercury', 〈*Charleston Mercury*〉,

February 15, 1858, p.1.

10 '선행지수'라는 용어는 1880년에 한 번, 그리고 1920년대에 두 번 프로퀘스트에 등장하지만 1930년대 대공황 때까지는 대중적으로 확립된 개념이 아니었다. 경제사적인 측면에 있어 1938년 미첼과 번스가 발명한 선행지표의 의의는 무어Moore에 의해 제시되었다. 1946년에 번스와 미첼은 기존의 선행지표에 관한 내용을 더욱 확장한, 영향력 있는 저서를 발표했다. 아서 번스는 후에 1970~1978년에 연방준비위원회의 의장으로 재임했는데, 후에 그 당시 인플레이션을 폭발시킨 장본인이라는 비난을 받았고 그의 예측 모형에 더 전염적인 이야기와 유명 인사의 지위를 추가했다.

11 'Lays Bull Market to Coolidge Tips', 〈*New York Times*〉, August 24, 1928, referring to an *Atlantic* article of that month.

12 'The Wall Street Journal Straws: Difficult to Take Profits', 〈*Wall Street Journal*〉, November5, 1928, p.2.

13 '"Why Does U.S. Fuss at Us" Traders Ask: Public Eye Battle of Wall Street', 〈*Chicago Daily Tribune*〉, February 18, 1929, p.25.

14 'New Threats Made to Cut Speculation', 〈*Washington Post*〉, April 5, 1929, p.1.

15 Lewis H. Haney, 'Looking 1930 in the Face', 〈*North American Review*〉 229(3) (March 1930):365.

16 〈*New York Times*〉, January 5, 1931.

17 〈*New York Times*〉, September 25, 1884, p.4.

18 'Reckless Talk in Congress', 〈*New York Times*〉, May 18, 1932, p.20.

19 Irving Fisher, 1930, p.63.

20 Thomas Mullen, quoted in 'Money to Move as Fear Leaves, 'Ad' Men Told' 〈*Christian Science Monitor*〉, June 15, 1931.

21 Franklin Delano Roosevelt, First Inaugural Address, March 4, 1933, http://www.gutenberg.org/files/104/104-h/104-h.htm.

22 Goodread.com은 '두려워해야 할 유일한 것은 두려움 그 자체'는 '좋아요(likes)'의 수를 받은 기준으로 평가할 때 프랭클린 루스벨트의 139개 명언 중 가장 유명하다고 기재하고 있다. https://www.goodreads.com/author/quotes/219075.Franklin_D_Roosebelt

23 Langlois and Durocher, 2011.

24 "In the Wake of Unemployment," *Hartford Courant*, November 8, 1931, p. E5.

25 Roosevelt, first fireside chat, March 12, 1933, https://www.youtube.com/watch?v=r6nYKRLOFWg

26 W. M. Kiplinger, "Causes of Our Unemployment: An Economic Puzzle," *New York Times*, August 17, 1930, p. 111.

27 Lindbeck and Snower, 2001.

28 Eichengreen,1996; Eichengreen and Temin, 2000.

29 Marx, 2017 [1959], beginning of chap. 15.

## 11장. 근검절약 vs. 과시적소비

1 혹자는 1870년대 불황 말기에 출간된 헨리 조지의 저서 『진보와 빈곤』에서 실직자들을 고려해 부유한 사람들이 소비를 절제한 내용이 있으리라 기대할지 모르지만 그런 대목은 없다. 그는 오히려 반대로 생각했던 것 같다. 그는 불평등이 감소되어 "곤궁한 자들과 빈곤에 대한 두려움이 사라지면 부에 대한 동경이 사라질 것이며, 사람들은 부의 획득이나 과시가 아닌 다른 방식으로 주변인들의 존경과 경탄을 구할 것이다."라고 썼다(George, 1886[1879], chap. 4) 아니면 1890년대의 장기 불황 속에서 '과시적소비'라는 용어가 처음 사용된 소스타인 베블런의 1899년 명저 『유한계급론』에서 검소함에 대한 인식을 발견할 수 있으리라 생각할지도 모른다. 그러나 불황과 함께 나타난 새로운 검소함은 언급되지 않았다. 사실 그 책은 1893년의 공황과 그 결과로 나타난 불황에 대해 언급하지 않는다. 베블런 역시 그 반대로 생각했던 것 같다. "양심의 가책, 연민, 정직과 삶에 대한 존중으로부터의 자유는 상당히 넓은 범위 내에서, 금력과시 문화 내에서 개인의 성공을 확대한다고 말할 수 있다."(Veblen, 1899, chap.9).

2 'Financial Crash Left Them Deeply in Debt', 〈*Daily Boston Globe*〉, March 10, 1930, p.21.

3 'Family Breakdowns Reported Increasing', 〈*New York Times*〉, March 21, 1932, p.2.

4 'Women Make Plea for Family Relief', 〈*New York Times*〉, May 17, 1936, p.N2.

5 Ruth Ellicott, 'Household—eason for Home Refurbishing Arrives: Coziness Is Requisite for Winter, Entire Family Morale May Be Boosted by a Changed Household Environment', 〈*Baltimore Sun*〉, October 1, 1933, p.TM8.

6 Allen, 1964 [1931], p.289.

7 Carol Bird, 'We're getting 'anchored' Again Says Rita Weiman', 〈*Washington Post*〉, July 10, 1932, p.SM3.

8 'Keeping Up Appearances: dare to be poor!' 〈*Manchester Guardian*〉, October 9, 1931, p.6.

9 Catherine Hackett, 'Why We Women Won't Buy', 〈*Forum and Century*〉, December 1932, p.343.

10 Anne O'Hare McCormick, 'The Average American Emerges', 〈*New York Times*〉, January 3, 1932, p.SM1.

11 'Crime Decrease Noted in Depression Years', 〈*New York Herald Tribune*〉, February 23, 1934, p.32, and 'Crime among Young Shows No Increase', 〈*Globe and Mail*〉, November 22, 1937, p.3.

12 'Citizens Advised Not to Give Money to Street Beggars', 〈*Globe*〉(Toronto), January 14, 1931, p.14. 'Begging in City Increases Daily, Survey Reveals', 〈*New York Tribune*〉, July 30, 1930, p.4.

13 'Panhandling', 〈*Washington Post*〉, November 3, 1932, p.6.

14 'Bars Apple Sellers from Busy Streets', 〈*New York Times*〉, April 16, 1931, p.25.

15 'Apple Sale by Jobless Starts Friday: Unemployed Will Vend Fruit on Hartford Streets as a Way of Providing for Their Families', 〈*Hartford Courant*〉, November 27, 1930, p.1. ProQuest Historical Newspapers: *Hartford Courant*.

16 'Holdup in Car Panhandler's Thanksgiving', 〈*Washington Post*〉, April 28, 1932, p.18. 'Drive Begun on Peddlers', 〈*Los Angeles Times*〉, December 17, 1932, p.A10.

17 Roth, 2009, p.12.

18 Stachura, 1986.

19 http://www.pbs.org/auschwitz/40-45/background/auschwitz.html

20 Grace Kingsley, 'Display of Luxury Is Out', 〈*Los Angeles Times*〉, March 31, 1932, p.A9.

21 'Display of Wealth Viewed as Offense', 〈*New York Times*〉, December 26, 1932, p.21.

22 '1932's Bargins Different from Those of 1931: To Claim Poverty No Longer Chic - Furs and Shoes Are Discussed', 〈*Washington Post*〉, April 7, 1932, P. S6. 하지만 모든 사람이 빈곤을 모범으로 삼는 데 열성적으로 참여한 것은 아니다. 빈곤이 근사한 것으로 취급되긴 했지만 그것은 여전히 부정적인 변명이었고, 즐거움과 쾌락에 심취한 이들은 절제하기가 어려웠다. 'Baltimoreans Find Europe Alluring', 〈*Baltimore Sun*〉, June 14, 1931, p.SA13.

23 'Bicycle Riding Fad Strikes Washington', 〈*New York Times*〉, July 31, 1933, p.15.

24 'Is a New Car a Sin?' 〈*Wall Street Journal*〉, February 18, 1932, p.8.

25 Heffetz, 2011, p.1106.

26 'Confidential Chat: Husband Lacks All Sense of Responsibility', 〈*Boston Daily Globe*〉, May 12, 1932, p.18.

27 'Confidential Chat: Don't Blame the Men; They Can't Help It', 〈*Boston Daily Globe*〉, May 28, 1932, p.18.

28 'Relief to Stay, Says State Director', 〈*Pittsburgh Post-Gazette*〉, January 30, 1936, p.26.

29 Bewley, 1999, pp.49－0.

30 Fang and Moscarini, 2005.

31 'Blue Jeans and Calico', 〈*New York Tribune*〉, April 13, 1920, p.14.

32 Nerissa Pacio Itchon, 'S.F.s First Fashion Icon: Levi's 50IS', 〈*San Fransisco Chronicle*〉, May 19, 2017, https://www.sfchronicle.com/style/article/SF-s-first-fashion-icon-Levi-s-50IS-11153403.php. 리바이스사는 원래 레이디 리바이스를 카우걸을 위한 복장이나 승마복으로 홍보했다. 'An Old Timer Advises the Due Ranch Guest', 〈*New York Herald Tribune*〉, April 28, 1935, P.I13

33 Judy Horton, 'Dude Dressing', 〈*Vogue*〉, June 1, 1935 p.121.

34 Sullivan, 2006.

35 https://www.liveabout.com/the-history-of-jeans-2040397

36 'Briton Changes Name; Becomes James Dean', 〈*Minneapolis Sunday Tribune Picture Magazine*〉, January 5, 1958.

37 'The Country Is Off on a Jig-SawJag', 〈*New York Times*〉, February 12, 1933, p.100.

38 '1932's Bargains Different from Those of 1931: To Claim Poverty No Longer Chic—urs and Shoes Are Discussed', 〈*Washington Post*〉, April 7, 1932, p.S6.

39 Piketty, 2014. 또한 http://piketty.pse.ens.fr/files/capital21c/en/Piketty2014FiguresTablesLinks.pdf.TableI.1를 참고하라. 1910~2010년 미국의 소득 상위 10분위의 소득 비율을 나타낸 표 I.1은 1970년 이후 경제적 불평등이 급격히 증가했음을 보여준다.

40 Uchitelle, 2006.

41 Trump and Zanker, 2007. The title of the book was later changed to 『*Think Big: Make It Happen in Business and Life*』.

42 Paul Blustein, 'In Japan, Consumption's No Longer Conspicuous; Consumers' Newly Frugal Mood May Prolong Nation's Recession', 〈*Washington Post*〉, February 28, 1993, p.H01.

43 Charles Fisher, 『*Meditation in the Wild: Buddhism's Origin in the Heart of Nature*』 (Alresford, UK: John Hunt Publishing, 2013).

44 Adams, 1931, p.404.

45 'A Martin Luther King Center to Open in Phila', 〈*Philadelphia Inquirer*〉, November 23, 1983, p.4-B.

46 'President Calls for Expanding Opportunities to Home Ownership, Remarks by the President on Homeownership', St. Paul AME Church, Atlanta, Georgia, June 17, 2002, https://georgewbush-whitehouse.archives.gov/news/releases/2002/06/20020617-2.html

47 Pecotich and Ward, 2007.

1 Ralph Benko, 'President Trump: Replace the Dollar with Gold as the Global Currency to Make America Great Again', 〈*Forbes*〉, February 25, 2017

2 https://www.bankofcanada.ca/rates/related/international-reserves/.

3 World Gold Council, https://www.gold.org/what-we-do/official-institutions/accounting-monetary-gold. 1미터톤은 21,150트로이온스이며, 이 글을 쓰는 현 시점에서 금 1트로이온스의 가격은 미화 1,294달러다.

4 Daniel Indiviglio, 'Bernanke to Ron Paul: Gold Isn't Money', 〈*Atlantic*〉, July 13, 2011.

5 See Flandreau, 1996.

6 *Atlanta Constitution*, April 19, 1895, p.4.

7 'The Treaty', 〈*New York Times*〉, February 10, 1897, p.6.

8 'Silver in the West: Some Easterners Misjudge the Sentiment for It', 〈*Washington Post*〉, July 28, 1896, p.4.

9 International Bimetallic Conference, *Report of Proceedings* (London, 1894).

10 오늘날의 시카고대학이 개교한 것은 1890년이다. J. 로렌스 로플린J. Laurance Laughlin은 시카고대학 최초의 교수진 중 한 명으로, 교편을 잡기 전에 복본위제에 반대하는 『복본위제의 역사*The History of Bimetallism*』을 집필한 바 있었다. 『코인의 금융 학교』가 출간된 후, 실제 로플린 교수는 하비에게 도전해 책에서보다 훨씬 훌륭한 토론을 이끌어냈고 선도적인 지식인으로 이름을 떨쳐 결국 1900년 금본위제법과 연방준비제도의 창설에 영향을 미쳤다. 안드레-아그렛Anré-Aigret와 디맨드Dimand를 참고하라.

11 'Silver in the West: Some Easterners Misjudge the Sentiment for It', 〈*Washington Post*〉, July 28, 1896, p.4.

12 'M'Kinley on Hard Times', 〈*New York Times*〉, October 7, 1896, p.3.

13 'no more: Do Silverites Ask about General Prosperity', 〈*Courier-Journal*〉, September 11, 1897, p.6.

14 Noyes, 1898, p.190.

15 당시 뉴욕에는 뉴욕 증권거래소와 가까운 곳에 재무부 분국이 있었다. 지금도 그곳을 방문하면 공개되어 있는 금고와 설명 명판을 볼 수 있지만, 금을 상환할 수는 없다. 지금은 박물관이 되었기 때문이다.

16 'The Pedigree of the Gold-Bug: The First Pair Imported from Nevada', 〈*Louisville Courier-Journal*〉, July 28, 1896, p.2.

17 'The Pedigree of the Gold-Bug', p.2.

18 See Sargent and Velde, 2002

19 Howard, 1895, p.7.

20 Howard, 1895, p.76.

21 Henry L. Davis, of the California Optical Company, quoted in 'San Francisco Business Men Tell Why Times Are Hard and Name the Remedy', 〈*San Francisco Chronic*〉*le*, August 21, 1896, p.8.

22 Charles Merrill, quoted in 'San Francisco Business Men', 〈*San Francisco Chronicle*〉.

23 *Official Proceedings of the Democratic National Convention Held in Chicago, Ill., July 7th, 8th 9th, 10th and 11th, 1896* (Logansport, IN: Wilson, Humphries & Co., 1896).

24 'Where Bryan Got Them', 〈*Louisville Courier Journal*〉, July 29, 1896, p.4.

25 'Fiat Oratory', 〈*New York Times*〉, July 24, 1896, p.4.

26 Louis Sloss, quoted in 'San Francisco Business Men Tell Why Times Are Hard and Name the Remedy', 〈*San Francisco Chronicle*〉, August 21, 1896, p.8.

27 그레샴 법칙은 1857년 복본위제에 대한 논쟁이 시작되었을 때 스코틀랜드의 경제학자 헨리 더닝 매클라우드Henry Dunning Macleod가 발표한 것으로, 그는 영국의 금융가 토머스 그레샴Thomas Gresham을 이 법칙의 창시자로 들었다. 그레샴 법칙은 매우 단순하다. 만일 복본위제의 교환비율이 세계 시장에서 확립되어 있는 비율과 다르다면 사람들은 일반적으로 가치가 덜한 화폐로 비용을 지불할 것이며 따라서 다른 금속은 유통되지 못하고 시장에서 사라질 것이다.

28 'Voice of the People: A Correspondent's Sensible Letter on the Money Question', 〈*Chicago Daily Tribune*〉, August 26, 1893, p.14.

29 이 이야기가 어떻게 그런 놀라운 성공을 거두게 되었는지에 관한 의문 외에도 또 다른 수수께끼가 존재한다. 바움의 소설은 금본위제와 은화자유주조운동에 관한 비유로 보이지만, 1964년에 헨리 M. 리틀필드Henry M. Littlefield가 지적하기 전에는 사람들에게 알려지지 않았다. 그토록 오랫동안 어떤 출간물도 그런 풍자적인 요소를 지적

하지 않았다는 사실은 참으로 이상한 일이다. 하지만 리틀필드는 바움이 이 책에서 금본위제와 자유은화주조운동을 비유했다고 확신했는데, 그의 말처럼 바움은 은화자유주조 운동에 적극적이었고 행진에 참가하기도 했으며 은화자유주조운동이 활발한 지역에 거주하고 있었기 때문이다. 또한 브라이언은 1896년 대선에서 패배하고도 1900년에 다시 매킨리에 대항해 두 번째 대선에 뛰어들 준비를 하고 있었다. 따라서 『오즈의 마법사』가 출간된 해에도 은화자유주조는 여전히 활발한 논의 대상이었다.

**30** Eichengreen and Temin, 2000, pp.206 – 7.

**31** Mark Sullivan, 'Inflation's Danger Begins When People Scramble to Get Rid of Their Dollars', 〈*Hartford Courant*〉, November 26, 1933, p.D5.

## 13장. 노동절약 기계

**1** 영어의 'automatic'이라는 단어의 기원은 기원전 7세기까지 거슬러 올라간다. 호메로스의 『일리아드』, bk. 18, 376행. "그녀는 그(헤파이토스)가 땀을 뻘뻘 흘리며 풀무를 불고 있는 것을 보았다. "그는 튼튼하게 지어진 방의 벽 주위에 세워두려고 도합 20개의 세발솥을 만들고 있었고[375], 각각의 세발솥마다 황금바퀴를 달아 저절로 신들의 회의장에 갔다가 집으로 돌아올 수 있게 하였는데 참으로 경이로운 광경이었다." https://www.perseus.tufts.edu/hopper/text?doc=Perseus%3Atext%3A1999.01.0133%3Abokk%3D18%3Acard%3D360

**2** Aristotle, *Politics*, trans. Benjamin Jowett, bk. 1, pt.4.

**3** Argersinger and Argersinger, 1984. 그러나 월터 스미스는 1870년대 불황의 원인을 다룬 1879년 저서에서 노동절약 기계에 대해 언급하지 않는다. 내러티브가 모든 사람들에게 닿지는 못한 것이다.

**4** *Visitors' Guide to the Centennial Exhibition and Philadelphia* (Philadelphia: ippincott, 1876), https://archive.org/details/visitorsguidetoc00phil.

**5** *Visitors' Guide to the Centennial Exhibition and Philadelphia*.

**6** Charles M. Depuy, 'The Question of the Hour', 〈*Philadelphia Inquirer*〉, February 3, 1876, p.1.

**7** 'Labor-Saving Machinery', 〈*Daily American*〉, December 11, 1879, p.2.

**8** 'Labor-Saving Machinery'.

9 George, 1886 [1879], pp.227 – 8.

10 'The General Omnibus Company of Paris', 〈*Times of India*〉, June 4, 1879, p.3.

11 'Labor-Saving Machinery and Overproduction', 〈*Los Angeles Times*〉, June 28, 1894, p.4.

12 'Labor-Saving Machinery and Overproduction'.

13 'The Great Problem', 〈*San Francisco Chronicle*〉, April 22, 1894, p.6.

14 'Stores Are Merely Labor-Saving Machines', 〈*Chicago Daily Tribune*〉, March 14, 1897, p.26.

15 'Trade Unionists' Remedy', 〈*Boston Daily Globe*〉, April 24, 1899, p.5.

16 https://www.ele.uri.edu/faculty/vetter/Other-stuff/The-Machine-Stops.pdf

17 'Robot Cop Dictator: Rules Five-Way Intersection', 〈*Los Angeles Times*〉, July 29, 1929, p.1.

18 Phillip Snowden, M.P., 'Snowden Fears Trade War', 〈*New York Times*〉, June 10, 1928, p.133.

19 'Unemployment Called Serious', 〈*Atlanta Constitution*〉, March 27, 1928, p.4.

20 'Mayor Scored for Failure to Help Jobless', 〈*Baltimore Sun*〉, April 16, 1928, p.22.

21 Chase, 1929, p.209

22 Chase, 1929, pp.215 – 6.

23 Chase, 1929, p.323. Chase used the phrase 'technological unemployment' (p.212), but only rarely.

24 'Steno in the Future May Be a Robot, Show Indicates', 〈*Chicago Daily Tribune*〉, November 12. 1929, p.45.

25 'Cause of the Crash', 〈*Washington Post*〉, November 9, 1930, p.S1.

26 George, 1886 [1879], p.259.

27 'Topics of the Markets: Another Gloomy Day on the Stock Market', 〈*Globe and Mail*〉, October 29, 1929, p. 8. 'Ford Would Raise Wages, Cut Prices Down to Actual Values', 〈*St. Louis Post-Dispatch*〉, November 21, 1929, p.2a.

28 Cassel, 1935, p. 66.

29 "Text of Governor Roosevelt's Address Opening His Campaign," *New York*

*Herald Tribune*, August 21, 1932, p. 17.

**30** Chester C. Davis, "Underconsumption of Goods: A Challenge to the Nation," *New York Times*, December 9, 1934, p. XX5.

**31** See Balderrama and Rodriguez, 2006.

**32** "Senators Invoke Ancient Rights Declare War on Dial Phone," *Baltimore Sun*, May 23, 1930, p. 2.

**33** Fred Hogue, "Robots Menace World's Wage-Earners," *Los Angeles Times*, February 1, 1931, p. 23.

**34** "Fear of Losing Job Makes Worker Curtail Spending," *Boston Globe*, November 1, 1931, p. A60.

**35** "Einstein Sees U.S. Troubles Internal," *Boston Globe*, January 24, 1933, p. 17.

**36** Fred Hogue, "Robots Menace World's Wage-Earners," *Los Angeles Times*, February 1, 1931, p. 23.

**37** Wayne Parrish, "Ten-Year Survey Points to End of Price System," *New York Herald Tribune*, August 21, 1932, p. 1. The "Technocracy" group fell apart in discord by January 1933.

**38** "Technology Cult Is Now on the Wane," *New York Times*, January 29, 1933, p. N1.

**39** Aubrey Williams, "A Crisis for Our Youth," *New York Times*, January 19, 1936, p. SM4.

**40** "Nazis to Bar Replacing of Men with Machines," *Hartford Courant*, August 6, 1933, p. B5.

**41** https://www.youtube.com/watch?v=n1apYo6-Ow

**42** "Yale Scientist Proposes Building Robot Army," *Nashville Tennessean*, January 25, 1941, p. 1.

**43** "Robots Not War-Winners," *Globe and Mail*, July 7, 1944, p. 6.

## 14장. 자동화 및 인공지능

1 Elmo Roper, 'What People Are Thinking', 〈*New York Herald Tribune*〉, December 28, 1945, p.15A.

2 Ralph Reed, '1946 Sees First Traveling Vacations since the War', 〈*Daily Boston Globe*〉, April 14, 1946, p. B9. '승전 휴가'라는 용어는 이미 1942년부터 사용되고 있었다. 전시에 돈과 물자를 절약하기 위해 집에서 경제적으로 보내는 휴가를 지칭했다.

3 슬라이드 프로젝터는 오래 전부터 사용되고 있었으나, 사진현상소에서 필름을 한 장씩 판지에 넣은 편리한 레디마운트는 1946년에 처음 광고를 시작했다.

4 Harry T. Montgomery, 'Confidence Marks Business Outlook', 〈*Los Angeles Times*〉, January 3, 1950, p35.

5 Alfred L Malabre, Jr., 'Automation Alarm Is Proving False', 〈*Wall Street Journal*〉, December 23, 1965, p.6.

6 'Automation Strike Deadlock in U.K.', 〈*South China Morning Post*〉, May 3, 1956, p.17.

7 John Hoggatt, 'What Automation Means to You', 〈*Austin American*〉, December 16, 1956, p.SM1.

8 Roscoe Born, 'Men & Machines: Industrial Unions Fear Automation Will Cut Membership and Power', 〈*Wall Street Journal*〉, April 7, 1959, p.1.

9 Samuel Lubell, 'Disturbing Paradox: Insecurity Blot on Recovery', 〈*Boston Globe*〉, May 5, 1959, p.19.

10 'Automation Blamed for Recession', 〈*Washington Post*〉, April 23, 1958, p.A2.

11 https://www.youtube.com/watch?v=244SeRiPM.

12 Michaels, 1962, pp.13–4.

13 US Department of Health, Education and Welfare, National Commission on Technology, Automation, and Economic Progress, *Technology and the American Economy* (Washington, DC: US Government Printing Office, 1966).

14 Alfred L. Malabre, Jr., 'Automation Alarm Is Proving False', 〈*Wall Street Journal*〉, December 23, 1965, p.6.

15 Mark Potts, 'Personal Robots: The Future Is Now', 〈*Washington Post*〉, December 12, 1983, p.WB33.

16 https://www.pastemagazine.com/articles/2015/11/the-100-greatest-movie-robots-of-all-time.html?p=5

17 Andrew Pollack, 'A New Automation to Bring Vast Changes', 〈*New York Times*〉, March 28, 1982, p.HT1.

18 Pollack, 'A New Automation'.

19 G. Pascal Zachary, 'Worried Workers', 〈*Wall Street Journal*〉, June 8, 1995, p.A1.

20 S&P 500 지수의 주당 액면가로 측정한 주가. 인플레이션 또는 환매는 감안하지 않았다.

21 1년 전인 2010년에 출시된 구글 보이스 액션Google Voice Action도 음성 명령을 실행할 수 있었다.

22 Silver et al., 2017. 알파제로 프로그램이 진실로 그렇게 작동하는지 의심하는 일부 회의론자들도 있다. https://medium.com/@josecamachocollados /is-alphazero-really-a-scientific-breakthrough-in-ai-bf66ae1c84f2

23 Harari, 2018.

24 http://www.cnn.com/2011/11/03/tech/innovation/steve-jobs-book-sales/

25 'Proposing to Tax Labor-Saving Machines', 〈*Sun*〉, January 18, 1933, p.8, and Mady Delvaux, *Draft Report*, European Parliament, May 2016, http://www.europarl.europa.eu/sides/getDoc.do?pubRef=-//EP//NONSGML%2BCOMPARL%2BPE -582.443%2 B01%2 BDOC%2BPDF%2BV0//EN

26 George, 1886 [1879], p.395.

27 George, 1886 [1879], pp.395 – 6.

28 Quoted in 'An Engineer Turns Diagnostician', 〈*St Louis Post-Dispatch*〉, June 5, 1932, p.1.

## 15장. 부동산 시장의 호황과 불황

1 예를 들어 1978년 1월부터 2019년 9월 사이 월간 미시건대학 소비자 심리지수와

인플레이션 반영 S&P/코어로직/케이스-쉴러 주택가격지수의 상관관계는 0.035에 불과하다.

2 Observer, 'Making Auger Holes with a Gimlet', 〈*Cultivator*〉, September 1840, p.146.

3 'Where They Live', 〈*St. Louis Post-Dispatch*〉, December 29, 1889, p.18.

4 Davis and Heathcote, 2007.

5 토지 가치 vs. 주택 가치의 전통적인 비율은 10%였다. Paul F. Kneeland, 'This Land Boom Is a Land Boom with a Difference', 〈*Boston Globe*〉, June 15, 1958, p.A31

6 예를 들어 2차 세계대전 이후 주택가격이 급등했을 때, 한 기사는 건축 비용의 상승을 원인으로 꼽았다. 'U.S. Construction Costs Grind Upward: Prices on New Homes Follow Suit: Experts Differ on Why Prices Should Zoom', 〈*Christian Science Monitor*〉, August 18, 1950, p.13

7 Grebler et al., 1956, p.358.

8 'Housing Prices Nip Low Income Groups' 〈*Arizona Republic*〉, January 25, 1957, p.43.

9 McGinn, 2007, p.6.

10 Festinger, 1954.

11 'Own Your Own Home', 〈*Washington Post*〉, May 19, 1919, p.9.

12 *Arizona Republican, January 1,* 1900, p.3.

13 US Supreme Court Justice Joseph McKenna in *Hall v. Geiger-Jones Co*., 242 U.S. 539 (1917).

14 'Ponzi's Florida Wizarding Pays Big—or Ponzi', 〈*Chicago Daily Tribune*〉, January 16, 1926, p.9.

15 미국 연방정부는 현재 1968년 주간州間 토지 매매 완전공개법Interstate Land Sales Full Disclosure Act, ILSFDA으로 주간 토지 매매를 규제하고 있는데 이 법은 과거에 토지 붐을 일으킨 광고 및 판매 전술을 명백하게 금지하고 있다. 로이드Loyd와 퍼슬리Pursley를 참고하라. ILSFDA는 현재 2010년 도드-프랭크법Dodd-Frank Act법에 따라 설립된 소비자금융보호국Consumer Financial Protection Bureau의 관할하에 있으며, 해당 기관은 이 법을 준수하지 않는 부동산중개인들을 적극적으로 기소한다.

16 See Gyourko et al., 2013 for such a model.

17 Saiz, 2010.

18 실제로, 주택 서비스의 한계 단위 소비를 감안한 2인 가족 중위소득의 시점에서 볼 때, 1970~1979년 사이 세후 비용이 30퍼센트 가량 감소한 것으로 추정된다. 이는 주로 세전 실질자본비용의 감소와 인플레이션에 따른 자가주택에 대한 조세보조의 커다란 증가 때문이었다. 'Diamond', p.295.

19 "WSJ 'Mansion' Section Makes Its Debut," *Wall Street Journal*, October 4, 2012, http://www.wsj.com/video/wsj-mansion-section-makes-its-debut/5BAD7D1C-77FA-4057-9E3A-19446C5F2F52.html.

20 Katherine Clarke, "Tech CEOs: Lie Low or Live Large?" *Wall Street Journal*, November 17, 2017, p. M1.

21 "House Prices: After the Fall" cover story, *Economist*, June 18 – 4, 2005.

## 16장. 주식 시장 거품

1 예를 들어 1978년 1월부터 2018년 11월까지 S&P 500 주가지수에 대한 미시간 소비자심리지수와 경기조정주가수익CAPE 비율의 상관관계는 0.57이다. 같은 기간 동안 CAPE 비율과 실제 주택가격과의 상관관계는 0.42이다.

2 'Movie Ticker Blamed for Wild Trading in Stocks', 〈*Austin Statesman*〉, May 24, 1928, p.3.

3 Kempton, 1998 [1955], prelude, location 153.

4 Alexander Dana Noyes, *Globe* (Toronto), October 22, p. 8, 1928, quoting 'Financial Markets', 〈*New York Times*〉, October 22, 1928, p.36.

5 Rappoport and White, 1994.

6 Robert Shiller, 'Lessons from the October 1987 Market Plunge', 〈*New York Times*〉, October 22, 2017, p.BU3, https://www.nytimes.com/2017/10/19/business/stock-market-crash-1987.html

7 Galbraith, 1955. 그는 다른 사람들의 주장을 반박한다. 'Rise in Suicide Rate Laid to Depression: National Shows 20.5 of 100,000 People Took Their Lives in 1931 - Highest Figure since 1915', 〈*New York Times*〉, June 23, 1939, p.24. 웹 외(Webb et al, 2002)는 지난 해 실업률과 자살률-특히 백인 남성-이 상당한 긍

정적 상관관계를 지니고 있음을 보여준다.

8 Johnson and Tversky, 1983.

9 'When Youth and Beauty Go—hat Then?' 〈*Louisville Courier-Journal*〉, January 19, 1930, p.87.

10 Terkel, 1970, p.67.

11 Terkel, 1970, p.376.

12 Terkel 1970, p.164.

13 Kempton, 1998 [1955], prelude, location 118.

14 Jody Chudley, 'JFK's Father Used a Simple Trick to Spot Market Bubbles—and You Can Too', 〈*Business Insider*〉, October 12, 2017, http://www.businessinsider.com/how-to-spot-stock-market-bubbles-2017-10

15 Baruch, 1957.

16 'Conservatives Begin to Realize Value of War Specialty Stocks', 〈*Minneapolis Morning Tribune*〉, July 26, 1915, p.15.

### 17장. 보이콧, 폭리취득자, 악덕기업

1 Charles C. Boycott, 'The State of Ireland', 〈*Times*〉(London), October 18, 1880, 6.

2 Wolman, 1916, p.24.

3 Wolman, 1916, p.34.

4 'Who Is a Profiteer, and What Shall Be Done with Him?', 〈*New York Tribune*〉, June 16, 1918, p.D3.

5 http://avalon.law.yale.edu/20thcentury/harding.asp

6 'General Drop in Prices Forecast: Bankers and Traders Expect a Material Reduction in Practically All Lines—ay Era of Extravagance Has Passed', 〈*Christian Science Monitor*〉, September 25, 1920, p.4.

7 'Women Fight High Prices', 〈*Globe*〉, September 4, 1920, p.6.

8 US Bureau of Labor Statistics, *Monthly Labor Review*, September 2014, https://www.bls.gov/opub/mlr/2014/article/the-first-hundred-years-of-

the-consumer-price-index.htm

9 'Sees High Prices for Several Years', 〈*Boston Daily Globe*〉, January 5, 1920, p.13.

10 앳키슨과 케호Atkeson&Kehoe는 17개 국가의 5년 인플레이션율과 5년 경제성장률에 관한 100년간의 데이터를 제시하며 해당 논거를 주장한다. 그들은 1929~1934년의 대공황을 제외하고는 둘 사이에 유의미한 관련성이 없다고 믿는다.

11 'Attacks Profiteers in Immorality', 〈*Boston Daily Globe*〉, May 5, 1919, p.2.

12 Mortimer Fishel, 'Lawyers Who Feed on Soldiers' Kin', 〈*New York Times*〉, August 11, 1918, p.41.

13 Henry Hazlitt, 'Profiteers as Public Benefactors', 〈*New York Times*〉, March 21, 1920, p.xxx10.

14 Fisher, 1928, p.7.

15 'Federal Judge Whacks Profiteers Hard Blow', 〈*Los Angeles Times*〉, June 3, 1920, p.11.

16 Jacob H. Hollander, Ph.D., 'How Inflation Touches Every Man's Pocketbook', 〈*New York Times*〉, May 2, 1920, p.XX1.

17 'Letters from the People: Excess Profits Tax, M. Hartley a Veteran of the Uncivil War', 〈*St. Louis Post-Dispatch*〉, December 29, 1920, p.28.

18 'Profiteers Are Incubators for 'Reds'—apper', 〈*Chicago Daily Tribune*〉, January 25, 1920, p.A9.

19 'No Time for Pessimism', 〈*Baltimore Sun*〉, December 17, 1920, p.8.

20 'Prices Will Never Reach 1914 Level', 〈*Globe and Mail*〉, August 27, 1920, p.7.

21 'Trade Revival Coming, Hoover Tells Business', 〈*New York Tribune*〉, April 29, 1921, p.9.

22 'Disjointed Prices', 〈*Nashville Tennessean*〉, September 26, 1921, p.4.

23 'Summer Jewelry Is Conspicuous', 〈*St. Louis Post-Dispatch*〉, July 23, 1921, p.13.

24 'Children Nowadays Are Spending Money as If It Grew on Bushes', 〈*Boston Daily Globe*〉, October 23, 1921, p.E6.

25 Mitchell, 1985.

26 Samuel Crowther, 'Fixing Wages', 〈*Philadelphia Inquirer*〉, June 8, 1936, p.7.

27 Cole and Ohanian, 2004.

28 'Favorable Conditions in Industry Cited', 〈*Detroit Free Press*〉, October 29, 1929, p.25.

29 Claude A. Jagger, 'Large Holiday Retail Sales Add Impetus to Business', 〈*Atlanta onstitution*〉, December 23, 1929, p.15.

30 'If Deflation 'Runs Its Course', 〈*Christian Science Monitor*〉, April 22, 1932, p.16.

31 Catherine Hackett, 'Why We Women Won't Buy', 〈*Forum and Century*〉, December 1932.

32 'Jersey Clubwomen Urged to Arouse Public Opinion in Favor of Spending', 〈*New York Herald Tribune*〉, February 7, 1932, p.E11.

33 'What Is a Bargain?' 〈*Jewish Advocate*〉, October 4, 1932. p.3.

34 'Buy-Now Campaign Started in Capital', 〈*Washington Post*〉, October 25, 1930, p.7.

35 'The Buy Now Campaign', 〈*Hartford Courant*〉, October 16, 1933, p.8.

36 Arthur Brisbane, 'Buy in August Campaign Will Help City Merchants', 〈*Austin Statesman*〉, August 2, 1933, p.4.

37 'Angry Americans Lead Charge on Big Energy Bills', 〈*Boston Globe*〉, March 9, 1975, p.2.

38 Richard L. Strout, 'Fighting Back at Inflation: Will Nixon Be Able to Put Out Flames?', 〈*Christian Science Monitor*〉, July 11, 1974, p.1.

39 Lawrence Van Gelder, 'Some Prices Cut by Meat Boycott', 〈*New York Times*〉, April 6, 1973, p.1.

40 'A Boycott Fizzle—ittle There to Boycott', 〈*Atlanta Constitution*〉, August 8, 1973, p.26E.

41 'High Meat Prices: Housewives to Mobilize Again', 〈*Los Angeles Times*〉, January 20, 1974, sf_a1; 'Nationwide Meat, Grain Boycott Launched by Consumer Group', 〈*Los Angeles Times*〉, January 24, 1974, p.A1.

## 18장. 임금-물가 상승의 악순환과 사악한 노조


1 Lindbeck and Snower, 2001.

2 https://news.gallup.com/poll/12751/labor-unions.aspx. Gallup-documented public support in the United States for labor unions has been gaining strength since 2009, reaching 62% support in 2018

3 J. H. Carmical, 'Railroads Facing New Labor Crisis', 〈*New York Times*〉, March 12, 1950, p.F1.

4 Joe Edwards, 'Transcripts Cite Hoffa Allies' Plot against FBI', 〈*Boston Globe*〉, July 25, 2009, p.A10.

5 Blinder, 2004.

6 Bernanke et al., 1998.

7 Eisenhower, State of the Union Address, January 10, 1957, https://www.eisenhower.archives.gov/allaboutike/speeches/1957stateoftheunion.pdf

8 Virgil P. Pownall, 'Greed Blamed for Inflation', 〈*Los Angeles Times*〉, August 26, 1957, p.B4.

9. 'Our Price Policeman', 〈*New York Times*〉, June 18, 1957, p.32.

10 Friedman, 1973, p.ix.

11 Friedman, 1973, p.xi.

12 Sydney J. Harris, 'Nothing about our Current Wage-Price Spiral Makes Sense', 〈*Arizona Republic*〉, October 8, 1975, p.7.

13 Shiller, 1997, p.16.

14 Donald I. Rogers, 'Cause of Recession? No One Really Knows: It Came Like a Sudden Shower and Is the Oddest in History', 〈*New York Herald Tribune*〉, March 31, 1958, p.1.

15 Richards, 1863, p.12.

16 Fisher, 1928, p.7.

# 4부 내러티브 경제학의 발전

## 19장. 미래의 내러티브와 미래의 연구

1 Hopkins et al., 2016.

2 Indiana University Lilly Family School of Philanthropy, GenerosityForLife.org, *Charitable Profile*, http://generosityforlife.org/generosity-data/data-tools/generosity-reports/

3 'Reading Aloud', 〈*Washington Post*〉, October 25, 1899, p.6.

4 See Colley, 2003.

5 Regarding women, see Driscoll et al., 2009.

6 OECD, 'Behavioral Insights', 2017, http://www.oecd.org/gov/regulatory-policy/behavioural-insights.htm. See also Zeina Afif, "'Nudge Units'—here They Came From and What They Can Do," World Bank 'Let's Talk Development' blog, October 25, 2017, http://blogs.worldbank.org/developmenttalk/nudge-units-where-they-came-and-what-they-can-do

7 https://millercenter.org/the-presidency/presidential-speeches/march-4-1933-first-inaugural-address

8 https://millercenter.org/the-presidency/presidential-speeches/march-12-1933-fireside-chat-1-banking-crisis

9 See https://www.sistrix.com/ask-sistrix/google-index-google-bot-crawler/why-does-a-google-search-with-the-parenthesis-operator-sometimes-deliver-more-results-than-the-same-search-without-it/

10 Callahan and Elliott, 1996.

11 Piore, 2010.

12 Blinder, 1990; Blinder et al., 1998.

13 Bewley, 1999.

14 데이비드 로머David Romer와 크리스티나 로머Christina Romer는 소위 내러티브 접근법을 이용했다. 그리고 통화정책의 실질적인 영향을 파악하기 위해 미국 연방준비제도 산하 연방공개시장위원회의 정책 행동 및 의사록 기록을 연구했다. 밸러리 라미Valerie Ramey와 알베르토 알레시나Alberto Alesina, 카를로 파베로Carlo Favero, 프란체스코

지아바치Francesco Giavazzi는 재정정책의 효과를 연구하는 데 내러티브 접근법을 사용했다. 이 모든 연구들은 이 책에서와 같이, 일반 대중의 사고방식을 이해하기보다 정부 정책의 외생 요인을 찾는 데 초점을 맞췄다.

15 Merton and Kendall, 1946.

16 http://www.issp.org/menu-top/home/

17 http://gss.norc.org/

18 https://isr.umich.edu/. See also the book from the director of the ISR's consumer surveys, Richard Thomas Curtin (2019).

19 https://medium.com/ideo-stories/the-focus-group-is-dead-24e1ec2dda82

20 See, for example, Edmunds, 2000.

21 https://ropercenter.cornell.edu/

22 예를 들어 첸 외Chen et al.는 인용과 인용 내 인용을 기반으로 내러티브 전염의 전파 점수를 계산한다. 단순히 언급 빈도가 아니라 전염성 내러티브의 중요성을 측정하기 위한 것이다.

## 부록: 경제 내러티브에 전염병 모형 적용하기

1 밀러Miller는 이 공식을 푸아송과정을 기반으로 한 확률 모형과 커맥-멕켄드릭 변형 모형을 일반화하여 도출했다.

2 Carvalho and Goncalves, 2016, https://arxiv.org/pdf/1609.09313.pdf

3 화학에서의 반응속도식은 여기 설명된 3단계 방정식과 매우 유사한데, 처음 두 방정식에서 SI 대신에 S가 사용될 뿐이다. https://bio.libretexts.org/TextMaps/Map%3A_Biochemistry_Online_(Jakubowski)/06%3A_TRANSPORT_AND_KINETICS/B._Kinetics_of_Simple_and_Enzyme-Catalyzed_Reactions/B2._Multi-step_Reactions

여기서 S, I, R은 세 가지 화학물질로, 이 모형은 가령 세 가지 원소가 작용하는 방사성 붕괴 과정에 적용될 수 있다. S, I, R은 각 단계의 분량으로, I는 중간 산물, R은 안정된 최종 산물을 가리킨다. 똑같이 매개변수인 c과 r이 존재하고 S와 I, R의 그래프는 I에 대해 언덕 모양의 익숙한 패턴으로 나타날 수 있으며, c와 r에 따라 빠른 반응과 더딘 반응이 모두 존재할 수 있다. 그러나 연계화학반응 모형에서 전염(반응)의

규모는 항상 100퍼센트다. 이보다 더 유사한 화학 모형로는 용액에 화학물질이 결합되는 반응 등이 있다. https://www.chemguide.co.uk/physical/basicrates/arrhenius.html

**4** SIRS 모형은 위에 제시한 첫 번째 공식의 우변에 +sR이 추가되고, 세 번째 공식의 우변에 -rS가 추가되는 것을 제외하고는 SIR 모형의 방정식과 동일하다. 여기서 s>0은 재감염가능률이다. 이 모형에서 감염군의 변화 추이는 매개변수에 따라 그림 A.1과 유사해 보일 수 있지만 시간이 지날수록 0이 아닌 수평점근선에 접근한다. 감염군은 결코 효과적으로 사라지지 않고, 질병은 풍토화된다. Breda et al., 2012를 참고하라.

**5** Grais et al., 2004.

**6** Legrand et al., 2007.

**7** Long et al., 2008.

**8** JSTOR은 전 분야에 걸쳐 900만 건 이상의 학술 논문과 서적을 보유하고 있으며 그중 7퍼센트가 경영학 또는 경제학에 속한다. 그러나 'ARIMA', 'ARMA' 또는 '자기회귀'라는 단어를 포함한 문헌의 25퍼센트는 경영학 또는 경제학 분야다.

**9** 이동평균 모형은 때때로 월드의 분해정리(World, 1954)로 정당화되기도 하는데, 이는 공분산 정상확률과정이 잡음 항의 이동평균에 확정적 요소를 더해 모형화 될 수 있음을 보여주는 것이다. 그러나 ARIMA 모형의 단순한 변형이 그렇게 일반적이라고 가정할 근거는 없다. 우리가 약간의 정보를 갖고 있는 내러티브의 공동유행 결과를 이러한 오차 항이나 동인 변수로 나타낸다면 어떤 경우 더 나은 경제 예측을 할 수 있게 될지도 모른다.

**10** See Nsoesie et al., 2013.

**11** Nathanson and Martin, 1979.

**12** Bailey et al., 2016.

**13** Surveyed in Lamberson, 2016.

**14** See Banerjee, 1992; Bikhchandani et al., 1992.

**15** Goel et al., 2016.

**16** Katz and Lazarsfeld, 1955, pp. 44–.45.

**17** Herr et al., 1991.

**18** Bauckhage, 2011.

**19** Shiller and Pound, 1989, P.54. 대괄호 안의 문구는 개인 투자가들에게 주어진 질문에서는 누락되었다.

20 http://knowledge.wharton.upenn.edu/article/is-this-the-end-of-money/

21 랜드와 윌슨Rand and Wilson, 젱 외Zheng et al., 그리고 올슨 외Olsen et al.는 SEIR 모형의 카오스 형태가 홍역과 유행성이하선염, 풍진의 데이터와 일치한다고 주장한다.

22 인포메이션캐스케이드는 바네르지Banerjee와 비크찬다니Bikhchandani et al.가 처음으로 기본 개념을 제시한 것이며, 이후 비브스Vives, 바네르지와 푸덴버그Banerjee&Fudenberg가 더욱 발전시켰다.

23 Akerlof and Yellen, 1985.

24 식당에 관한 이야기는 바네르지의 논문에서 예시로 등장했다.

25 바네르지&푸렌버그Banerjee and Fudenberg는 철저하게 합리적인 행위자가 잘못된 정보에 기초해 합의를 형성할 수 있는 게임 이론을 사용해 이 문제를 다룬다.

# 내러티브 경제학

**1판 1쇄 발행** 2021년 3월 2일
**1판 5쇄 발행** 2023년 5월 19일

**지은이** 로버트 쉴러
**옮긴이** 박슬라

**발행인** 양원석 **편집장** 정효진
**디자인** 남미현, 김미선 **영업마케팅** 양정길, 윤송, 김지현

**펴낸 곳** ㈜알에이치코리아
**주소** 서울시 금천구 가산디지털2로 53, 20층(가산동, 한라시그마밸리)
**편집문의** 02-6443-8847 **도서문의** 02-6443-8800
**홈페이지** http://rhk.co.kr
**등록** 2004년 1월 15일 제2-3726호

ISBN 978-89-255-8908-4 (03320)